COSMOVISÕES DO DIREITO NO MUNDO OCIDENTAL

Augusto Zimmermann

COSMOVISÕES DO DIREITO NO MUNDO OCIDENTAL

Prefácio de
Ives Gandra da Silva Martins

Cosmovisões do Direito no Mundo Ocidental
Augusto Zimmermann

Copyright © by Editora E.D.A. Educação Direito e Alta Cultura.
Todos os direitos reservados

Gestão editorial
Edson Morais Piovezan

Revisão
Cláudia R. de Morais Piovezan

Capa, diagramação & projeto gráfico
Lucas Fófano

Imagem da capa:
Antigone donnant la sépulture à Polynice, por Sébastien Norblin (1825)

Ficha Catalográfica
    Zimmermann. Augusto.
       Cosmovisões do Direito no Mundo Ocidental. Augusto Zimmermann.
1ª ed. – Londrina: Editora E.D.A. - Educação, Direito e Alta Cultura, 2022.
    484 p.   15,7x23cm
    ISBN: 978-65-84784-14-7
       1. Direito. 2. Teoria do Direito e Filosofia 3. Escolas históricas do Direito

| CDU | 340 | 340.123 |
| CDD | 340 | 340.1 |

Distribuição:
CEDET – Centro de Desenvolvimento Profissional e Tecnológico **cedet.**
Av. Comendador Aladino Selmi, 4630, Bairro San Martin – Campinas/SP.
Todos os direitos desta edição pertencem à Editora Educação Direito e Alta Cultura.
CNPJ 34.314.174/0001-40 – Site educacaodireitoaltacultura.com.br
O conteúdo desta obra é de inteira responsabilidade dos autores.
Todos os direitos desta edição pertencem à Editora Educação, Direito e Alta Cultura.
CNPJ 34.314.174/0001-40 – Site educacaodireitoaltacultura.com.br
Proibida toda e qualquer reprodução desta edição por qualquer meio ou forma, seja ela eletrônica ou mecânica, fotocópia, gravação ou qualquer outro meio de reprodução, sem permissão expressa do autor. O titular cuja obra seja fraudulentamente reproduzida, divulgada ou de qualquer forma utilizada poderá requerer a apreensão dos exemplares reproduzidos ou a suspensão da divulgação, sem prejuízo da indenização cabível (art. 102, da Lei 9.610, de 19.02.1998).

SUMÁRIO

PREFÁCIO 15
PRÓLOGO 19

CAPÍTULO 1
JUSNATURALISMO

Considerações Iniciais 21
Jusnaturalismo na Grécia e Roma Antigas 23
Platão (427/428-347/348 a.C.) 24
Aristóteles (384-322 a.C.) 27
Marco Túlio Cícero (106-143 a.C.) 29
Jus Gentium 33
Jusnaturalismo na Concepção Judaico-Cristã 34
Sto. Agostinho de Hipona (354-430) 38
Sto. Tomás de Aquino (1225-1274) 39
Luteranismo 45
Calvinismo 47
Contra-Reforma Católica 50
Jusnaturalismo e Direito Consuetudinário Inglês 52
Henry de Bracton (1210-1268) 53
Sir John Fortescue (1394-1476) 54
Christopher Saint-Germain (1460-1541) 55
Richard Hooker (1554-1600) 56
Sir Edward Coke (1552-1643) 57
John Selden (1584-1640) 61
Sir Matthew Hale (1609-1676) 62
Sir William Blackstone (1723-1780) 63
Jusnaturalismo e Constitucionalismo Moderno 66
John Locke (1634-1704) 67
Montesquieu (1689-1755) 70
Hugo Grócio (1583-1645) e a Secularização do Jusnaturalismo 73
Immanuel Kant (1724-1804) 75
Jusnaturalismo e a Luta Contra a Escravidão 79
Morte e Ressurreição do Jusnaturalismo 83
Tribunal de Nuremberg (1945-1946) 85
Jusnaturalismo e Direito Internacional 86
Jusnaturalismo e o Movimento Norte-Americano por Direitos Fundamentais ... 88
Jusnaturalismo Contemporâneo 88
Lon Fuller (1902-1978) 90
John Finnis 92
Mark C. Murphy 95

Randy E. Barnett 99
Robert P. George 100
Considerações Finais 101

CAPÍTULO 2
JUSPOSITIVISMO

Considerações Iniciais 103
Grécia Antiga 105
Baixa Idade Média 108
Reforma Luterana 110
Teorias Sobre o Absolutismo Monárquico 112
Thomas Hobbes (1588-1679) 114
Sir Francis Bacon (1561-1626) 117
David Hume (1711-1776) 118
Jeremy Bentham (1748-1832) 119
Juspositivismo no Século XIX 123
John Austin (1790-1859) 124
Christopher Columbus Langdell (1829-1906) 130
Hans Kelsen e a "Teoria Pura do Direito" 132
H. L. A. Hart (1907-1992) 135
Correntes Atuais do Juspositivismo 140
Juspositivismo Ético (ou Democrático) 142
Considerações Finais 148

CAPÍTULO 3
TEORIA DO ESTADO DE DIREITO

Considerações Iniciais 149
Definição do Estado de Direito 150
Concepções Formalistas e Substantivistas do Estado de Direito 153
Concepção Formalista 154
Joseph Raz 154
Concepção Substantivista 156
Friedrich Hayek 156
Ronald Dworkin 158
T. R. S. Allan 160
Jeffrey Goldsworthy 161
Elementos do Estado de Direito 162
Estado de Direito como Cultura da Legalidade 172
Estado de Direito e Seus Inimigos 177
Considerações Finais 180

CAPÍTULO 4
TEORIA EVOLUCIONISTA DO DIREITO

Considerações Iniciais 183
Darwinismo Como Cosmovisão 184
Teoria Social Evolucionista 186
Augusto Comte (1798-1857) 189
Émile Durkheim (1858-1917) 191
Herbert Spencer (1820-1903) 195
Teorias Evolucionistas do Direito 198
Sir Henry Maine (1822-1888) 198
Teoria Evolucionista Norte-Americana do Direito 200
Oliver Wendell Holmes Jr. (1809-1894) 201
Teoria Liberal-Evolucionista do Direito 208
Interpretação Evolucionista do Direito 212
Roscoe Pound (1870-1964) 215
Considerações Finais 217

CAPÍTULO 5
HISTORICISMO JURÍDICO ALEMÃO

Considerações Iniciais 219
Carl von Savigny (1779-1861): "O Darwin da Ciência do Direito" 220
Historicismo Jurídico Alemão e Hegelianismo 225
Otto von Gierke (1841-1921): A Teoria Organicista do Estado 227
Considerações Finais 229

CAPÍTULO 6
TEORIA JURÍDICA NACIONAL-SOCIALISTA

Considerações Iniciais 231
Nazismo e Socialismo 231
Nazismo e Darwinismo 242
Nazismo e Religião 251
Friedrich Nietzsche (1844-1900) 254
Resistência da Igreja ao Nazismo 256
Colaboração Cristã com o Nazismo 257
Nazismo e luteranismo 261
Teologia Nazista 262
Nazismo e Historicismo Jurídico Alemão 264
Nazismo e Positivismo Jurídico 267
Nazismo e Freirechtsbewegung ("Movimento do Direito Livre") 274
Contribuição dos Profissionais do Direito ao Governo Nazista 277
Advogados 278

Magistrados 280
Acadêmicos 283
Ernst Rudolf Huber (1903-1990) 287
Carl Schmitt (1888-1985) 288
Considerações Finais 292

CAPÍTULO 7
TEORIA MARXISTA DO DIREITO

Considerações Iniciais 295
Marxismo e Religião 295
Marxismo e Darwinismo..302
Marxismo e Hegelianismo 309
Concepções de Marx sobre o Direito 312
Marxismo e Direitos Humanos 316
O Direito Marxista da Extinta União Soviética 329
Constitucionalismo na Extinta União Soviética 334
Função Jurisdicional na Extinta União Soviética 336
Direito Penal Soviético 343
Considerações Finais 352

CAPÍTULO 8
REALISMO JURÍDICO NORTE-AMERICANO

Considerações Iniciais 355
Realismo Jurídico e Juspositivismo...356
Tese da Indeterminação 357
Realismo Jurídico e Estado de Direito 358
Oliver Wendell Holmes Jr. (1841-1935) 360
Realismo Jurídico na Austrália 362
Considerações Finais 364

CAPÍTULO 9
MOVIMENTO DOS ESTUDOS JURÍDICOS CRÍTICOS

Considerações Iniciais 365
"Direito é Política" 366
Indeterminação do Direito 367
EJC, Marxismo e Pós-Modernismo 369
Distinção Público-Privado 370
EJC e Estado de Direito 371
Roberto Unger 373
Teoria Crítica Racialista 376
Considerações Finais 380

CAPÍTULO 10
FEMINISMO JURÍDICO

Considerações Iniciais 381
Feminismo Liberal 381
Feminismo Radical 383
Feminismo e Marxismo 384
Betty Friedan (1921-2006) 385
Feminismo e Pós-Modernismo 394
Feminismo Cultural 396
Feminismo Jurídico 401
Catharine MacKinnon 403
Considerações Finais 406

CAPÍTULO 11
PÓS-MODERNISMO JURÍDICO

"Realidades" Pós-Modernistas 410
Narrativas 410
Pós-Modernismo e Marxismo 411
Desconstrução da Linguagem 413
Pós-Modernismo Jurídico 415
Interpretação Constitucional Pós-Modernista 417
Considerações Finais 419

CAPÍTULO 12
ANÁLISE ECONÔMICA DO DIREITO

Considerações Iniciais 421
Maximização da Riqueza 422
Custos Transacionais do Direito 423
Eficiência da Hipótese do Direito Consuetudinário 425
Eficiência Econômica do Livre-Mercado 426
Considerações Finais 427

CAPÍTULO 13
LIBERALISMO JURÍDICO MODERNO

Considerações Iniciais 429
Teoria Jurídica de Hayek 430
Adam Smith e Hayek 430
Cosmos e *Taxis* 431
Constituição da Liberdade 433
Hayek vs. Construtivismo 435

Hayek e Direito Consuetudinário 437
Hayek, Deus e o Ser 439
Robert Nozik (1938-2002) 441
Considerações Finais 443

Bibliografia 445

Sobre o autor 483

Esta obra é dedicada aos meus amigos Fábio de Macedo Soares P. Condeixa, Patrícia Penteado, Thomas Korontai e Ivomar Schuler da Costa. Cada qual ao seu modo, contribuíram todos de maneira importante para a exitosa realização deste trabalho.

AGRADECIMENTOS

Agradeço imensamente ao Prof. Dr. Ives Gandra da Silva Martins, o maior jurista brasileiro da atualidade e um dos maiores juristas brasileiros de todos os tempos, por muito gentilmente haver me honrado com a produção de seu excelente prefácio a este trabalho.

Por fim, gostaria de agradecer à Sra. Cláudia Morais Piovezan por sua revisão final, e ao Sr. Edson Morais Piovezan da Editora EDA pela publicação deste meu novo livro em sua prestigiosa editora.

PREFÁCIO

Impressionou-me muito e favoravelmente a leitura do livro "Cosmovisões do Direito no Mundo Ocidental", em que Augusto Zimmermann examina as variadas correntes doutrinárias que influenciaram ou foram influenciadas pela história humana e a necessidade de regulação de sua vida social.

O currículo do autor é estupendo: além da excelente formação acadêmica, da visão universal que sua brilhante carreira propiciou e da premiação da cimeira de intelectuais de diversos países recebida, conseguiu, com admirável percepção da ciência jurídica, diagnosticar a raiz da viabilidade real do Direito, no tempo e no espaço.

Robinson Crusoé, quando isolado na ilha a que chegou após o naufrágio, não necessitava do Direito. Sentia-se dono de tudo e terrivelmente só. Na chegada de Sexta-feira, passou a ter companhia e sua vida se tornou melhor, mas precisou pela primeira vez do Direito, pois o seu espaço passou a ser dividido, estabelecendo a regra convivencial de quem mandava e de quem obedecia.

O Direito é, pois, para um ser social como é o homem, a forma de regular suas relações com seus semelhantes e com as coisas.

Assim, desde as sociedades primitivas até o aparecimento das primeiras vilas, cidades e impérios, o Direito costumeiro serviu para definir sua sobrevivência, gerando legislações, algumas delas escritas como, por exemplo, as judaicas, as leis de *Shulgi*, Lipit-Ishtar, Ur-Nammu, Hamurabi, leis egípcias até chegarmos às codificações mais modernas de Drácon, Licurgo e Sólon na Grécia.

É, todavia, em Roma que se concretiza definitivamente o Direito como instrumento de permanência do povo romano, pois, pela primeira vez, não de forma elitista como na Grécia, o Direito garante aos países conquistados fiéis, a gradativa extensão da proteção da Águia romana, ao ponto de Antonino Caracala, já no carcomido império do séc. III, ao estender a cidadania a todo o império, retardou, em aproximadamente 250 anos, a queda do império no Ocidente.

Há um salto de séculos, nesta evolução, quando se passa ao fenômeno constitucional até hoje dominante na história do Direito, caracterizado pelos 3 modelos iniciais, em que a Magna Carta Baronarum estabeleceu uma relação de poder, cidadania e respeito mútuo em 1215, a Constituição Americana de 1787 instituiu um valor maior entre Poder e povo, que é a pátria, e a Francesa, de 1791, preconizou que o verdadeiro destinatário da ordem constitucional é o povo. As variantes constitucionais posteriores, como as de Weimar (1919) e Mexicana (1917) na área social, acrescida das novas vertentes de direitos coletivos, difusos, ambientais, etc, enriqueceram a ciência do Direito, ainda, todavia, com dificuldade de regulação satisfatória num mundo que vai conformando uma nova ordem jurídica supra constitucional.

Neste quadro de evolução jurídica, examina Augusto Zimmermann as diversas correntes da filosofia do Direito que influenciaram a "praxis" convivencial dos povos.

Com uma perfeita análise de duas correntes opostas – ambas com resistências intrínsecas à democracia por pressupostos a serem impostos e não conquistados pelo povo, com o que tendem necessariamente para o totalitarismo –, mostra como o nazismo e o marxismo, com propostas idênticas para o exercício do poder, mas fundamentos distintos, tendem a desfigurar o Direito.

Examina, também, com propriedade, as teorias redutoras do positivismo que, à luz da descontaminação do Direito de outras ciências ou correntes, até mesmo da moral, pretendem criar uma ciência pura, perdendo o enfoque do principal objeto do Direito, que é o ideal de justiça.

E, neste ponto, após analisar diversas correntes, em nível de diagnóstico, parece-me ter, pelas virtudes citadas, hospedado o jusnaturalismo, na visão moderna de inúmeros autores que veem, nesta busca de valores e do ideal de justiça, a verdadeira razão de ser do Direito, a ser perseguido por todos os povos, governos e doutrinadores na prática.

O livro é de leitura fácil, compreensível tanto para os que militam na área do Direito quanto para o público em geral, sem que o didatismo do autor tenha tirado a profundidade da análise e a correção das conclusões.

Alegra-me, pois, ter meu nome vinculado ao autor e à obra, na sua edição brasileira que, espero, tenha o sucesso que merece.

Ives Gandra da Silva Martins,
Professor Emérito das Universidades Mackenzie, UNIP, UNIFIEO, UNIFMU, do CIEE/O ESTADO DE SÃO PAULO, das Escolas de Comando e Estado-Maior do Exército - ECEME, Superior de Guerra - ESG e da Magistratura do Tribunal Regional Federal – 1ª Região; Professor Honorário das Universidades Austral (Argentina), San Martin de Porres (Peru) e Vasili Goldis (Romênia); Doutor Honoris Causa das Universidades de Craiova (Romênia) e das PUCs-Paraná e RS, e Catedrático da Universidade do Minho (Portugal); Presidente do Conselho Superior de Direito da FECOMERCIO - SP; ex-Presidente da Academia Paulista de Letras-APL e do Instituto dos Advogados de São Paulo-IASP.

PRÓLOGO

A Teoria do Direito envolve não apenas certas habilidades analíticas e conhecimento substantivo, mas também o desenvolvimento de um conhecimento mais abrangente e profundo da natureza dos ordenamentos jurídicos em geral. Embora a maioria dos livros de Teoria do Direito tenda a colocar o direito ao lado da prática política, o direito está ligado não somente à política de uma sociedade como também aos seus valores morais e à sua experiência histórica. Visto que somos todos herdeiros de nossas próprias tradições sociais, e que o direito atual é basicamente um produto dessas mesmas influências, para compreendermos a real natureza de nossos sistemas jurídicos necessitamos de saber como eles se tornaram o que são e o que eles são, num sentido mais profundo e axiológico.

De modo geral, o direito ganha a sua substância através da história, do costume, da teoria econômica, de noções filosóficas, da moral e da religião. Porém, o estudo do direito pode se tornar limitado e isolado de tudo aquilo que o torna mais profundo e estimulante. Para fazer frente a este insulamento, este livro propõe-se a conectar a matéria do direito a uma gama mais abrangente de disciplinas sociais, a fim de conferir um senso mais apurado do que é o direito e de como ele verdadeiramente funciona na sociedade. O livro é concebido deste modo a permitir que seus leitores apreciem o direito de forma mais abrangente, a partir de uma perspectiva holística que contemple um entendimento significativo das ideias acerca da natureza do direito nas sociedades ocidentais. Seus tópicos abordam desde as particularidades do juspositivismo à universalidade do jusnaturalismo, passando aqui por todos os pontos intermediários: a teoria evolucionista do direito, o realismo jurídico, a teoria marxista do direito, a teoria liberal do direito, a teoria feminista do direito, e daí por diante.

Ao fornecer uma ampla descrição desses temas relacionados a Teoria do Direito no Mundo Ocidental, acredito que este livro seja capaz de fornecer uma explicação geral das principais escolas de pensamento jurídico, rastreando suas origens, revelando suas bases filosóficas e sintetizando seus contextos históricos. Este livro é, portanto, concebido não apenas para ser um estudo de "Teoria do Direito" no seu sentido mais estrito da palavra, mas visa também a introduzir uma abordagem interdisciplinar que combine todas as possíveis complexidades e dimensões do fenômeno jurídico – o filosófico, o político, o moral, o religioso, o histórico, etc. Em outras palavras, o objetivo deste livro é relacionar o fenômeno jurídico com as humanidades em geral, de modo a fornecer o tipo de autoconsciência crítico-reflexiva que é tão fundamental a qualquer um que é, ou que deseje se tornar, um bem-sucedido membro da comunidade jurídica. Não obstante, cada capítulo foi escrito pensando no leigo, de modo que eu busquei fazer com que este livro fosse de leitura acessível aos leitores desprovidos de qualquer base prévia de filosofia jurídica, mantendo, ao mesmo tempo, um alto nível de rigor acadêmico. Espero, sinceramente, que este livro seja esclarecedor e, igualmente, agradável ao leitor.

Professor Augusto Zimmermann PhD
Perth/WA, 19 de agosto de 2022

CAPÍTULO 1

JUSNATURALISMO

Considerações Iniciais

Uma questão central da filosofia jurídica é se o ordenamento jurídico, para ser reconhecido como tal, necessita adequar-se a padrões permanentes de justiça e moralidade. Alguns teóricos do direito respondem positivamente a esta questão, afirmando a existência de princípios não-escritos que, de algum modo, revelam-se superiores ao direito estatal. A aceitação de leis superiores ou naturais, no entanto, levanta duas questões fundamentais que têm sido fonte de acalorado debate. Se existem leis superiores às leis positivadas (formalmente aprovadas), de onde elas se originam e como elas são estabelecidas?

Diversas teorias têm sido criadas na tentativa de responder a essas perguntas. Algumas sugerem que este direito natural ou superior seria baseado em "princípios éticos objetivos, que são acessíveis aos seres humanos pela virtude de suas capacidades racionais".[1] Outras, no entanto, atribuem a autoridade de tais princípios jurídicos maiores diretamente a Deus – em particular, uma encarnação cristã de Deus.[2] Para essa concepção, o direito natural é percebido como

---

1 J. Crowe, "*Existentialism and Natural Law*" (2005) 26 *Adelaide Law Review* 55, p. 56.
2 Ver R. Hittinger, *The First Grace: Rediscovering Natural Law in a Post-Christian Age*, ISI Books, Willington/DE, 2003. N.E. Obra traduzida e publicada pela Editora E.D.A., em 2021, sob o título: *A Primeira*

uma regra de razão promulgada por Deus e relacionada à natureza humana.[3] Direito natural é, portanto, como muito bem salientou Giorgio Del Vecchio,

> (...) o nome com que se designa, por tradição muito antiga, o critério absoluto do justo. Com tal nome se pretende dizer que o referido critério assenta na própria constituição das coisas e nunca no mero capricho do legislador momentâneo. Algumas vezes foi a reação contra a justiça positiva, outras a observação de uma conformidade entre as regras jurídicas de diferentes povos, que induziu a postular uma justiça superior. E quanto aos modos pelos quais se demonstrou a autoridade do Direito natural, procedeu-se ora com argumentos teológicos (fundado no Direito natural sobre a vontade e sabedoria divinas), ora com dados puramente racionais.[4]

À despeito daquilo que se possa imaginar acerca desses argumentos, é simplesmente impossível negar a relevância do jusnaturalismo no desenvolvimento do direito nas sociedades ocidentais. Essa visão pode ser rastreada desde a filosofia clássica dos gregos e dos romanos, através de diversos autores cristãos medievais, até a era moderna.[5] Ademais, princípios de direito natural têm sido con-

---

Graça. Redescobrindo o Direito Natural em um Mundo Pós-Cristão.

3 C. E. Rice, *50 Questions on the Natural Law: What It Is and Why We Need It*, Ignatius Press, San Francisco/CA, 1999, p. 51. O vínculo da razão e da liberdade humanas com o direito natural é explicado da seguinte maneira: "O exercício da liberdade implica uma referência a uma lei moral natural, de caráter universal, que precede e unifica todos os direitos e deveres. O direito natural 'não é nada além da luz do intelecto infundida em nós por Deus. Graças a isso, sabemos o que deve ser feito e o que deve ser evitado. Essa luz ou essa lei foram dados por Deus à criação". Isso consiste na participação em sua lei eterna, o que é identificado com o próprio Deus. Essa lei é chamada 'eterna' porque a razão que a promulga é própria da natureza humana. Ela é universal; estende-se a todos os povos à medida que é estabelecida pela razão. Em seus preceitos principais, a lei divina ou natural é introduzida pelo Decálogo e indica as normas primárias e essenciais que regulam a vida moral. Seu foco central é o ato de buscar e submeter-se a Deus, a fonte e o juiz de tudo que é bom, e também o ato de enxergar os outros como iguais a si mesmo. O direito natural expressa a dignidade das pessoas e lança a base dos deveres fundamentais das pessoas" (Pontifício Conselho Justiça e Paz, Compêndio da Doutrina Social da Igreja, Burns & Oates, Londres, 2004, p. 69-70).

4 G. Del Vecchio, *Lições de Filosofia do Direito*, 5ª ed., Armênio Amado Editor, Coimbra, 1979, pp. 334-335.

5 A ideia de um direito natural não é apenas ocidental. Por exemplo, a antiga doutrina chinesa da lei superior, em vários aspectos, assemelha-se à tradição ocidental do jusnaturalismo. Podendo ser rastreada até o século XII a.C., o Mandato do Céu vinculou a legitimidade do governo civil à justiça e à integridade do governante político. Assim, o Mandato do Céu foi frequentemente invocado como um meio de cercear o abuso do poder arbitrário. Atribuída à Dinastia Zhou (1121-249 a.C.) para justificar a derrubada da Dinastia Shang (1765-1122 d.C.), o Mandato do Céu propugnava que a legitimidade do governo deriva do Céu, que abençoa a autoridade dos bons governantes, mas se desagrada com a autoridade dos governantes despóticos. Embora a teoria aceite que algumas vezes o governante despótico possa eventualmente surgir, tal despotismo faz com que o Céu retire seu Mandato e outorgue o direito de governar a um beneficiário mais digno e virtuoso. Em seu *Analectos*, Confúcio disse: "Aquele que não entende o Mandato do Céu

sagrados em todos os textos constitucionais mais importantes da história ocidental, incluindo a Magna Carta (1215), a Declaração de Direitos da Inglaterra (1689), a Declaração de Independência dos EUA (1776) e a Declaração dos Direitos do Homem e do Cidadão da França (1789).[6]

Jusnaturalismo na Grécia e Roma Antigas

Na história do direito ocidental a compreensão de uma "ordem natural" à qual as instituições sociais devem conformar-se foram articuladas por filósofos gregos como Platão e Aristóteles e, mais tarde, por filósofos romanos como Cícero. Nas instituições atenienses da Grécia Antiga havia uma muito clara distinção entre o direito natural imutável e eterno e a legislação emanada pelo governo. Este não poderia contrariar os ditames daquele, e o proponente do ato legislativo que fosse considerado violador do direito natural era sujeito a severas punições. Inclusive, era prevista uma determinada ação – a *graphé paranomôn* – para a anulação de leis contrárias ao direito natural e a punição de todos legisladores envolvidos.[7]

Dentro deste contexto histórico ocidental, o conceito de direito natural foi articulado de maneira eloquente por filósofos gregos e romanos que, de modo geral, acreditavam numa lei superior considerada universal, imutável e independente de qualquer

---

não pode ser um governante" (Confúcio, *Analectos*, Cap. 20, citado em C. K. Thong e C. L. Flu, *Finding God in Ancient China*, Zondervan, Grand Rapids/MI, 2009, p. 228). Porque o direito de governar deriva do "Céu", o imperador estava sujeito a princípios gerais do direito. Assim, o imperador pode advir de qualquer estrato social, uma vez que o direito de governar não está limitado a nenhuma dinastia ou grupo particular de indivíduos. A doutrina apenas determina que, enquanto o imperador governar de forma justa, correta e sábia, o "Céu" permitirá que ele e sua dinastia permaneçam no poder. Imperadores chineses eram, portanto, compelidos a governar com justiça e imparcialidade. Como Thong e Fu indicam, "a obediência que o povo devia ao imperador era condicionada à habilidade do governante em obter e manter o Mandato (...) Suas virtude e sabedoria ao governar determinavam se [o Céu] continuava a favorecê-lo com o Mandato. Se o imperador se tornasse imoral ou seu governo, tirânico, o povo poderia, justificadamente, achar que ele perdera seu direito de governo e que ele e sua dinastia poderiam ser substituídos, até mesmo por meio de uma revolta. A recusa de obediência ao imperador fora de uma obediência "maior" ao [Céu] ou à consciência poderia, evidentemente, resultar numa sentença de morte; a história chinesa celebra muitos desses mártires. Por outro lado, o imperador que não estivesse mais governando com benevolência podia ser derrubado — uma interessante consequência da natureza contínua da obediência. A história chinesa também tem muitos registros de exemplos como esse" (p. 226).

6 E. S. Corwin, *The 'Higher Law' Background of American Constitutional Law*, Cornell University Press, Ithaca/NY, 1955. Ver também C. J. Antieau, '*Natural Rights and the Founding Fathers – The Virginians*' (1960) 17 *Washington and Lee Law Review* 43.

7 M. G. Ferreira Filho, *Estado de Direito e Constituição*, 2ª ed., Editora Saraiva, São Paulo/SP, 1999, p. 6.

legislação emanada pelo Estado. Por exemplo, na tragédia ateniense *Antígona*, de Sófocles (496-406 a.C.), Antígona faz um apelo direto a uma lei natural ou superior quando interpelada pelo rei Creonte sobre sua desobediência à proibição de enterrar seu irmão, que morrera atacando Tebas. Antígona responde ao rei:

> Estas leis não foram ordenadas por Deus,
> E aquele que ocupa seu trono com divindades subterrâneas,
> A Justiça, não promulgou estas leis humanas.
> Nem eu considero que tu, mero homem mortal,
> Possa com uma palavra anular ou substituir
> As leis imutáveis não-escritas do Céu.
> Elas não nasceram ontem;
> Elas não morrem; e ninguém sabe de onde vieram.[8]

Platão (427/428-347/348 a.C.)

Uma das figuras mais festejadas da filosofia antiga é Platão, o filósofo ateniense que propôs a distinção entre objetos percebidos no mundo e as "ideias" ou "formas" pelas quais se consideram esses objetos como "bons" ou "belos". De acordo com Platão, todo objeto corresponde a uma forma ideal que expressa a sua natureza essencial. Embora o conhecimento da forma seja adquirido através da razão, para se conhecer a verdade, comenta ele, é preciso olhar para além do mundo das aparências e se buscar a verdadeira natureza das coisas. A filosofia platônica, com isso, eleva a forma do "bom" à mais alta forma de existência, incorporando a natureza da realização humana à busca da boa vida. Da mesma maneira, Platão acreditava na existência uma organização política ideal através da qual as diferentes formas de governo seriam apenas cópias imperfeitas. A teoria platônica de sociedade política, portanto, "não consistia em considerar as instituições políticas reais a fim de entendê-las em termos de legitimidade e funcionamento, mas, sim, em demonstrar a imperfeição de cada forma de governo humano e, em seu lugar,

---
[8] Sófocles, *Antígona*, § 450 (tradução de J. B. de Mello Souza, Ebooks Brasil, 2005).

estabelecer um ideal de governo segundo uma definição *a priori* de justiça social".[9]

A teoria platônica abarca uma visão da natureza governada por leis eternas e imutáveis. Essas leis são racionais e boas porque foram criadas por Deus. Porque os seres humanos, independentemente de sua escala infinitesimal, possuem conhecimento e razão divinos, podendo conhecer esses corpos de leis que governam perenemente a ordem natural.[10] Platão acreditava que o universo é produto de um autor racional, ou espírito divino, preocupado com as questões humanas essenciais.[11] Dessa forma, o direito natural reflete uma verdadeira "personificação da razão" e o produto da mente divina que cria a ordem do universo.[12] Para Platão, as sociedades encontram o alívio de seus problemas apenas se aprendem a incorporar o direito natural no ordenamento jurídico e em obediência ao "elemento imortal dentro delas".[13] O legislador da sociedade deve portanto insistir que o direito positivado se baseie em princípios de direito natural relacionados ao funcionamento natural de todas as coisas existentes, uma vez que este direito é verdadeiramente a "criação da razão".[14]

Nesse sentido, Platão abriu a possibilidade de se estabelecer uma organização social em que as leis positivas se aproximem do ideal de justiça universal.[15] A ele é atribuída a formulação embrionária do conceito de Estado de Direito, ao afirmar que "uma coisa exibe forma própria se, e somente se, alguma de suas partes é a dominadora natural das outras partes".[16] Para ele, "produzir justiça é engendrar as partes da alma em relação natural de controle, uma pela outra, ao passo que produzir injustiça é engendrar a relação de

---

[9] J. H. Abraham, *Origins and Growth of Sociology*, Penguin Books, London, 1973, p. 23.

[10] *Ibid*, p. 24.

[11] Platão, *Leis*, 893c-899b, 901d-903c.

[12] F. D. Miller Jr., *The Rule of Law in Ancient Greek Thought*, in M. Sellers and T. Tomaszewski, *The Rule of Law in Comparative Perspective*, Springer, Dordrecth, 2010, p. 13.

[13] Platão, *Leis*, 713e-714a.

[14] Platão, *Leis*, 890d.

[15] Abraham, nota 9 acima, p. 24.

[16] Miller Jr., nota 12 acima, p. 13.

domínio e submissão contrariamente à natureza".[17] Atribui-se também a Platão esta elaboração do Estado de Direito, ao ter o mesmo afirmado:

> Quando o direito está sujeito a alguma outra autoridade e não à sua própria, o colapso do Estado, na minha visão, não está muito longe; mas se o direito é o mestre do governo e o governo seu escravo, então a situação é promissora e os homens desfrutam de todas as benesses que os deuses vertem sobre o Estado.[18]

Embora Platão acreditasse na supremacia de leis naturais sobre as leis instituídas, infelizmente pensava esse festejado filósofo que apenas os melhores homens da sociedade poderiam usufruir de liberdade individual, e apenas se tal fruição da liberdade aperfeiçoasse a condição geral do Estado. A condição dos indivíduos compreendidos no Estado é largamente irrelevante na filosofia platônica. Por essa razão, o platonismo tem sido corretamente definido como um ancestral do totalitarismo moderno, pois aparenta sacrificar o indivíduo em favor do corpo político. Não há, de fato, o menor sinal na teoria platônica de que os indivíduos sejam dotadas de direitos fundamentais oponíveis ao Estado.[19] Ao contrário: Platão propõe a supressão de grupos intermediários entre o indivíduo e o Estado, como a família, além da abolição da propriedade privada.[20] Uma das imagens político-filosóficas mais evocatórias em toda a história da filosofia ocidental, a alegoria platônica da caverna, assume que pessoas habitem um estado de ignorância acerca da verdade, de modo que apenas um governante iluminado – o rei-filósofo – possui a habilidade de saber como o mundo realmente funciona. O rei-filósofo de Platão é, portanto, um governante político de natureza tão iluminada que o mesmo não deva assim estar obrigado a prestar contas de seus atos ou buscar aprovação de seu governo pelo povo.[21]

---
17 Platão, *A República*, 444d.

18 Citado por J. Cooper *et al*, *Complete Works By Plato*, Hackett Publishing, Indianapolis/IN, 1997, p. 1402.

19 K. Popper, *The Open Society and its Enemies – Vol 1*, Routledge, Londres, 1945.

20 G. Del Vecchio, *Lições de Filosofia do Direito*, 5ª edição, Armênio Amado, Coimbra, 1979, pp. 44-5.

21 Ver J. Roskam, "*Review of Plato's* The Republic", *in* C. Berg, J. Roskam e A. Kemp (editors), *100 Great Books of Liberty: The Essential Introduction to the Greatest Idea of Western Civilisation,* Cannor Court

Aristóteles (384-322 a.C.)

Estudante da academia de Platão em Atenas, Aristóteles oferece uma importante contribuição ao jusnaturalismo. Sua teoria mais famosa é a de que os seres humanos são animais políticos (ou sociais) por natureza. A família, argumentava ele, é uma associação engendrada pela natureza para suprir as necessidades diárias das pessoas. Quando as pessoas buscam algo superior às suas necessidades diárias, reúnem-se em vilas e eventualmente num Estado.[22] Aristóteles concebeu a sociedade como um desenvolvimento natural de impulsos humanos sociais. Nessa visão, as pessoas existem como "animais sociais" e, sem organização social, o indivíduo não é absolutamente nada, pois todo o progresso na vida somente se faz possível com a – e é determinado pela – "participação em uma sociedade de pessoas de pensamento semelhante".[23]

Aristóteles possuía uma preocupação especial com o problema da corrupção política. Para tratar de tal problema, ele propôs uma teoria de governo misto ou limitado, segundo a qual um governo melhor pode ser alcançado pela combinação de elementos positivos identificáveis em diversas formas de "governo bom" – quais sejam, a monarquia, a aristocracia e a democracia. Para Aristóteles, a entidade política ideal é a *polis* ou cidade-Estado, regida por um governo capaz de equilibrar essas três formas de governo (monarquia, aristocracia e democracia), de modo que uma forma de governo mais perfeita submetida ao direito através de um sistema de freios e contrapesos venha a ser estabelecida.[24]

De especial interesse para Aristóteles era a investigação da validade jurídica como mecanismo de ativação da justiça universal. Ele acreditava que convenções sociais, leis positivas e outros tantos atos governamentais são certos e justos à medida que estão inteiramente de acordo com os propósitos da natureza humana. Se uma lei

---

Publishing, Ballarat/Vic, 2010, p. 191.

22 E. Patterson, *Jurisprudence: Men and Ideas of the Law*, The Foundation Press, Brooklin/NY, 1953, pp. 338-9.

23 Abraham, nota 9 acima, p. 25.

24 M. Leiboff e M. Thomas, *Legal Theories: Contexts and Practices*, LawBook, Sydney, 2009, pp. 53-4.

não está de acordo com a natureza, tal lei está errada, porque, para Aristóteles, "a lei da natureza impõe a conduta que torne a vida social possível e permite que o indivíduo floresça dentro dela".[25] Em *A Política*, Aristóteles afirmou que o Estado de Direito deriva de leis naturais que são preferíveis ao "Estado dos Homens":

> Então, investir o direito de autoridade é, ao que parece, investir Deus e a razão, apenas; investir o homem de autoridade é introduzir uma besta, porquanto o desejo é algo bestial, e até os melhores homens em postos de autoridade são responsáveis por se corromperem pela paixão. Podemos concluir, pois, que o direito é a razão sem paixão e é, portanto, preferível para qualquer indivíduo.[26]

Depois de distinguir entre o naturalmente justo e aquilo pode se considera "justo" apenas como resultado de convenção humana, Aristóteles define a justiça natural como aquilo "que em todo lugar tem a mesma força e que não existe em razão do pensamento das pessoas neste ou naquele sentido".[27] Aristóteles divide a justiça em duas categorias básicas: "natural" e "convencional". Enquanto a justiça natural deve ser imutável e válida a despeito do tempo e das circunstâncias,[28] a "justiça convencional", por outro lado, compreende uma forma inferior de justiça que é inventada pela sociedade para servir às suas próprias necessidades.[29] Em outras palavras, a justiça convencional é aplicada em uma sociedade em particular, enquanto que a justiça natural aplica-se a todas as sociedades de uma mesma forma.[30] Portanto, era possível para Aristóteles o apelo a uma lei maior ou superior, a lei da natureza, quando as leis da

---

25 T. Mautner, "*Natural Law*" em T. Mautner, *The Penguin Dictionary of Philosophy*, Penguin, Londres, 2000, p. 376.

26 Aristóteles, *A Política*. Livro III. Edward Cowin: "Aproximadamente dois mil anos depois de Aristóteles, o sentido dessa passagem (...) estava para encontrar seu primeiro espaço na Constituição de Massachusetts de 1780 e depois no voto do presidente da Suprema Corte dos EUA, Marshall, em *Marbury vs. Madison*" (Corwin, nota 5 acima, p. 6). A opinião de Corwin é importante. Ele foi o terceiro McCormick a se tornar professor de Teoria do Direito na Universidade de Princeton, bem como o primeiro chefe do departamento de ciência política daquela universidade. Era amplamente reconhecido como exímio expositor do espírito e do significado da Constituição estadunidense.

27 Aristóteles, Ética a Nicômaco, 5.7.1.

28 *Ibid.*

29 *Ibid.*

30 Abraham, nota 9 acima, p. 26.

sociedade não sejam razoavelmente aceitáveis e necessárias de modificação.

Dizia Aristóteles, neste sentido, que a "justiça convencional" é subordinada à "justiça natural". Objetiva e universal, a justiça natural não se encontra sujeita às mudanças de tempo ou depende de qualquer forma de governo. Ao contrário, Aristóteles argumenta que, mesmo se alguém não tivesse, segundo a lei positiva, o direito de resistir a certas coisas, poderia ainda ter o direito inalienável de "recorrer à lei da natureza".[31] Ele concluiu que, mesmo se o direito positivado porventura autorizasse o homicídio, o estupro e o incesto, tais coisas ainda permaneceriam como violações eternas e imutáveis do direito natural.[32]

Marco Túlio Cícero (106-143 a.C.)

A ideia grega de direito natural foi alargada e enriquecida pelo estoicismo, escola filosófica que contava com a adesão de boa parcela da elite instruída da civilização greco-romana. Zenão de Cítio (336-246 a.C.), o fundador do estoicismo, acreditava numa ordem moral natural através da qual as pessoas podem participar racionalmente do plano divino. A verdadeira virtude, argumentava Zenão, reside na autossuficiência da pessoa, assim como na ordenação racional de suas boas intenções, e não em posses materiais.

Os ensinamentos estoicos postulavam que a justiça é determinada por uma "Lei Suprema" que teria surgido antes da existência de qualquer lei escrita. Esta noção de uma lei não-escrita de caráter imemorial foi uma das concepções de direito natural favoritas dos antigos gregos.[33] A Teoria do Direito estoica sustentava, assim, a ideia de leis universais aplicáveis para as sociedades, o que posteriormente forneceu as bases teóricas para o conceito de *jus gentium* como aquela parte do direito que os juristas romanos desenvolveram para questões jurídicas envolvendo estrangeiros e cidadãos ro-

---

31 Aristóteles, *A Retórica*, 1.13.75.
32 Aristóteles, nota 27 acima.
33 Patterson, nota 22 acima, p. 342.

manos.³⁴ Com relação mais especificamente ao estoicismo, escreveu Ernest Barker:

> A Natureza era sinônimo de Razão, e Razão era sinônimo de Deus. Eles acreditavam que a verdadeira cidade ou regime da humanidade era somente a "cidade de Deus", ou Cosmópolis (transcendendo as velhas cidades estabelecidas) e que todos os homens fossem unidos como criaturas racionais na cidade de Deus, que era também a cidade da Razão e da Natureza. Eles acreditavam que o verdadeiro direito era o direito dessa cidade – a lei da Razão, a lei da Natureza.³⁵

Inspirado nestes ensinamentos estoicos, o filósofo, estadista, jurista e teórico da política romano Marco Túlio Cícero elaborou uma filosofia segundo a qual os atributos mandatórios do direito natural se constituiriam em fundamentos essenciais do direito institucionalizado. Embora estejam estes abrangidos pelos preceitos da conduta racional cujas origens Cícero atribuía ao planejamento divino, os princípios do direito natural seriam perfeitamente acessíveis a qualquer um pela razão. O direito natural, concluía Cícero, "é a razão mais elevada cuja função natural é determinar a conduta correta e proibir os maus atos". Disse Cícero:

> A origem da Justiça é encontrada no Direito [natural], pois esse Direito é uma força natural; é a (...) medida pela qual a Justiça e a Injustiça são mensuradas (...). Ao se determinar o que é a Justiça, pode-se começar pela Lei Suprema, que teve sua origem eras antes de que qualquer lei escrita existisse ou qualquer Estado tivesse sido estabelecido.³⁶

Nesse sentido, Cícero atribuía às leis positivadas o papel de absoluta subordinação ao direito natural. Argumentava ainda que os princípios do direito natural não são acidentais ou variáveis, mas, sim, objetivos e universais.³⁷ Assim, a tirania política foi definida

---

34 *Ibid*, p. 343-344.

35 E. Barker, "*Introduction*" *in* O. Gierke, *Natural Law and the Theory of Society*, Cambridge University Press, Cambridge, 1950, p. xxxvi.

36 M. T. Cícero, *De Legibus*, 1.6.18-19.

37 J. M. Kelly, *A Short History of Western Legal Theory*, Oxford University Press, Oxford, 1992, p. 14.

por ele como a negação deliberada desses mesmos princípios.[38] Em contraste com os sofistas e epicureus, que abordavam as questões de justiça e validade jurídica subjetivamente, de modo que tanto uma quanto outra era sempre vista como inteiramente dependente do contexto social, Cícero acreditava que a verdadeira justiça transcende os limites da conveniência humana; que tal justiça reside na descoberta e aplicação de princípios universalmente aplicáveis. "Pois a razão", como declarou Cícero:

> deriva da natureza do universo, impelindo os homens à conduta certa e os afastando dos maus atos, e essa razão não se tornou Lei pela primeira vez quando foi escrita, mas, sim, quando veio à existência pela primeira vez; e ela veio à existência simultaneamente com a mente divina. Nesta, a verdade e a Lei original, pensadas para determinar e proibir, é a razão certa do Deus certo.[39]

O pragmatismo de Cícero teve por mérito transcender todas as abstrações metafísicas de sua filosofia jusnaturalista. Ele reconhecia sem reservas que "nem tudo que está estabelecido nas leis civis e nas instituições das nações é necessariamente justo; nem tampouco a justiça se confunde com a obediência a leis escritas".[40] Cícero estava consciente de que "muitas medidas perniciosas e prejudiciais são constantemente aprovadas entre os povos, medidas que não merecem o nome de direito".[41] Ele pensava, ainda, que quaisquer dessas medidas não poderiam ser chamadas de "lei verdadeira". Para ele, a "lei verdadeira" transcende os atos legislativos e costumes de qualquer nação em particular. Tal direito, que ele assim identificava com a "razão correta", seria imanente da natureza, do universo, e das mentes dos mais sábios seres humanos.[42] Desta forma, a "Lei Verdadeira", concluía Cícero:

---

38 "Onde todos fossem oprimidos pela crueldade de somente um homem (...) alguém poderia chamar isso de república? (...). É preciso dizer que, onde um tirano governa, o Estado, mais que defeituoso, é inexistente" (M. T. Cícero, *De Republica*, III.31.43).

39 *Ibid*, II.4.10.

40 *Ibid*, I.15.42.

41 *Ibid*, II.5.13.

42 Patterson, nota 22 acima, p. 342.

> (...) é a razão correta em acordo com a natureza, difundida entre todos os homens; constante e imutável, ela deve chamar os homens aos seus deveres, e detê-los nos maus atos por meio de suas proibições; e jamais obriga ou proíbe homens justos em vão, enquanto suas regras e limites se perdem entre os maus. Limitar essa lei é profanação, emendá-la, ilícito, revogá-la, impossível; tampouco podemos ser dispensados dela por ordem do senado ou da assembleia popular; menos ainda precisamos de alguém para esclarecê-la ou interpretá-la; também não será uma lei em Roma e outra diferente em Atenas, nem diferente amanhã do que é hoje; mas, sim, uma mesma lei, eterna e imutável, que vinculará todos os povos e todas as épocas; e Deus, seu criador, expositor e promulgador, será como sempre foi, o único governante universal de todas as coisas; e quem quer que a desobedeça, porque por esse ato terá virado as costas para si mesmo e para a sua própria natureza humana, pagará com a pena mais elevada das penas, mesmo que evite as outras punições aplicadas para a sua conduta.[43]

Cícero tinha uma visão um tanto otimista da natureza humana. Ele acreditava que "somos nascidos para a justiça e o certo não é mera construção arbitrária de opinião".[44] De outro modo, continuava ele, "aquilo que é estabelecido por conta da utilidade pode ser derrubado por causa da utilidade".[45] Cícero introduziu ainda alguns exemplos práticos de direito imutável e oriundos de nossa própria natureza humana: o direito à legítima defesa; a proibição de jamais intencionalmente enganar ou prejudicar os outros; e o preceito segundo o qual se deve defender o outro de agressão física. Acima de tudo, Cícero declarou:

> A noção mais tola de todas é a crença de que tudo que é justo está nos costumes e leis das nações. Isso seria verdade mesmo se essas leis tivessem sido decretadas por tiranos? (...) [ou se uma lei fosse criada] para que um ditador pudesse determinar impunemente a morte de qualquer cidadão que

---

43 Cícero, nota 38 acima, II.22.33.

44 *Ibid*, I.10.28.

45 *Ibid*, I.15.42.

desejasse matar, mesmo sem julgamento. Pois a Justiça é única; ela vincula toda sociedade humana e é baseada numa só Lei, que é a razão correta aplicada à obrigação e à proibição (...). Se os princípios da justiça pudessem ser encontrados nos decretos das nações, nos éditos dos príncipes ou nas decisões dos juízes, então a justiça sancionaria o roubo, o adultério e a falsificação das vontades, caso esses atos fossem aprovados por votos ou decretos da população.[46]

Jus Gentium

Além de Cícero, vários outros juristas romanos abordaram a ideia de um direito natural ou superior. Por exemplo, o *Digesto* de Justiniano, do século VI d.C., registra uma citação de Ulpiano, jurista do século II d.C., que fazia referência a um jurista ainda mais antigo, Celso, que havia definido o direito como "a arte do bom e do justo".[47] Ulpiano relacionou a ideia de direito a uma "vontade estável e constante de dar a cada um o que é seu". Para Ulpiano, os preceitos basilares do direito são *honeste vivere, alterum no laedere, suum cuique tribuere* (viver honestamente, não prejudicar outrem e dar a cada um o que é seu).[48]

Partindo de uma perspectiva pragmática, os antigos romanos confiavam nos princípios de direito natural para regularem as disputas entre estrangeiros em território romano, ou entre cidadãos romanos e estrangeiros. Chamados de *jus gentium*, ou "Direito das Gentes", esses princípios compreendiam um corpo de direito mercantil que os tribunais romanos tinham que aplicar em todos os casos mercantis, fossem as partes romanos ou não. Teoricamente, o *jus gentium* significava, basicamente, "o elemento universal em antítese às peculiaridades naturais (*jus civile*) encontradas no direito positivado de cada Estado".[49] Desse modo, o *jus gentium* diferia do *jus civile* por abranger "leis universais", ao passo que este último dizia

---

46 *Ibid*, I.15.42 e I.16.43-4.
47 *Digesta*, 1.1.1.
48 *Ibid*, 1.1.10.
49 Barker, nota 35 acima, p. xxxvi.

respeito apenas às leis locais dos cidadãos romanos. As Institutas de Gaio, do século II d.C., explicam esta dualidade de leis romanas:

> Todos os povos governados por leis e costumes fazem uso, em parte, do direito que lhes é peculiar e, d'outra parte, do direito que é comum a todos os homens. Aquilo que cada nação estabeleceu como lei para si própria é o direito que lhe é peculiar e é chamado de direito civil (*jus civile*), isto é, o direito particular daquele Estado (*civitas*); mas o que a razão natural estabeleceu para o direito das gentes (*jus gentium*) é a lei que todas as nações usam. Portanto, o povo romano utiliza, em parte, seu próprio direito especial e, em parte, o direito comum a todos os homens.[50]

Não é possível contudo distinguir integralmente o *jus gentium* do direito natural. Na realidade, "os juristas romanos nunca concordaram que havia distinção alguma entre os dois".[51] A fonte do direito natural, de acordo com o jurisconsulto romano Gaio (110-180 d.C.), é a razão natural existente em todo ser humano. Conforme salientou Edwin Patterson,

> O *jus gentium* advém da concepção de direito natural que: possibilitou aos civilistas medievais, comentadores do direito romano, superar as diversidades dos direitos costumeiros e regulamentos por meio do apelo à razão natural; e muitos dos conceitos do direito romano vieram a ser considerados inerentemente razoáveis e como tendo poder de se sobreporem a leis instituídas e costumes locais. Ao mesmo tempo, lei da natureza se tornou um ideal de interpretação humana das leis instituídas e, assim, trouxe o seu aprimoramento.[52]

Jusnaturalismo na Concepção Judaico-Cristã

As escrituras hebraicas descrevem Deus como criador e legislador, cujas ordens aos patriarcas (Adão, Noé, Abraão e Moisés) incorporam padrões eternos de justiça e moralidade aos quais todas

---

50 Kelly, nota 37 acima, p. 61.
51 Barker, nota 35 acima, p. xxxvi.
52 Patterson, nota 22 acima, p. 344.

as pessoa e sociedades deveriam se submeter. Em especial, o Decálogo ou Dez Mandamentos, conferidos por Deus por meio de Moisés ao povo de Israel,[53] constituir-se-iam-se de padrões morais aos quais a justiça humana deveria sempre se submeter.[54] De acordo com Irineu de Lyon (130-200), os Dez Mandamentos eram intrínsecos à ordem natural e consistiam apenas num lembrete dos princípios eternos que Deus instituiu ao tempo da criação.[55] Eles representavam a continuidade entre o criador benevolente e a sua criação, sendo o livro bíblico de Gênesis considerado essencial em termos de revelação do conteúdo das leis eternas de Deus. Dentro desta perspectiva, como aponta Jonathan Burnside:

> Certas normas morais parecem estar implícitas nas narrativas da Criação, as quais (...) Deus espera que sejam conhecidas e respeitadas por todos os seres humanos. Nesse sentido, não há nada novo a respeito do Decálogo. Seus comandos e proibições não aparecem "do nada". Pelo contrário, há uma percepção de que eles sempre foram comandos e proibições. Algo pode ser determinado, não porque Deus determinou explicitamente em sua palavra, mas apenas porque se reconhece aquilo que por Ele foi pré-estabelecido durante a própria criação do universo. Do mesmo modo, algo pode ser proibido, não porque Deus deu uma ordem específica, mas porque não é consistente com o que Deus fez na criação.[56]

Em tempos ancestrais, esperava-se dos reis de Israel que administrassem a justiça em consonância com certos padrões objetivos da moralidade.[57] Os profetas hebreus frequentemente chamavam a atenção para as injustiças perpetradas por monarcas, tanto de Israel

---

53 Êxodo 20:2-17; Deuteronômio 5:6-21.

54 Para uma defesa do direito natural do ponto-de-vista do judaísmo tradicional e contemporâneo, ver David Novak, *Natural Law in Judaism*, Cambridge University Press, Cambridge, 1998.

55 Irineu, *Adversus omnes hæreses* 4.13-15.

56 J. Burnside, *God, Justice and Society: Aspects of Law and Legality in the Bible*, Oxford University Press, 2011, p. 69. No mesmo sentido, o Compêndio da Doutrina Social da Igreja afirma: "Os Dez Mandamentos, que consistem num extraordinário rumo para a vida e indicam o jeito mais acertado de viver livre da escravidão e do pecado, contêm uma expressão privilegiada do direito natural. Eles nos ensinam a verdadeira humanidade do homem. Eles trazem à luz os deveres essenciais e, portanto, indiretamente, os direitos fundamentais inerentes à natureza da pessoa humana" (Pontifício Conselho Justiça e Paz, nota 3 acima, p. 13).

57 Deuteronômio 17:18-20.

quanto de outras nações e impérios vizinhos, chamando-os ao arrependimento e os alertando para o iminente julgamento divino.[58] Embora Israel fosse, no máximo, apenas um poder regional, sua tradição profética conquistou maior influência especialmente devido ao crescimento e expansão do cristianismo nos séculos seguintes.[59]

Como já sabemos, o direito natural não se originou na filosofia cristã. Contudo, os seus princípios fundamentais encontram-se justificados no Novo Testamento. Por exemplo, o Evangelho de Mateus nos conta a respeito de Cristo sendo questionado pelos discípulos dos fariseus a respeito da legitimidade do pagamento de tributos a César. A isso, Cristo respondeu: "Dai a César o que é de César, e a Deus o que é de Deus".[60] Cristo parece ter delineado uma clara distinção entre as leis temporais de César e as leis eternas de Deus. Estando as duas em conflito, deve a lei de Deus sempre prevalecer.[61] Outro exemplo encontra-se na epístola de Paulo aos romanos, nas quais o "apóstolo dos gentios" (não-judeus) comenta que, embora os gentios não tenham diretamente recebido os Dez Mandamentos, eles ainda assim devem reconhecer todas as coisas exigidas pela lei, "por causa da obra da lei que foi inscrita em seus corações. Sua consciência guarda o testemunho desse fato, com seus pensamentos os acusando ou os escusando".[62] O que o apóstolo está querendo dizer, explica John Stott:

> (...) é que a mesma lei moral revelada por Deus nas Escrituras também foi por Ele impressa (ainda que de forma não muito legível) na natureza humana. Uma vez que ele de fato escreveu essa lei duas vezes, interna e externamente, elas não podem ser consideradas um sistema estranho que se impõe arbitrariamente às pessoas e que cuja obediência pelos seres humanos seja antinatural. Pelo contrário, existe uma corres-

---

[58] Por exemplo, 2 Samuel 12:1-9, Isaías 1:21-27, Naum 3.

[59] Sobre pensamento político judaico e sua maior influência, ver D. J. Elazar, *Covenant and Polity in Biblical Israel: Biblical Foundations and Jewish Expressions,* Transaction Publishers, New Brunswick/NJ, 1995; *Covenant and Commonwealth: From Christian Separation through the Protestant Reformation,* Transaction Publishers, New Brunswick/NJ, 1996; e *Covenant and Constitutionalism: The Great Frontier and the Matrix of Federal Democracy,* Transaction Publishers, New Brunswick/NJ, 1998.

[60] Mateus 22:21.

[61] Ver F. A. Schaeffer, *A Christian Manifesto,* Crossway Books, Westchester/IL, 2005, p. 89-102.

[62] Romanos 2:15.

pondência fundamental entre a lei das Escrituras e a lei da natureza humana. A lei de Deus se adéqua a nós; ela é a lei do nosso próprio ser. Somos autenticamente humanos apenas quando lhe obedecemos. Quando lhe desobedecemos, estamos não apenas nos rebelando contra Deus, mas, também, contradizendo nós mesmos.[63]

Os juristas cristãos basearam-se em tais passagens bíblicas para sustentarem a existência de princípios permanentes de justiça, que devem ser aplicados independentemente do tempo e da situação. Desta maneira, a lei humana só será válida se não estiver em conflito com esses princípios eternos e universais. As leis que forem inconsistentes com tais princípios devem ser consideradas "injustas" e, ao menos em parte, inválidas. De fato, a Bíblia contém algumas passagens bastante importantes que justificam inteiramente a resistência legítima contra a tirania política. As passagens de Êxodo 1:17-21, Ester 3:2 e 4:13, Daniel 3:16-18 e Atos 5:29 são apenas alguns destes diversos exemplos. Orígenes, teólogo do início do cristianismo (185-254), assim comentou:

> Onde a lei da natureza, que é a de Deus, ordena preceitos contrários às leis escritas, considerai se a razão não compele o homem a repudiar a legislação escrita e a intenção dos legisladores e a se devotar ao Legislador divino e escolher viver de acordo com a Sua palavra, mesmo que, ao fazê-lo, possa enfrentar perigos, incontáveis problemas, a morte e a vergonha.[64]

Inspirado nesta mesma visão de direito natural, Sto. Ambrósio (337-397) observou que "um homem consciencioso deve antes morrer do que obedecer a uma ordem que ele sabe ser errada".[65] Ambrósio pôde, de fato, pôr a sua teoria em prática quando, em 390, como Bispo de Milão, forçou o imperador Teodósio a se arrepender do massacre vingativo de sete mil pessoas inocentes. O fato é historicamente relevante porquanto parece indicar que, sob a

---

[63] J. Scott, *The Message of Romans: God's Good News for the New World*, Inter-Varsity Press, Nottingham, 1994, p. 89.
[64] Orígenes, *Contra Celsum*, Livro 5, parágrafo 37.
[65] Ambrósio, *Sermon Contra Auxent*, parágrafos 1-2.

influência do cristianismo, ninguém, nem mesmo o imperador romano, seria considerado como estando acima da lei. A instituição do absolutismo monárquico foi, portanto, substituída pela monarquia subordinada à primazia da lei maior.[66]

Sto. Agostinho de Hipona (354-430)

Santo Agostinho de Hipona, o grande filósofo-teólogo medieval, insistia que as considerações teológicas deveriam permear a Teoria do Direito, constituindo uma base sólida para a verdadeira doutrina jurídica.[67] Influenciado pela tradição da Grécia antiga, Agostinho considerava a definição de Cícero acerca do direito natural "quase divina".[68] No livro *Cidade de Deus*, clássico da teologia cristã, ele argumenta que a verdadeira justiça não se relaciona à história e ao contexto social, mas, sim, emana de padrões eternos e objetivos derivados do direito natural. A ideia de direito natural não é mera invenção cultural dos filósofos gregos e romanos e representa, de acordo com Santo Agostinho:

> (...) as descobertas de homens que, pela instigação de sua própria habilidade especulativa, fizeram esforços para descobrir as leis ocultas da natureza, o certo e o errado na ética e, na dialética, o que era inconsistente e errôneo. E alguns deles, com a ajuda de Deus, fizeram grandes descobertas; mas quando foram deixados à própria sorte, foram traídos pela enfermidade humana e caíram em erro. E isso foi ordenado pela Divina Providência, para que seu orgulho fosse contido, e que, por seu exemplo, pudesse ser assinalado que é a humildade que dá acesso às mais elevadas esferas.[69]

O pensamento medieval foi baseado em dois princípios: unidade, que deriva de Deus e envolve uma única fé, uma Igreja e um império; e a supremacia do direito, não apenas daquele estabe-

---

66 B. Z. Tamanaha, *On The Rule of Law: History, Politics, Theory*, Cambridge University Press, Cambridge, 2004, p. 23.

67 Ver A. H. Chroust, "*The Fundamental Ideas in St Augustine's Philosophy of Law*" (1973) 18 *American Journal of Jurisprudence* 57.

68 Sto. Agostinho, *Sobre a Livre Escolha da Vontade*, livro I, parte 3.

69 Sto. Agostinho, *Cidade de Deus*, livro II, parte VII.

lecido pelo homem, mas também concebido como parte da unidade do universo.[70] É nesse contexto de dualidade que Agostinho sustenta que uma "lei injusta não pode de forma alguma ser vista como lei".[71] Se uma lei promulgada não é nem objetivamente justa nem socialmente desejável, então a distinção entre um governo e uma quadrilha de criminosos vem mesmo a desaparecer. Desprovido de justiça, dizia Agostinho, um governo não é melhor do que um mero sistema organizado de banditismo. "Retirada a Justiça, o que, então, são os reinos, senão grandes quadrilhas? Pois o que são as próprias quadrilhas, senão pequenos reinos?"[72]

Sto. Tomás de Aquino (1225-1274)

Entre os últimos escolásticos medievais, o frade dominicano Santo Tomás de Aquino proveu a integração da teologia cristã com a filosofia aristotélica.[73] Aquino, de fato, é o teórico cristão mais pragmático do jusnaturalismo. Sua filosofia teísta foi determinante para a doutrina oficial da Igreja Católica acerca do direito natural, assim como outros tantos assuntos correlatos. Com relação à sua impressionante filosofia jurídica, a *Summa Theologica*, um resumo da doutrina cristã, situa o direito instituído ou positivado num contexto mais abrangente do direito natural e do plano geral de Deus para o universo.[74] A lei humana é assim definida como "um decreto da razão para o bem comum elaborado por aquele que se

---

70 M. D. A. Freeman, *Introduction to Jurisprudence*, 8ª ed., Thomson Reuters, Sydney, 2008, p. 99.

71 Agostinho, nota 69 acima, livro I, parte V.

72 Agostinho, nota 69 acima, livro IV, parte 4. Toda a passagem é bastante esclarecedora: "Retirada a Justiça o que, então, são os reinos, senão grandes quadrilhas? Pois o que são as próprias quadrilhas, senão pequenos reinos? A quadrilha, em si, é composta por homens; ela é governada pela autoridade de um príncipe (...); o produto do roubo é dividido pela lei acordada. Se, admitindo-se que os homens foram abandonados, o mal cresce a tal ponto que domina lugares, estabelece moradias e toma posse de cidades e pessoas, ele assume plenamente o nome de reino porque a realidade agora lhe foi manifestamente outorgada, não pela eliminação da cobiça, mas pela adição da impunidade. Em verdade, essa foi uma resposta adequada e verdadeira dada a Alexandre o Grande pelo pirata capturado. Pois, quando o rei perguntou-lhe o que queria dizer por tomar posse do mar, ele respondeu com audacioso orgulho, "O mesmo que queres dizer ao tomar toda a Terra; mas, porque eu faço isso com um pequeno navio, sou chamado de ladrão, enquanto tu fazes o mesmo com uma grande frota e é intitulado imperador"."

73 Chroust, nota 67 acima, p. 23.

74 Aquino, *Summa Theologica*, I, II, Q 93, art. 3.

preocupa com a comunidade e que o promulgou".[75] Uma lei que não venha a ser justificada pela razão não pode prover o bem comum. Assim, não é necessário obedecer-lhe, a menos que, ao lhe desobedecer, se possa pôr em risco todo um ordenamento jurídico, que, de um modo geral, ainda venha favorecer o bem comum. Acima de tudo, não é preciso obedecer a uma lei quando a sua obediência não satisfaz integralmente a razão e o bem comum. Afinal, escreve Aquino, "quando surge um caso em que a observância de determinada lei seria danosa ao bem comum, ela deve deixar de ser seguida".[76]

O conceito de direito natural na teoria tomista inclui tanto as leis físicas quanto as regras normativas de conduta humana. Como criaturas racionais, afirmava Aquino, os seres humanos participam da lei eterna "da maneira mais excelsa"; e "essa participação da criatura racional na lei eterna é chamada de direito natural".[77] A lei eterna pode ser conhecida por meio da revelação divina, isto é, da lei revelada nas Escrituras e que conduz todas as pessoas à sua "finalidade de felicidade eterna, a qual é inapropriada à aptidão natural do homem".[78] Esta lei divina proíbe a prática de nossos pecados e é dividida em lei antiga (do Velho Testamento) e lei nova (do Novo Testamento), a qual Aquino explica com bastante profundidade.[79]

De acordo com Aquino, a razão é uma faculdade da mente humana concedida por Deus e consistente na capacidade de se entender e formar julgamentos.[80] Ele contrasta a razão com a vontade humana, ou a faculdade dos seres humanos de expressarem suas paixões e emoções. A razão, diz Aquino, está acima da paixão porque é o que nos possibilita distinguir o certo do errado, a justiça da injustiça. Ademais, a razão nos faz identificar a lei com os princípios intemporais de justiça e moral inerentes à natureza humana – não

---

75 *Ibid*, I, II, Q 90, art. 4º.

76 *Ibid*, I, II, Q 96, art. 6º.

77 *Ibid*, Q 91, art. 2º.

78 *Ibid*, Q 91, art. 4º.

79 *Ibid*, Q 91, art. 5º.

80 H. Berman, *Law and Revolution II: The Impact of the Protestant Reformations on the Western Legal Tradition*, Harvard University Press, Cambridge, 2003, p. 242.

com leis de uma nação em particular, mas com uma lei universal aplicável a todas as nações.[81]

Aquino afirma que os preceitos de direito natural são apreendidos pela "razão prática", e que é consistente na razão dirigida à ação humana através da qual "o bem deve ser feito e buscado e o mal deve ser evitado. Todos os outros preceitos devem se basear nisso".[82] O que quer que a razão prática apreenda como bem ou mal pertence neste sentido aos preceitos do direito natural como algo a ser feito ou evitado.[83] Na sua essência, diz Aquino, esses preceitos são eternos e imutáveis.[84] A validade das leis humanas depende, portanto, do seu grau de justeza determinado pelo direito natural, de modo que "aquilo que não é justo parece não ser lei de forma alguma". Aquino conclui assim que "a força de uma lei depende da extensão de sua justiça". "Em assuntos humanos", comenta ele:

> (...) pode-se dizer que algo é justo por ser correto, de acordo com a regra da razão. Mas a primeira regra da razão é a lei da natureza (...). Consequentemente, cada lei humana só tem natureza de lei na medida em que deriva da lei natural. Mas se em algum ponto se desvia da lei da natureza, não é mais uma lei e, sim, uma perversão da lei.[85]

É um equívoco bastante comum afirmar que Aquino tentou separar a razão (direito natural) da revelação (direito revelado).[86] Pelo contrário, ele buscava em sua teoria demonstrar a unidade intrínseca e correlação destes dois.[87] Para Aquino, a revelação ne-

---

81 Ibid.
82 Patterson, nota 22 acima, p. 348.
83 Rice, nota 3 acima, p. 52.
84 Aquino, nota 74 acima, I, II, Q 94, art. 5º.
85 *Ibid*, Q 95.
86 R. C. Sproul comenta: "A visão de Tomás sobre a teologia natural encontra sua maior oposição nos fideístas (que sustentam que Deus só pode ser conhecido pela fé), com relação à visão esposada nos "artigos mistos" (*articulus mixtus*). Essas são verdades que podem ser aprendidas tanto pela natureza quanto pela graça – tanto pela filosofia quanto pela ciência, ou pela Bíblia. Essa classe de artigos mistos inclui o conhecimento da existência de Deus. Isso quer dizer que a filosofia, independentemente da Bíblia, pode racionalmente demonstrar a existência de Deus. É evidente que a Bíblia sustenta um conhecimento muito mais abrangente e profundo da natureza de Deus, diz Tomás, mas sua real existência pode ser demonstrada independentemente da Bíblia. No que diz respeito ao conhecimento de Deus, filosofia e teologia podem trabalhar juntas como parceiras" (R. C. Sproul, *The Consequences of Ideas: Understanding the Concepts that shaped our world*, Crossway Books, Wheaton/Il, 2000, p. 68-70).
87 *Ibid*, p. 68.

cessariamente está de igual para igual com as coisas que se podem conhecer pela razão. Como disse Aquino, "o direito natural pode ser apagado do coração humano tanto por persuasões maléficas, como os erros em questões especulativas relativas às suas conclusões; quanto por vícios dos costumes e corrupção dos hábitos, pois, para alguns homens, o furto e até vícios antinaturais não são considerados pecaminosos, como afirma o Apóstolo (Rom I)".[88] Todo o propósito da Teoria do Direito de Tomás de Aquino consiste, pois, em se saber integrar o direito natural ao direito divino.[89] Enquanto que o direito divino pode ser descoberto por meio da revelação de Deus na Bíblia, o direito natural é parte daquele direito eterno que pode ser descoberto apenas pela razão. Em última análise, contudo, Aquino deixa muito bem claro que todo verdadeiro conhecimento é dependente da revelação divina:

> A razão humana é muito deficiente nas coisas concernentes a Deus. Um sinal disso é que os filósofos em suas investigações dos assuntos humanos, por suas averiguações naturais, vêm caindo em muitos erros e têm discordado entre si. E, consequentemente, para que os homens possam ter conhecimento de Deus livre de dúvidas e incertezas, é necessário, por razões divinas, que esse conhecimento lhes seja entregue por meio da fé, sendo-lhes dito, como de fato o foi, diretamente pelo próprio Deus, O Qual não pode mentir.[90]

Aquino acreditava na supremacia do direito natural sobre a legislação produzida pelo homem. "Uma vez estabelecido o governante", argumentava ele, "a administração governamental deve ser organizada de modo que a oportunidade de tiranizar seja removida. Ao mesmo tempo, seu poder deverá ser temperado de modo que ele não possa facilmente cair na tirania".[91] Para Aquino, as pessoas estão sujeitas à obediência aos governos seculares à medida que isso é necessário para a ordem e a justiça. Como disse Aquino, "sempre que a autoridade do príncipe for injusta e usurpadora, ou suas or-

---

[88] Aquino, nota 74 acima, I, II, Q 94, art. 6º.
[89] Rice, nota 3 acima, p. 56.
[90] Aquino, nota 74 acima, II, II, Q 2, art. 4º.
[91] Aquino, *De Regimine Principum*, livro I, Cap. 2, p. 41.

dens, injustas, seus súditos não estarão obrigados a lhe obedecer, exceto, talvez, acidentalmente, a fim de se evitar o escândalo ou o perigo".⁹² Em última análise, afirma ele:

> Se é direito do povo prover-se de um governante, mas se esse governante tiranicamente abusa do poder governamental, não há injustiça se a comunidade depõe ou restringe aquele que ela elevou ao governo, nem tampouco pode ser essa comunidade acusada de ruptura da fé por abandonar um tirano, mesmo que o povo se lhe tenha submetido anteriormente em caráter perpétuo; pois, ao não se conduzir fielmente na administração da forma como a função governamental o demanda, ele impôs a si mesmo que seus governados renunciem ao acordo.⁹³

Nesse sentido, a teoria de direito natural de Tomás de Aquino compreendia a teoria de limitação constitucional do poder do Estado. Aquino defendia princípios políticos – a supremacia do legislativo sobre o judiciário, a independência do judiciário da pressão política e a subordinação do judiciário a normas jurídicas previamente estabelecidas – que são os fundamentos da "justiça segundo o direito".⁹⁴ Assim sendo, a análise de Aquino é a receita para um governo limitado, que fornece uma base racional para se afirmar que há limites para o que o Estado pode legitimamente fazer. Sua in-

---

92 Aquino, nota 74 acima, II, II, Q 104, art. 6º.

93 Aquino, nota 74 acima, livro 1, Cap. 6. Inspirado nas palavras de Tomás de Aquino, o papa João XXIII afirma, em *Pacem in Terris* (1963): "Uma vez que o direito de mandar é requerido pela ordem moral e tem sua fonte em Deus, decorre que, se as autoridades civis aprovam leis ou determinam algo que contrarie a ordem moral e, consequentemente, a vontade de Deus, nem as leis elaboradas nem as permissões concedidas podem vincular a consciência dos cidadãos, pois Deus tem mais direito a ser obedecido do que os homens" (parágrafo 51). Do lado protestante, o grande calvinista escocês John Knox (1513-1572) afirmou que o ato de se rebelar contra um mau governante é como rebelar-se contra o próprio Diabo, "que é quem está abusando da espada e da autoridade de Deus" (*On Rebellion*, Cambridge University Press, Cambridge, 1994, p. 192). Se a autoridade política se rebelar contra Deus violando suas leis eternas, lembra Knox que "Deus ordenou a desobediência e, além disso, Ele verdadeiramente aprovou e recompensou grandemente todos aqueles que se opuseram a ordens ímpias e fé cega" (*ibid*, p. 95). A doutrina protestante de resistência legítima contra a tirania política foi mais profundamente elaborada por Samuel Rutherford (1600-1661), outro presbiteriano escocês como Knox. Em resposta àqueles que se basearam no capítulo 13 da Carta de São Paulo aos romanos para condenar qualquer resistência contra o governante civil como resistência ao próprio Deus, Rutherford ousadamente respondeu: "É blasfêmia pensar ou dizer que quando um rei está bebendo do sangue de inocentes e dilapidando a Igreja de Deus que, se estivesse pessoalmente presente, Deus praticaria esses mesmos atos de tirania" (*Lex Rex, or the Law and the Prince* (1644), The Presbyterian Armoury, vol. 3, 1846, p. 34).

94 Patterson, nota 22 acima, p. 350.

sistência em que o poder da lei humana seja limitado implica um direito fundamental da pessoa de não se submeter a uma lei injusta.[95]

Jusnaturalismo na Idade Média

A ideia de direito natural como elemento inerente a todo ser humano foi desenvolvida em diversos escritos dos canonistas medievais.[96] Se aceitarmos a identidade entre os direitos humanos e os direitos naturais como normas universais de comportamento, os primeiros são, de fato, um produto do desenvolvimento da política e da religião ocidentais, particularmente de valores surgidos da Igreja Católica Romana da Idade Média.[97] Original nesses canonistas é a crença num direito superior e fundado no bem comum, mas também prevendo uma esfera de liberdade natural pela qual o governo civil tenha um poder limitado. Por essa razão, o mestre Rufino de Bolonha, um influente canonista de meados do século XII,[98] associava o direito natural a uma certa força instilada pela natureza em toda criatura humana para fazer o bem e evitar o seu oposto.[99] Similarmente, o mestre Huguccio de Pisa, outro famoso canonista italiano daquele mesmo século, definiria o direito natural como "o julgamento da razão natural" que atua de acordo com uma "força subjetiva ou poder inerente à personalidade humana" para a determinação do "comportamento correto".[100] Como assinala Harold Berman:

> Os juristas daquele tempo ensinavam que o direito humano, incluindo as leis costumeiras, extrai sua legitimidade do direito natural, que é, por sua vez, – diziam eles – um reflexo do direito divino. Pensava-se que o direito natural é imediatamente acessível à razão humana. O direito divino foi revelado

---

95 Rice, nota 3 acima, p. 85.

96 Direito Canônico é o corpo de leis e regulamentos feitos ou adotados pela autoridade eclesiástica para a organização da Igreja e de seus membros.

97 J. Taliadoros, "*Natural Law and Legal Obligation: Pre-Modern Understanding of Ius Naturale*". Artigo apresentado na Conferência de 2011 da *Australian Society of Legal Philosophy*, de 29 a 31 de julho de 2011, Brisbane, p. 4.

98 W. Hartmann e K. Pennington, *The History of Medieval Canon Law in the Classic Period*, Catholic University Press, Washington/DC, 2008, p. 1140-1234.

99 Taliadoros, nota 97 acima, p. 3.

100 *Ibid*, p. 64.

à razão humana em textos sagrados e em tradições da Igreja. Ao mesmo tempo, eles reconheciam que o egoísmo, o orgulho e a busca dos homens pelo poder são fontes de leis injustas contrárias tanto ao direito natural quanto ao direito divino. Assim, o direito humano, como resposta à vontade divina, era visto também como produto de uma vontade humana defeituosa que poderia e precisaria ser corrigida pela razão humana. A razão humana – dizia-se – coincidia com o direito natural e com o direito divino ao postular que os crimes deveriam ser punidos, que os contratos deviam ser cumpridos, que as relações de confiança deviam ser protegidas, que as pessoas acusadas deviam ser ouvidas nas suas defesas e, em suma, que normas jurídicas e procedimentos deviam conformar-se aos padrões da justiça.[101]

Luteranismo

O impacto dos ensinamentos do teólogo alemão Martinho Lutero (1483-1546) é de natureza imensurável. Esses ensinamentos lançaram a Reforma Protestante no século XVI, que enfraqueceu a unidade da Igreja do Ocidente. Lutero acreditava na total descontinuidade entre Deus e os seres humanos; uma descontinuidade que, de acordo com ele, tornaria impossível para pessoas proceder à uma avaliação racional da moralidade por referência exclusiva à lei de Deus. Apenas a fé mais pura e simples, declarou Lutero, poderia construir uma ponte sobre a qual o grande abismo existente entre os seres humanos e seu criador poderia ser sobrepujado.[102] Desse modo, a teoria luterana do direito permaneceu, em grande medida, sob as sombras perenes do positivismo jurídico. Ao ensinar, como fazia Lutero, que, num sentido político, apenas o direito instituído pelo Estado é verdadeiramente direito, o luteranismo aparenta destruir qualquer tentativa de se basear o pensamento político nos fundamentos mais perenes do jusnaturalismo.[103] Comenta Berman:

---

[101] Berman, nota 80 acima, p. 73.

[102] K. Haakonssen, *Natural Law and Moral Philosophy: From Grotius to the Scottish Enlightenment*, Cambridge University Press, Cambridge, 1996, p. 25.

[103] Freeman, nota 70 acima, p. 102.

A filosofia jurídica luterana rejeita a definição de direito proposta por Tomás de Aquino: que o direito é uma determinação da razão para o bem comum ordenada por aquele que cuida da comunidade. Tal definição, de acordo com o pensamento de Lutero, concede uma santidade injustificável tanto à lei quanto à razão. Ela repousa sobre uma concepção superotimista da natureza humana e, consequentemente, do governo do Estado como um instrumento de justiça. Um decreto de um soberano devidamente editado é direito, segundo a filosofia luterana, ainda que seja arbitrário em seus propósitos e em seus efeitos.[104]

Curiosamente, o principal jurista alemão luterano do século XVI, Johann Melâncton (1497-1560), de uma certa maneira se divorciou dos ensinamentos originários de Lutero a respeito da matéria. Melâncton colou grau em Direito pela Universidade de Heidelberg aos 14 anos de idade, recebendo o título de mestre em Direito pela Universidade de Tubinga (*Tübingen*, em alemão), aos 17. Ele então se tornou professor de direito e colaborador próximo de Lutero, ajudando-o a elaborar a declaração da teologia luterana, a Confissão de Augsburgo de 1530. Homem de profundo conhecimento jurídico, as suas considerações dominaram o ensino jurídico na Alemanha até o final do século XVII.[105]

A legitimidade das leis instituídas – afirmou Melâncton – depende da sua compatibilidade dessas leis com o direito natural.[106] Ele pensava que "nesse debilitado estado da natureza" a razão humana teria sido "obscurecida", de modo que nossa compreensão mais detalhada do direito natural estaria "distorcida" e seus princípios "invariavelmente incompreendidos".[107] Não única e simplesmente a razão, mas, de acordo com Melâncton, a razão tal como confirmada pela revelação divina, que prevê "a fonte básica e a síntese do direito natural".[108] Embora o direito natural possa de algum

---

104 Berman, nota 80 acima, p. 98.
105 *Ibid*, p. 87.
106 *Ibid*, p. 82.
107 P. Melâncton, *Compendaria Dialectices Ration* (1520), vol. 16, col. 24, citado em Berman, nota 80 acima, p. 79.
108 Berman, nota 80 acima, p. 80.

modo vir a ser percebido através da razão, a revelação do Criador ainda é necessária para reiterar e iluminar os preceitos imutáveis do direito natural. Esses preceitos – concluiu ele – estão sintetizados nos Dez Mandamentos, que são neste sentido a fonte suprema e síntese do direito natural, bem como o modelo fundamental para a aprovação de qualquer lei positiva pelo governante terreno.[109]

Nesse sentido, Melâncton faz referência direta ao dever geral a ser imposto a todos os governantes pela vontade divina "de manter a disciplina, os julgamentos e a paz de acordo com os mandamentos divinos e as leis racionais do local".[110] Ele frisava ainda que a validade do direito positivado é determinada pelo direito natural que foi escrito no coração humano por Deus, embora confirmado por meio da revelação bíblica. E essa abordagem confere, de acordo com Melâncton, à autoridade civil a legitimidade necessária para promulgar leis coerentes com os princípios eternos e imutáveis do direito natural. Porque a fonte de todo direito positivo é a sua adequação ao direito natural, de modo que qualquer lei promulgada pelo Estado que se distancie do direito natural não vincula a consciência. Restará ao cidadão de cada comunidade, seja individual ou coletivamente, o direito inalienável de "resistir aos agentes do Estado que tenham agido além da autoridade de seu cargo e de desobedecer às leis que tenham violado os preceitos de direito natural".[111]

Calvinismo

O formidável teólogo franco-suíço João Calvino (1509-1564) aparece ao lado de Lutero como o grande reformador do cristianismo. O sistema teológico concebido por ele forneceu "as bases religiosas para os conceitos modernos de contrato social e governo pelo consentimento do povo".[112] As ideias revolucionárias calvinis-

---

[109] *Ibid*, p. 80.

[110] P. Melâncton, *Compendaria Dialectices Ration* (1520), vol. 22, col. 615 citado em Berman, nota 80 acima, p. 83.

[111] Berman, nota 80 acima, p. 86.

[112] H. Berman, *Law and Revolution: The Formation of the Western Legal Tradition*, Harvard University Press, Cambridge/MA, 1983, p. 31.

tas preparam os fundamentos dos direitos e liberdades fundamentais ingleses e estadunidenses tais como expressos nas respectivas constituições desses dois países: liberdade de expressão e de imprensa, liberdade religiosa, direito de não-auto-incriminação, independência do tribunal do júri, direito de não ser levado à prisão sem causa e tantos outros direitos e garantias.[113] No século XVII, durante a luta das forças do Parlamento contra a monarquia absoluta inglesa, uma profunda guerra civil foi travada pelos calvinistas, chamados de puritanos, pelo restabelecimento dos "direitos e liberdades ancestrais do súdito inglês", após dois séculos de absolutismo Tudor-Stuart.[114] No século, este mesmo calvinismo haveria de inspirar aqueles que migraram para as colônias inglesas na América do Norte a aprofundar o desenvolvimento do governo representativo e constituir arranjos de caráter federativo para a constituição de suas comunidades políticas.[115]

Calvino não era apenas um teólogo e reformador da religião cristã. Na sua juventude, ele recebeu o grau de doutorado em Direito pela Universidade de Bourges em 1528. Como jurista, Calvino acreditava piamente que o direito natural contém princípios de caráter absoluto que deveriam ser aplicados a toda sociedade e a todo indivíduo, independentemente da época e da cultura.[116] Para ele, o direito natural foi escrito por Deus no coração de cada ser humano, embora a sua inteira compreensão – argumentava ele – tenha sido obliterada como resultado de nossa natureza pecadora. Ao tratar do problema, Calvino concluiu que o Deus benevolente teria

---

113 *Ibid*, p. 31.

114 *Ibid*, p. 15.

115 D. J. Elazar, *Exploring Federalism*, University of Alabama Press, Tuscaloosa/AL, 1987, p. 119-120. Nicholas Aroney comenta: "Os primeiros puritanos que se estabeleceram na Nova Inglaterra entendiam-se como restauradores da sociedade por meio de pactos. Eles adotaram pactos para organizar suas relações em cada igreja local e cidade. E federações de cidades surgiram na Nova Inglaterra para formarem governos de amplitude estadual. Os pactos sobre os quais foram fundadas essas federações se tornaram a base das constituições estaduais norte-americanas, as quais, por sua vez, serviram de modelo para a Constituição dos Estados Unidos da América. Essa tradição de constitucionalismo escrito, especialmente na forma como se desenvolveu nos Estados Unidos, foi recepcionada ao redor do mundo. Uma vez que o constitucionalismo moderno deriva dessas raízes, não devemos nos esquecer de que aquela ideia se desenvolveu essencialmente a partir de origens cristãs" (N. Aroney, "*Society's Salt*" (2008) 608 *Australian Presbyterian Magazine* 3, p. 7).

116 J. Eidsmoe, *Christianity and the Constitution: The Faith of Our Founding Fathers*, Baker Books, Grand Rapids/MI, 1987, p. 87.

graciosamente revelado os preceitos mais importantes de direito natural por escrito, de modo que este direito revelado pode agora nos ensinar mais perfeitamente tudo aquilo que o direito natural nos ensina apenas de forma insuficiente. Explicou Calvino:

> Como remédio necessário, tanto para o nosso embotamento quando para a nossa contumácia, o Senhor nos deu sua lei escrita, a qual, por suas claras afirmações, remove a obscuridade da lei da natureza e, também, ao chacoalhar nossa letargia, produz impressões mais vivas e permanentes em nossas mentes.[117]

Com relação à questão da interpretação legislativa, Calvino poderia se chamado de um autêntico "originalista". Ele acreditava que a lei deveria ser interpretada à luz da intenção original do legislador e do propósito para o qual tal lei foi concebida.[118] Para Calvino, existe uma substancial diferença entre a mera interpretação do texto e o ato deliberado de se distorcer o seu sentido literal ou original. Se desejamos honestamente interpretar uma lei escrita, sem distorcê-la para assim satisfazer nossos próprios interesses, comentou Calvino:

> Devemos considerar até onde a interpretação pode ir além da interpretação literal acerca do significado das palavras, de modo a não lhe acrescer conteúdo, e, sim, garantir-lhe que o significado puro e genuíno do legislador esteja fielmente exposto. É verdade que, em quase todos os comandos legais, existem expressões elípticas e que, portanto, qualquer um poderia parecer ridículo ao tentar restringir o espírito da lei ao sentido estrito de suas palavras. É pacífico que uma interpretação sóbria da lei deve ir além disso, mas o quanto além é incerto, a menos que se adote alguma regra. A melhor regra, na minha opinião, seria guiar-se pelo fundamento do comando legal, i.e., considerando-se em cada caso o propósito para o qual a norma foi elaborada.[119]

---

117 J. Calvino, *Institutas da Religião Cristã*, cap. 8, par. 1.
118 *Ibid*, par. 8.
119 *Ibid*.

Contra-Reforma Católica

O século XVI testemunhou não apenas a Reforma Protestante, mas também o renascimento do tomismo como reação ao que o catolicismo romano considerava ser a heresia do protestantismo.[120] As figuras centrais do renascimento tomista foram os escolásticos espanhóis Francisco Victoria (1492-1546) e Francisco Suárez (1548-1617). Para esses dois escolásticos, o erro fundamental de Lutero era a sua crença na impossibilidade, até para uma pessoa justa, de obedecer adequadamente à lei de Deus.[121] Victoria e Suárez acreditavam na capacidade dos seres humanos de formar comunidades espelhadas em preceitos do direito natural. Inspirados em Tomás de Aquino, eles adotaram o conceito de "lei natural" e de "direitos subjetivos naturais" como normas morais de "comportamento correto" que devem ser respeitadas e aplicadas por todos os indivíduos e sociedades. Com isso, "eles estavam preparados para se opor a regimes poderosos usando o pensamento jusnaturalista como sua principal arma".[122] Esses escolásticos evocavam o direito natural e os "direitos subjetivos naturais", entre outras coisas, para advogar o direito das comunidades indígenas da América Espanhola de não serem escravizadas e de serem tratadas com dignidade por seus "conquistadores", mesmo quando estas rejeitassem a "verdadeira fé". De acordo com Paulo Emílio Borges de Macedo, no jusnaturalismo defendido por Suárez:

> O Direito encontra-se longe do mundo dos fatos; a sua lei natural não se origina de uma emoção ou de uma outra realidade causal. Além disso e sobretudo, a sua concepção de jusnaturalismo resolve um problema que seus sucessores não irão conseguir: ajustar a lei natural à História, sem macular a sua invariabilidade. Por causa disso, segundo Suárez, torna-se possível a convivência ordeira entre os mais diferentes povos, com os mais diferentes costumes. Há um mínimo ético que,

---

[120] Freeman, nota 70 acima, p. 102.

[121] Q. Skinner, *The Foundations of Modern Political Thought*, vol. 2, Cambridge University Press, Cambridge, 1978, p. 139.

[122] Freeman, nota 70 acima, p. 104.

sem desrespeitar as diferenças, constrange a todos e, por conseguinte, possibilita o diálogo.[123]

Suárez foi indubitavelmente um dos maiores teólogos do seu tempo, senão o maior. A sua obra *De Legibus, ac Deo Legislatore* (1612), é por muitos considerada a maior síntese da teoria jurídico-moral escolástica do século XVII.[124] Como Aquino, Suárez dividia o direito em quatro categorias básicas: direito eterno, direito natural, direito divino e direito humano.[125] Nessa tipologia, o direito natural corresponde ao modo pelo qual o direito eterno é aplicado aos seres humanos e às sociedades humanas. O direito divino, por sua vez, é definido como a lei de Deus tal como revelada na Escritura. Em vista da própria natureza de Deus, no entanto, Suárez comentava que não havia contradição alguma entre o direito divino e o direito natural. Pelo contrário; ele acreditava firmemente que o direito natural é revelado tanto pela razão quanto pela Bíblia, particularmente pelos Dez Mandamentos.[126] E, à medida que os seres humanos podem organizar suas sociedades de formas variadas, pode haver incontáveis ocasiões nas quais as leis positivas não necessariamente respeitem as regras de direito natural.[127] Obviamente, contudo, a fim de se atender ao bem comum, escreve Suárez, o direito natural deve ser inteiramente realizado no sentido de que cada sociedade deva almejar assegurar que as leis instituídas não violem ou contradigam os preceitos universais e eternos do direito natural. "O centro da questão", conclui ele:

> (...) é que o direito natural é tanto indicativo do que é em si bom ou mau, quanto prescritivo, no sentido de que gera uma obrigação para as pessoas de fazer o bem e evitar o mal. O direito natural, assim, reflete os dois inseparáveis lados da natu-

---

[123] P. E. B. de Macedo, *O Nascimento do Direito Internacional*, Editora Unisinos, São Leopoldo/RS, 2009, p. 146.

[124] Haakonssen, nota 102 acima, p. 16.

[125] F. Suárez, "*Tratactus de Legibus ac Deo Legislatore*", *Selections from Three Works*, 2 vol. (Oxford University Press, 1944), I.3.v-vi, p. 39-40, *in* Haakonssen, nota 100 acima, p. 16.

[126] *II Introduction*, 143, *in* Haakonssen, nota 102 acima, p. 19.

[127] Haakonssen, nota 102 acima, p. 17.

reza de Deus, quais sejam, seu discernimento racional do bem e mal e sua vontade de estabelecer a conduta adequada.[128]

Jusnaturalismo e Direito Consuetudinário Inglês

Nas primeiras fases de seu desenvolvimento, do século XIII ao século XVIII, o direito consuetudinário inglês baseou-se numa concepção religiosa que via nas leis superiores de Deus o fundamento basilar para todas as decisões judiciais. Naquela época, o cristianismo era considerado parte integrante da teoria inglesa do direito e do governo civil.[129] Como posteriormente assinalou o renomado jurista sino-americano John Wu, "enquanto o direito romano foi um convertido ao cristianismo em leito de morte, o direito consuetudinário inglês foi um cristão de berço".[130]

Em vista disso, o renomado historiador jurídico inglês Sir William Holdsworthy assim definiu a tradicional visão da relação estreita entre o cristianismo e o direito inglês: "o cristianismo é parte e parcela do direito consuetudinário inglês e, portanto, deve ser por este protegido; assim, o que quer que atinja a própria raiz do cristianismo tende manifestamente à dissolução do governo civil".[131] Holdsworthy não criou essa terminologia do nada. Em 1649, um tribunal inglês assim declarou que "a lei da Inglaterra é a lei de Deus" e a "lei de Deus é a lei da Inglaterra".[132] Num outro caso, de 1676, Lorde Hale observou: "O cristianismo é parte das leis da Inglaterra".[133] O juiz-presidente do tribunal de justiça inglês, Lorde Raymond, parafraseou Lorde Hale em sua afirmação de que "o cristianismo em geral é parte do direito consuetudinário da Inglater-

---

128 II.6.xiii, p. 199-200, *in* Haakonssen, nota 102 acima, p. 22.

129 D. Mitchell, "*Religious Tolerance Laws Are Not Only a Challenge to our Freedom of Speech but Also to the Under-Girding of Our Historic Legal System*". Artigo apresentado no Seminário "*Religious Tolerance Laws: A Challenge to Our Freedom of Speech?*", Christian Legal Society de Victoria, Melbourne, 2 de junho de 2005.

130 J. C. H. Wu, *Fountain of Justice: A Study in the Natural Law*, Sheed and Ward, New York, 1955, p. 65.

131 W. S. Holdsworthy, *History of English Law*, vol. 8, 3ª ed., Methuen, Londres, 1932, p. 410-416.

132 Citado em S. Banner, *When Christianity was Part of the Common Law* (1998) 16 *Law and History Review* 16, p. 27-29.

133 *Ibid.* Ver também S. B. Epstein, "*Rethinking the Constitutionality of Ceremonial Deism*" (1996) 96 *Columbia Law Review* 2083, p. 2102-3.

ra".¹³⁴ Do mesmo modo, o festejado Sir William Blackstone frisou que "a religião cristã (...) é parte integrante do direito pátrio".¹³⁵ Tais afirmações atingiram um caráter dogmático que foi mantido até o início do século XX, de modo que Holdsworthy pôde assim afirmar que tal máxima, desde os tempos mais remotos, teria sido aceita como auto-evidente pelos juristas ingleses.¹³⁶

Henry de Bracton (1210-1268)

A filosofia do jusnaturalismo foi crucial na origem e no desenvolvimento do direito consuetudinário inglês desde sua concepção, após a conquista normanda da Inglaterra, em 1066. Stephen Perks explica que essa influência foi um resultado necessário da sociedade inglesa:

> O surgimento do sistema jurídico consuetudinário inglês ocorreu numa época e numa cultura impregnadas de teologia cristã, de moral cristã e de um entendimento cristão do significado e valor da vida. A influência da visão cristã foi determinante para as instituições sociais, bem como para as vidas dos indivíduos. ¹³⁷

Dentre os jurisconsultos ingleses que foram fundamentais para o desenvolvimento e refinamento do direito consuetudinário inglês está Sir Henry de Bracton, cujas excepcionais contribuições lhe renderam o merecido título de "Pai do Direito Consuetudinário Inglês".¹³⁸ Na sua formidável obra *De Legibus et Consuetudinibus Angliæ*, encontra-se o primeiro estudo sistemático do sistema jurídico inglês. A Teoria do Direito é definida por ele como "a ciência do justo e do injusto", de modo que a aplicação apropriada das leis envolveria, de acordo com Bracton, "uma justa sanção ordenando

---

134 *Rex v Woolston*, 94 Eng Rep 665 (KB 1729).

135 W. Blackstone, *Commentaries on the Laws of England* (1765), Cap. 2.

136 Citado em Banner, nota 132 acima, p. 29-30.

137 S. C. Perks, *Christianity and Law: An Inquiry Into the Influence of Christianity on the Development of English Common Law*, Avant Books, North Yorkshire, 1993, p. 43.

138 H. W. Titus, "*God's Revelation: Foundation for the Common Law*" in H. W. House (ed), *The Christian and American Law: Christianity's Impact on America's Founding Documents and Future Directions*, Kregel Publications, Grand Rapids/MI, 1998, p. 13.

a virtude e proibindo seu oposto". A afirmação mais célebre deste livro, evidentemente, é a de que o monarca deve estar sempre "subordinado a Deus e ao direito". "O próprio rei", declarou celebremente Bracton:

> (...) não deve estar subordinado ao homem, mas a Deus e ao direito, porque o direito faz o rei (...) Pois não há rei onde a vontade, e não o direito, impera. Que ele [o rei], como vigário de Deus, deva estar subordinado ao direito, isso é claramente mostrado pelo exemplo de Jesus Cristo (...) Pois, embora estejam à disposição de Deus muitos caminhos para a salvação da raça humana (...) Ele usou não a força de seu poder, mas o aconselhamento da Sua justiça. Desse modo, Ele estava disposto a se submeter ao direito, "que ele poderia redimir aqueles que estivessem submetidos ao direito", pois Ele não estava disposto a usar seu poder, mas, sim, seu juízo.[139]

Sir John Fortescue (1394-1476)

As opiniões de Bracton no tocante à natureza das leis foram adotadas por jurisconsultos ingleses posteriores, tais como Sir John Fortescue. Chanceler do rei Henrique VI e juiz-presidente do Tribunal do Rei (*King's Bench*) e altamente louvado por sua sabedoria, seriedade e retidão, Fortescue é o autor de *De Laudibus Legum Angliæ*, uma obra considerada como a defesa magistral das leis da Inglaterra daquela época. No livro, comenta ele, "o direito natural brota somente de Deus, está sujeito somente a Deus, e sob Ele e com Ele governa todo o mundo, donde se conclui que todas as outras leis são servas dele".[140] A Inglaterra é assim definida como uma monarquia constitucional em que o monarca não possui legitimidade para alterar as leis básicas do reino a seu bel prazer. Além disso, Fortescue argumentava que Deus teria instilado em cada ser humano um senso natural de liberdade individual, de modo que a tirania é descrita como um atentado da parte das autoridades civis para substituir

---

[139] H. D. Bracton, *On The Law and Customs of England*, vol. 2 (c 1235), Harvard University Press, Cambridge/MA, 1968, p. 25.

[140] Citado em D. W. Hanson, *From Kingdom to Commonwealth: The Development of Civic Consciousness in English Political Thought*, Harvard University Press, Cambridge/MA, 1970, p. 220.

esta liberdade por uma condição de servidão que satisfaz apenas os interesses dos maus governantes. "Pois o direito", conclui ele:

> (...) é necessariamente considerado cruel, se aumenta a servidão e diminui a liberdade, esta última sempre almejada pela natureza humana. Pois a servidão foi introduzida entre os homens com propósitos perversos. Mas a liberdade foi instilada na natureza humana por Deus. Consequentemente, a liberdade quando retirada dos homens sempre deseja retornar, como é sempre o caso quando a liberdade natural é negada. Então, aquele que não favorece a liberdade deve ser considerado ímpio e cruel.[141]

Christopher Saint-Germain (1460-1541)

Acompanhando a tradição da Reforma na Inglaterra, o jurisconsulto Christopher St. Germain desempenhou um papel fundamental no desenvolvimento da prática da equidade pelos operadores do direito consuetudinário inglês. St. Germain concebeu a primeira tentativa sistemática de estabelecer a doutrina dos precedentes.[142] Em seu célebre tratado *Doctor and Student* (1523), St. Germain empreendeu uma análise detalhada da relação entre o direito e a consciência humana, o que não tem nenhum apelo para uma consciência secular: todo o diálogo está baseado na verdadeira religião como fundamento do entendimento da lei e da equidade.[143] A consciência é aqui compreendida como a capacidade de estarmos abertos ao chamado da verdade, que é objetiva, universal e igual para todos que possam ou devam buscá-la. É nessa relação com a verdade comum e objetiva que a consciência encontra a sua dignidade.[144]

Há basicamente três tipos de direito de acordo com St. Germain: a vontade do criador tal como dada a conhecer através da lei da natureza ou da razão; a lei escrita de Deus; e a "lei do homem".

---

141 J. Fortescue, *De Laugibus Legum Angliæ* (c 1470), Cambridge University Press, Cambridge, 1949, p 105.

142 T. A. O. Endicott, *"The Conscience of the King: Christopher St Germain and Thomas More and the Development of English Equity"* (1989) 47(2) University of Toronto Faculty of Law Review 549, p. 558.

143 *Ibid*, p. 561.

144 Rice, nota 3 acima, p. 343.

A lei da razão, como tal, é uma parcela do direito eterno que permite as pessoas adquirirem a compreensão natural do direito eterno e universal.¹⁴⁵ A lei escrita de Deus, por sua vez, é a lei revelada que, como tal, conduz a alma humana para a salvação. Como Aristóteles, St. Germain argumenta que o fundamento para a "lei do homem" repousa sobre a necessidade de coordenação social. Para ele, qualquer lei que contrarie a lei de Deus é "injusta e não-obrigatória".¹⁴⁶ Curiosamente, St. Germain considerava "inconcebível" que o Parlamento pudesse legislar contra essas leis de natureza divina.¹⁴⁷ Como assinalou St. Germain, "não é de se supor que os nobres e lordes do reino e nem sequer os nossos representantes reunidos no tal Parlamento, incorram em tão grande violação da consciência, como a de violar a lei de Deus".¹⁴⁸ Em suma, St. Germain acreditava na capacidade dos membros do Parlamento inglês – que de acordo com ele representava a "sabedoria coletiva de todo o reino e da Igreja da Inglaterra" – de aceitar a supremacia das leis naturais e nunca agirem contrariamente a elas.¹⁴⁹

Richard Hooker (1554-1600)

Outra figura-chave no desenvolvimento do direito consuetudinário inglês foi o teólogo e jurista Richard Hooker, autor do livro *Of the Laws of Ecclesiastical Polity*. Diz-se que Hooker armou o palco para os acalorados debates que se inflamaram no século XVII acerca da natureza, fontes e propósitos do direito inglês.¹⁵⁰ John Locke, por sinal, utilizou em boa parte o pensamento jurídico de Hooker em seu *Segundo Tratado*, na década de 1680.¹⁵¹ Em poucas palavras, o pensamento jurídico de Hooker sustentava que

---

145 C. St. Germain. *Doctor and Student* (1528), p. 17, citado em Endicott, nota 142 acima, p. 549.

146 C. St. Germain, p. 29, citado em Endicott, nota 142 acima, p. 560.

147 C. St. Germain. *Doctor and Student* (1528), citado em J. Goldsworthy, *The Sovereignty of Parliament: History and Philosophy*, Claredon Press Oxford, 1999, p. 71.

148 C. St. Germain, *Treatise Concerning the Power of the Clergy and the Laws of the Realm* (1534-1535), citado em J. Goldsworthy, nota 147 acima, p. 71.

149 *Ibid*.

150 Berman, nota 80 acima, p. 234.

151 *Ibid*.

o verdadeiro direito baseia-se na razão e na sociabilidade natural dos seres humanos. Embora Hooker acreditasse que certas práticas como o assassinato, o estupro e o furto configurassem eternas violações à lei, a forma específica de punição a ser aplicada para cada caso ficaria a cargo do direito instituído por cada Estado em particular. Implícita na teoria de Hooker está a visão jusnaturalista mais abrangente de que toda a sociedade é limitada por princípios de direito natural que são eternos e invioláveis, muito embora suas leis subsidiárias venham a variar de acordo com as necessidades de épocas e lugares específicos.[152]

Sir Edward Coke (1552-1643)

Sir Edward Coke é o renomado autor da monumental obra de 12 volumes chamada *History of English Law*, cujas contribuições para o desenvolvimento do direito consuetudinário inglês são verdadeiramente incalculáveis. Não à toa, Coke é justamente reconhecido como o "Shakespeare do Direito Consuetudinário Inglês". Sir William Holdsworth comentou certa vez que "o que Shakespeare foi para a literatura; Bacon, para a filosofia; os tradutores da Versão Autorizada do Rei Jaime da Bíblia, para a religião; Coke foi para o direito público e privado da Inglaterra".[153] Segundo Allen Boyer:

> Onde quer que o direito consuetudinário inglês tenha sido aplicado, a influência de Coke foi monumental (...) Ele é o primeiro juiz cujas decisões são ainda rotineiramente citadas por operadores do direito e seu pensamento jurídico é referência em qualquer ponto do direito consuetudinário inglês. Suas considerações sobre uma frase da *Magna Carta*, *nisi per legem terræ*, são os primeiros comentários a conferirem uma ressonância profundamente constitucional à frase 'devido processo legal'. Por sua defesa das liberdades individuais e do direito de propriedade e por seu papel ativo e cuidadoso em

---

152 *Ibid.*
153 W. Holdsworth, *Some Makers of English Law*, Cambridge University Press, Cambridge, 1938, p. 132.

ajustar o direito às demandas dos litigantes e dos interesses da sociedade, poucos autores merecem mais respeito.[154]

Com relação à sua teoria jurídica, Coke fiava-se no conceito de direito natural tanto para defender quanto para explicar o direito consuetudinário inglês. Ele acreditava que a natureza do direito deve ser invariavelmente justa e razoável. O critério de verificação de tal razoabilidade jurídica – afirmava Coke – repousa sobre a capacidade do direito de resistir à provação do tempo. Sua descrição do direito consuetudinário inglês como o produto da "razão artificial" implica a ideia de que as leis devem ser providas de lógica interna, coerência e funcionamento e estrutura adequados. O que Coke quis dizer com "razão artificial" é a delicada combinação da razão natural inerente ao direito com o tipo de raciocínio jurídico desenvolvido através do tempo por juristas experimentados.[155]

É amplamente sabido que Coke irritou profundamente o rei Jaime I ao ousar declarar que até mesmo o próprio monarca deveria "submeter-se a Deus e ao direito". O argumento foi visto como alta traição por um rei que alegava que, como monarca absoluto, ele personificava o direito. Mas Coke permaneceu resoluto, citando Lorde Bracton ao afirmar que "o Rei não deve submeter-se a nenhum homem, mas deve submeter-se a Deus e ao Direito".[156] Desse modo, a mesma teoria jusnaturalista que se apresenta no trabalho de Bracton no século XIII foi também professada por Coke para reger o direito inglês mais de 300 anos depois.[157] Esse importante embate

---

[154] A. D. Bayer, 'Introduction' in A. D. Boyer, Law, Liberty and Parliament: The Selected Essays on the Writings of Sir Edward Coke, Liberty Fund, Indianapolis/IN, 2004, p. xiii-xiv.

[155] Berman, nota 80 acima, p. 260.

[156] H. W. Titus, 'God's Revelation: Foundations for the Common Law', in House (ed), nota 138 acima, p. 13.

[157] J. A. Brauch, Is Higher Law Common Law? Readings on the Influence of Christian Thought in Anglo-American Law, William S. Hein, Buffalo/NY, 1999, p. 34. Lorde Denning, um dos mais célebres magistrados ingleses do século XX, comentou: "As palavras de Bracton citadas por Coke, 'o Rei não deve submeter-se a ninguém, exceto a Deus e ao direito' sintetiza em uma frase a grande contribuição dada por juristas do direito consuetudinário inglês à Constituição da Inglaterra. Eles (tais juristas) frisavam que o poder executivo no direito estava subordinado ao direito. Ao insistirem nesse ponto, eles estavam, na verdade, corroborando os princípios cristãos (do direito consuetudinário inglês). Se nos esquecermos desses princípios, onde iremos parar? Basta olhar para os sistemas totalitários de governo para ver o que acontece. A sociedade está em primeiro lugar, não o indivíduo. O cidadão existe para o Estado; não o Estado, para o cidadão. Os governantes não se submetem a Deus nem à lei. Eles próprios são a lei. Todas as leis e todos os tribunais são simples partes da máquina do Estado. A liberdade do indivíduo, como a conhecemos, não mais existirá" (A. Denning, The Changing Law, Stevens, Londres, 1953, p. 117-118).

entre Coke e o rei Jaime deixou uma marca inaudita no desenvolvimento do Estado de Direito no constitucionalismo moderno das sociedades ocidentais.

Embora reverenciasse a origem histórica do direito consuetudinário inglês e o "caráter imemorial" de seus princípios, Coke não negava a existência nem a aplicabilidade do direito natural. Pelo contrário; via ele o direito natural como incorporado ao sistema jurídico inglês. Para ele, os direitos e liberdades fundamentais do súdito inglês, tais como os direitos à legítima defesa e a um julgamento imparcial, eram oriundos de princípios de direito natural que não poderiam ser afastados pelo direito instituído. Fica evidenciado assim, e em muitas das decisões judiciais de Coke, que ele se baseava numa compreensão jusnaturalista tanto para defender quanto para legitimar o direito consuetudinário inglês. No caso de *Calvin* (1608), por exemplo, Coke assim declara que o direito natural é inerente à natureza humana parte integrante do direito local.[158] Como juiz-presidente do Tribunal de Apelação da Inglaterra, Lorde Coke comentou:

> O Direito Natural é aquele que Deus, no momento da criação da natureza do homem, infundiu em seu coração para a sua preservação e orientação. E esta é *Lex Æterna*, a lei moral, também chamada de Direito Natural (...) e escrita com o dedo de Deus no coração do homem.[159]

A profunda crença de Lorde Coke nos princípios do direito natural foi especificamente manifestada no caso de *Dr. Bonham*, outro de seus mais célebres julgados. Nele, Coke apela diretamente ao direito natural como a justificativa para a invalidação de uma lei parlamentar.[160] A fim de demonstrar por que o Conselho de Medicina de Londres não haveria de possuir o direito, com base em lei aprovada pelo Parlamento, de punir o senhor Bonham por ter praticado medicina sem licença profissional, Coke declarou:

---

[158] 77 ER 377 (KB 1610).
[159] *Ibid*.
[160] 8 Co Rep 114.

> E aparece em nossos livros que em muitos casos o espírito do direito consuetudinário inglês controla atos legislativos do Parlamento e por vezes os declara completamente nulos, pois, quando uma lei do Parlamento é contrária ao direito comum e à razão ou é repugnante ou impossível de ser aplicada, o direito consuetudinário inglês controlá-la-á e declarará nulo tal ato.[161]

A visão adotada por Coke com respeito à função jurisdicional baseava-se em sua compreensão acerca da origem histórica das instituições e da supremacia do direito natural.[162] Sendo ele próprio um juiz, acreditava Coke que os magistrados não devam jamais criar leis, mas apenas declará-las ou enunciá-las na medida em que estivessem estas ocultas e à espera de serem descobertas. Acreditava também o festejado juiz inglês que a função jurisdicional é essencialmente uma matéria de descoberta jurídica, não de elaboração positivista do direito. Coke pensava que qualquer "mudança jurídica" promovida pelo Judiciário deveria servir para nenhuma outra finalidade que não a de simplesmente revelar (e clarificar) o direito já existente.[163] "Qualquer nova decisão judicial", concluiu Coke, "não produz novo direito algum, mas apenas torna claro o antigo; toda decisão judicial é o *dictum* do direito e por ela que o direito que antes estava oculto agora se torna revelado".[164]

A ideia de que o mundo é regido por leis invariáveis que ditam como as sociedades devem ser governadas era um princípio plenamente aceito à época de Coke. Ele e todos os principais juristas ingleses daquela época comungavam da crença comum nas leis eternas que operam de maneira estável, assim como as leis da física no mundo natural. Essa abordagem jurídica deve ser entendida como parte integrante da cosmovisão desses juristas, inclusive no concernente à filosofia religiosa e à filosofia das ciências naturais.[165] Em *Third Reports*, Coke afirma que o Estado de Direito, em última

---

161 *Ibid.*
162 Ver T. G. Barnes, 'Introduction to Coke's 'Commentary on Littleton'' *in* Bayer, nota 154 acima, p. 12.
163 *Ibid.*, p. 23.
164 10 Co Rep 42.
165 Berman, nota 80 acima, p. 263.

análise, reside inteiramente na sabedoria de Deus, tal como demonstrada por meio de sua criativa construção da natureza:

> Pois, do mesmo modo como vemos uma infinita variedade de coisas procederem de uma mesma unidade – como muitas flores de uma raiz, muitos rios de uma fonte, muitas artérias num corpo humano de um coração, muitas veias de um fígado e muitos nervos de um cérebro –, então, sem dúvida, *Lex orta est cum mente divina* e essa admirável unidade e convergência de tal diversidade das coisas deriva apenas de Deus, a fonte e o fundador de todas as boas leis e constituições.[166]

John Selden (1584-1640)

John Selden trabalhou conjuntamente com Lorde Coke na minuta da Carta de Direitos de 1628 (*Petition of Right*). Em função da participação nessa iniciativa, ambos foram aprisionados na Torre de Londres.[167] A Carta de Direitos de 1628 pode ser descrita como uma moção do Parlamento elaborada antes da Guerra Civil inglesa e que delineou as liberdades fundamentais do súdito inglês que até mesmo o próprio rei estava constitucionalmente proibido de violar. Selden era um jurisconsulto de renome, que estudava as leis e constituições antigas e afirmava a existência do direito natural e sua qualidade de fonte principal de validade das leis na Inglaterra.[168] Numa perspectiva mais prática, Selden estava bastante interessado em destacar a natureza contratual das obrigações jurídicas e a função da consciência no cumprimento dessas obrigações. Sua contribuição mais característica para ao direito inglês foi sua interpretação do caráter moral das obrigações contratuais: não apenas como a violação da lei do Estado, mas principalmente de uma violação do direito que é ofensiva a Deus – e punível por Ele. De fato, para Selden a regra mais fundamental do direito era a de que os contratos devem

---

166 E. Coke, *Third Reports*, 3, cii.
167 Berman, nota 80 acima, p. 246.
168 *Ibid.*

ser respeitados, *pacta sunt servanda*, a qual ele aplicou a todos os contratos humanos em geral.[169]

Sir Matthew Hale (1609-1676)

Coke também exerceu profunda influência na obra jurídica de Sir Matthew Hale, autor de *History of Common Law* (História do Direito Consuetudinário Inglês). Este importante livro trouxe a primeira descrição exaustiva das origens históricas e do desenvolvimento prático do direito consuetudinário inglês. O livro de Lorde Hale segue sendo "o livro de referência sobre a história jurídica inglesa desde seu início até o final do século XIX".[170] A obra sintetiza "a filosofia que dominou o pensamento jurídico inglês no final do século XVII, em todo século XVIII e no início do século XIX, [e] ainda tem um papel importante no panorama intelectual de muitos advogados e juízes ingleses (e estadunidenses)".[171]

Hale não apenas foi historiador do direito, mas também autor de diversos tratados nos campos da matemática, da ciência natural, da filosofia e da teologia. Hale foi neste sentido fortemente influenciado por seu conhecimento de ciências exatas e naturais, sobre as quais ele mesmo escreveu diversos e extensos tratados. Ele também teve contato com Sir Isaac Newton e alguns outros fundadores da *Royal Society* de Londres.[172] Tal devoção ao estudo sistemático das ciências naturais e da teologia levou-o a acreditar não apenas na realidade de certos valores universais, mas também num corpo delimitado de leis naturais universalmente cogentes para todas as sociedades. Infrações penais como o homicídio, o estupro e o furto seriam desta forma eternas violações do direito, ainda mesmo que nenhuma lei formal tivesse sido expressamente instituída contra elas.[173] Evidentemente, Hale sabia muito bem que o tipo e o grau da punição a ser aplicada a tais crimes seriam determinados pelo direi-

---

169 *Ibid*.
170 *Ibid*, p. 250.
171 *Ibid*, p. 251.
172 Berman, nota 80 acima, p. 467, fn 60.
173 *Ibid*, p. 254.

to positivado (instituído). Essas matérias ficariam, em grande parte ou na sua totalidade, a cargo do direito positivado de cada Estado, especificamente.[174] Hale prossegue assim dizendo que, na medida do possível, as leis relativas à sanção criminal devem ser estudadas e analisadas cuidadosamente e de acordo com o seu desenvolvimento histórico.[175] Berman assim resume o notável pensamento jusnaturalista de Lord Hale:

> O direito divino é encontrado naqueles preceitos bíblicos destinados à aplicação universal, tais como os Dez Mandamentos. O direito natural abrange tal direito divino, bem como outros princípios e instituições jurídicos que são, de fato, comuns a todas as nações. O direito divino e o direito natural são cogentes para todos os governantes. O direito positivado distingue-se do direito natural naquilo que está sujeito à discricionariedade do legislador, embora o legislador sábio aja de acordo com a razão e faça o que é socialmente útil conforme as circunstâncias históricas.[176]

Sir William Blackstone (1723-1780)

Os fundamentos jusnaturalistas do sistema jurídico da Inglaterra foram plenamente expostos por Sir William Blackstone, que proferiu a primeira série de palestras sobre direito consuetudinário inglês jamais apresentada numa universidade inglesa, em Oxford em 1753. Sua obra *Commentaries on the Laws of England* [Comentários Sobre as Leis da Inglaterra] (1765-1768) é universalmente considerada a mais célebre abordagem do Direito em língua inglesa. Tem sido descrita como "o primeiro guia acessível, autorizado e exaustivo das complexidades do direito consuetudinário inglês".[177] Thomas Jefferson a descreveu como um "arranjo lúcido, correto na

---

174 *Ibid*.
175 *Ibid*, p. 254.
176 *Ibid*.
177 Ver A. W. Alschuler, '*Rediscovering Blackstone*' (1996) 145, University of Pennsylvania Law Review 1, p. 8.

sua forma, clássico no estilo, que ocupa merecidamente uma posição ao lado das *Institutas* justinianas".

Blackstone era um defensor aguerrido do aperfeiçoamento moral e material da Inglaterra.[178] Ele se considerava como uma espécie de Isaac Newton do direito inglês, "transformando escuridão em luz".[179] Empregaria assim a linguagem da física newtoniana para descrever o funcionamento das instituições jurídicas e políticas inglesas. Para Blackstone, o rei, os lordes –espiritual e temporal–, e a Câmara dos Comuns promoviam um "controle mútuo de um sobre o outro (...) Como três forças diferentes na mecânica, eles conjuntamente impeliam a máquina governamental numa direção diferente da qual cada uma faria por si só isoladamente, mas ao mesmo tempo numa direção formada por todos e da qual todos participam". A ciência newtoniana também inspiraria Blackstone a formular esta famosa definição da natureza das leis em geral:

> O Direito, em seu mais geral e abrangente sentido, significa uma regra de ação e é aplicado indistintamente a todos os tipos de ação, animada ou inanimada, racional ou irracional. Daí falarmos em leis do movimento, da gravitação, da óptica, da mecânica, bem como em leis da natureza e das nações. E é essa regra da ação que é estabelecida por algo superior e à qual o inferior está obrigado a obedecer. Assim, quando o Ser Supremo criou o universo e gerou a matéria do nada, Ele imprimiu certos princípios sobre a matéria, princípios dos quais a matéria não pode jamais se dissociar e sem os quais a matéria deixaria de existir. Quando Ele colocou a matéria em movimento, estabeleceu certas leis de movimento às quais qualquer corpo movível deve obedecer. Passando dos grandes exemplos para os menores, quando um artífice constrói um relógio ou outro mecanismo, ele estabelece certas leis para o seu funcionamento, como aquela de que o ponteiro deve indicar um dado espaço num dado tempo; enquanto o artefato

---

178 W. Prest, *William Blackstone: Law and Letters in the Eighteenth Century*, Oxford University Press, Oxford, 2008, p. 308.

179 *Ibid*, p. 60.

obedecer a essa lei, funcionará perfeitamente e atenderá aos propósitos de sua construção.[180]

Em seus *Comentários*, Blackstone afirmou que o direito consuetudinário inglês escora-se tanto em bases do direito natural quanto do direito divinamente revelado: "Desses dois fundamentos – a lei da natureza e a lei da revelação – dependem todas as leis humanas, ou seja, nenhuma lei humana deveria contrariá-los".[181] Nesse contexto, Blackstone, o grande defensor da soberania do Parlamento, escreveria favoravelmente sobre o direito natural como sendo superior ao direito temporal estabelecido por leis parlamentares:

> O direito natural, tendo surgido junto com a humanidade e sido ditado pelo próprio Deus, é sem dúvida superior em imperiosidade a todos os outros. Ele é cogente para todos sobre a Terra, em todos os países e em todas as épocas. Nenhuma lei humana tem validade se contrária a ele, e todas as leis humanas válidas obtêm deste direito originário, mediata ou imediatamente, a sua vigência e toda a sua legitimidade.[182]

A afirmação de Blackstone de que o direito natural é "ditado pelo próprio Deus"[183] ecoa os sentimentos de seus predecessores. Sua definição de direito natural, tal como exposta em seus *Comentários* (o texto jurídico mais reverenciado e influente nos Estados Unidos nos séculos XVIII e XIX), foi muito utilizada ao se adaptar o direito consuetudinário inglês à realidade estadunidense do período revolucionário. A descrição de Blackstone do direito como algo intrinsicamente conectado a natureza das coisas concebidas por Deus revela a base jusnaturalista do constitucionalismo moderno. De fato, todo o entendimento de direito natural dos Pais Fundadores norte-americanos são praticamente um eco da visão jusnaturalista de Blackstone. De fato, a ênfase expressamente declarada por Blackstone na autoridade da lei da natureza e nos direitos absolutos

---

180 Blackstone, nota 135 acima, Cap. 2.

181 J. Eidsmoe, '*Rediscovering the Biblical Roots of the American Constitutional Republic*' *in* House (ed), nota 135 acima, p. 90.

182 Blackstone, nota 135 acima, p. 39.

183 *Ibid*, p. 41.

dos indivíduos foi de especial importância para a formulação e a defesa do caso da resistência armada ao Rei Jorge e seu parlamento. Os *Comentários*, portanto, tornaram-se a base do ensino jurídico nos Estados Unidos, moldando a prática jurídica estadunidense nos séculos XVIII e XIX.[184] De acordo com Albert Alschuler:

> Blackstone ensinou aos revolucionários estadunidenses seus direitos, ajudou a inspirar a Declaração de Independência, influenciou as deliberações da Convenção Constitucional, articulou o sentido de prudência como o que tocou Abraham Lincoln e instruiu os filhos, os netos e os bisnetos dos seus leitores iniciais estadunidenses sobre as virtudes do direito consuetudinário inglês.[185]

A recepção do direito natural refletiu-se em juízes norte-americanos depositando confiança absoluta na definição de Blackstone ao longo do século XIX.[186] Nesse contexto, o direito natural tal como proposto por Blackstone foi abertamente reconhecido e advogado por Joseph Story, o primeiro professor-reitor de Direito da Universidade Harvard e juiz da Suprema Corte dos Estados Unidos que relacionou o direito natural com os direitos de liberdade de consciência, os quais, de acordo com Story, "são dados por Deus e não podem sofrer ingerência de autoridade humana sem que se configure uma desobediência criminosa aos preceitos da religião natural e revelada".[187]

Jusnaturalismo e Constitucionalismo Moderno

Segundo a tradição jurídica ocidental, o desfrute da liberdade individual pressupõe a existência de leis que sirvam como limite ao poder arbitrário. Na luta constitucional das forças do Parlamento contra os monarcas Stuart na Inglaterra do século XVII, a atitude receptiva com relação à teoria cristã do direito natural per-

---

[184] Prest, nota 178 acima, p. 292.

[185] Alschuler, nota 177 acima, p. 2.

[186] *Ibid.*

[187] J. Story, *Commentaries on the Constitution of the United States*, Little, Brown and Company, Boston/MA, 1833, p. 1.399.

mitiu que filósofos como John Locke desenvolvessem teorias políticas segundo as quais a principal justificativa do governo civil recaía sobre a proteção de nossos direitos individuais à vida, liberdade e propriedade.[188]

John Locke (1634-1704)

A obra do filósofo inglês John Locke desempenhou um papel significante no desenvolvimento do constitucionalismo moderno. Sua maior preocupação era a construção de uma filosofia política que sustentasse a Revolução Inglesa de 1688. Se um governo excede os limites legítimos de seu poder, argumentava ele, pode ser legitimamente rechaçado pelo povo pela quebra de confiança. No *Segundo Tratado sobre Governo Civil* (1690), Locke concebeu um "estado da natureza" anterior à criação do Estado, em que o povo não seria governado por leis instituídas, mas apenas pelo direito natural.[189] Essa lei da natureza, explicava Locke:

> (...) se coloca como uma regra eterna para todos os homens, tanto os que legislam quanto o que não legislam. As regras que os legisladores criam para reger as ações dos outros homens e as suas próprias devem conformar-se à lei da natureza, i.e., a vontade de Deus nela declarada. E, em sendo a lei fundamental da natureza a preservação da humanidade, nenhuma sanção contrária ela pode ser boa ou válida.[190]

A idéia de "estado da natureza" era visto por Locke como uma presunção fictícia de conveniência para responder a questões mais práticas sobre a convivência do indivíduo numa ordem política

---

[188] "Os escritos políticos de Locke apresentaram uma ideia de igualdade (e dignidade) que está profundamente enraizada na teologia cristã, e essa ideia é uma premissa ativa de toda teoria política cuja influência é observada, dentre outras coisas, em seus argumentos sobre a propriedade, a família, a escravidão, o governo, a política e a tolerância" (J. Waldron, *God, Locke and Equality: Christian Foundations of John Locke's Political Thought*, Cambridge University Press, Cambridge, 2002, p. 151).

[189] J. Locke, *Segundo Tratado sobre o Governo Civil*, § 123. Não devemos rechaçar de saída a teoria de Locke sobre o "estado da natureza" por ser completamente a-histórica e grosseiramente individualista. Jusnaturalistas como ele não estavam tratando dos antecedentes históricos do Estado. Estava, sim, tratando de um exemplo que pode servir para mostrar que o Estado, como ente distinto da sociedade, é uma organização jurídica fundamentalmente assentada sobre a premissa de um contrato social (ou constituição escrita) que estabeleça os direitos e deveres básicos tanto dos cidadãos quanto do Estado.

[190] J. Locke, *Segundo Tratado Sobre o Governo* (c 1681), Cap. 11, seção 135.

estatal: "Como podem ser justificados os poderes do governo?" A resposta de Locke começa por inferir a situação existente sem um governo. Num estado de natureza, todos teriam o direito de aplicar a lei da natureza, de punir os infratores por aquilo que eles possam ter feito que viole o direito natural. Esse direito natural subjetivo, no entanto, viola o princípio de que ninguém poder ser o juiz de sua própria causa. O gozo dos direitos naturais subjetivos e a proteção aos direitos individuais de propriedade ficam, portanto, desprotegidos num estado da natureza.

Locke sustenta que os direitos mais fundamentais independem do Estado e se lhe antecedem. Uma vez estabelecido, o Estado "não tem outro fim que não a preservação desses direitos e, portanto, jamais terá o direito de destruir, escravizar ou deliberadamente empobrecer os indivíduos".[191] Segundo Locke, o governante civil coloca-se num "estado de guerra" contra a sociedade toda vez que atenta contra esses direitos básicos do indivíduo. Inalienáveis e concedidos por Deus, tais direitos são relacionados a proteção da vida, liberdade e propriedade, *impondo limites* ao poder governamental, o que proporciona uma justificação legítima para a resistência civil contra a tirania política no caso de esses direitos serem flagrantemente violados. À medida que o governo não reconhece nem salvaguarda esses direitos individuais, ele, de fato, deixa de ser autoridade legítima e pode ser rechaçado pelo povo por quebra de confiança. Como coloca Locke:

> Sempre que os legisladores tentarem retirar ou destruir a propriedade das pessoas [isto é, seus direitos à vida, à liberdade e à propriedade] ou reduzi-la à escravidão sob um poder arbitrário, eles se colocam num estado de guerra contra o povo, que estará, a partir daí, desobrigado de qualquer obediência e deixado ao refúgio comum que Deus reservou a todos os homens contra a força e a violência.[192]

Nas colônias inglesas da América do Norte no século XVIII, Locke era, depois da Bíblia, "a principal autoridade em que

---
191 *Ibid*.
192 *Ibid*, Cap. 19, seção 222.

se baseavam os pregadores para reforçarem seus ensinamentos políticos".[193] Os colonos norte-americanos viam o direito natural como inspiração e justificação de sua bem-sucedida revolução e, além disso, buscaram sacramentá-lo no seu novo sistema de governo. A *Declaração de Independência* de 1776 foi assim redigida por uma comissão congressual composta por Thomas Jefferson, Benjamin Franklin, Roger Sherman, John Adams e Robert Livingstone. A *Declaração* estabelece que a união das colônias possuía direito à independência em razão das "Leis da Natureza e da Natureza de Deus". A crença comum expressa na *Declaração* é a de que "todos os homens são criados iguais e dotados de certos Direitos inalienáveis". A referência às "Leis da Natureza e à Natureza de Deus" reflete a crença em leis naturais tal como descritas por Locke e Blackstone.[194] Certamente, esses fundadores acreditavam que é o direito natural que estabelece a inalienabilidade de nossos direitos fundamentais – direitos que não são conferidos pelo Estado e que não podem ser legitimamente subtraídos das pessoas pelo Estado.[195] Dentro desta perspectiva, conforme atestou Ives Gandra da Silva Martins, "o primeiro e mais importante de todos os direitos fundamentais é o direito à vida. É o primeiro dos direitos naturais que o direito positivo pode simplesmente reconhecer, mas que não tem a condição de criar".[196] Alexander Hamilton, o principal arquiteto da Constituição estadunidense, declarou em 1787 que:

> Os direitos sagrados da humanidade não podem ser buscados em antigos pergaminhos ou arquivos bolorentos. Eles estão escritos, como um raio de sol, em todo o conjunto da natureza humana pelas mãos da própria divindade e jamais poderão ser apagados ou turvados.[197]

---

193 W. Molyneux, *Case of Ireland's Being Bound by Acts of Parliament in England* (1ª ed., 1689), p. 100.

194 Eidsmoe, nota 181 acima, p. 91.

195 H. Berman, *Faith and Order: The Reconciliation of Law and Religion*, Scholars Press, Atlanta/GA, 1993, p. 210.

196 I.G.S. Martins, 'Fundamentos do Direito Natural à Vida', *Notícias Forenses*, outubro de 1986, p. 27.

197 J. A. Joyce, *The New Politics of Human Rights*, St. Martin, New York, 1978, p. 7.

Montesquieu (1689-1755)

No século XVIII, a ideia de que o mundo é governado por leis que determinam como as sociedades humanas devam ser governadas e estruturadas foi um princípio bem aceito entre os filósofos europeus que acreditavam em leis que funcionam de maneira quase tão fixa quanto as leis da física. Eles assim imaginavam que a sociedade é regida por leis ou princípios que estabelecem como ela deve ser estruturada, do mesmo modo como tais leis naturais determinam como edifícios devem ser construídos ou como as colheitas devem ser plantadas.[198] Deste modo, o francês Charles-Louis de Secondat, o Barão de La Brède et de Montesquieu, foi um desses filósofos que buscaram estender a aplicação do método científico à explicação da natureza das leis aplicadas às suas sociedades em geral. Ele levou duas décadas para escrever seu prestigioso livro *L'Esprit des Lois* (O Espírito das Leis), publicado em 1748. A obra muito rapidamente se tornou incrivelmente famosa, especialmente durante os debates sobre a ratificação da Constituição dos Estados Unidos. Tanto os que apoiavam a Constituição quanto os que se lhe opunham basearam-se fortemente no livro de Montesquieu. Com exceção da Bíblia, o livro de Montesquieu foi a fonte mais citada durante período o revolucionário de 1760 a 1805.[199] Seu primeiro capítulo é dedicado à descrição da natureza das leis em geral:

> As leis, em seu significado mais geral, são as relações necessárias que derivam da natureza das coisas. Nesse sentido, todos os seres têm suas leis (...)
> Aqueles que afirmam que uma fatalidade cega produziu os vários efeitos que observamos no mundo falam um absurdo, pois o que poderia ser mais desarrazoado do que fingir que uma fatalidade cega poderia produzir seres inteligentes? (...)
> Deus possui uma relação com o universo, como Criador e Conservador. As leis por meio das quais ele criou todas as

---

198 R. E. Barnett, *The Structure of Liberty: Justice and the Rule of Law*, Oxford University Press, New York, 1998, p. 5.

199 Ver Corwin, nota 6 acima, p. 54. F. Zakaria escreve: "Na fundação da República [Norte-]Americana, "Montesquieu foi um oráculo". James Madison, Thomas Jefferson, John Adams e outros buscaram conscientemente aplicar seus princípios ao criarem um novo sistema político. Ele foi mais citado por estes do que qualquer outro autor moderno (apenas a Bíblia o superou)". (F. Zakaria, *The Future of Freedom: Illiberal Democracy at Home and Abroad*, W. W. Norton & Co, Nova York, 2003, p. 45).

coisas são as mesmas com as quais Ele as preserva. Ele age de acordo com essas regras porque Ele as conhece, e as conhece porque as fez, e as fez porque elas possuem uma relação com Sua sabedoria e poder.

Uma vez que observamos que o mundo, embora formado pelo movimento da matéria e desprovido de Inteligência, subsiste por tão longa sucessão de eras, seus movimentos certamente são orientados por leis invariáveis. E, se pudéssemos imaginar outro mundo, ele deveria também ter regras constantes ou inevitavelmente pereceria (...)

Os seres inteligentes em particular podem ter leis elaboradas por eles mesmos, mas também têm leis que eles nunca criaram. Antes que houvesse seres inteligentes, a existência deles era já possível e possíveis, portanto, eram suas relações, de modo que também possíveis eram suas leis. Antes da elaboração das leis, havia relações de justiça possível (...)

Devemos, portanto, reconhecer como antecedentes ao direito instituído as relações de justiça segundo as quais aquele foi estabelecido: como, por exemplo, se existissem sociedades de homens, seria certo conformar-se às suas leis; se existissem seres inteligentes que tivessem recebido algum benefício de outro ser, deveriam mostrar sua gratidão; se um ser inteligente criou outro ser inteligente, este último deveria continuar em seu estado original de dependência; que um ser inteligente que tenha feito algum mal a outro deva sofrer a retribuição, e assim por diante.[200]

Montesquieu via no direito natural um direito superior abrangente que instrui os seres humanos a discernirem o bem do mal, a formarem suas consciências e a orientarem suas ações de acordo com o sentido correto. Ele aceitava que as sociedades humanas estabelecem suas próprias leis, afirmando que tais leis, sendo elas um produto inteiramente humano, podem ser tanto justas quanto injustas. Entretanto, o abuso da lei, de acordo com ele, é essencialmente o abuso da autoridade política e, com isso, ele de fato não nega a validade intrínseca do direito natural. De todas as leis existentes, argumentava Montesquieu, a lei natural é superior e

---

200 Montesquieu, *O Espírito das Leis* (1750), Livro I, Cap. 1.

antecedente a qualquer outra, e a obediência ao direito natural não constitui uma restrição sobre as pessoas e sociedades, mas, sim, um pré-requisito para seu funcionamento adequado.

Montesquieu reconhecia que o direito positivo varia conforme a época, o lugar e as circunstâncias econômicas, culturais e geopolíticas particulares de cada caso. Essa observação certamente que não faz dele um juspositivista. Ao contrário; Montesquieu apenas afirmava que, de fato, fatores sociológicos exercem um profundo impacto sobre a natureza específica de cada sociedade, bem como suas leis específicas. O legislador deve, pois, levar em linha de conta os hábitos e costumes locais antes de elaborar qualquer lei positiva. O argumento de que as leis devem refletir a condição da vida daqueles que vivem sob elas rendeu a Montesquieu o merecido título de "pai da sociologia jurídica".

Não obstante, Montesquieu acreditava não apenas na existência de leis naturais, mas no fato de que estas leis derivam diretamente de Deus. Embora o mundo físico não tenha outra opção que não obedecer às leis da física e do eletromagnetismo, os seres humanos são capazes de desobedecer até às leis que eles mesmos criaram. Montesquieu observou que "a experiência comum nos mostra que qualquer homem investido de poderes é capaz de abusar deles e ampliar o máximo possível a sua autoridade". Para evitar isso, "é necessário, pela própria natureza das coisas, que o poder deva ter um freio".[201] Daí se pode extrair a sua premissa vital sobre a qual se assenta a noção de separação de poderes, que é a de que os seres humanos são pecadores e, por isso, inevitavelmente contrariarão os princípios morais do direito natural. A crença de Montesquieu na divisão de poderes como contraposição essencial à concentração de poder decorrente de sua visão das pessoas como inerentemente corruptas e autocentradas pode ser observada na seguinte passagem:

> O homem, como um ser físico, é como outros corpos regidos por leis imutáveis. Como ser inteligente, ele transgride incessantemente as leis estabelecidas por Deus e muda aquelas de sua própria lavra. Ele é deixado à sua própria orientação in-

---
201 *Ibid*, Livro XI, Cap. V.

dividual, embora seja um ser limitado e sujeito à ignorância e ao erro, como todas as inteligências limitadas.[202]

A teoria de Montesquieu sobre a separação dos poderes se assenta, pois, sobre a crença bíblica de que o coração humano, quando não refreado, caminha em direção à degradação moral. Assim, era bem lógico para ele acreditar que a sociedade só estará segura se o poder governamental não repousar sobre um único corpo ou autoridade. Com este poder dividido, se uma de suas vertentes se tornar corrupta ou arbitrária, as outras serão então capazes de refrear sua influência perniciosa.[203] Sobressai na obra de Montesquieu esta crença na natureza pecadora de todos os seres humanos que não apenas justifica, mas como também torna necessário, o tipo de separação de poderes por ele recomendado e adotado posteriormente pelos pais fundadores estadunidenses.[204]

Hugo Grócio (1583-1645) e a Secularização do Jusnaturalismo

O cristianismo tradicionalmente recepciona a razão e a lógica como guias maiores para a descoberta de verdades religiosas. Diz-se que a razão consiste num dom de Deus e num meio de aumentar progressivamente nossa compreensão de Deus. Durante a Idade Média, teólogos-filósofos como Tomás de Aquino argumentavam

---

[202] *Ibid*, Livro I, Cap. I.

[203] Ver D. Barton, *Original Intent*, Wallbuilders, Aledo/TX, 2005, p. 215.

[204] Fica claro que o cristianismo era uma das principais fontes de inspiração da doutrina de Montesquieu sobre separação dos poderes em comentários como este: "A religião cristã é estranha ao poder meramente despótico. A brandura tão frequentemente recomendada no Evangelho é incompatível com a fúria despótica com a qual um soberano pune seus súditos e exerce ele próprio a crueldade. Uma vez que essa religião proíbe a pluralidade de esposas, seus soberanos ficam menos confinados e menos escondidos de seus súditos e, consequentemente, têm mais humanidade: eles estão mais dispostos a serem governados por leis e mais aptos a perceberem que não podem fazer tudo que lhes apraz. Enquanto soberanos maometanos infligem ou recebem a morte incessantemente, a religião dos cristãos torna seus soberanos menos tímidos e, consequentemente, menos cruéis. O soberano confia em seus súditos e estes naquele. Quão admirável é a religião que, enquanto parece ter em vista apenas a felicidade na outra vida, constitui a felicidade nesta! (...) Graças ao cristianismo temos uma certa lei política na área da administração pública e uma lei das nações para questões de guerra, benefícios estes que a natureza humana jamais poderá reconhecer a contento" (Livro XXIV, Cap. 3). E esta: "Do caráter das religiões cristã e maometana, devemos, sem maior exame, abraçar a primeira e rejeitar a última, pois é muito mais fácil demonstrar que a religião deve humanizar os modos dos homens do que demonstrar que qualquer religião em particular é verdadeira. É um infortúnio para a natureza humana quando a religião é dada por um conquistador. A religião maometana, que fala apenas pela espada, age calmamente sobre os homens com aquele espírito destrutivo com o qual ela foi fundada" (*O Espírito das Leis*, Livro XXIV, Cap. 4).

que a ordem natural é o produto da mente divina, cuja obra criativa gera leis eternas que são constitutivas dessa própria ordem. Para Aquino, como havíamos anteriormente demonstrado, a lei eterna pode ser conhecida em parte pela revelação divina e em parte pela razão natural.[205]

    Escritores do início da modernidade como o filósofo holandês Hugo Grócio, no entanto, distanciaram-se desse entendimento inicial. Eles conjecturavam que o direito natural existiria ainda que a inexistência de Deus fosse comprovada. Segundo Grócio, o direito natural não é bom apenas porque Deus assim o quer, e, sim, porque certas coisas são objetiva e intrinsecamente boas em si mesmas. Ele assim concluiu que o direito natural continuaria sendo bom mesmo que não houvesse a existência de Deus.[206] Deve-se dizer, contudo, que Grócio era na realidade um filósofo protestante que considerava Deus "a mais alta fonte do direito natural" e a Bíblia como "um princípio do conhecimento em patamar de igualdade com a razão".[207] Sua própria definição de direito natural dá testemunho desse fato:

---

[205] A filosofia de Tomás de Aquino forneceu a integração entre o pensamento cristão e as opiniões clássicas sobre o direito natural. Tal síntese, no entanto, não permaneceu incontestada. Embora Aquino tenha sustentado que a natureza humana caiu depois que a humanidade se revoltou contra Deus, ele não acreditava que a queda tivesse afetado a razão humana. Assim, na opinião dele, os seres humanos poderiam ainda confiar na razão para descobrirem a verdade. Segundo Parkinson, "a visão de Aquino de que o direito natural era totalmente acessível à razão humana tinha uma consequência importante: significava que a crença na existência de Deus e o conhecimento da vontade divina tal como revelada nas Escrituras não eram condição necessária para a elaboração de uma teoria jusnaturalista. Isso foi percebido por escritores escolásticos "mais recentes" do século XVI, tais como Fernando de Vasquez e Gabriel Vasquez, e a ideia de que o direito natural era simplesmente o que determinava a razão, sem relação com qualquer contexto religioso, foi assumida na Inglaterra depois da Reforma. Assim, Hooker, em sua obra *Laws of Ecclesiastical Polity* (1594), escreveu que o Direito, que costumava ser chamado de direito da natureza, pode ser mais adequadamente designado Direito da Razão, e que seus princípios são "investigáveis pela Razão, sem necessidade de auxílio de Revelação divina ou sobrenatural" (P. Parkinson, *Transition and Change in Australian Law*, Lawbook, Sydney, 2001, p. 43). Para os reformadores cristãos do século XVI, entretanto, a virtude que a humanidade tinha antes da Queda foi perdida na sua revolta contra os mandamentos de Deus. A razão da humanidade era uma razão maculada e a vontade da humanidade era uma vontade depravada. A ideia de Tomás de Aquino de que as pessoas podem por si mesmas discernir, por meio da Bíblia, o "bem natural" era uma noção rejeitada pela maioria dos teólogos protestantes, que argumentavam que a Queda incompleta da teologia tomista levava a um crescente humanismo no qual o intelecto e a vontade individuais se tornam inteiramente autônomos. A Reforma, a seu turno, afirmava uma Queda completa: o homem foi feito por Deus por inteiro, mas agora o homem decaiu por inteiro, inclusive a sua vontade e o seu intelecto. Diferentemente do que dizia Aquino, para eles apenas Deus era autônomo.

[206] Freeman, nota 70 acima, p. 87.

[207] *Ibid.*

A lei da natureza é um imperativo da razão justa que indica que um ato pode, conforme esteja ou não em conformidade com a razão natural, carregar uma qualidade de baixeza moral ou necessidade moral. Consequentemente, tal ato poderá ser tanto proibido quanto querido pelo autor da natureza, Deus.[208]

Por outro lado, em uma de suas obras mais celebradas, Grócio faz um breve comentário de que tudo que ele dissera sobre o direito natural "teria um grau de validade mesmo que admitíssemos o que não pode ser admitido sem a extrema iniquidade: de que Deus não existe ou que os assuntos humanos não são do interesse Dele".[209] Diz-se que essa despretensiosa observação abriu inadvertidamente a possibilidade de uma abordagem mais secularista do jusnaturalismo, o que veio a se tornar significante em posteriores conceptualizações acerca do direito natural.

Immanuel Kant (1724-1804)

À época da obra de Immanuel Kant, a ideia do indivíduo autônomo já era inteiramente desenvolvida. Kant foi um filósofo alemão que elaborou uma ambiciosa filosofia da ética, do direito e da política. Tal filosofia é baseada em fundamentos racionalistas e propõe um direito universal fundado na autonomia moral do indivíduo, de modo que as nossas ideias inatas haveriam de constituir a medida para todas as coisas. O conceito de um direito natural gerado por Deus foi desconsiderado, e o que Kant definiria como o direito natural era basicamente uma série de argumentos extraídos do seu conceito pessoal de "imperativo categórico", ou norma de "razão prática". Enquanto a aplicação prática de valores morais tende a variar conforme a época, uma pessoa de boa moral haverá sempre de agir segundo a suposição básica de que existe um direito

---

208 H. Grócio, *De Jure Belli ac Pacis*, Livro I, Cap. 1.

209 *De Jure Belli ac Pacis*, Polegomena, § 11. Richard Tuck dá o seguinte significado a essa passagem: "Dados os fatos naturais sobre os homens, as leis da natureza são seguidas por (supostas) implicações estritas sem quaisquer premissas mediadoras relativas à vontade de Deus (embora sua vontade possa ser ainda uma explicação daqueles fatos naturais)" (R. Tuck, *Natural Rights Theories: Their Origin and Development*, Cambridge University Press, Cambridge, 1979, p. 76-77).

moral universal vinculando todos os indivíduos em razão de sua racionalidade.[210] A suposição implicada em tal observação é definida em termos de um "imperativo categórico", conforme a seguinte formulação geral: "Age tu apenas conforme a máxima segundo a qual tu podes ao mesmo tempo desejar que a tua ação pudesse tornar-se uma lei universal".[211]

Uma vez que Kant considerava tal máxima a condição última de todo julgamento racional, tudo que precisaríamos fazer é examinar nossas ações e aceitá-las ou rejeitá-las de acordo com certos padrões objetivos de moralidade universal e, não, como privilégios especiais desfrutados por qualquer indivíduo em particular. A noção kantiana de direito natural subordina-se assim ao "imperativo categórico" segundo o qual a natureza humana é considerada intrinsecamente teleológica, de modo que alguns padrões de comportamento humano passam a ser considerados universais e objetivos, como se fossem eles mesmos as leis da natureza ou, em outras palavras, as leis eternas da natureza de causa e efeito. Comenta Kant:

> Posto que a universalidade da lei que rege a produção dos efeitos constitui o que é devidamente chamado de natureza em seu sentido mais amplo (natureza porquanto diz respeito à sua forma) – ou seja, a existência das coisas porquanto determinada por leis universais – o imperativo universal do dever também pode funcionar da seguinte forma: "Age tu apenas conforme a máxima segundo a qual tu podes ao mesmo tempo desejar que a tua ação pudesse tornar-se uma lei universal".[212]

Em razão desse imperativo universal, Kant proporia o desenvolvimento de uma ciência do direito que se enquadraria perfeitamente na tradição "iluminista" da autonomia individual. Pode-se encontrar no kantismo um apelo metafísico à razão humana como a justificação maior para o direito natural. Para justificar esse apelo ao racionalismo, diz-se que os seres humanos são dotados de um status

---
210 H. J. Paton, *'Preface' in* Immanuel Kant, *The Moral Law*, Routledge, Londres, 2006, p. viii.
211 *Ibid*, p. 96.
212 *Ibid*.

moral especial que deriva não exatamente do papel desempenhado por eles no "grande desenho do universo", mas, sim, de algum tipo de "misteriosa influência não-causal de um ser-em-si que não é parte do mundo empírico".²¹³ Por essa razão, a despeito de sua pretensão secular, o kantismo pode ser perfeitamente enquadrado como uma "teologia oculta" que busca "manter o espírito religioso vivo numa roupagem secular".²¹⁴

Kant via a vontade do legislador em termos de preceitos racionais a orientar os outros a se adequarem a princípios que determinam aquilo que é certo e o que é errado.²¹⁵ Curiosamente, todavia, Kant afirmaria que ninguém tem o direito de oferecer resistência ao legislador, "uma vez que uma condição legítima só é possível com a submissão à vontade legislativa geral".²¹⁶ A revolta contra o legislador é sempre moralmente errada porque, de acordo com Kant, esta contradiz o "imperativo categórico" de obediência à autoridade com poder sobre as pessoas.²¹⁷ A única exceção vislumbrada por ele é quando as autoridades humanas determinam algo que é tão intrinsecamente mau e frontalmente oposto à lei natural que simplesmente não podemos obedecê-las.²¹⁸

O resultado final do kantismo é um revés enorme para o jusnaturalismo. Além da sua ideia de que ninguém deve ter o direito de desobedecer ao direito positivo, o apelo de Kant à razão humana desprovida de apelo transcendental traz consigo um inevitável grau de subjetivismo. Ao dissociar o direito natural da sua relação consti-

---

213 J. Murphy, '*Constitutionalism, Moral Skepticism, and Religious Belief*', *in* A. S. Rosebaum (ed), *Constitutionalism: The Philosophical Dimension*, Greenwood Press, New York, 1988, p. 244-245.

214 R. Scruton, *A Short History of Modern Philosophy*, 2ª ed., Routledge, Londres, 1995, p. 219-220. Segundo Budziszewski: "A diferença entre [o kantismo e a teoria jusnaturalista de Locke] é o motivo que eles indicam para não se usarem os outros como meios para os nossos fins. Locke afirma que estamos aqui para servirmos aos objetivos de Deus; Kant afirma que cada um de nós é um fim em si mesmo. Locke afirma que pertencemos um ao outro; Kant afirma que pertencemos a nós mesmos. Em síntese, enquanto Locke fundamenta nossa dignidade em Deus, Kant nos enxerga como pequenos deuses. Os dois pensadores acabam sendo o mais antagônicos possível, pois adoram deidades diferentes" (J. Budziszewski, *Written on the Heart: The Case for Natural Law*, InterVarsity Press, Downers Grove/IL, 1997, p. 106).

215 Bjarup, nota 210 acima, p. 290.

216 I. Kant, '*The Metaphysics of Morals*' (1797) *in* I. Kant, *Practical Philosophy*, Cambridge University Press, Cambridge, 1996, p. 320; Bjarup, nota 210 acima, p. 291.

217 I. Kant (1797) *in* I. Kant, *Practical Philosophy*, nota 216 acima, p. 317.

218 I. Kant, '*Religion Within the Boundaries of Mere Reason*' (1793) *in* I. Kant, *Religion and Rational Theology*, Cambridge University Press, Cambridge, 1996, p. 100.

tutiva com Deus como seu autor, o conteúdo substantivo do direito natural fica reduzido à autocompreensão humana. O resultado final aparenta ser "a divinização da subjetividade, o oráculo infalível do qual é a consciência, jamais questionável por qualquer um ou qualquer coisa".[219] O kantismo, além do mais, parece ser incapaz de explicar de forma mais completa por que algumas pessoas não inteiramente racionais devem merecer o mesmo tipo de proteção jurídica do que aqueles inteiramente racionais.[220] Deste modo, ao fracassar em promover e justificar os direitos de *cada* indivíduo, o kantismo parece reduzir os direitos fundamentais e dignidade de certos seres humanos como os mentalmente incapazes e os infantes.[221] Para piorar, Kant acreditava na hierarquia das raças humanas, cujas aptidões, na sua opinião, seriam inalteráveis. Assim, cogitava ele sobre o desaparecimento "inevitável" de algumas raças não-brancas que, de acordo com ele, careceriam da capacidade de desenvolver mais satisfatoriamente níveis de pensamento racional.[222]

Até certo ponto, o conceito do direito natural deve ser transcendental na sua origem para fazer algum sentido. Desse modo, não é possível discutir coerentemente o direito natural sem a revelação concedida pelo autor desse direito.[223] Os revolucionários franceses de 1789 buscavam remover todos os elementos transcendentais do direito natural, substituindo-os por fundamentos humanístico-racionalistas.[224] Tal substituição não promoveu o avanço do jusnaturalismo mas, ao contrário, os jacobinos antirreligiosos, que coroaram uma mulher (alguns dizem que era uma prostituta) como a "Deusa da Razão" na catedral de Notre Dame, pouco tempo depois começaram a impor um "Período do Terror" contra todos os

---

219 J. Ratzinger, '*Address to Consistory of College of Cardinals*', 4 de abril de 1991.

220 Murphy, nota 213 acima, p. 247.

221 R. Bernasconi, '*Why Do the Happy Inhabitants of Tahiti Bother to Exist At All?*' *in* J. K. Roth (ed), *Genocide and Human Rights: A Philosophical Guide*, Palgrave Macmilliam, New York, 2005, p. 142.

222 I. Kant, *German Schriften* VIII, p. 65, citado em Bernasconi, nota 221 acima, p. 145.

223 Rice, nota 3 acima, p. 181.

224 "A Declaração dos Direitos do Homem francesa concebeu os direitos [naturais] a partir do ponto-de-vista completamente racionalista do Iluminismo e dos enciclopedistas e, por isso, os relegou à ambiguidade. Todavia, a Declaração de Independência estadunidense – marcada pela influência de Locke e da "religião natural" –, aproximou-se mais do caráter originalmente cristão dos direitos humanos" (J. Maritain, *Natural Law: Reflections on Theory and Practice*, St. Augustine's Press, South Bend/IN, 2001, p. 71).

que discordassem deles. Tendo proposto inicialmente "a perfeição da razão, a última palavra da tradição jusnaturalista", acabaram aqueles franceses por conceber uma forma extremada de juspositivismo "que via nas palavras e na vontade do legislador o único fundamento da validade jurídica".[225] O jusfilósofo estadunidense Jeffrie Murphy parece ter tomado esses fatos em linha de conta quando comentou:

> A rica doutrina moral da sacralidade, da preciosidade e da dignidade dos indivíduos não pode, de fato, ser completamente dissociada do contexto teológico no qual surgiu e do qual foi parte essencial por tão longo período de tempo. Valores chegam até nós percorrendo sua trajetória histórica. E, quando tentamos cortar todos os elos com o passado, corremos o risco de cortarmos o percurso da vida dos quais esses valores essencialmente dependem. Acho que isso acontece no caso da tentativa de Kant – e sem dúvida em qualquer outra tentativa – de inserir todos os valores morais cristãos numa concepção totalmente secular. Assim, "todos os homens foram criados iguais e são dotados por seu Criador de certos direitos inalienáveis" pode ser uma frase que devamos aceitar no modo tudo-ou-nada – não de um modo pelo qual possamos simplesmente pegar a parte que nos apraz, descartando o resto.[226]

Jusnaturalismo e a Luta Contra a Escravidão

Endossada pelos antigos gregos e romanos como prática costumeira, a escravidão foi abolida no Ocidente quando as pessoas finalmente perceberam que ela era inteiramente incompatível com a moralidade cristã. A igualdade perante a lei é um princípio afirmado diretamente pela Bíblia, que, em Atos 10:34, declara que "Deus não faz distinção de pessoas". Além do mais, Gálatas 3:28 declara que "não há judeus nem gregos, não há cativos nem livres, não há homem nem mulher, pois vós sois todos um em Cristo Jesus".[227]

---

225 Kelly, nota 37 acima, p. 324.

226 Murphy, nota 213 acima, p. 245-246.

227 Edismoe, nota 181 acima, p. 101.

Como haveria de se esperar, afirmações como essas tiveram um impacto marcante no desenvolvimento do constitucionalismo ocidental. Professor Harold Berman atribui a essas crenças "a melhora da condição das mulheres e dos escravos e a proteção dos pobres e desvalidos" no direito germânico entre os séculos VI e XI.[228] De acordo com Sanford Lakoff, professor emérito de Teoria Política da Universidade da Califórnia, em San Diego:

> O ensinamento cristão com grande repercussão para a democracia é a crença de que, porque a humanidade foi criada à imagem e semelhança de Deus, todos os seres humanos têm o mesmo valor aos olhos de Deus. Juntamente com a crença dos estoicos gregos na igualdade como reflexo da propensão universal à razão, a crença nesse ensinamento cristão moldou uma consciência democrática emergente, como apontou Alexis de Tocqueville quando observou, na introdução do seu estudo da democracia na América, que o cristianismo, que declarou todos os homens iguais aos olhos de Deus, não pode hesitar em reconhecer que todos os cidadãos são iguais perante a lei.[229]

Esses ensinamentos foram especialmente relevantes durante a luta contra a escravidão nos séculos XVIII e XIX. Na Inglaterra, os principais adversários da escravatura eram cristãos evangélicos que chegaram à conclusão de que, uma vez que Adão e Eva foram os primeiros seres humanos, eles também são ancestrais dos negros – "não são Adão e Eva pais de todos nós?".[230] Imbuído de tais crenças, William Wilberforce (1759-1833) considerava a escravatura uma gravíssima violação da lei de Deus.[231] Wilberforce tinha 25 anos de idade quando foi deputado pela primeira vez, em 1780.[232] Por muitos anos, ele apresentou, por diversas vezes, projeto de lei contra o comércio de escravos na Câmara dos Comuns, do Reino Unido, até

---

228 Berman, nota 112 acima, p. 65.

229 S. Lakoff, *Democracy: History, Theory and Practice*, Westview Press, Boulder/CO, 1996, p. 90.

230 L. Staley, '*Review of David M. Levi's How the Dismal Science Got Its Name* (2001)' *in* Berg, Roskam e Kemp (ed), nota 21 acima, p. 145.

231 C. J. Antieau, *The Higher Laws: Origins of Modern Constitutional Law*, William S. Hein & Co, Buffalo/NY, 1994, p. 81.

232 W. Wilberforce, *Greatest Works*, Bridge-Logos, Orlando/FL, 2007, p. 14.

que o projeto foi finalmente aprovado, apenas dois dias antes de sua morte. Como resultado em grande medida dos incansáveis esforços de Wilberforce, o Império Britânico foi a primeira nação do mundo moderno a inteiramente proibir a escravidão.[233]

Infelizmente, naquela mesma época, a escravidão era uma instituição econômica no sul dos Estados Unidos. Para piorar, em 1857, a Suprema Corte dos Estados Unidos decidiu no caso *Dred Scott* que o Congresso estadunidense não tinha poderes para proibir a escravidão nos territórios federais. O tribunal chegou a essa decisão ao rejeitar abertamente a tradição ocidental do direito natural, recorrendo, em lugar disso, a uma leitura mais literalista da proibição da Quinta Emenda à Constituição dos Estados Unidos de privação da propriedade privada sem o devido processo legal. A proibição foi interpretada no sentido de que a lei federal não poderia abolir o suposto direito dos donos de escravos de levarem sua "propriedade" consigo aonde quer que fossem. Assim, a determinação do Congresso de que a "propriedade" sobre uma pessoa não poderia ser transportada a um território sem que fosse perdida – afirmou o juiz Taney da Suprema Corte, "dificilmente poderia ser honrada com o nome de devido processo".[234]

O caso *Dred Scott* é amplamente considerado como uma das piores decisões da história da Suprema Corte dos EUA. Atribui-se-lhe a aceleração da Guerra Civil ao ter buscado elevar o *apartheid* racial ao nível de princípio constitucional. Para chegar àquela controversa conclusão, o juiz Taney observou que nenhum direito natural ou superior poderia ser invocado para impedir um cidadão de ter o "direito constitucional" de garantir sua propriedade, incluindo a propriedade sobre outro ser humano: "Não existe nenhuma lei das nações entre o Povo dos Estados Unidos e seu Governo ou que possa interferir na relação entre um e outro", declarou Taney.[235] Entretanto, esse certamente não era o caso em questão. Na realidade, como muito bem apontou Steve Presser:

---

[233] A. Schmidt, *How Christianity Changed the World*, Zondervan, Grand Rapids/MI, 2004, p. 278.
[234] *Dred Scott v Sandford*, 60 US (19 How) 393, 407 (1857).
[235] *Ibid*.

Na mesma época da elaboração da Constituição e pouco depois os fundamentos do direito natural e da lei das nações para a Constituição dos Estados Unidos (...) estavam bem claros aos seus contemporâneos. De fato, a propriedade em si foi pensada como um conceito que derivava, em última instância, do direito natural (...). À época da elaboração da Constituição, a líder intelectual e espiritual dos Estados do sul, se não de toda a nação, era a Virgínia. Mesmo nesse Estado, no final do século XVIII, desenvolveu-se uma teoria jurídica sobre a escravatura que circunscrevia os piores aspectos das doutrinas escravagistas por meio da adesão ao princípio fundamental do direito natural de presunção contra a escravidão e em favor da liberdade. Assim, em diversas decisões importantes, a vontade de donos de escravos da Virgínia de alforriarem seus escravos em seus testamentos foi respeitada, embora à época da morte dos testadores tal alforria não fosse permitida por lei.[236]

Os primeiros dias da Federação estadunidense foram marcados pela evocação recorrente de doutrinas jusnaturalistas, a fim de conferir significado à expressão "devido processo legal", na Quinta Emenda.[237] O jurista da Virgínia St. George Tucker, que foi responsável pela edição estadunidense de 1803 dos *Comentários* de Blackstone, escreveu, a respeito dos direitos naturais, que "nenhum homem ou conjunto de homens tem qualquer direito natural ou inerente de governar os outros".[238] A luta contra a escravatura dos Estados Unidos baseou-se nesta tradição jurídica. Abraham Lincoln, o célebre presidente que aboliu a escravatura em 1863, acreditava que nossos direitos mais básicos não são uma concessão do Estado, mas, sim, dádivas de Deus. De acordo com Charles Antieau, o professor emérito da Faculdade de Direito da Universidade de Georgetown:

> As críticas dos abolicionistas nos Estados Unidos eram frequentemente baseadas na teoria dos direitos naturais. Horace Mann, presidente da Câmara dos Deputados dos Estados

---

236 S. B. Presser, *Recapturing the Constitution: Race, Religion, and Abortion Reconsidered*, Regnery Publishing, Washington/DC, 1994, p. 132.

237 Antieau, nota 231 acima, p. 81.

238 *Ibid*, p. 81-82.

Unidos, disse: "A instituição da escravidão é contra os direitos naturais, uma invasão dos direitos do homem". O senador William Henry Seward disse, nas instalações do Senado dos Estados Unidos, que todos os homens têm "direitos naturais e liberdade inalienável" que proíbem a escravidão. Em outra ocasião, Seward acrescentou que "a escravidão é contrária à Lei da Natureza, que é a Lei de Deus". Charles Elliot, em seu livro de 1851 '*The Sinfulness of American Slavery*' [O Caráter Pecaminoso da Escravatura Estadunidense], escrito para a Igreja Metodista, asseverou que a "liberdade natural" do homem tornou ilegal a escravatura. No ano seguinte, William Hosmer, em seu livro sobre '*The Higher Law*' [A Lei Superior], declarou que a escravidão seria contrária à "justiça natural", que ele identificava com "a Lei da Natureza, que é a Lei de Deus". Guerrit Smith (1797-1874), ativo reformador daquele século, foi uma força ativa na Sociedade Antiescravagista de 1835 até a abolição da escravatura. Numa carta a Henry Clay, ele escreveu que a escravatura contrapunha-se às "leis da minha natureza e minha natureza é Deus". Outro abolicionista, William Goodell, editor do jornal antiescravagista '*The Friend of Man*' (O Amigo do Homem), usava argumentos de direitos naturais e lei natural em suporte à sua cruzada contra a escravidão.[239]

Morte e Ressurreição do Jusnaturalismo

Até o século XVIII, a ideia de um direito natural era considerada superior a qualquer outra no Ocidente. Na segunda metade do século XIX, essa ideia quase desapareceu por completo, obliterada que foi pelo espírito cientificista da época.[240] Naquela época, observou Hans Kelsen, "a mudança da principal corrente da ciência jurídica do jusnaturalismo para o positivismo andou *pari passu* com o progresso das ciências naturais empíricas e com a análise crítica da

---

239 *Ibid*, p. 81.

240 Como destacou J.M. Kelly: "Se procurarmos no século XIX por qualquer traço da crença jusnaturalista, que tenha sobrevivido desde o mundo antigo até bem depois da Reforma Protestante, tendo sido eclipsada apenas pelo espírito cientificista do Iluminismo, encontraremos dificuldade em detectá-la em qualquer lugar fora do ensinamento da instituição Igreja Católica, que nunca abandonou a tradição aristotélico-tomista" (Kelly, nota 37 acima, p. 333).

ideologia religiosa".[241] Consequentemente, presumir-se-ia que nenhuma lei contém qualquer padrão absoluto ou universal de justiça ou moralidade, mas, ao contrário, permanece esta "sujeita à mudança histórica e, como direito positivo, é um fenômeno condicionado a aspectos temporais e espaciais".[242]

Isso afetaria até mesmo os Estados Unidos, nação fundada sobre princípios do jusnaturalismo. Até a segunda metade do século XIX, a prática jurídica estadunidense era dominada pela ideia dos direitos naturais de tal modo que se pensava que, para cada disputa jurídica, haveria uma única e correta solução a ser alcançada através da aplicação de princípios "autoevidentes". No entanto, especialmente depois da Guerra Civil naquele país, a comunidade jurídica estadunidense começou a abandonar a tradição jusnaturalista, a qual tão notadamente orientou e inspirou os idealizadores da Constituição, bem como os principais juízes estadunidenses, como John Marshall[243] e Joseph Story.[244] Após a publicação do livro de Charles Darwin *A Origem das Espécies*, em 1859, autores jurídicos estadunidenses começaram a inferir que todo sofrimento e toda miséria do mundo serviam como evidência contra a existência de direitos naturais. Propuseram, em seu lugar, a ideia de seleção natural e seu conceito correlato de sobrevivência do mais apto. Esses juristas dividiram-se basicamente em duas correntes de teoria jurídica distintas: a analítica e a historicista. Essa demarcação permanece válida até hoje, a despeito do reavivamento da tradição jusnaturalista nos últimos anos nos círculos estadunidenses de conhecimento jurídico.[245]

A hibernação do jusnaturalismo chegaria ao fim apenas na segunda metade do século XX, tendo essa teoria experimentado

---

241 H. Kelsen, "*The Pure Theory of Law – Part 1*" (1934) 50 *Law Quarterly Review* 517, Seção III.

242 *Ibid*.

243 John Marshall (1755-1835) foi o quarto presidente da Suprema Corte dos EUA, tendo atuado como tal de 1801 até sua morte, em 1835. Embora a revisão judicial da legislação baseada na constitucionalidade tenha sido advogada por Alexander Hamilton no *Papel Federalista nº 78*, foi o presidente da Suprema Corte Marshall quem aplicou pela primeira vez essa doutrina a fim de invalidar uma parte/item de legislação federal no caso *Marbury v Madison* (1803).

244 Joseph Story (1779-1845) foi o primeiro professor-reitor de Direito da Universidade Harvard e juiz da Suprema Corte dos Estados Unidos.

245 A. W. Alschuler, *Law Without Values: The Life, Work and Legacy of Justice Holmes*, University if Chicago Press, Chicago/IL, 2000, p. 86.

um significativo reavivamento depois da Segunda Guerra Mundial. Um dos juristas que mudou de ideia depois da guerra foi Gustav Radbruch (1878-1949). Antes do advento do Nacional-Socialismo, esse grande expoente do positivismo jurídico alemão aderia à teoria do relativismo moral. Entretanto, com a quarta edição de seu *Rechtphilosophie*, publicada postumamente em 1950, Radbruch declarou que quando as leis do Estado são incompatíveis com requisitos mínimos de "justiça natural" ou, quando tais leis tenham sido elaboradas de modo a negarem abertamente "a igualdade que é o núcleo de toda justiça, as pessoas não lhe devem obediência e juristas, também, devem buscar coragem para lhes negar a natureza de direito".[246] Radbruch aplicou, dessa forma, um argumento jusnaturalista para reivindicar que algumas leis aprovadas pelo regime nazista "não pertenciam de forma alguma ao caráter do direito; elas não eram somente um direito defeituoso, mas, sim, direito nenhum de qualquer tipo".[247]

Tribunal de Nuremberg (1945-1946)

Após a derrota do regime nacional-socialista alemão durante a Segunda Guerra Mundial, os crimes de guerra cometidos pelos oficiais nazistas resultaram em seu julgamento e em sua condenação por um tribunal especial constituído na cidade de Nuremberg, no período de 21 de novembro de 1945 a 1º de outubro de 1946. O Tribunal de Nuremberg compreendeu uma série de julgamentos de proeminentes membros da liderança nazista nas áreas política, militar e econômica. Nesses julgamentos, a defesa recorreu constantemente ao positivismo jurídico, alegando, assim, que os atos dos réus eram perfeitamente justificáveis e até obrigatórios pela lei local à época em que foram praticados; que a lei local, de fato, os obrigava a perseguir os judeus e outros grupos minoritários. Em suma, eles alegaram que estavam apenas seguindo ordens legais válidas do Estado alemão, numa tentativa de estabelecer uma separação estrita

---

246 G. Radbruch, *Rechtphilosophie* (4ª ed., 1950), citado em Kelly, nota 37 acima, p. 419.
247 *Ibid*.

entre direito e moral, de modo que nada do que tivessem feito no passado poderia ser considerado ilegal por meio de lei retroativa.

Em resposta aos argumentos suscitados pelos réus, a acusação lançou mão do conceito de jurisdição universal e da natureza universal do crime praticado.[248] O promotor-chefe em Nuremberg foi Robert H. Jackson (1882-1954), ex-procurador-geral dos EUA e, à época, juiz da Suprema Corte dos Estados Unidos (1941-1954). Jackson aplicou o princípio de *direito natural moral* para obter a condenação daqueles oficiais nazistas com base no argumento de que, para ser válida, toda e qualquer lei instituída deve basear-se em certos princípios de justiça universalmente aplicáveis. Esses julgamentos estabeleceram, portanto, o conceito conhecido como *Princípio de Nuremberg*, o qual, diz-se, contribuiu significativamente para o reavivamento do jusnaturalismo não apenas na Alemanha pós-guerra, como, também, em muitas outras nações ocidentais. Como destaca o destacado jurista Gabriël Moens:

> As circunstâncias que deram azo à obrigação do indivíduo de desobedecer a leis incompatíveis com princípios morais superiores têm sido objeto de longo debate jurídico desde o fim da Segunda Guerra Mundial. Os Julgamentos de Nuremberg imputaram responsabilidade criminal individual por atos contrários à humanidade praticados em obediência a ordens superiores ou realizados segundo leis vigentes do regime que detinha o poder naquela época. Os julgamentos impuseram sobre os indivíduos o dever de desobedecer a leis claramente violadoras de princípios morais superiores. Isso ficou conhecido como o Princípio de Nuremberg.[249]

Jusnaturalismo e Direito Internacional

O valor do jusnaturalismo foi de especial importância para o desenvolvimento do direito internacional moderno, particular-

---

248 G. A. Moens, '*The German Borderguard Cases: Natural Law and the Duty to Disobey Immoral Laws*' in S. Ratnapala e G. A. Moens, *Jurisprudence of Liberty*, Butterworths, Sydney, 1996, p. 147.

249 *Ibid.*

mente a legislação internacional de direitos humanos. Fundada em 1945, depois da Segunda Guerra Mundial, para substituir a Liga das Nações, a Organização das Nações Unidas (ONU) visaria a facilitar a cooperação no direito internacional, na segurança internacional, no desenvolvimento econômico, no progresso social e na busca pela paz mundial, e a "promover e encorajar o respeito aos direitos humanos". O preâmbulo da Carta das Nações Unidas revela a aspiração da organização internacional de "reafirmar a fé nos direitos humanos fundamentais, na dignidade e no valor da pessoa humana, na igualdade de direitos entre homens e mulheres e entre grandes e pequenas nações".

Referência diretas ao jusnaturalismo foram feitas durante a elaboração da Declaração Universal de Direitos Humanos da ONU, em 1948. Adotado pela Assembleia-Geral da ONU em 10 de dezembro de 1948, esse documento incorpora a tradição ocidental do jusnaturalismo, segundo a qual nossos direitos fundamentais são reconhecidos como inalienáveis e, portanto, não conferidos pelo Estado. O documento foi elaborado sob os auspícios da Sra. Eleanor Roosevelt e sua equipe. Quando pediram à Sra. Roosevelt para que resumisse a ideia geral de seus idealizadores, ela explicou que a Declaração era "baseada no fato espiritual de que os homens devem ser livres para se desenvolverem plenamente e, mediante o esforço conjunto, elevar o nível da dignidade humana".[250] Desta forma, este documento reflete a visão jusnaturalista de que seres humanos têm direitos naturalmente inerentes: direitos não são constructos jurídicos, como insistem os legalistas estritos. Os direitos não são produto da lei positiva, não são estatuídos por lei, e, sim, precedem a tal lei e residem nos seres humanos como propriedade natural.[251]

---

[250] *'Statement by Mrs Franklin D Roosevelt'*, Department of State Bulletin (Dezembro de 1948), p. 751, citado em N. Naffine, *Laws's Meaning of Life: Philosophy, Religion, Darwin and the Legal Person*, Hart Publishing, Oxford, 2009, p. 103.

[251] Naffine, nota 250 acima, p. 102.

Jusnaturalismo e o Movimento Norte-Americano por Direitos Fundamentais

Também de especial importância para o reavivamento do jusnaturalismo foi o movimento por direitos fundamentais nos Estados Unidos nos anos 1960. Isso fica evidente no tipo de argumento contra a segregação racial utilizado pelo Dr. Martin Luther King Jr. (1929-1968), o lendário líder do movimento por direitos fundamentais. Quando o Dr. King e seus colegas da Conferência da Liderança Cristã do Sul (SCLC, na sigla em inglês) decidiram marchar pacificamente na Sexta-Feira Santa contra a segregação racial, em 1963, um juiz federal expediu uma ordem para contê-los, a pedido das autoridades da cidade de Birmingham. King recusou-se a cumpri-la e, consequentemente, foi preso. Em seu confinamento solitário, em tiras de papel higiênico, ele explicou por que às vezes pode ser inteiramente legítimo desobedecer a uma lei. Visto que King pedia às pessoas que respeitassem as decisões judiciais que baniam a segregação racial, à primeira vista, admitiu ele, "poderia nos parecer um tanto paradoxal violar essas leis conscientemente". Pode-se perguntar: "Como podes advogar que se violem algumas leis e se respeitem outras?". Em resposta a este tipo de pergunta, King afirmou:

> A resposta reside no fato de que existem dois tipos de leis: as justas e as injustas. Uma pessoa tem o dever não apenas jurídico, mas moral de obedecer às leis justas. Do mesmo modo, uma pessoa tem o dever moral de desobedecer às leis injustas. Eu concordo com Sto. Agostinho quando ele afirma que uma lei injusta não é absolutamente uma lei. Agora, qual a diferença entre as duas? Uma lei justa é um código feito pelo homem que se enquadra na lei moral ou na lei de Deus. Uma lei injusta está em desarmonia com a lei moral. Colocando em termos de Sto. Tomás de Aquino, uma lei injusta é uma lei humana que não tem raízes na lei eterna e natural.[252]

Jusnaturalismo Contemporâneo

Nas últimas décadas, o conceito de direito natural tem sido mais predominantemente considerado no âmbito acadêmico do que

---
252 M. Luther King Jr., *Why We Can't Wait*, Signet, New York, 1996 (1964), p. 84-85.

nos tribunais e nos parlamentos. É inegável ainda que os servidores públicos, os juízes e os políticos eleitos de hoje são muitas vezes desencorajados a buscar no direito natural o fundamento maior para o exercício de atividades públicas. De fato, a utilização dos princípios do direito natural pode até mesmo expô-los à repreensão pública com base no espúrio argumento de que estariam tentando impor suas próprias opiniões morais sobre os outros. Durante sua sabatina no Senado, o renomado juiz da Suprema Corte dos EUA Clarence Thomas foi duramente criticado por ter simplesmente endossado "a lei superior política e filosófica dos Pais Fundadores".[253] Essa filosofia, comentou Thomas em artigo publicado em prestigioso periódico jurídico:

> (...) está longe de ser uma permissão para o governo ilimitado e um judiciário indeciso. Ao contrário, os argumentos baseados nos direitos naturais e numa lei superior são a melhor defesa da liberdade e da limitação do governo. Ademais, se não recorrermos à lei superior, abandonamos nossa melhor defesa da revisão judicial das leis – um judiciário ativo defensor da Constituição, mas judicioso quanto aos seus limites e sua moderação. Mais que ser uma justificativa para o pior tipo de ativismo judicial, a lei superior é a única alternativa contra a obstinação de maiorias incontroláveis e de juízes incontroláveis.[254]

Embora não venha a encontrar muitos adeptos nos tribunais e nos parlamentos do mundo ocidental, o jusnaturalismo ainda conta com apoio considerável entre os principais estudiosos do direito, tanto dos países de língua inglesa quanto dos outros. Geralmente baseando-se em princípios como a regra de ouro, a proibição de causar dano intencionalmente e a exigência de eficiência inserida na razão, os jusnaturalistas amiúde abordam a filosofia jurídica des-

---

[253] C. Thomas, 'The Higher Law Background of the Privileges or Immunities Clause of the Fourteenth Amendment' (1989) 12 Harvard Journal of Law & Public Policy 63; ver também C. Thomas, 'Toward a Plain Reading of the Constitution – The Declaration of Independence in Constitutional Interpretation' (1987) 30 Harvard Law Journal 691.

[254] Thomas, 'The Higher Law Background of the Privileges or Immunities Clause of the Fourteenth Amendment', nota 253 acima, p. 63-64.

de uma perspectiva tomista. Como destaca o jusfilósofo australiano Jonathan Crowe:

> A inspiração fundamental dos novos jusnaturalistas vem da teologia filosófica de Tomás de Aquino. Alguns dos trabalhos mais respeitados desses autores são vistos, explícita ou implicitamente, como comentários aos escritos de Aquino. O novo jusnaturalismo é, portanto, extremamente tomista em método e conteúdo e as visões dos seus defensores tendem a desaguar na corrente do pensamento ético católico.[255]

Lon Fuller (1902-1978)

Um dos mais proeminentes estudiosos do mundo a adotar uma abordagem jusnaturalista em sua teoria foi o professor Lon Fuller, da Faculdade de Direito de Harvard. Para Fuller, o principal propósito do direito é facilitar a harmonia social, permitindo que as pessoas, dessa forma, possam usar o direito para guiarem suas próprias ações individuais de acordo com regras formais. Ele assim descreveu o direito como "o empreendimento de submeter a conduta humana ao governo das regras".[256] Qualquer ordenamento jurídico que falhe em cumprir essa premissa fundamental não constitui direito, em toda a sua completude. O foco da jusfilosofia de Fuller não é o legislador, mas o processo pelo qual as leis são concebidas. Ao propor a "moralidade interna do direito", Fuller sustenta que existem oito caminhos pelos quais um ordenamento jurídico pode falhar em atingir seu propósito maior de "submeter a conduta humana ao governo das regras":

Falha absoluta em fazer regras, de modo que cada questão é decidida numa base *ad hoc*;

Falha em publicizar as regras às partes afetadas;

Abuso da legislação retroativa, uma vez que coloca o povo sob a ameaça da mudança retrospectiva;

---

[255] J. Crowe, '*Natural Law Beyond Finnis*' (2011) 2(2) *Jurisprudence* 293, p. 294.
[256] L. Fuller, *The Morality of Law*, Yale University Press, New Haven/CT 1969, p. 96.

Falha em elaborar regras que possam ser entendidas pelos indivíduos;

Aprovação de regras contraditórias, de modo que ninguém possa segui-las na prática;

Aprovação de regras que exijam que o indivíduo faça coisas que vão além de seus poderes ou que lhe sejam impossíveis;

Mudança constante (e abusiva) de regras, de modo que os indivíduos não possam orientar suas ações de acordo com elas; e

Falha em administrar as regras de uma maneira consistente com seu conteúdo.[257]

Essas falhas procedimentais estão relacionadas à necessidade de submeter as regras jurídicas às exigências da generalidade, da promulgação, da prospectividade, da clareza, da consistência, da constância e da congruência. Para Fuller, "o fracasso completo em qualquer dessas diretivas não resulta somente num mau ordenamento jurídico, mas resulta também em algo que não se pode sequer chamar propriamente de ordenamento jurídico".[258] Com isso, Fuller sustenta que o fato de os agentes públicos estarem limitados a agir dentro do espírito das leis "assegura uma espécie de justiça mínima e ausência de exercício completamente arbitrário do poder por uma pessoa sobre outra".[259] Mas esses princípios formais da moralidade interna do direito constituiriam verdadeiramente uma variação satisfatória do jusnaturalismo? Na opinião de Fuller, "a resposta é um enfático, porém, qualificado, *sim*". Ele chama isso de um "jusnaturalismo de conteúdo mínimo", ou uma versão formalista do jusnaturalismo. "O que tentei fazer", argumenta Fuller:

> (...) foi discernir e articular as leis naturais de um tipo específico de empreendimento humano, o qual descrevi como "o empreendimento de submeter a conduta humana ao governo das regras". Essas leis naturais não têm nada a ver com qualquer "onipresença estarrecedora nos céus" (...) Elas permanecem

---

257 *Ibid*, p. 39.

258 *Ibid*.

259 N. MacCormick, '*A Moralistic Case for A-Moralistic Law?*' (1985) 20 *Valparaiso University Law Review* 1, p. 26.

totalmente mundanas na sua origem e na sua aplicação (...) Elas são como as leis naturais da carpintaria ou, ao menos, aquelas leis observadas por um carpinteiro que quer que a casa que ele constrói permaneça de pé e sirva aos propósitos dos que nela vivem (...) Uma forma conveniente (porém não inteiramente satisfatória) de descrever a distinção seria referindo-se a um direito procedimental, em lugar de natural. O que chamei de moralidade interna do direito [isto é, seu critério de justiça procedimental] é, nesse sentido, uma versão procedimental do direito natural.[260]

John Finnis

O australiano John Finnis leciona filosofia do direito na Universidade de Oxford e na Universidade de Notre Dame, em Indiana, nos EUA. Ele é um dos principais teóricos do jusnaturalismo moderno e a editora da Universidade de Oxford lançou há alguns anos uma coleção especial de cinco volumes de seus principais ensaios, que abrangem ética, filosofia, teoria política, filosofia do direito, e religião.[261] O surpreendente reavivamento do interesse por perspectivas jusnaturalistas nas décadas mais recentes deve-se, em grande parte, às suas significativas contribuições na matéria.[262] A obra de Finnis, de fato, influenciou um grande número de juristas e teóricos do Direito. Como bem destaca Professor Crowe, "Finnis foi o primeiro autor contemporâneo a oferecer uma defesa sistemática e acessível do direito natural, assim, não é de surpreender que sua obra seja ainda a principal referência para pesquisa nesse campo".[263]

Embora Finnis não construa sua filosofia diretamente sobre a autoridade da Igreja, fica bem claro que sua fé católica embasa sua filosofia jurídica. Como explica Freeman, "Finnis é comprometido com o cristianismo, mas Deus é sua conclusão, e não sua premissa. Como Grócio, ele acredita que uma teoria do direito natural não

---

260 *Ibid*, p. 96.
261 J. Finnis, *The Collected Essays of John Finnis, Vols. 1-5*, Oxford University Press, Oxford, 2011.
262 J. Crowe, '*Natural Law Beyond Finnis*" (2011) 2(2) *Jurisprudence* 293, p. 294.
263 *Ibid*, p. 296.

tem que estipular Deus. Isso ocorre sem a necessidade de uma doutrina religiosa".[264] De fato, o direito natural é por ele definido em termos um tanto seculares, como "conjunto de princípios de razoabilidade prática a ordenarem a vida e a comunidade humanas". Em sua essência, argumenta ele, as leis devem ser confeccionadas com vistas ao "bem comum" e, como tais, devem ajudar os indivíduos "a coordenar suas atividades para os objetivos e compromissos escolhidos por eles".[265]

Finnis é bastante conhecido por articular uma Teoria do Direito conservadora e voltada a debates contemporâneos mais controvertidos, tais como acerca da permissibilidade do aborto e dos atos de suicídio assistido e a moralidade dos atos sexuais. Em todas essas importantes questões morais, Finnis argumenta que a "razão prática" exige que não se deva jamais agir para prejudicar ou destruir a vida do outro, seja no caso de esse indivíduo ser um embrião, um feto, um adulto idoso ou um civil não-combatente em tempos de guerra. Finnis aborda estas questões morais de acordo com o entendimento de razão de Tomás de Aquino. Ele acredita que a razão é uma faculdade da mente humana que nos capacita a entender e formular julgamentos. A razão é o que nos fornece a capacidade de identificar questões jurídicas com princípios morais intemporais inerentes à natureza humana; "não a leis de uma nação em particular, mas à lei universal aplicável a todas as nações".[266] A ideia geral de direito tendendo à promoção do entendimento racional do bem comum é o que faz com que nenhuma lei contrária à razão deva ser observada.

Finnis acredita ainda que existam sete bens fundamentais que toda pessoa razoável almejaria alcançar: vida, conhecimento, diversão, experiência estética, amizade, razoabilidade prática e religião. Ele faz referência à antropologia como base para a existência desses sete bens em todos os agrupamentos humanos. Esses bens fundamentais podem ser compartilhados pela comunidade em ge-

---

264 Freeman, nota 70 acima, p. 132.

265 J. Finnis, *'Is Natural Law Theory Compatible with Limited Government?' in* R. P. George (ed), *Natural Law, Liberalism and Morality*, Oxford University Press, Oxford, 1996, p. 6.

266 Berman, nota 80 acima, p. 243.

ral e acessados ou buscados como valores fundamentais por meio de determinados tipos de conduta – corajosamente, generosamente, moderadamente, gentilmente, por exemplo. Esses bens são considerados essenciais, dispensando prova ou verificação segundo qualquer padrão subjetivo de moralidade pessoal: são verdades autoevidentes.[267] Autoevidentes como Finnis os vê, esses bens humanos são visíveis todos à medida que cada um conhece a sua própria natureza. Esses bens estarão, portanto, disponíveis a qualquer indivíduo membro da comunidade e serão igualmente compartilhados pela comunidade como um todo.

  Finnis também busca enfatizar os limites da ação governamental na perspectiva do direito natural.[268] Ele defende uma filosofia jusnaturalista que seja voltada àquilo que é mais valioso para o indivíduo e à maneira razoável destas pessoas encararem questões práticas. O que pensa Finnis assim sobre um ordenamento jurídico que não promove verdadeiramente o bem comum? Segundo ele, a questão sobre se leis injustas devem ser desobedecidas não pode ser respondida em termos absolutos. A resposta, diz ele, "é altamente dependente de variáveis sociais, políticas e culturais".[269] Antes de se desobedecer a qualquer lei, deve-se, antes de mais nada, considerar se a desobediência civil pode produzir mais mal do que bem.[270] Uma vez que o recurso à desobediência civil acarreta em risco de produzir novas e mais danosas formas de injustiça, qualquer ato de desobediência só deverá ser praticado em circunstâncias excepcionais nas quais já estejam presentes grave dano a nossos direitos fundamentais e perigoso prejuízo para o bem comum.

  Embora Finnis seja religioso, a sua obra justifica o jusnaturalismo de uma forma distinta do contexto histórico das visões teológicas mais amplas.[271] Ao mesmo tempo em que o seu jusnatu-

---

267 J. Finnis, *Natural Law and Natural Rights*, Oxford University Press, Oxford, 1980, p. 92.

268 Finnis, nota 265 acima, Cap. 1.

269 *Ibid*, p. 362.

270 *Ibid*, p. 36.

271 B. Leiter, 'The End of Empire: Dworkin and Jurisprudence in the 21ˢᵗ Century' (2004-2005) *Rutgers Law Journal* 165, p. 168. Ver ainda J. Goldsworthy, 'God or Mackie? The Dilemma of Secular Moral Philosophy' (1985) 30 *American Journal of Jurisprudence* 43, p. 77.

ralismo recorre, na verdade, a fatos relacionados à nossa natureza humana, e não a Deus[272], Finnis, não obstante, lembra-nos que, sem recorrermos a Deus, nossa compreensão de bens fundamentais estará sujeita ao inevitável relativismo dos interesses humanos, seja ele social ou individual. Com isso, Finnis sustenta ainda que os filósofos jusnaturalistas parecem "ter se enfraquecido na sua capacidade de atração para a razoabilidade por um certo relativismo ou subjetivismo".[273] Um de seus trabalhos mais recentes, acerca da "bondade divina", é interpretada à luz da fonte de bondade divina contida no direito natural.[274] Isso implica, escreve Finnis, que a "aceitação do direito natural é racionalmente instável na ausência de um certo tipo de instância deísta".[275] Conforme Mark C. Murphy vem a explicar:

> Parece haver uma tendência na obra de Finnis de tornar explícito o papel da crença e do compromisso deístas no que tange a aceitação do direito natural. No mesmo artigo em que ele identifica a bondade humana à participação na bondade divina, ele argumenta pela necessidade de um compromisso religioso para organizar e sustentar o compromisso com os bens fundamentais.[276]

Mark C. Murphy

Mark C. Murphy leciona filosofia na Universidade Georgetown. Ele é jusnaturalista e autor do conhecido livro *Natural Law in Jurisprudence and Politics* (Jusnaturalismo na Teoria do Direito e na Teoria Política), obra que tem sido considerada a mais importante sobre direito natural desde que o livro *Natural Law and Natural Rights* de Finnis foi publicado em 1980.[277] Neste livro, Murphy sustenta que, uma vez que o Direito deve calcar-se em razões decisivas

---

272 M. C. Murphy, '*Finnis on Nature, Reason, God*' (2008) 13 *Legal Theory* 187, p. 196.
273 Finnis, nota 265 acima, p. 373.
274 Murphy, nota 272 acima, p. 203.
275 *Ibid*, p. 208.
276 *Ibid*, p. 209. Ver ainda G. Grisez, J. Boyle e J. Finnis, '*Practical Principles, Moral Truth and Ultimate Ends*' (1987) 32 *American Journal of Jurisprudence* 99, p. 141-147.
277 Freeman, nota 70 acima, p. 134.

para a sua obediência, "o Direito tem essa força de atribuição de razão por meio do bem comum da comunidade política".[278] Desse modo, a promulgação de uma lei deve justificar-se "não somente do ponto-de-vista de alguma classe privilegiada ou desprivilegiada, mas de todos que lhe são submetidos".[279]

Murphy acredita ainda que a melhor maneira de abordar o direito natural é considerando o fenômeno jurídico como "legalidade não-defeituosa". As determinações jurídicas precisam ser mensuradas com relação aos padrões de aperfeiçoamentos intrínsecos do bem comum. Leis positivadas adquirirem caráter normativo integral à medida que atendam a uma determinação do princípio do bem comum. Como o próprio Murphy coloca, "a lei que falha em servir ao bem comum é uma lei defeituosa, e é por isso que seria estranho e paradoxal que um ordenamento jurídico negasse que ele próprio existe para servir àquele bem".[280] Como o relógio com alarme que não pode soar o alarme se está quebrado ou se foi mal projetado, o mesmo se passa com um ordenamento jurídico que proclama não ser para o bem comum. Tal ordenamento jurídico é como um relógio com alarme em cuja embalagem se adverte que o alarme não é para ser usado para acordar pessoas. Além disso, para Murphy, aceitar essa visão de funcionalidade do direito é como afirmar "uma leitura simplória da tese jusnaturalista segundo a qual, assim como o coração defeituoso é coração, uma lei que não-racional pode ainda ser uma lei".[281]

Para ser um verdadeiro jusnaturalista, diz Murphy, deve-se aceitar a realidade das leis morais que são obrigatórias e objetivas.[282] Há, portanto, "uma necessidade de se afirmar que as razões fundamentais para a ação são certos bens fundamentais cujo status de bens é, de alguma forma, explicado por características da natureza

---

278 M. C. Murphy, *Natural Law in Jurisprudence and Politics*, Cambridge University Press, Cambridge/UK, 2006, p. 1-2.

279 M. C. Murphy, *Philosophy of Law: The Fundamentals*, Blackwell, Londres, 2007, p. 9.

280 *Ibid*, p. 45.

281 M. C. Murphy, 'Natural Law Theory' in M. P. Golding e W. A. Edmundson, *The Blackwell Guide to Philosophy of Law and Legal Theory*, Blackwell, Malden/MA, 2005, p. 29.

282 Murphy, nota 272 acima, p. 192.

humana".[283] Além disso, um jusnaturalista deve crer na realidade de "princípios substantivos da razão que especifiquem como a forma apropriada de lidar com esses bens em casos em que mais de uma opção tem algum apelo prático".[284] Para Murphy, um jusnaturalista deve assim estudar o direito em busca de padrões racionais que forneçam motivos fortes para as pessoas se submeterem ao direito.[285] Tal necessidade de relações intrínsecas entre o direito e a razoabilidade conferem motivos para se obedecer ao ordenamento jurídico, pois "o direito que merece nossa obediência é apenas aquele que vai ao encontro de um certo padrão mínimo de razoabilidade".[286] Desse modo, qualquer lei ou ordenamento jurídico que falhe em desempenhar sua função mais fundamental de fornecer padrões racionais de conduta será ou defeituoso ou simplesmente não será direito.[287] Murphy explica:

> (...) o contexto a partir do qual as instituições humanas devem ser analisadas, na medida do possível, é aquele em que os seres humanos estão vivendo adequadamente. Porém, seres humanos são animais racionais e, quando estão vivendo adequadamente, fazem o que os motivos relevantes exigem. Assim, o Direito não estaria apto a atingir o objetivo da ordem caso desse ordens num mundo em que pessoas vivem adequadamente, a menos que essas ordens se baseassem em motivos adequados. Desse modo, poderíamos dizer que é característico da ação do Direito dar ordens baseadas em motivos convincentes para a ação, e que o Direito que falha nisso é um Direito defeituoso.[288]

A melhor forma de descrever e avaliar qualquer lei ou ordenamento jurídico é do ponto-de-vista da "ética do direito natural", diz Murphy.[289] Deve-se reconhecer a existência de princípios de direito natural e estar propenso à aplicabilidade de tais princípios uni-

---
283 *Ibid*, p. 89.
284 *Ibid*, p. 190.
285 Murphy, nota 281 acima, p. 15.
286 *Ibid*, p. 21.
287 *Ibid*, p. 26.
288 *Ibid*, p. 27.
289 Murphy, nota 272 acima, p. 191.

versais independentemente da época e das circunstâncias.²⁹⁰ Como destaca Murphy, "assim como a teoria sobre o uso da água não se volta para o resultado do debate sobre se a água é hidróxido de hidrogênio"²⁹¹, uma visão mais satisfatória do direito natural pode ser dissociada do teísmo, embora o direito natural possua todo o conhecimento prático expresso nele. Em outras palavras, Murphy não acredita que seja necessário fazer referência a presunções metafísicas ou teológicas para fornecer uma descrição satisfatória do direito natural. Explica ele:

> Aqueles que agem com base nos princípios de direito natural ao mesmo tempo em que não acreditam em Deus ou que não acreditam que Deus esteja presente numa relação explicativa da razoabilidade prática podem agir de forma completamente compreensível. Indiscutivelmente, ignorar que Deus explica, em última instância, certas características do direito natural não ameaça a inteligibilidade da ação individual baseada em Suas leis mais do que ignorar que a água é hidróxido de hidrogênio ameaça a inteligibilidade do ato de beber um copo d'água num dia quente.²⁹²

Na medida em que a filosofia jusnaturalista possa ser explicada de acordo com a natureza, os princípios do direito natural, diz Murphy, são explicáveis pelos fatos relativos apenas à natureza humana, e não diretamente à ação criativa de Deus. Como ele assim destaca, "faz todo sentido achar que (...) a natureza humana num mundo sem Deus seria suficiente para a força cogente dos princípios de direito natural".²⁹³ Contudo, ele não está aqui sugerindo que a melhor forma de abordar a filosofia jusnaturalista seja necessariamente a partir de uma perspectiva não-teísta. Ao contrário, Murphy destaca que:

> A pessoa que age com base na lei moral pressupõe que os bens da felicidade e da virtude são correalizáveis e, para que essa possibilidade exista, são necessárias a existência e as ações de

---

290 *Ibid*, p. 200.
291 *Ibid*, p. 196.
292 *Ibid*, p. 195.
293 *Ibid*, p. 199.

Deus. É, portanto, possível para qualquer pessoa ater-se à lei moral e segui-la, mas, sem a crença em Deus, haverá algo de ininteligível na vida prática do agente – haja o que houver, a pessoa estará determinada a realizar dois objetivos distintos que, para todos os efeitos, são descoordenados e até conflituosos entre si (...) Um meio de preencher essa lacuna é recorrendo a um ser que cumpra o papel desempenhado em outros pontos-de-vista por um "observador ideal" ou um "senhor ideal" – com a diferença de que Deus não é um constructo de nossa própria limitada inteligência prática limitada, mas um ser real (...) Devemos recorrer a (...) Deus (...), não para um maior entendimento dos bens humanos (...), mas, sim, para subscrevermos a autoridade dos bens fundamentais a partir de uma perspectiva mais objetiva e universal do que a nossa própria.[294]

Randy E. Barnett

Randy E. Barnett, também da Universidade Georgetown, é um jusnaturalista de renome que defende que a força normativa do direito baseia-se na natureza humana e na natureza do mundo que as pessoas habitam. Os princípios do direito natural, diz ele, derivam desta natureza das coisas e "vigem quer sejam ou não reconhecidos ou aplicados por qualquer governo".[295] A propriedade da ação humana livre é restringida não apenas por tais forças externas, mas também pelas condições humanas naturais que são objetivas e universais em sua aplicação prática. Essas condições são contrárias à mera condição de permissibilidade daqueles que não estão inteiramente conscientes das consequências das próprias ações. Em última instância, a ética do direito natural significa instruir-nos sobre como devemos exercer a liberdade que é sempre definida e protegida pelos direitos naturais.[296] Na sociedade, para que as pessoas possam buscar a sua felicidade, paz e prosperidade, conclui Barnett, "direitos

---

[294] Murphy, nota 272 acima, p. 209.

[295] R. E. Barnett, 'A Law Professor's Guide to Natural Law and Natural Rights' (1997) 20 *Harvard Journal of Law and Public Policy*, 655, p. 656.

[296] Barnett, nota 198 acima, p. 15.

jurídicos aplicáveis não podem entrar em conflito com direitos naturais anteriores".[297] Para ser obrigatório, o ordenamento jurídico não pode violar gravemente nossos direitos fundamentais à vida, à liberdade e à propriedade. Se o fizer, as leis do Estado "não vincularão a consciência dos cidadãos".[298]

Robert P. George

Robert P. George, da Faculdade de Direito de Princeton, é um defensor marcante da tradição judaico-cristã do direito natural. O professor George baseia-se na obra de Sto. Tomás de Aquino para examinar questões morais contemporâneas de alta relevância, como aborto e leis sobre matrimônio, a partir de uma perspectiva puramente jusnaturalista.[299] O direito natural é definido por ele como "um direito superior, embora um direito, a princípio, acessível à razão humana e independente da revelação divina porém inteiramente compatível com ela e, de fato, iluminado por ela".[300] Essa visão, argumenta ele, é central na tradição ocidental dos direitos humanos, da moral, da política e do Direito. Rejeitar essa concepção do direito natural, diz ele, equivale a dizer que todo direito é o direito positivado, o que implica, perigosamente, que tudo o que é juridicamente certo só pode ser determinado pelo legislador do Estado e por tribunais das diversas jurisdições. Sendo assim, conclui o professor George, os dizeres de abertura da *Declaração de Independência* estadunidense ("Consideramos estas verdades como autoevidentes: que todos os homens foram criados iguais, que são dotados pelo Criador de certos direitos inalienáveis") devem ser lidas como "as palavras basilares da doutrina estadunidense dos direitos e das liberdades fundamentais".[301]

---

297 *Ibid*, p. 21.

298 Barnett, nota 295 acima, p. 681

299 Ver R. P. George, *In Defense of Natural Law*, Oxford University Press, Oxford, 1999.

300 R. P. George, '*Natural Law Ethics*' in P. L. Quinn e C. Taliaferro (ed), *A Companion to Philosophy of Religions*, Wiley-Blackwell, Oxford, 1997, p. 453.

301 R. P. George, *A Preserving Grace: Protestants, Catholics, and Natural Law*, Eerdmans Publishing, Grand Rapids/MI, 1997, p. 94.

Considerações Finais

A tradição jurídica ocidental deve muito à influência do jusnaturalismo. Os ordenamentos jurídicos ocidentais foram largamente influenciados por convicções morais de juristas, filósofos e políticos que acreditavam numa lei superior que reflete princípios eternos de liberdade, de justiça e de moralidade. O jusnaturalismo foi apresentado pelos estoicos, desenvolvido pelos escolásticos medievais como Aquino, elaborado em termos seculares por juristas como Grócio, remoldados para justificar os direitos naturais por Locke, Montesquieu, Jefferson e Adams e invocado na causa da igualdade racial por Abraham Lincoln e pelo reverendo Martin Luther King Jr. Além disso, os principais juristas ingleses como Blackstone, Coke e Fortescue, que deram uma contribuição marcante para o desenvolvimento e a compreensão do direito consuetudinário inglês, basearam-se na filosofia jusnaturalista quando expuseram e desenvolveram aquilo que nos dias de hoje são considerados os princípios estabelecedores do Estado de Direito. E muitos outros ganhos em termos de direitos humanos e constitucionalismo têm sua origem na filosofia jusnaturalista, incluindo a condenação dos criminosos de guerra nazistas e a luta por direitos fundamentais contra o racismo nos EUA na década de 1960. Por essa razão, é difícil determinar a exata medida da influência dos conceitos de "lei natural", "direito natural" e "justiça natural" sobre o desenvolvimento e a transformação de nossos sistemas jurídicos.[302] Nossas tradições jurídicas e políticas são inextricavelmente ligadas a essa forma específica de pensar acerca do Direito. Ignorar esse fato resulta numa compreensão diminuída do Direito e dos princípios que o sustentam.[303]

---

302 Abraham, nota 9 acima, p. 26.

303 Como informou Miguel Reale: "A ideia de Direito Natural representa uma das constantes do pensamento do Ocidente. Alteram-se os sistemas, mudam-se as doutrinas e os regimes políticos, e nem bem se proclama que ele está morto, ressurge das cinzas com renovada vitalidade. Pode-se contestar-lhe a existência como um Direito distinto do Direito Positivo, mas o que se não pode negar é o papel que sua ideia, ainda que ilusória, tem exercido e continua exercendo no desenvolvimento da experiência jurídica, atuando ora como força revolucionária, ora como fator de declarado conversantismo, tal a paradoxal plurivalência de seu significado". – M. Reale, *Lições Preliminares de Direito*, 24ª ed., Editora Saraiva, São Paulo/SP, 1999, p. 313-314.

CAPÍTULO 2

JUSPOSITIVISMO

Considerações Iniciais

Há muito os filósofos questionam se os seres humanos têm o dever geral de se submeter às leis.¹ Enquanto os jusnaturalistas alegam que a existência e o conteúdo do Direito dependem do seu status moral, os juspositivistas argumentam que o único fator a determinar se uma norma ou sistema jurídico são válidos é a presença de fatos e eventos reconhecidos, em particular os que estão relacionados ao modo de aprovação da lei e à autoridade de quem a aprovou.² O princípio fundamental do juspositivismo é, portanto, a noção de que a validade da lei não depende de considerações morais, mas, sim, de questões práticas, tais como se o governante ou o corpo de governantes possui a autoridade necessária para emitir determinado comando legal.³ Desse modo, a imoralidade da norma não é percebida como relevante para a sua validade jurídica.⁴

---

1 J. Crowe, "*Natural Law Beyond Finnis*" (2011) 2(2) *Jurisprudence* 293, p. 304.

2 *Ibid*, p. 304-5. J. Crowe escreve: "Os jusnaturalistas não negam que as fontes desempenham um papel indispensável na validade jurídica. Mais do que isso, eles suplementam o papel das fontes colocando uma verificação moral adicional. Em outras palavras, para os jusnaturalistas, a validade jurídica tem duas vertentes: para verificar se algo é Direito, deve-se perguntar tanto se esse algo foi instituído na forma apropriada e por autoridade reconhecida quanto se existe razão moral suficiente para a obediência. Juspositivistas, por outro lado, sustentam que apenas a primeira vertente é necessária" (Crowe, nota 1 acima, p. 305).

3 Ver T. Blackshield e G. Williams, *Australian Constitutional Law and Theory*, Federation Press, Sydney, 2006, p. 5.

4 R. A. Hughes, G. W. G. Leane e A. Clarke, *Australia Legal Institutions: Principles, Structure and Or-*

John Austin, um juspositivista, disse: "A existência do Direito é uma coisa; seu mérito ou demérito, outra". Do mesmo modo, Hans Kelsen, outro famoso juspositivista, argumentou que o Direito precisa ser analisado "cientificamente" e que nenhuma conclusão pode ser tirada sobre seus méritos e justeza intrínsecos. Uma vez que a lei foi devidamente aprovada, conclui ele, "tal norma pode ter o conteúdo que for".[5]

Por outro lado, a premissa positivista de que o direito pode ser separado da moral de modo algum implica que todos os positivistas estão alheios a questões de justiça e moral. Pelo contrário: alguns dos principais juspositivistas estiveram ativamente envolvidos em reformas legislativas e sociais. Esses positivistas acreditam que a separação entre direito e moral pode auxiliar, na verdade, o processo de reforma social desmistificando o sistema jurídico que possa ser injusto, revelando, para tanto, que a conexão entre direito e moral é em sua maior parte fortuita, se não falsa.[6] Enquanto o juspositivismo tradicionalmente rejeita a alegação jusnaturalista de que a moral é pré-condição para a validade jurídica, alguns juspositivistas admitem contudo que "o Direito pode muito bem ser moral, e certamente deveria ser moral, mas não é *necessariamente* moral".[7] Assim, escreve Frederick Schauer:

> (...) o Direito não advém necessariamente de princípios morais fundamentais, mas, sim, é "estatuído" por seres humanos e instituições humanas. A identificação do Direito e dos sistemas jurídicos é, portanto, questão de identificação de algum fato social, um processo não necessariamente implicado na avaliação moral. Portanto, para o juspositivista, leis e sistemas jurídicos que satisfaçam certos critérios sociológicos valem como leis e ordenamentos jurídicos, independentemente de seu conteúdo moral. Assim, o argumento central do positivismo sobre a separação entre direito e moral não é um argumento sobre a existência (ou não-existência) de valores

---

ganisation, Lawbook, Sydney, 2003, p. 32.
5 H. Kelsen, *General Theory of Law and State*, Cambridge University Press, Cambridge, 1945, p. 113.
6 J. Crowe, *Legal Theory*, Law Book, Sydney, 2009, p. 29.
7 F. Schauer, "*Constitutional Positivism*" (1993) 25 *Connecticut Law Review* 797, p. 801.

morais, nem tampouco uma negação da possibilidade de preferência por leis e sistemas jurídicos morais em detrimento dos imorais, mas, sim, a simples alegação de que a existência do direito é conceitualmente distinta do seu valor moral.[8]

Grécia Antiga

A primeira ocorrência de algo relacionado ao juspositivismo aconteceu na Grécia, no século V a.C.. Naquela época, Atenas padecia de um dramático declínio social e econômico e, talvez como meio de solucionar o problema, a sociedade começou a se calcar mais fortemente na legislação do que no direito costumeiro ou não-escrito. Consequentemente, Eurípedes (480-406 a.C.), um dos maiores trágicos da Atenas clássica, louvou a produção legislativa por supostamente fazer o sistema jurídico mais reconhecível e acessível a todos.[9] Sempre que não se conseguisse encontrar uma norma na legislação, ela seria imediatamente atribuída a um legislador anterior. Assim, dizia-se que a fase mais antiga do Direito grego foi criada por legisladores que podem até mesmo não haver existido, como Drácon e Sólon em Atenas e Licurgo em Esparta.[10]

Infelizmente, a proliferação de leis escritas logo resultou em descrédito de todo o sistema jurídico. Diplomas legais multiplicaram-se aos milhares e o processo legislativo não apenas se tornou caótico, como também se subordinou inteiramente a questões de conveniência política. Tornou-se difícil saber se uma lei existia ou não, e, se tal lei existisse, um problema ainda maior era descobrir se havia outra lei anterior em conflito com ela.[11] Esse grau de insegurança jurídica resultou em notável declínio dos critérios iniciais de segurança jurídica, segundo os quais os gregos olhavam orgulhosa e

---

8 *Ibid*, p. 799-801.
9 Ver J. M. Kelly, *A Short History of Western Legal Theory*, Oxford University Press, Oxford, 2007, p. 9.
10 *Ibid*, p. 10.
11 *Ibid*, p. 11.

confiantemente para suas leis ancestrais como a fonte principal de – e inspiração para – "princípios imutáveis do direito".[12]

O século V a.C. testemunhou o surgimento do sofismo como uma nova classe de intelectuais que ensinavam aos gregos a natureza da linguagem e da cultura. Como bem explicou Giorgio Del Vecchio,

> Os Sofistas era individualistas e subjectivistas. Ensinavam que cada homem possui seu modo próprio de ver e de conhecer as coisas. Daqui a tese segundo a qual não é possível uma ciência autêntica de caráter objectivo e universalmente válida, mas tão só opiniões individuais (...) Negando os Sofistas a possibilidade de uma verdade objectiva, negam também que exista uma justiça absoluta; também o direito, para eles, é algo relativo, opinião mutável, expressão do arbítrio e da força.[13]

Os sofistas empregavam a retórica para atingirem seus propósitos específicos. Visto que eram relativistas morais, a verdade era considerada por eles como sendo convencional, contingente e acidental. Sendo assim, os sofistas argumentavam que nenhuma lei é baseada em princípios universais, mas que toda lei é, de tal maneira, igualmente convencional, contingente e acidental.[14] Para Trasímaco (459-400 a.C.), a justiça não é nada mais do que a concretização do interesse do mais forte, e o Direito é, basicamente, o que é ditado pelo mais forte. A justiça, continua ele, "não é nada além da vantagem do mais forte", de modo que "em todos os Estados existe o mesmo princípio de justiça, que é o interesse do governo".[15] Para Trasímaco, "a injustiça, numa escala suficientemente grande, é algo mais forte, mais independente e mais imperioso do que a justiça, e (...) é a vantagem do mais forte que é o justo, enquanto que o injusto é o que aproveita ao próprio homem e existe em seu benefício". Trasímaco representava um imoralismo que desconsiderava os limites morais em favor da busca do interesse pessoal: se aqueles que são

---

12 *Ibid*, p. 12.
13 G. Del Vecchio, *Lições de Filosofia do Direito*, 5ª ed., Armênio Amado Editor, Coimbra, 1979, p. 35.
14 Kelly, nota 9 acima, p. 14.
15 Platão, *A República*, trad. B. Jowett, Kayedreams Novel Art, New York, 2009, p. 54.

fortes podem beneficiar-se da exploração dos fracos, seria tolice não fazê-lo.[16]

Outro bom exemplo de filosofia juspositivista helênica é o epicurismo. Seu fundador, Epicuro (341-270 a.C.), acreditava que não há providência divina ou racionalidade governando o universo.[17] Para Epicuro, noções de bem e mal são apenas realidades físicas relacionadas à dor e ao prazer, de modo que a experiência da boa vida reduz-se a evitar a dor e maximizar o prazer. Como os utilitaristas de nossos dias, os epicureus viam a moral como desprovida de natureza essencial distinta. Porque a justiça é explicada como interesse próprio iluminado por princípios hedonistas, ninguém era visto como virtuoso por outra causa além da maximização do prazer e minimização da dor.[18] O epicurismo, então, vê a justiça como resultado de acordos sociais entre as "partes contratantes" dentro em uma sociedade. Evidentemente, regras sócio-contratuais podem ser revisadas pelas partes contratantes, o que significa que tais regras são inteiramente relativas e temporárias. O resultado final é, portanto, "tirar o estofo moral da ideia de Direito e, com isso, privar todos os elementos dos sistemas jurídicos de qualquer autoridade permanente racionalmente defensável".[19]

Como exemplo final é importante mencionar o famoso julgamento de Sócrates (nascido em 469 a.C.), em 399 a.C. Esse julgamento dirige-se à questão de quando é moralmente certo desobedecer à lei de uma sociedade da qual se é membro. Sócrates foi uma figura controvertida na sociedade ateniense. A comédia de Aristófanes *Nuvens* (420 a.C.) descreve-o como um arrogante relativista moral que participava muito ativamente do movimento sofista da cidade. Um dos discípulos de Sócrates foi notório influente membro da odiada Tirania dos Trinta, oligarquia espartana que governou Atenas de forma ditatorial após a derrota da cidade contra Esparta, na Guerra do Peloponeso (431-404 a.C.).

---

16 T. Mautner, *"Thrasymacus" in* T. Mautner (ed), *The Penguin Dictionary of Philosophy*, Penguin Books, Londres, 2000, p. 565.

17 H. Tarrant, *"Epicurus" in* Mautner (ed), nota 16 acima, p. 172.

18 *Ibid*, p. 172.

19 Kelly, nota 9 acima, p. 14-15.

Sócrates foi levado a júri popular sob a acusação de profanação e corrupção da juventude. Ao final do julgamento, os 500 homens presentes, incluindo os jurados, votaram pela pena de morte. Na noite anterior à execução, no entanto, seus discípulos descobriram um jeito de Sócrates escapar da cadeia. Sócrates, não obstante, recusou-se a fazê-lo alegando que, uma vez que ele passou toda sua vida em Atenas, havia concordado tacitamente em obedecer a todas as suas leis, independentemente das consequências. Embora considerasse que sua sentença fosse injusta, ele também considerava que, como cidadão, estava moralmente obrigado a obedecer à lei e a respeitá-la. Tal obediência fiel à lei, independentemente das consequências, sugere que Sócrates acreditava que, mesmo as piores leis, as mais claramente injustas e moralmente repugnantes, devem ser estritamente obedecidas pelos cidadãos. Assim, Sócrates cumpriu deliberadamente a sentença tomando a cicuta que lhe foi dada.

Baixa Idade Média

As raízes pré-modernas do juspositivismo também podem ser encontradas na tendência de alguns teólogos medievais de supervalorizar a vontade divina em detrimento da razão divina. Contrariamente ao tomismo, tais pensadores medievais afirmavam que a filosofia e a teologia são áreas do conhecimento inteiramente separadas, de modo que não existia qualquer área de sobreposição contendo verdades reconhecíveis tanto pela razão quanto pela revelação.[20] Pensadores da Baixa Idade Média como João Duns Scotus (1266-1308), como explica Ives Gandra da Silva Martins Filho:

> (...) sustentou, contrariamente à doutrina aristotélico-tomista, que *ens et bonum non convertuntur*. O bem seria aquilo que Deus quer e impõe. Assim, salvo os dois primeiros mandamentos referentes a Deus, os outros poderiam ser diferentes, pois Deus poderia criar um mundo diferente do que criou.

---

20 W. I. Matson, *A New History of Philosophy, Ancient and Medieval*, Thomson Learning, For Worth/TX, 1988, p. 246.

A única lei a que Deus estaria sujeito seria a da não-contradição.[21]

Outro influente pensador medieval foi o monge franciscano Guilherme de Ockham (1280-1349), que postularia que a religião não possui fundamentos racionais, mas, sim, assentada inteiramente na revelação e vontade divinas.[22] Como bem informa Ives Gandra, Ockham sustentava a total arbitrariedade da lei moral: "as coisas não seriam proibidas por serem más, mas seriam más por serem proibidas arbitrariamente por Deus (poderia ser meritório odiar a Deus, se Ele assim o dispusesse)".[23] Tal doutrina desencadeou uma filosofia cética e subjetivista que foi muito além da intenção de Ockham. Como destaca Julius Weinberg, "não é exagero dizer que os filósofos empíricos britânicos, de Hobbes a Hume, devem seu conceptualismo a Ockham, direta ou indiretamente".[24] Heinrich Rommen assim comentou:

> Para Ockham, o direito moral natural é o direito instituído, a vontade divina. Uma ação não é boa por causa da sua adequação à natureza essencial do homem (...), mas, sim, porque Deus assim o quer. A vontade de Deus poderia também ter querido e decretado precisamente o contrário, o que teria, então, a mesma força cogente que tem a vontade atualmente válida – a qual, em verdade, tem validade apenas na medida em que a vontade absoluta de Deus assim o determina. O Direito é vontade, pura vontade, sem fundamento algum na realidade, sem fundamento na natureza essencial das coisas. Assim, da mesma forma, o pecado não mais contém qualquer elemento intrínseco de moralidade ou do que é injusto, qualquer elemento interno de injustiça; é uma ofensa externa à vontade de Deus (...). Portanto, o homem somente peca porque e à medida que o direito instituído, ao qual está vinculado, coloca-se diante dele. Deus, por outro lado, não pode pecar porque nenhum Direito se coloca acima Dele, e não porque

---

21 I.G.S. Martins Filho, 'Reflexões sobre a Liberdade' (2009) 4 *Direito Público* 32, p. 40.
22 Matson, nota 20 acima, p. 246.
23 Martins Filho, nota 21 acima, p. 40.
24 J. R. Weinberg, *A Short History of Medieval Philosophy*, Princeton University Press, Princeton/NJ, 1967, p. 265.

seja repugnante à Sua santidade (...) Assim, o direito natural (...) é na verdade o direito instituído (...) A semelhança dessa estrutura de pensamento com O *Príncipe* de Maquiavel, com O *Leviatã* de Hobbes, e com a teoria da vontade do positivismo moderno (a vontade absoluta do soberano é lei, porque nenhuma norma superior se coloca acima dele) é aqui bem óbvia.²⁵

Reforma Luterana

A Renascença levou a uma ênfase maior no individualismo e na rejeição da sociedade cristã universalista em favor de Estados nacionais independentes e, onde ocorreu a Reforma Protestante, de igrejas nacionais independentes.²⁶ A revolução dos principados germânicos incorporada pelo luteranismo produziu o efeito imediato de rompimento com o dualismo da igreja entre leis eclesiásticas e seculares. Martinho Lutero (1483-1546) via a igreja essencialmente como apolítica, até mesmo como uma espécie de entidade a-jurídica. Ele não apenas rejeitou a ideia de que as leis humanas possam de algum modo refletir satisfatoriamente as leis de Deus, como também a ideia de que é tarefa própria da igreja assistir o Estado no desenvolvimento de suas próprias leis.

Na sua juventude, Lutero abandonou seus estudos jurídicos para se juntar à ordem agostiniana dos monges. Ele passou a maior parte de sua vida trabalhando como professor de teologia na Universidade de Wittenberg. Ele achava que os meios tradicionais da Igreja Católica, em particular o seu apego à escolástica medieval, eram inconsistentes com a verdade bíblica. Lutero focava seu ensinamento teológico não no Juiz e Legislador Divino, mas num Deus que sempre perdoa todos os pecadores que se voltam a Ele com arrependimento e fé simples.²⁷ Tal ideia encontra sua mais clássica

---

25 H. A. Rommen, *The Natural Law: A Study in Legal and Social History and Philosophy*, Liberty Fund, Indianapolis/IN, 1988 (1946), p. 53.

26 M. D. A. Freeman, *Introduction to Jurisprudence*, 8ª ed., Sweet & Maxwell, Londres, 2008, p. 102.

27 C. Brown, *Christianity and Western Thought – Vol. 1: From the Ancient World to the Age of Enlightment*, InterVarsity Press, Downers Grove/IL, 1990, p. 146. A doutrina da justificação pela fé é sobejamente exposta na Confissão de Augsburgo (art. 4º, 1530), a qual se tornou uma passagem clássica da posição de Lutero: "Os homens não podem ser justificados aos olhos de Deus por sua própria força, seus próprios

expressão na doutrina da justificação pela fé, que marcou o início da Reforma Protestante no século XVI.[28] É nesse contexto de salvação exclusivamente pela fé que Lutero acusou o tomismo de ter colocado a razão acima da revelação. Para Lutero, a razão humana nunca poderá ser um critério válido para a descoberta da verdade.[29] "É perigoso", diz Lutero, "desejar investigar e apreender a pura divindade pela razão humana sem Cristo mediador".[30]

Lutero tinha um conhecimento bastante impreciso do tomismo. Seu conhecimento do tomismo era em sua maior parte de segunda-mão, misturado, ainda, com visões mais controvertidas de graça e redenção manifestadas pelo teólogo ockhamista Gabriel Biel, que argumentava que a vontade humana e o intelecto são em sua maior parte incólumes ao pecado.[31] A interpretação luterana da *Summa Theologica* assenta-se na interpretação de Biel sobre o tomismo, mas tivesse Lutero adquirido conhecimento de primeira-mão da *Summa Theologica* provavelmente ele a teria interpretado diferentemente.[32] Seja como for, o cepticismo enraizado de Lutero sobre a capacidade dos seres humanos de instituírem leis que reflitam a lei divina, tornou o luteranismo uma forma de juspositivismo que trata o direito estatal como moralmente neutro, um meio e não

---

méritos ou obras; pelo contrário, eles são livremente justificados a critério de Cristo, através da fé, quando eles acreditam que foram recebidos na graça e que seus pecados foram remidos a critério de Cristo, que, por sua própria morte, pagou pelos nossos pecados. Essa fé Deus toma por retidão aos seus próprios olhos: Rom 3 e 4".

28 *Ibid*, p. 147.

29 *Ibid*.

30 M. Luther, *First Disputation Against the Antinomians* (1537). Citado em Brown, nota 27 acima, p. 150.

31 D. C. Steminmetz, "*What Luther Got Wrong*", em <www.religion-online.org/showarticle.asp?title=3267>, acesso em 1º de novembro de 2012.

32 Em razão dos escritos de Lutero, argumenta R. C. Sproul, "Nenhum pensador católico-romano foi mais difamado, incompreendido e deturpado por críticos protestantes, especialmente críticos evangélicos, do que Tomás de Aquino. É amplamente aceito que o maior erro de Tomás foi separar a natureza [ou razão] da graça [ou fé]. Essa acusação é um completo absurdo; nada poderia estar mais longe da verdade. Acusar Tomás de separar natureza da graça é perder de vista o esforço primordial de toda sua filosofia, particularmente com respeito à sua monumental defesa da fé cristã (...) A distinção de Tomás entre natureza e graça foi pensada não para separá-las, mas para demonstrar suas supremas unidade e relação. Foi particularmente contra a ideia de separá-las que Tomás lutou tão obstinadamente" (R. C. Sproul, *the Consequences of Ideas: Understanding the Concepts that Shaped our World*, Crossway books, Wheaton/IL, 2000, p. 68-9).

um fim, um instrumento para a manifestação da política do soberano e para lhe assegurar obediência.³³

A Teoria do Direito de Lutero promove a separação entre o Direito formalmente instituído e a moral. Essa teoria nega o papel legífero da igreja, pressupondo apenas "a existência da consciência cristã entre o povo e o Estado gerido por governantes cristãos".³⁴ Assim, o luteranismo faz com que o Direito se assente apenas na vontade do governante, o que significa que nenhuma lei natural ou superior pode ser invocada contra tal Direito. Evidentemente, o luteranismo presume que, no exercício de seu poder legífero, o Estado tentará, no mínimo, respeitar a consciência cristã de seus súditos.³⁵ Mesmo assim, escreve o professor Berman, "o luteranismo foi uma importante fonte para a definição de Direito dos modernos juspositivistas como a vontade do Estado expressa em regras e aplicada mediante sanções coercitivas".³⁶ De fato, conclui Berman, "a filosofia jurídica luterana aceitou a premissa básica do positivismo jurídico contemporâneo, qual seja, a premissa de que Direito e moral são nitidamente separados um do outro e de que o Direito que é não deve ser confundido com o que *deveria ser*".³⁷

Teorias Sobre o Absolutismo Monárquico

A doutrina moderna da soberania estatal origina-se com o advento histórico do Estado-nação na Europa no século XVI. O surgimento do Estado-nação anunciou o fim do período medieval, trazendo um crescente suporte para leis positivadas. Nesse contexto, a noção de "direito divino" dos reis e rainhas agiu como justificação para a reivindicação do poder político absoluto e ilimitado, o que afirmava que o monarca não estava sujeito a nenhum tipo de auto-

---

33 H. Berman, *Law and Revolution: The Formation of the Western Legal Tradition*, Harvard University Press, Cambridge/MA, 1983, p. 29.
34 *Ibid*, p. 30.
35 *Ibid*, p. 30.
36 H. Berman, *Law and Revolution II: The Impact of the Protestant Reformations on the Western Legal Tradition*, Harvard University Press, Cambridge/MA, 2003, p. 76.
37 *Ibid*, p. 98.

ridade terrena, mas que seu poder, em última análise, derivava – e se sujeitava ao escrutínio – apenas do próprio Deus.

Jean Bodin (1530-1596), o principal teórico da "monarquia absolutista" do século XVI, acreditava que Deus governa o universo como uma monarquia absolutista, de modo que o poder do rei humano deve ser exercido da mesma forma. Em *Les Six Livres de la République* (1576), Bodin afirma que "Deus estabeleceu seus príncipes soberanos como seus tenentes-coronéis para comandarem os outros homens".[38] A teoria absolutista de Bodin corresponde a uma crítica à doutrina francesa huguenote (calvinista) sobre a limitação constitucional da autoridade monárquica. O livro de Bodin critica especificamente a teoria calvinista de que o povo tem direito legítimo de resistir à tirania política, incluindo o direito de destronar um mau monarca, se necessário. Em resposta a isso, Bodin defendeu o poder soberano do rei de fazer leis sobre o que quer que fosse e de se lhes sobrepor. Bodin recorre à lei de Deus como a fonte do poder absoluto do rei, embora sua Teoria do Direito seja obviamente positivista pois que se percebe o Direito não como derivado da natureza humana, mas, sim, da vontade de um poder soberano ilimitado e expresso no direito positivado. Qualquer tentativa legal de restringir a autoridade do soberano seria rejeitada. Livre da necessidade de assegurar o consenso popular, o "monarca absoluto" da teoria de Bodin corresponde a uma forma de positivismo em que a vontade do governante é transformada na fonte de todo direito válido.[39]

Não surpreendentemente, tal teoria dos "direitos divinos" foi patrocinada pelos monarcas mais poderosos da Europa, incluindo o rei Luís XIV da França (1643-1715) e o rei Jaime I da Inglaterra (1603-25). O rei Jaime escreveu até mesmo um tratado sobre como a inter-relação das leis divinas e das leis instituídas confirmava seu poder absoluto como monarca. Publicada em 1598, a obra *The Trew Law of Free Monarchies* sustenta que Deus designou monarcas para cumprirem a sua vontade divina na Terra. Assim, a soberania do monarca advém da vontade de Deus, não de um "contrato

---

38 *Ibid*, p. 236.
39 Kelly, nota 9 acima, p. 175.

social" ou de qualquer outra forma de arranjo político-institucional. Jaime incorporava assim o argumento de Bodin de que, "do mesmo modo que o direito divino é a vontade de Deus revelada nas Escrituras e na tradição, o direito humano é a vontade do governante supremo".[40]

The Trew Law of Free Monarchies era uma resposta marcante às ideias antimonarquistas inspiradas no calvinismo. Quando tratamos das leis fundamentais do reino, argumenta o calvinismo, o monarca não deve fazer as leis e lhes estará sujeito assim como qualquer outro membro do reino. Essa ideia encontrou sua expressão suprema em *Lex Rex*, a celebrada obra do presbiteriano escocês Samuel Rutherford (1600-1661), na qual declara ele que "um poder ético, político ou moral para oprimir não é de Deus, e não é um poder legítimo, mas um desvio licencioso de um poder [legítimo]".[41] Ao responder àqueles que ousavam se basear em certas passagens bíblicas, particularmente Romanos 13, para considerar qualquer forma de resistência contra o governo como resistência contra o próprio Deus, Rutherford corajosamente redarguiu: "É uma blasfêmia pensar ou dizer que quando um rei está bebendo o sangue de inocentes e depredando a Igreja de Deus, esse Deus, se estivesse pessoalmente presente, cometeria esses mesmos atos de tirania".[42]

Thomas Hobbes (1588-1679)

Na Inglaterra do século XVII, teorias sociais e contratuais desempenharam um papel marcante na justificação do governo civil. O conflito entre os monarquistas e as forças do Parlamento desencadeadas naquele século foi quase que inteiramente baseado em teorias contratuais, tal como expostas por teóricos como Thomas Hobbes e John Locke. Enquanto a teoria de Locke serviria para legitimar a revolução Whig (pró-Parlamento) que colocou Guilherme de Orange no trono inglês, Hobbes apresentou o contrato social

---

40 Berman, nota 36 acima, p. 235.
41 S. Rutherford, *Lex Rex* (1644), Arg. 3.
42 *Ibid*, Arg. 4.

que fornece justificação para a monarquia absolutista. Publicado em Paris, em 1653, dois anos após de o filho de Jaime, Carlos I, ter sido executado pelos puritanos ingleses, o livro *Leviatã* de Hobbes carrega consigo a marca da guerra civil inglesa. Angustiado com os horrores da guerra, Hobbes defendia um poder absoluto para que restabelecesse a paz e a ordem na sociedade. A "guerra de todos contra todos", que caracteriza o "estado da natureza" hobbesiano, é análogo à guerra civil na Inglaterra, da qual, para Hobbes, só se pode dar cabo por meio de um contrato social pelo qual o soberano governe de forma absolutista. O resultado é a criação "do grande Leviatã ou, ainda, para colocar em termos mais reverentes, do Deus mortal, ao qual devemos, sob a autoridade do Deus imortal, nossa paz e nossa proteção".[43] Evidentemente, tal referência a Deus é meramente perfunctória, posto que, à medida que o governo avança, o contrato social vislumbrado assenta-se no desejo utilitário de prover níveis satisfatórios de segurança e proteção à sociedade.[44]

Dado que o objetivo da teoria hobbesiana é aumentar o poder do soberano estatal, sua versão do contrato social não sujeita o governante a nenhuma regra do Direito. O soberano não está limitado por nenhuma norma jurídica, mas, sim, goza de poderes ilimitados e isenção de qualquer dever jurídico. Tal sorte de contrato permite ao soberano obter a última palavra em matéria de direito, justiça e moral. Como coloca Hobbes: "Onde não há poder comum, não há lei: onde não há lei, não há justiça. Força e fraude são, na guerra, duas virtudes cardinais".[45] A definição de justiça, juntamente com suas implicações de ordem mais prática, é inteiramente relegada à vontade maior do soberano. Daí se extrai a perturbadora conclusão de Hobbes de que "aqueles que têm um poder soberano podem praticar a iniquidade, mas não a injustiça ou o dano, nos sentidos próprios das palavras".[46] Nesse sentido, acreditava ele que a base de todo sistema jurídico assentava-se no poder político, que

---

43 T. Hobbes, *Leviatã*, 2.17.

44 W. Friedmann declarou: "Das teorias políticas e jurídicas de [Hobbes] emerge o homem moderno, autocentrado, individualista, materialista, não-religioso, em busca do poder organizado (W. Friedmann, *Legal Theory*, 5ª ed., Stevens & Sons, Londres, 1967, p. 122).

45 T. Hobbes, *Leviatã*, Cap. XIII.

46 T. Hobbes, *De Cive*, Cap. 4, par. 8.

não pode ser limitado por nenhuma lei. O resultado disso é um poder ilimitado para legislar, com a impossibilidade ainda de a lei constitucionalmente limitar o poder do Estado. De fato, a menos que o soberano aja tão mal que ponha em risco a si próprio e o próprio fundamento do governo, a única limitação aparente ao soberano estatal consiste na premissa básica que originalmente conduz as partes contratantes a primeiramente transferirem seu poder ao soberano: seu medo da morte.[47]

Hobbes definia o direito como "a determinação daquele ou daqueles que detêm o poder soberano sobre os seus súditos, declarando pública e claramente o que cada um deles pode fazer ou deve evitar".[48] A validade jurídica, para ele, é o resultado de "ordens e proibições que devem ser seguidas em razão da concordância com a submissão (...) àquele que detiver o poder soberano".[49] Desse modo, a célebre definição de direito de Coke como razão artificial era inteiramente incompatível com a teoria de Hobbes. Tal descrição não reconheceria que o fenômeno jurídico, segundo Hobbes, é nada mais do que o mero reflexo da vontade do soberano manifestada na lei. Quanto ao processo de interpretação judicial, comentava Hobbes, os juízes não devem fazer nada além de interpretar e aplicar fielmente a lei previamente aprovada pelo soberano. Assim sendo, Hobbes desenvolveu um conceito de soberania que reduz o direito às meras ordens daqueles que estão no poder.[50] Ele postulava por uma Teoria do Direito *de facto* como instrumento do poder soberano em contraposição ao conceito de Direito *de jure* como produto da razão e da justiça. Como aponta elucidativamente Mortimer Seller:

> Thomas Hobbes negava qualquer distinção entre "certo e errado", "bem e mal", "justiça e injustiça", além dos nossos desejos distintos e conflitantes. Hobbes viu nos horrores da guerra civil inglesa a miséria indiscriminada da anarquia, "que é o maior mal que pode acontecer nesta vida". Disso

---

47 Ver A. McIntyre, *A Short History of Ethics*, 2ª ed., Routledge, Londres, 2002, p. 129.

48 Berman, nota 36 acima, p. 261.

49 *Ibid*, p. 261.

50 M. N. S. Sellers, 'An Introduction to the Rule of Law in Comparative Perspective', in M. N. S. Sellers e T. Tomaszewski, *The Rule of Law in Comparative Perspective*, Springer, Dordrecht, 2010, p. 3.

decorre (seus seguidores acreditam) que necessitamos de um poder soberano absoluto e inconteste que nos governe e que, "não importando o que faça, não trará prejuízo aos seus súditos nem poderá ser acusado por nenhum deles de ter cometido injustiça". Hobbes frisava que "a grande Autoridade é indivisível e indissociável do soberano". De acordo com essa teoria, a anarquia, a insegurança e os conflitos inevitáveis dos desejos privados justificam o poder absoluto do governo e uma nova definição de "direito", "justiça", "certo" e "errado" é estabelecida por ordens arbitrárias do poder soberano.[51]

Sir Francis Bacon (1561-1626)

A ascensão do juspositivismo moderno está intrinsicamente associada à obra de Sir Francis Bacon. Ele não era apenas um jurista, mas também filósofo, político e cientista. Embora como jurista fizesse constantes referências à "lei da natureza", sua visão de direito natural era bastante distinta das definições clássicas do jusnaturalismo. Bacon acreditava que tais definições constituem um impeditivo ao desenvolvimento dos métodos empíricos do conhecimento científico. Em *Nova Atlantis* (1623), romance utópico, Bacon define o Direito não à luz de reflexões metafísicas a respeito dos princípios morais superiores, mas, sim, segundo uma percepção utilitarista que considera o Direito como mera técnica para a realização de quaisquer objetivos desejados, isto é, como meio de organizar o poder político.[52] O utilitarismo como corrente de pensamento ofereceu um clima propício para a emergência do juspositivismo moderno com a sua firme distinção da lei como ela é da lei como ela *deva ser*. Segundo Dennis Lloyd, "essa demarcação da lei como é em distinção da lei como ela *deva ser* resultou em sérias consequências para o pensamento jusnaturalista, porque ela aparenta dispensar a ideia de que a verdade acerca de regras específicas do direito natural po-

---

51 *Ibid*, p. 2-3.
52 A. Verdross, *Abendländische Rechtsphilosophie* (Viena, 1958), p. 98, citado em Kelly, nota 9 acima, p. 223.

der ser demonstrada, e até mesmo quando tais regras aparentam ser universalmente demonstráveis."[53]

David Hume (1711-1776)

A oposição ao jusnaturalismo intensificou-se ainda mais com as contribuições filosóficas do economista e historiador escocês do século XVIII David Hume. Importante personagem do Iluminismo britânico, Hume questionava algo de muito caro a todos os juristas: *a causalidade*. Para Hume, afirmações de que 'X causou Y' são perigosas porque podem levam à conclusão de que eventos como X sempre causarão eventos como Y. Hume, um empirista, era da visão de que havia uma falha lógica nessa sequência quando não se possa testar que o evento X causasse necessariamente o evento Y. Em seu livro *Uma Investigação Sobre os Princípios da Moral*, Hume argumenta que tal fórmula poderia produzir o resultado ilógico de que 'X deveria causar Y' (isto é, enquanto X pode ser observado e provado, Y é simplesmente uma expressão de preferência e, como tal, não decorre de X).

A crítica de Hume aos conceitos de 'ser' e 'dever ser' aparentemente expunha a natureza fugaz e subjetiva do julgamento moral do conteúdo do Direito. Para Hume, o que o Direito *deve ser* não tem nada a ver com o que ele de fato *é*. Hume acreditava ainda que a utilidade pública é a única origem de justiça e que o Direito "é produto apenas das motivações e inclinações humanas presentes nos hábitos e nas convenções de um povo em particular".[54] Isso equivalia a rejeitar todo sistema de leis naturais, pois determinar o que é bom (isto é, dentro do conjunto de normais naturais) ou mau (isto é, fora desse conjunto) é matéria de opinião pessoal. A melhor forma de abordar a questão seria, para Hume e seus seguidores empiristas, isolar o direito como objeto em seus próprios termos e eliminar quaisquer considerações "eternas" e "naturais" na apreciação acerca da validade da lei.

---

53 D. Lloyd, *The Idea of Law*, Penguin Books, Londres, 1964, p. 97.

54 D. Hume, '*An Enquiry Concerning Principles of Morals*', *in* S. D. Warner e D. W. Livingston (ed), *David Hume: Political Writings*, Hackett Publishing, Indianapolis/IN, 1994, p. 80.

Nesse sentido, Hume comentou que "as regras de equidade" não têm relação necessária com padrões objetivos de justiça. Ao contrário; essas regras são, para ele, inteiramente dependentes "das condições e dos estados particulares em que os homens se encontram e devem sua origem e existência à utilidade que têm para o povo com a sua observância estrita e regular".[55] Essa negação de padrões objetivos contribuiu para o descrédito do jusnaturalismo. No lugar disso, Hume propôs uma análise antimetafísica de inclinação cientificista e, sobretudo, utilitária.[56] O conceito de direito natural, argumentava ele, é inteiramente abstrato e especulativo para verdadeiramente fornecer uma orientação satisfatória para o comportamento e interação humanos, e sequer satisfaria as exigências mais elementares da "vida comum". Freeman comenta sobre tal teoria:

> A leitura de Hume do verdadeiro empirismo (...) abrangia a rejeição do direito natural como sistema de normas porquanto, argumentava Hume, a validade das normas não pudesse ser tratada como fato objetivo, mas, sim, dependesse de um ponto-de-vista relativo daqueles que as aplicavam. Por outro lado, o direito instituído, no sentido de direito do Estado, é algo verificável e válido, independentemente de considerações subjetivas. Assim, o direito deve ser considerado algo distinto da moral (que equivalia ao direito natural, se é que essa expressão foi utilizada), embora possa corresponder, sob vários aspectos, a padrões morais efetivamente presentes e estar sujeito a estes.[57]

Jeremy Bentham (1748-1832)

Pouco depois de Hume ter manifestado sua oposição à ideia de lei natural e direitos naturais, tais críticas foram reforçadas por Jeremy Bentham, empirista inglês e reformador social que abordava o Direito com base exclusivamente na volição humana, e,

---

55 *Ibid*, p. 83.
56 Friedmann, nota 44 acima, p. 130.
57 Freeman, nota 26 acima, p. 248.

não, na metafísica. Bentham desdenhava as teorias contratualistas, que recorriam a um "estado da natureza" contrafactual orientado por "leis naturais". Para ele, esse tipo de teoria não passava de uma "ficção sem sentido". Bentham desprezava toda e qualquer ideia de direito natural por considerá-la "um absurdo sobre pernas-de-pau".

Publicado anonimamente em 1776, o seu livro *A Fragment on Government* analisa uma seção de sete páginas dos *Comentários* de Blackstone intitulada *Of the Nature of Laws in General*.[58] Lá, Bentham tenta substituir a imagem de Blackstone de estudioso sério do Direito pela de advogado fracassado que se tornou um estudioso reacionário e apologista cego do direito consuetudinário inglês. Ironicamente, omitido é o fato de que tal filosofia "reacionária" inspirou e justificou a Revolução estadunidense, bem como o apelo aos direitos e às liberdades inalienáveis do indivíduo.[59] Honestamente falando, Bentham foi um crítico mordaz de toda filosofia que pressupunha direitos individuais inalienáveis. Teorias de direito natural, que são a base para a linguagem desses direitos, foram consideradas por Bentham "uma perpétua veia de absurdos por onde corria um perpétuo abuso de palavras".[60] Para ele, não existiria um elemento "intrínseco" na natureza humana que reforce a alegação de direitos fundamentais e inalienáveis. A objeção de Bentham ao jusnaturalismo era fundada na sua crença pessoal de "que as alegações de conhecimento de propósitos naturais são espúrias e os direitos naturais são entidades misteriosas sobre as quais nenhum conhecimento é possível".[61]

Em sua crítica ao jusnaturalismo, Bentham omite sua frequência, como graduando em Oxford, nas aulas de Blackstone sobre direito consuetudinário inglês. Em vez disso, numa carta a Diderot, ele declara falsamente: "Não tenho a honra de conhecer a pessoa

---

[58] W. Prest, *William Blackstone: Law and Letters in the Eighteenth Century*, Oxford University Press, Oxford, 2008, p. 293.

[59] *Ibid*, p. 292.

[60] J. Bentham, '*A Critical Examination of the Declaration of Rights*', *in* B. Parekh (ed), *Bentham's Political Thought*, Croom Helm, Londres, 1973, p. 261.

[61] T. Mautner, '*Natural Law*' in Mautner, nota 16 acima, p. 377.

cujo livro (...) é objeto do meu próprio".[62] Blackstone, no entanto, não respondeu ao brutal ataque de Bentham sobre sua obra e sua reputação. Num pequeno prefácio à oitava edição de seus *Comentários*, ele apenas acrescentou um breve parágrafo informando que "tão logo a obra foi concluída, muitas de suas posições foram veementemente atacadas por fanáticos de todas (e até opostas) denominações, tanto religiosas quanto civis". Bentham estava certo ao dizer que o prefácio se dirigia ao próprio Bentham, que o chamou de "parágrafo destemperado, acusando-me de fanático". Evidentemente, em comparação com os insultos e palavras depreciativas desferidos contra ele, a resposta de Blackstone foi consideravelmente educada, moderada e contida.[63]

Bentham destacava a distinção entre questões analíticas e questões de avaliação moral, propondo a codificação do sistema jurídico inglês com base em princípios utilitaristas. Sempre um crítico contumaz do Direito produzido pela jurisprudência, certa vez ele comparou a teoria dos precedentes judiciais com o ato de se punir um cachorro apenas depois de que ele tivesse feito algo de errado.[64] A sociedade precisa, diz Bentham, de mais objetividade, previsibilidade e segurança em seu sistema jurídico. E objetividade, previsibilidade e segurança, continuou, só podem existir se o Direito estiver codificado e sua aplicação fielmente concorde com a codificação. A codificação legal, segundo Bentham, torna o Direito muito mais acessível e conhecível ao cidadão comum, e não apenas a uma reduzida elite jurídica. Embora apoiasse fortemente o conceito de codificação legal, Bentham nos recordava que a legislação deveria ser reduzida ao mínimo necessário, ao afirmar que "na França, onde há bem menos liberdade do que aqui, há muito mais leis".[65]

Como dito acima, Bentham acreditava que o Direito deveria ser desprovido de valores metafísicos. Ele desejava aplicar ao estudo do Direito os mesmos princípios e métodos normalmente

---

62 J. Bentham, *Correspondence*, p. 116, citado em Prest, nota 58 acima, p. 295.
63 Prest, nota 58 acima, p. 296.
64 Ver J. Bentham, *Works*, V, p. 235, citado em Freeman, nota 26 acima, p. 255.
65 Citado em Freeman, nota 26 acima, p. 250.

aplicados às ciências físicas. Assim, foi à reforma da "ciência do Direito" que ele dedicou a maior parte de sua vida, buscando estabelecer uma "ciência experimental" que pudesse reger as leis da sociedade. Bentham pretendia investigar a ação humana segundo um "cálculo de felicidade", que é o cálculo de prazer e dor pelo qual a felicidade da maioria pode ser medida em termos puramente quantitativos. O Direito deveria aqui proteger as pessoas do assassinato, da prisão arbitrária e da destituição da propriedade, não tanto porque tais coisas violem seus "direitos inalienáveis", e, sim, porque tal proteção deriva da segurança geral de todos resultantes da aplicação do Direito na sociedade. Porque Bentham pensava que os cidadãos buscam maximizar seu prazer e evitar a dor, maximizar o prazer deveria assim ser o primeiro objetivo de todo sistema jurídico. O filosofo francês Elie Halévy comentou este importante aspecto do pensamento jurídico de Bentham:

> O Direito necessariamente restringe a liberdade na proporção das obrigações que cria. É somente à custa da liberdade que é possível criar direitos e proteger as pessoas, a propriedade e até mesmo a própria liberdade. Mas toda restrição à liberdade envolve, em maior ou menor grau, uma sensação de dor. Consequentemente, impor uma obrigação é infligir dor ou retirar o prazer. Assim, a dor é um mal e o prazer, um bem. Portanto, toda obrigação é um mal. Se alguma obrigação se justifica, não pode conter em si o princípio de sua própria justificação, como fariam os juristas [do jusnaturalismo]; ela só se justificará com base num mal necessário dotado de relativa utilidade.[66]

Por fim, é importante considerar que, a despeito de sua forte oposição ao jusnaturalismo (e aos direitos naturais), Bentham era um moralista de ideias consideradas altamente progressistas para a sua época. Ele defendia direitos iguais entre homens e mulheres, a abolição da escravatura, o fim da punição física, o direito ao divórcio e a descriminalização do homossexualismo. Contudo, com base em suas próprias ponderações, pode-se igualmente afirmar que "a maior felicidade do maior número de pessoas" advogada por

---
[66] E. Halévy, *The Growth of Philosophic Radicalism*, Beacon Press, Boston/MA, 1995, p. 37.

Bentham pode levar à "maior miséria de poucos".⁶⁷ A ideia de instalação panóptica é normalmente evocada por seus críticos como um exemplo disso. Em 1791, Bentham propôs uma prisão circular – o Panóptico –, na qual as celas são distribuídas em torno de uma estrutura central de vigilância. O Panóptico, segundo o professor inglês Michael Freeman, "impôs condições terrivelmente desumanas (...) ao fazer das condições do presídio um terror para todos os prisioneiros reais e potenciais, no interesse do maior número de pessoas, que presumivelmente nunca experimentarão os tormentos do Panóptico".⁶⁸

Juspositivismo no Século XIX

O século XIX foi marcado pela mudança no pensamento jurídico, do jusnaturalismo ao juspositivismo. Esse fato caminha *pari passu* com o progresso das ciências naturais e a análise crítica de crenças religiosas.⁶⁹ Como resultado, não se via em lei alguma qualquer valor intrínseco, mas, sim, supunha-se que toda lei permanece "sujeita à mudança histórica e que, na qualidade de lei formalmente instituída, é um fenômeno condicionado ao tempo e ao espaço".⁷⁰ Tal suposição foi o resultado de uma maior ênfase no estudo "científico" do Direito. Se o Direito é mesmo uma ciência, tal como dizem, "então é uma disciplina que deve caracterizar-se pela objetividade, neutralidade e investigação desapaixonada de fatos verificáveis; e, se o Direito é uma ciência, não deveria haver necessidade, para a obtenção das respostas, de olhar além do laboratório do jurista – a legislação, as descrições dos casos e os compêndios".⁷¹

---

67 Freeman, nota 26 acima, p. 250.

68 *Ibid*, p. 50. Em seu livro de 1975 *Surveiller et Punir* (Vigiar e Punir) (Cap. 3, parte III), o filósofo pós-moderno Michel Foucault chamou o Pan-óptico de Bentham de modelo arquitetônico do controle repressivo autoritário.

69 H. Kelsen, 'The Pure Theory of Law – Part 1' (1934) 50 *Law Quarterly Review* 517, Seção III.

70 *Ibid*, p. 517. J. M. Kelly disse: "Se procurarmos no século XIX por qualquer traço da crença jusnaturalista que tenha sobrevivido desde o mundo antigo até bem depois da Reforma Protestante, tendo sido eclipsada apenas pelo espírito cientificista do Iluminismo, encontraremos dificuldade em detectá-lo em qualquer lugar fora do ensinamento da instituição Igreja Católica, que nunca abandonou a tradição aristotélico-tomista" (Kelly, nota 9 acima, p. 333).

71 J. Zerilli, '*Reflections on Legal Education and Philosophy: The Critical Role of Theory in Practice*' (2007) 17 *Legal Education Review* 103, p. 104.

A ideia de Direito como ciência teve seu progresso maior nos Estados Unidos na segunda metade do século XIX. Naquele período, a maior parte dos juristas estadunidenses abandonou o jusnaturalismo e se dividiu em duas escolas de pensamento jurídico: a analítica e a historicista. A escola analítica baseava seu modelo de análise no juspositivismo de John Austin, que descrevia o Direito como o comando de um soberano que requer a estrita obediência de seus súditos. Os juristas analíticos ignoravam, assim, considerações de natureza metafísica e analisavam os conceitos jurídicos empiricamente, segundo suas implicações práticas. Os historicistas jurídicos, por outro lado, interpretavam o Direito mais organicamente, sustentando que os *cientistas do Direito* deveriam assumir um papel especial não apenas no rastreamento histórico das teorias jurídicas, como também na descoberta dos princípios jurídicos que estivessem por trás delas. Embora essas escolas se diferenciassem em diversos aspectos, alguns juristas estadunidenses influentes como Christopher Columbus Langdell e Oliver Wendell Holmes Jr.[72] acharam possível empregar ambas as teorias sem qualquer contradição aparente.

John Austin (1790-1859)

John Austin (1790-1859) é geralmente descrito como o grande fundador do juspositivismo moderno. Seu livro *The Province of Jurisprudence Determined*, publicado em 1832, contém as dez primeiras de uma série de palestras sobre Teoria do Direito proferidas na qualidade de professor de Teoria do Direito da Universidade de Londres, entre os anos de 1829 e 1833. Essas palestras não foram populares entre os alunos e tiveram que ser interrompidas. A versão publicada alcançou resultado oposto e é hoje largamente considerada um dos mais célebres textos da história inglesa da Teoria do Direito.

A "teoria do comando" de Austin propôs uma apresentação "científica" do sistema jurídico: uma apresentação baseada nas leis instituídas assim consideradas, sem referência à sua moralidade

---
[72] Para uma análise da obra de O. W. Holmes Jr., ver o **Capítulo 4** (Teoria Evolucionista do Direito) e o **Capítulo 8** (Realismo Jurídico Norte-Americano).

intrínseca.⁷³ O trabalho analítico de Austin consiste numa tentativa de fornecer uma abordagem neutra e portanto mais "científica" à análise jurídica, tendo como objetivo explicar a validade jurídica à luz de "uma tendência empiricamente observável de alguns obedecerem aos comandos de outros e da capacidade destes outros de impor sanções por desobediência".⁷⁴ Daí a famosa afirmação de Austin:

> A existência de uma lei é uma coisa; seu mérito ou demérito, outra (...). Uma lei concretamente existente é uma lei, ainda que não gostemos dela ou que varie do texto segundo o qual, orientamos nossa aprovação ou desaprovação.⁷⁵

A teoria jurídica de Austin explica ainda por que apenas leis expressamente estabelecidas, tanto por Deus quanto pelo soberano político, são "leis propriamente ditas". Na taxonomia de Austin, as "leis propriamente ditas" emanam de um soberano que impõe um dever ao seu destinatário ao ameaçá-lo com punição por desobediência. Austin identifica dois tipos de autoridade da qual derivam todas as "leis propriamente ditas": a autoridade das Escrituras (a lei de Deus) e a autoridade do chefe político (lei instituída). Quaisquer outras leis que não derivem dessas fontes, diz Austin, não são "leis propriamente ditas", mas, sim, "leis" apenas no sentido metafórico ou analógico.

Austin era uma pessoa religiosa, mas acreditava ser necessário excluir a lei natural da categoria de "lei propriamente dita". A existência da lei natural, diz ele, baseia-se na opinião pessoal, e não objetivamente nas Escrituras. Desse modo, Austin argumentou arbitrariamente que a única preocupação da Teoria do Direito deveria ser com o estudo das leis formalmente instituídas pelo Estado. Especulações sobre a natureza das leis de Deus não seriam objeto de estudo dos juristas, mas, sim, dos teólogos. Neste sentido, para ele, "dizer que as leis humanas que conflitem com a lei Divina não são cogentes, isto é, não são leis, é, sendo bem direto, absurdo".⁷⁶ Sen-

---
73 Kelly, nota 9 acima, p. 315.

74 J. Austin, *The Province of Jurisprudence Determined*, Cambridge University Press, Cambridge, 1995 (1832), p. 21-26.

75 *Ibid*, p. 157.

76 *Ibid*, p. 158.

do o próprio Austin um jurista, concluiu ele que o âmbito ou o foco principal de sua obra deveria ser apenas a noção de direito positivo (formalmente instituído), descrevendo o papel da Teoria do Direito da seguinte forma:

> O objeto da Teoria do Direito é o direito positivo (formalmente instituído): o direito, assim chamado pura e simplesmente: ou um direito estabelecido por chefes políticos aos seus inferiores (...). Pode-se dizer que uma lei, na acepção mais geral e abrangente empregada ao termo, é uma regra estabelecida por um ser inteligente para a orientação de outro ser inteligente, com base no poder daquele sobre este.[77]

Austin acreditava que a principal característica da validade jurídica é representar o comando volitivo do soberano. O soberano é aquela autoridade superior a cujas ordens todos normalmente obedecem, embora o próprio soberano não costume obedecer a ninguém. Juridicamente falando, o poder do soberano, segundo Austin, é absoluto e ilimitado. A única limitação a tal poder é aquela segundo a qual o soberano não pode impor limitações sobre si mesmo e sobre seus sucessores. Tal poder, concluiu Austin, é indivisível, de modo que as funções judiciais e executivas do governo são apenas duas maneiras diferentes por meio das quais a vontade do soberano é manifestada.

Austin alegava ainda que "leis impróprias" consistem em opiniões pessoais, e não na autoridade pública. Haveria dois tipos de "leis impróprias": leis por metáfora e leis por analogia. As leis por metáfora são as leis da ciência, que não ordenam nada, mas preveem os efeitos das causas físicas. Elas são remotamente análogas às leis, argumentava Austin. Elas parecem leis próprias apenas na medida em que são inevitavelmente obedecidas. Por óbvio, cientistas poderão de argumentar exatamente o oposto: que as leis científicas são as únicas leis de verdade, pois elas podem prever causa e efeito com certeza, enquanto que as leis de um sistema jurídico são imitações porquanto suas consequências sejam menos certas.[78]

---

[77] *Ibid*, p. 9-10.
[78] S. Ratnapala, *Jurisprudence*, Cambridge University Press, Melbourne, 2009, p. 39.

O segundo subconjunto das "leis impróprias" de Austin são o que ele chamou de leis por analogia. Ele pressupõe que essas leis, embora se pareçam com leis próprias, representam apenas uma "moral estabelecida". Nessa categoria, Austin inclui as leis consuetudinárias, as leis internacionais e até mesmo as leis constitucionais. As leis consuetudinárias não seriam leis propriamente ditas porque sua vigência deriva da opinião pública e do temor da desaprovação social. Visto que a verdadeira lei na teoria de Austin é necessariamente uma ordem do soberano, as leis consuetudinárias permanecem apenas como "moralidade estabelecida" até serem reconhecidas pelo soberano, seja pela legislação instituída, seja por decisão judicial *erga omnes* (oponível a todos). Nas palavras de Austin, "quando os costumes se tornam regras jurídicas por decisões de magistrados, as regras jurídicas que emergem dos costumes são ordens tácitas da legislatura do soberano".[79]

Com relação ao direito internacional, Austin afirmou que tais leis consistem em outra forma de moralidade estabelecida porque estas leis não derivam de um soberano, mas de "opiniões e sentimentos correntes entre as nações". Uma vez que a comunidade internacional é inteiramente desprovida de um soberano político para impor sanções jurídicas, as leis internacionais não poder ser consideradas "leis propriamente ditas". Talvez ainda mais controversa foi a afirmação de Austin de que também as leis constitucionais não são "leis propriamente ditas". O direito constitucional na teoria do comando de Austin equivale a uma mera autolimitação moral do soberano. Austin não acredita que uma constituição escrita seja verdadeiramente superior às leis comuns, mas, sim, que ela é uma forma de pressão a ser exercida sobre o poder estatal, que, por sua própria natureza, é juridicamente ilimitado.[80] No mais, de acordo com William Blackshield e George Williams:

> Se a ideia central do juspositivismo é que o Direito é "instituído" – ou seja, estabelecido por determinados seres humanos em determinadas ocasiões –, então essa doutrina deveria ser

---

79 Austin, nota 74 acima, p. 36.

80 *Marbury v Madison*, 5 US (1 Granch) 137 (1803), 176.

receptiva à ideia de que as proposições do "Direito", quando anunciadas por meio de decisão judicial, são criadas pelo juiz necessariamente como parte do processo criativo de produzir aquela decisão.[81]

Austin, desta forma, não negava o "caráter legislativo" das decisões judiciais. Ao contrário: sua teoria de "legislação judicial" enfatiza que o "direito jurisprudencial" é, de fato, direito no seu sentido mais amplo da palavra. Para Austin, o direito jurisprudencial é lei propriamente dita porque tal direito é engendrado pelo soberano por intermédio de seus delegados: os magistrados. Embora os magistrados criem "direito de origem casuística", o soberano se reserva o poder supremo de anular quaisquer decisões judiciais, embora geralmente as mantenha. Publicado postumamente por sua viúva em 1863, o livro *Lectures on Jurisprudence* de Austin define a "legislação judicial" como a capacidade dos juízes de exercerem suas decisões de maneira criativa. Austin não apenas acreditava na inevitabilidade da "elaboração judicial do direito", mas também achava que isso era um grande bem público:

> Quando os juízes subordinados ao soberano subvertem a lei vigente, eles geralmente estão fazendo aquilo que a comunidade espera; aquilo que a legislatura soberana expressa ou tacitamente consente; e aquilo que a legislatura soberana faria diretamente, se houvesse interesse geral suficiente ou se fosse matéria de legislação (...) O *stare decisis* compete claramente ao juiz, uma vez que ele não tem poder para sanar o prejuízo das partes prejudicadas. Mas é de se lamentar bastante que juízes com capacidade, experiência e influência não tenham aproveitado cada oportunidade para introduzir uma nova orientação (uma regra benéfica para o futuro) sempre que ela não tivesse tal efeito.[82]

Como se pode ver, Austin recusava-se a compartilhar da conhecida preferência de Bentham pela codificação legal acompanhada daquele seu profundo desdém pela tradição do direito con-

---

[81] T. Blackshield e G. Williams, *Australian Constitutional Law and Theory: Commentary and Materials*, Federation Press, Sydney, 2006, p. 328.

[82] J. Austin, *Lectures on Jurisprudence*, 5ª ed., John Murray, Londres, 1885, pp. 645-647.

suetudinário inglês mais centrada no juiz. Em dura crítica àquilo que claramente representava a visão juspositivista de Bentham sobre o assunto, Austin comentou:

> Não consigo entender como qualquer pessoa que tenha considerado o assunto possa supor que a sociedade pode funcionar sem que os juízes legislem ou que haja qualquer perigo em permitir, de alguma forma, que juízes exerçam de fato esse poder para corrigir a negligência ou incapacidade do legislador oficial. A parcela do Direito elaborada por juízes é, em todos os países, muito melhor do que a parte que decorre das leis aprovadas pelas legislaturas.[83]

Em suas palestras publicadas, Austin queixava-se da "ficção infantil empregada por nossos juízes de que o judiciário ou o direito consuetudinário inglês não criam o Direito, mas, sim, que este é algo milagrosamente feito por ninguém, existindo, suponho, desde a eternidade e meramente declarado de tempos em tempos pelos magistrados".[84] Essa é uma caracterização bastante grosseira e equivocada tanto do jusnaturalismo quanto da tradição do direito consuetudinário inglês. Austin negava a existência de qualquer código moral que devesse ser respeitado pelo soberano, o que o levou a observar o Direito como mera expressão da vontade daqueles que estão no poder. É por isso que Austin considerava o direito constitucional como não propriamente um Direito, mas apenas um Direito por analogia. Para Austin, é impossível para qualquer lei verdadeira limitar o poder daquele que é o único criador das leis e, portanto, juridicamente ilimitado por sua natureza. Tal "teoria do comando" tem sido objeto de duríssimas críticas, particularmente na segunda metade do século XX, até mesmo por parte dos juspositivistas. No livro *Concept of Law* (Conceito de Direito), Herbert Hart critica a teoria de Austin por esta descrever erroneamente o Direito como algo pouco mais do que "ordens apoiadas em ameaças". Uma vez que a grande maioria dos cidadãos na realidade tende a obedecer ao Direito não por medo da punição, mas, sim, por acreditar ser a coisa

---

[83] Austin, nota 74 acima, p. 163.
[84] Austin, nota 82 acima, p. 634.

moralmente certa a fazer, Hart caracteriza a teoria do comando de Austin como uma maneira primitiva e insatisfatória de descrever as profundas complexidades do fenômeno jurídico.

Christopher Columbus Langdell (1829-1906)

A "teoria do comando" de Austin, como acima referido, não reconhece como "lei propriamente dita" qualquer norma moral, a menos que ela tenha sido objeto de ordem instituída do soberano político.[85] Inspirada por Austin, a escola analítica norte-americana do Direito ignorava considerações metafísicas e enfatizava a análise empírica dos conceitos jurídicos em consonância com suas implicações práticas. Tal formalismo surgiu sob o disfarce da inovação pedagógica. Com a nomeação de Christopher Columbus Langdell para ser o reitor da Faculdade de Direito de Harvard em 1870, grandes reformas acadêmicas foram introduzidas no currículo das faculdades de Direito estadunidenses. O Direito começou a ser assim estudado como uma "ciência positiva" que prescindia de princípios tradicionais em favor do método casuístico de conhecimento empírico. Para Langdell, o estudo do Direito deveria basear-se não em princípios abstratos, mas, sim, em seu material empírico encontrado nas decisões judiciais ou no direito jurisprudencial.

Atribui-se a Langdell o título de criador do "método casuístico" no estudo do Direito nos Estados Unidos. A essência desse legado consiste em transformar o ensino jurídico com base na crença de que o Direito é uma "ciência" semelhante às ciências naturais. Assim, o material empírico da "ciência do Direito" não é a legislação, mas, sim, as decisões judiciais ou o direito jurisprudencial. As consequências no mundo real e as avaliações de ordem moral são consideradas irrelevantes para tal "ciência jurídica" porque o verdadeiro conteúdo do Direito advém apenas dos axiomas e das deduções lógicas.[86] Por meio desse estudo "científico" dos casos jurídicos, a metodologia langdelliana sustentava que "uma compreensão

---
85 Austin, nota 74 acima, p. 9-10.
86 B. Bix, *Jurisprudence: Theory and Context*, Sweet & Maxwell, Londres, 2009, p. 192.

científica do Direito poderia ser alcançada pelo exame minucioso de tais casos isoladamente de outros aspectos do Direito".[87]

A adoção do "método casuístico" no estudo do Direito assegurou o alinhamento do desenvolvimento da ciência jurídica com a ideologia darwinista da época.[88] De fato, o método casuístico exigia que os estudantes adotassem uma perspectiva darwinista no raciocínio jurídico segundo a qual apenas as 'melhores' interpretações do Direito poderiam sobreviver, enquanto que os esforços mais ineficientes deveriam ser expurgados pela seleção natural, na forma da orientação e do questionamento docentes.[89] Consequentemente, escreve Neil Duxbury, "enquanto alguns estudantes prosperavam sob esse estilo de ensino, outros inevitavelmente chafurdavam. Essa era a educação jurídica voltada para a sobrevivência do mais apto".[90]

O espírito social-darwiniano da metodologia langdelliana ficou particularmente demonstrado no desprezo de Langdell por quaisquer considerações morais e sociais acerca do sistema jurídico. Numa discussão sobre certos aspectos do direito contratual, a resposta que ele deu ao questionamento de estudantes de que a aplicação de um dispositivo legal produziria resultados injustos e absurdos, foi: "A verdadeira resposta a esse questionamento é que isso é irrelevante".[91] Como destaca Margaret Davies, "Langdell afirmava que os dados essenciais do Direito são os casos decididos e que a compreensão científica do Direito poderia ser alcançada pelo exame minucioso de tais casos isoladamente de outros aspectos do Direito".[92]

---

87 M. Davies, *Asking the Law Question*, Lawbook Co., Sydney, 2008, p. 140.

88 N. Duxbury, 'The Birth of Legal Realism and the Myth of Justice Holmes' (1991) 20 *Anglo-American Law Review* 81, p. 81.

89 *Ibid*, p. 82-83.

90 *Ibid*, p. 82.

91 C. C. Langdell, *A Summary of the Law of Contract*, Little, Brown and Co., Boston/MA, 1880, p. 20-21.

92 Davies, nota 87 acima, p. 140. Duxbury escreve: "Com a nomeação de Christopher Columbus Langdell para reitor da Faculdade de Direito de Harvard em 1870, o ensino jurídico estadunidense começou a evoluir como um empreendimento formalístico distinto (...) Langdell (...) introduziu (...) grandes reformas acadêmicas (...) Ele prescindia das aulas tradicionais em favor da orientação baseada no método casuístico (...) ele promoveu a ideia de Direito como ciência. De acordo com Langdell, o estudo do Direito como ciência exige que os sistemas jurídicos sejam vistos como essencialmente descomplicados (...) a maior parte das decisões judiciais, em matéria de princípio jurídico, são usualmente repetições de decisões jurídicas anteriores (...) A tarefa de classificar e organizar o Direito era, evidentemente, a tarefa do cientista jurídico; e (...) se esperava do cientista jurídico langdelliano que orientasse os estudantes no processo de deduzir,

Hans Kelsen e a "Teoria Pura do Direito"

Hans Kelsen (1881-1973) figura, juntamente com H. L. A. Hart, como um dos maiores juspositivistas do século XX. Curiosamente, o próprio Hart, certa feita, descreveu Kelsen como "o autor mais estimulante de teoria analítica do Direito de nosso tempo".[93] Kelsen, que começou sua carreira acadêmica em Viena e depois em Colônia, como judeu, foi forçado a fugir da Alemanha nazista nos anos de 1930. Ele mudou-se assim para os Estados Unidos, onde concluiu sua prestigiosa carreira no Departamento de Ciência Política da Universidade da Califórnia, Berkeley. Suas obras mais célebres são *Teoria Pura do Direito* (1934) e *Teoria Geral do Direito e do Estado* (1960). Em poucas palavras, Kelsen era um juspositivista não-empirista que buscava criar uma "teoria pura do Direito" livre de quaisquer considerações extrajurídicas (sociológicas, políticas, teológicas, etc.). A chave para a dimensão normativa da teoria kelseniana é a versão neokantiana do argumento transcendental[94], que visa a determinar o que pode decorrer do fato de que pessoas às vezes tratam os atos e as palavras de outras como normas jurídicas válidas.[95]

Kelsen era ávido por estabelecer a diferença, até mesmo o contraste, entre o que é *justo* e o que é *válido*.[96] Sua teoria é sobre o Direito como ele é, e não sobre como ele deveria ser; "sem legitimá-lo como justo ou desqualificá-lo como injusto, busca-se o Direito

---

por eles próprios, os casos fundamentais, de modo a facilitar a descoberta não apenas dos próprios princípios fundamentais, como também da maneira como esses princípios se interconectam" (Duxbury, nota 88 acima, p. 82).

93 H. L. A. Hart, *'Kelsen Visited'* (1962-1963) 10 *UCLA Law Review* 709.

94 S. L. Paulson, 'The Neo-Kantian Dimension of Kelsen's Pure Theory of Law' (1992) 12 *Oxford Journal of Legal Studies* 311, p. 312.

95 B. Bix, 'Legal Positivism' in M. P. Golding e W. A. Edmundson (ed), *The Blackwell Guide to the Philosophy of Law and Legal Theory*, Blackwell, Malden/MA, 2005, p. 34. Mautner, em linhas gerais, define o neo-kantismo como "um movimento filosófico da Alemanha que surgiu em reação às duas tendências que oscilavam em meados do século XIX: a metafísica especulativa e o materialismo dogmático-cientificista. O objetivo era encorajar um sentido de responsabilidade intelectual e um reconhecimento atualizado dos limites do conhecimento humano, num espírito kantiano" (T. Mautner, "*Neo-Kantianism*' in Mautner, nota 16 acima, p. 380).

96 E, ainda, disse Kelsen, a separação radical não existiu na Alemanha até a ascensão da Escola Historicista do Direito no século XIX. Antes disso, "a questão da justiça era considerada, pela ciência jurídica, seu problema fundamental" (Kelsen, nota 5 acima, p. 391).

real, instituído, não o Direito correto".[97] Ele desejava criar uma "ciência do Direito" que pudesse ser inteiramente libertada de "elementos estranhos", como a moral, a ciência política, a sociologia, e daí por diante. Nas palavras de Kelsen, a disciplina conhecida por "ciência do Direito" deveria ser "distinta da filosofia da justiça, de um lado, e da sociologia ou da cognição da realidade social, por outro".[98] Daí a sua insistência em que sua teoria jurídica "estabelecesse a delimitação da cognição do Direito em face dessas disciplinas, pois ele desejava evitar uma interpenetração sem sentido crítico de disciplinas metodologicamente diferentes o que obscurece a essência da ciência do Direito".[99] Stanley Paulson comenta:

> Kelsen entendia sua Teoria Pura do Direito como uma teoria da cognição jurídica, do conhecimento jurídico. Ele escreve repetidamente que o único objetivo da Teoria Pura é cognição ou conhecimento do seu objeto, precisamente especificado como o próprio Direito. Ao construir uma teoria de cognição especificamente jurídica, a tarefa particular de Kelsen era afastar "elementos estranhos" que, acreditava ele, desviavam tão frequentemente a teoria jurídica de seu rumo no passado. Juristas e estudiosos do Direito enredaram-se em disciplinas "alienígenas" – na ética e na teologia, na psicologia e na biologia. E, ao se aventurarem nessas áreas não-jurídicas em busca de respostas a questões jurídicas, eles têm perseguido um fogo-fátuo.[100]

A teoria pura de Kelsen fornece as formas básicas dos conceitos que podem ser conhecidos cientificamente como normas jurídicas.[101] O objetivo da "neutralidade científica" confina tal teoria à análise das leis instituídas e sua interpretação. As normas jurídicas não são consideradas válidas em virtude de seu conteúdo substantivo porque, como aduz Kelsen, "não existe comportamento humano que não possa ser conteúdo de norma jurídica". A "neutralidade

---
97 Kelsen, nota 5 acima, p. 474.
98 H. Kelsen, 'What is Justice?', California University Press, Berkeley/CA, 1957, p. 266.
99 Kelsen, nota 5, p. 1.
100 Paulson, nota 94 acima, p. 313.
101 Freeman, nota 26 acima, p. 307.

científica" de Kelsen equivale, portanto, à negação da avaliação do conteúdo substantivo das leis. Uma norma será considerada válida à medida que tenha se originado de um procedimento definido e que se baseie num regramento definido.[102] Tal lei deve ser respeitada porque realiza um comando normativo objetivamente válido. A lei, portanto, é um pressuposto do "dever ser" que esclarece como as pessoas devem agir. Toda norma jurídica se relaciona, portanto, com um ato volitivo que será objetivamente válido à medida que esta mesma norma tenha sido primeiramente autorizada por uma outra norma considerada de natureza superior dentro do próprio ordenamento jurídico. Como disse Kelsen, "o fundamento de validade de uma norma só pode ser a validade de outra".[103] Portanto, pode-se dizer que a totalidade de um sistema jurídico compreende um sistema piramidal de normas no qual a validade da norma inferior depende da validade de uma norma superior inserida no mesmo ordenamento jurídico.

Evidentemente, se uma norma advém de outra, deve haver alguma norma suprema na qual se fundamentem todas as outras. No topo de todo ordenamento jurídico, diz Kelsen, existe a *Grundnorm*, ou norma fundamental, vagamente descrita por ele como uma "proposição lógico-transcendental" que determina que todas as outras normas válidas devam ser sempre obedecidas.[104] Kelsen sustenta que a norma fundamental é, na verdade, uma norma meta-jurídica, pois sua natureza filosófica não diz respeito à ciência jurídica. E, ainda, a escolha por esta norma deve se relacionar, segundo Kelsen, com questões atinentes à relação entre o direito pátrio e o direito internacional. Assim, Kelsen favoreceu o sistema monista de leis, que dá primazia ao direito internacional. Ele não deixou muito claro, entretanto, que tipo de norma fundamental seria essa, nem o que ela faz, nem onde se pode encontrá-la.

Nesse sentido, não há dúvida de que o conceito de "norma fundamental" seja um ponto altamente problemático da teoria kel-

---

[102] H. Kelsen, 'The Pure Theory of Law – Part 2' (1935) 51 *Law Quarterly Review* 517, par. 29.
[103] H. Kelsen, *The Pure Theory of Law*, California University Press, Berkeley/CA, 1967, p. 193.
[104] *Ibid*, p. 201.

seniana. Não é difícil questionar o valor prático de uma teoria que não explica satisfatoriamente a existência da "norma fundamental" na qual supostamente se fundamenta todo um ordenamento jurídico.[105] Naturalmente, Kelsen poderia objetar essa crítica simplesmente afirmando que, para todas as coisas existentes, deve-se sempre buscar, invariavelmente, certo tipo de "imperativo categórico"; ou seja, um estágio final em que se torne simplesmente sem sentido buscar por mais justificações, inclusive a justificação jurídica. Pensando-se desta maneira, a norma fundamental torna-se apenas um meio de proporcionar o tipo de unidade necessária ao ordenamento jurídico, permitindo-se ao "cientista jurídico" interpretar normas válidas como um campo semântico não-contraditório.[106]

H. L. A. Hart (1907-1992)

Herbert Lionel Adolphus Hart foi professor de Teoria do Direito da Universidade Oxford quando a sua imponente obra *The Concept of Law* o elevou à condição de importante jusfilósofo e um dos mais influentes juristas do século XX. De acordo com Brian Bix, "na área da teoria anglo-americana do Direito, o juspositivismo tornou-se, em certo sentido, um mero conjunto de elaborações, emendas e esclarecimentos" do livro de Hart *The Concept of Law*.[107] Nesse livro, Hart apresenta uma sofisticada teoria juspositivista altamente crítica à teoria do comando de Austin por sua estreiteza. Hart resumiu sua crítica à teoria austiniana definindo-a nos termos de "ordens apoiadas em ameaças".[108] A teoria do comando de Austin, diz Hart, é inteiramente incapaz de explicar as funções de várias áreas mais específicas do Direito, tais como o direito contratual e o direito matrimonial, nas quais, explica Hart, não são impostos "deveres apoiados em sanções", mas, sim, poderes são conferidos para que as pessoas desenvolvam suas próprias relações jurídicas. Com isso, Hart concebe a sua própria definição de Direito, abrangendo

---

105 A. L. Goodhart, *English Law and Moral Law*, Stevens & Sons, Londres, 1953, p. 16.
106 Freeman, nota 26 acima, p. 316.
107 Bix, nota 95 acima, p. 32.
108 H. L. A. Hart, *The Concept of Law*, Clarendon Press, Oxford, 1994, p. 20.

não apenas as normas que impõem deveres e sanções, mas, também, regras que conferem poder às autoridades públicas e aos cidadãos. Como destaca o Professor Bix:

> Hart construiu sua teoria num contraste consciente com a teoria do comando de Austin (...) e justificou os pontos-chave de sua teoria como melhorias nos pontos em que falhou a teoria de Austin. Enquanto a teoria de Austin reduzia o Direito aos comandos legais (do soberano), Hart enfatizava a variedade do Direito: que sistemas jurídicos continham regras dirigidas aos cidadãos ("regras primárias") e regras que diziam às autoridades públicas como identificar, modificar ou aplicar as regras primárias ("regras secundárias"); e que sistemas jurídicos continham regras que impunham deveres e outras que conferiam poderes – conferindo poderes não apenas a autoridades públicas, mas também aos cidadãos, tal como ocorre com os poderes jurídicos conferidos para possibilitar a elaboração de contratos e testamentos juridicamente cogentes.[109]

Hart enxerga o fenômeno jurídico essencialmente como uma coleção de regras sociais. Essas regras têm dois componentes fundamentais: a existência de um padrão de comportamento a ser regularmente seguido pelos membros da comunidade; e uma atitude crítico-reflexiva a orientar seus atos de acordo com essas regras e a criticar aqueles que não agem de acordo com elas. Assim, Hart acredita que as pessoas geralmente usam regras jurídicas tanto para avaliar sua conduta como para exercer pressão social sobre todos aqueles se recusam a seguir tais exigências legais. Como último recurso, alguns aspectos do Direito podem ser aplicados por meio da ameaça da sanção, embora esse não seja nem sempre, nem necessariamente o caso.

Nesse sentido, Hart chega à sua importante distinção entre "ser obrigado a" e "ter uma obrigação".[110] É o sentimento de se ter uma obrigação, mais do que o medo da punição, que geralmente motiva as pessoas a obedecerem à lei. Para ele, as pessoas obedecem à lei não tanto por se sentirem obrigadas a tanto, e, sim, por senti-

---
109 Bix, nota 95 acima, p. 33.
110 Ver Hart, nota 108 acima, p. 82-91.

rem que realmente têm a obrigação moral de obedecer à lei. Para entender por que os cidadãos geralmente observam as regras jurídicas, Hart contrasta a perspectiva da pessoa que tem uma atitude mais reflexiva para com o cumprimento das regras com a perspectiva do mero observador externo. Reconhecer apenas o ponto-de-vista externo do Direito é, segundo Hart, ser incapaz de compreender o que significa "ter uma obrigação", em oposição a simplesmente "ser obrigado a". Hart fala aqui sobre o elemento de pressão ou enquadramento social, quando destaca que apenas por meio da adoção do ponto-de-vista interno é que podermos distinguir certas normas sociais dos hábitos sociais. Hábitos sociais são entendidos em termos de padrões de conduta social que não concentram atitude crítico-reflexiva.

Hart elabora uma distinção entre normas jurídicas e normais morais, as quais incluem convenções sociais e outros tipos menos importantes de normas sociais, tais como as regras de etiqueta e as regras gramaticais. As normas jurídicas, por outro lado, distinguem-se das normas morais não por causa de seu conteúdo, mas, sim, em virtude da diversidade das fontes das quais emanam. Hart identifica dois tipos de normas jurídicas: primárias e secundárias. As normas primárias impõem determinações tanto positivas quanto negativas do que fazer ou não fazer. As normas secundárias, em contrapartida, conferem às pessoas o poder de criar normas jurídicas, como o fazem o direito contratual e o direito matrimonial. O direito constitucional é definido por Hart como algo que, essencialmente, cria normas secundárias, pois as provisões da constituição escrita conferem aos legisladores, magistrados e outras autoridades constituídas o poder de influenciar as normas primárias a serem aplicadas a todos os membros da comunidade.

Um importante elemento da teoria juspositivista de Hart é a regra de reconhecimento (*rule of recognition*). Hart define a regra de reconhecimento como o conjunto de aspectos que ligam indivíduos a corpos legislativos que instituem normas jurídicas primárias. É essa regra que distingue as normas jurídicas de quaisquer outros padrões sociais, inclusive o moral. Dessa forma, a regra de reconhecimento é uma norma social que fornece o meio fundamental de verificação da validade jurídica. E, ainda, a regra de conhecimento não precisa necessariamente ter conteúdo moral. De fato, o conceito de Direito de Hart é exclusivamente descritivo e, assim sendo, busca apenas identificar certos aspectos fundamentais do Direito. Isso não significa, entretanto, que Hart não se ocupe da moralidade no Direito, mas, sim, que, como juspositivista, acredita ser moralmente benéfico distinguir o Direito da moral. Tal distinção pode aprimorar a capacidade dos cidadãos de lidarem com determinadas imperfeições do ordenamento jurídico em particular. Ainda que num nível mais superficial a regra de reconhecimento da teoria jusnaturalista de Hart assemelhe-se à *Grundnorm* (norma fundamental) de Kelsen, existem diferenças metodológicas significativas entre esses dois conceitos. Como destaca Bix:

> Tanto a Regra de Reconhecimento como a Norma Fundamental se baseiam na ideia de cadeias de validade normativa: uma norma jurídica em particular somente será válida se for autorizada por outra mais geral ou mais fundamental. Essa cadeia de validade normativa deve terminar em algum lugar, com uma norma fundamental que não tenha outra justificação que não a sua "aceitação" (Hart 1994: 100-10) ou sua condição de "pressuposto" (Kelsen [1934] 1992: 59). É, mais uma vez, importante notar aqui a diferença de metodologia: a teoria de Hart é concebida como uma descrição analítica de práticas existentes, enquanto que Kelsen buscava uma teoria purificada até mesmo com relação à observação sociológica, e sua teoria será mais bem compreendida como dedução transcendental neokantiana do fato de que tratamos certas regras como normas jurídicas.[111]

A despeito de se corretamente proclamar um juspositivista, Hart reconhecia, contudo, que a função de todo ordenamento jurídico deve ser minimamente consistente com determinados aspectos fundamentais da natureza humana. Ele descreve essa necessidade de o Direito respeitar esses aspectos fundamentais da natureza humana como o "conteúdo mínimo do direito natural". Tal conteúdo míni-

---
[111] Bix, nota 95 acima, p. 36.

mo consistiria no "núcleo de verdade" do direito natural sem o qual todo ordenamento jurídico fracassaria ao atingir seus mais essenciais propósitos sociais.[112] Para Hart, existem cinco aspectos básicos oriundos da natureza humana que todo sistema jurídico deve buscar harmonizar: a vulnerabilidade humana, igualdade de poder aproximada, recursos limitados, altruísmo limitado, e compreensão e força limitadas da vontade. Esses fatores não fazem parte da regra de reconhecimento, embora, sem eles, não se verifique o funcionamento adequado do sistema jurídico nem razão para reconhecer qualquer sistema desse tipo como juridicamente cogente.

A teoria de Hart pode ser criticada com base em inúmeros argumentos. Sua ideia de que as normas primárias são suficientes para administrar sociedades simples ou primitivas não encontra comprovação fática na existência dessas sociedades. Hart não foi capaz de citar nenhuma tribo perdida há muito tempo que viva somente segundo regras primárias. No mesmo sentido, sua definição de "regras de reconhecimento" parece imprecisa, assim como a referência a uma única e várias regras de reconhecimento. Há uma ou várias regras de reconhecimento num ordenamento jurídico? Ademais, as regras de reconhecimento podem conduzir a raciocínios circulares. Elas orientam o processo pelo qual as regras de julgamento são determinadas e as regras de julgamento determinam quem será o juiz. Portanto, as regras de reconhecimento, para serem válidas, dependem da acolhida dos magistrados, que são nomeados segundo um processo que abrange a aplicação preliminar dessas mesmas regras de reconhecimento.

Hart pode ainda vir a ser criticado por pensar em regras apenas em termos de funções e efeitos sociais. Ele alegava ser um empirista comprometido com uma "sociologia descritiva". No entanto, um termo mais apropriado para a sua Teoria do Direito é "filosofia especulativa", porque ela envolve um profundo grau de especulação acerca do esperado comportamento das pessoas com relação ao cumprimento e à violação das regras. Sua crença na filosofia linguística implica ainda que conceitos jurídicos têm significado apenas

---
[112] Hart, nota 108 acima, p. 193-200.

quando "usados" em palavras. Isso faz com que se deixem de lado as formas de Direito "não-escritas" e "não-faladas", que podem ser tão desenvolvidas e complexas quanto as leis escritas. O costume é o exemplo mais óbvio. As pessoas podem agir de acordo com normas costumeiras sem ouvirem, lerem ou falarem palavra alguma. Sendo a linguagem da sua obediência inobservável, consequentemente sua existência fica criticamente ameaçada no modelo de Hart.

Por fim, filósofos do Direito como Ronald Dworkin têm argumentado que a teoria de Hart não considera a existência e importância de princípios abstratos, em contraposição às regras de Direito.[113] Hart respondeu a tal crítica argumentando que "os princípios morais fazem parte do Direito de uma sociedade somente porque a regra de reconhecimento dessa sociedade reconhece a moral, ou parte dela, como Direito".[114] Ele não via razão para que o Direito não incorporasse princípios morais. Em *post scriptum* do livro *The Concept of Law*, publicado postumamente, Hart comentaria que, "embora seja verdade que permitir que valores morais sejam incorporados ao Direito possa tornar o conteúdo do Direito mais incerto, a certeza não é o único valor que o Direito deve realizar, e ele deve servir à comunidade para incorporar melhor os valores morais às suas normas jurídicas".[115]

Correntes Atuais do Juspositivismo

Na Teoria do Direito contemporânea, muito do debate acerca do juspositivismo tem tratado do "juspositivismo flexível" (algumas vezes chamado de juspositivismo "inclusivo") e do "juspositivismo rígido" (também conhecido como juspositivismo "exclusivo"). O debate é resultado de diferentes interpretações e elaborações sobre um princípio central do juspositivismo: a ideia de que não existe ligação necessária entre Direito e moral. Nem o juspositivismo rígido nem o flexível veem conexão entre Direito e moral. Eles

---

113 R. Dworkin, *Taking Rights Seriously*, Harvard University Press, Cambridge/MA, 1977, p. 295-324.

114 M. C. Murphy, *Philosophy of Law: The Fundamentals*, Blackwell Publishing, Malden/MA, 2007, p. 33.

115 Hart, nota 108 acima, p. 250-254.

discordam, no entanto, sobre a possibilidade de moralidade ser incorporada ao Direito.

Os juspositivistas rígidos, entre os quais se incluem Andrei Marmor[116], Joseph Raz[117] e Scott Shapiro[118], negam que princípios de moralidade possam se tornar parte do direito a ser aplicado pelos magistrados. Para eles, "quando os juízes se empenham no raciocínio jurídico, estão indo além da lei ao oferecerem suas decisões".[119] O critério moral, como tal, não seria condição suficiente nem necessária ao status jurídico da norma.[120] Desse modo, o juspositivismo rígido "enfatiza as diferenças entre o Direito tal como ele é e o papel da autoridade na administração pública (em regimes democráticos, nos quais agentes públicos, em nome do povo, fazem escolhas para que outros agentes públicos as executem)".[121] Em suma, o juspositivismo rígido concentra-se em "afirmar que não se pode fazer uma lei que incorpore a moral, por mais que se tente".[122]

O juspositivismo flexível, em contrapartida, "aceita que termos morais possam fazer parte de critérios necessários ou suficientes para a validade jurídica num sistema jurídico, mas ressalta que o uso de critérios morais é mais *contingente* – e oriundo de escolhas ou atos de agentes públicos concretos –, do que essencial na natureza do Direito (e, portanto, presente em *todos* os sistemas jurídicos)".[123] Como defendido por Jules Coleman[124], Wilfrid Waluchow[125] e David Lyons[126], o juspositivismo flexível não vê razão para que um ordenamento jurídico não incorpore valores morais. Em-

---

[116] A. Marmor, *'Exclusive Legal Positivism'* in J. L. Coleman e S. Shapiro (ed), *Oxford Handbook of Jurisprudence and Philosophy of Law*, Oxford University Press, Oxford, 2002, p. 104-124.

[117] J. Raz, *Ethics in the Public Domain*, Oxford University Press, Oxford, 1994, p. 194-221.

[118] S. J. Shapiro, *'On Hart's Way Out'* (1998) 4 *Legal Theory* 469.

[119] M. C. Murphy, *Philosophy of Law: The Fundamentals*, Blackwell Publishing, Malden/MA, 2007, p. 33.

[120] Bix, nota 95 acima, p. 36.

[121] *Ibid*, p. 44.

[122] Murphy, nota 119 acima, p. 34.

[123] Bix, nota 95 acima, p. 38.

[124] J. L. Coleman, *'Negative and Positive Positivism'* (1982) 11 *Journal of Legal Studies* 139.

[125] W. J. Waluchow, *'The Many Faces of Legal Positivism'* (1998) 48 *University of Toronto Law Journal* 387.

[126] D. Lyons, *'Principles, Positivism, and Legal Theory'* (1977) 87 *Yale Law Journal* 145.

bora não haja conteúdo moral *necessário* em qualquer lei ou ordenamento jurídico, por meio de regra convencional tal ordenamento pode tornar algum critério moral realmente necessário ou suficiente para validar suas normas jurídicas. Por exemplo, quando a revisão judicial da legislação está estabelecida numa constituição democrática, é o ordenamento jurídico do país que explicitamente autoriza a invalidação de normas que vão de encontro a padrões morais codificados pela lei fundamental.[127] Frederick Schauer, juspositivista flexível, fornece o seguinte exemplo dos Estados Unidos:

> À medida que os juízes devem determinar o que vale como privação da vida, liberdade ou propriedade ou quais privações da vida, liberdade e propriedade exigem o devido processo legal, ou quais ações do Estado negam a proteção equânime perante a lei, ou quais punições são cruéis, ou quais buscas e apreensões são desarrazoadas, a conformação contingente do texto constitucional norte-americano, para não falar da cultura jurídica que o rodeia, é tal que faz duma concepção amoral de interpretação e aplicação da Constituição dos Estados Unidos praticamente impossível (e, portanto, insincera a sua pretensão). Desse modo, e ainda consistente com essa compreensão conceitual do argumento juspositivista, o ato de interpretar a Constituição, nos Estados Unidos, pode exigir, em cada ponto, um exame tão moral quanto o exigira o jusnaturalismo mais moralmente rígido. A diferença estaria apenas em que a tradição juspositivista veria isso como um aspecto contingente do constitucionalismo moderno estadunidense, por isso, também capaz de ser diferente em outras épocas e outros sistemas, ao passo que a tradição jusnaturalista veria nisso um exemplo de verdade conceitual igualmente aplicável a todo sistema jurídico existente ou possível.[128]

Juspositivismo Ético (ou Democrático)

O juspositivismo é geralmente compreendido como um conceito de Direito que pode ser elucidado sem referência a valores

---
127 Bix, nota 95 acima, p. 37.
128 F. Schauer, 'Constitutional Positivism' (1993) 25 *Connecticut Law Review* 797, p. 802-803.

morais. Juspositivistas, portanto, enfatizariam a distinção prática entre o direito e a moral, e que, portanto, os juízes deveriam aplicar a lei sem referência alguma a julgamentos morais.[129] E, ainda, para Tom Campbell[130], um filósofo e jurista escocês que se declarava juspositivista ético ou democrático, o assim chamado amoralismo (e até mesmo o imoralismo) do juspositivismo está, na verdade, equivocado. Campbell propõe, assim, que se defendam certos aspectos éticos do juspositivismo, os quais, de acordo com ele, focam-se nos pré-requisitos dos modelos positivistas do Direito. Nesse sentido, a teoria de Campbell diz respeito à *prática* de se identificar e aplicar o Direito, oferecendo um argumento normativo não sobre a melhor forma de compreender ou descrever as atividades jurídicas, mas, sim, sobre a forma que estas atividades jurídicas deveriam assumir.[131]

A teoria juspositivista de Campbell consiste na compreensão de que os fundamentos justificadores do Juspositivismo podem ser vistos antes como éticos do que como analíticos, descritivos ou explicativos.[132] Tal juspositivismo é altamente moral pois que se concentra na contribuição jurídica para os objetivos políticos decorrentes da forma e do procedimento jurídicos, mais que de seus conteúdos específicos. Embora Campbell subscreva a "tese da separabilidade", segundo a qual o Direito e a moral podem ser dissociados, seu juspositivismo rejeita, contudo, a separação total entre Direito e moral. Em vez disso, ele adota a tese consagrada da separação, segundo a qual "a identificação e a aplicação do Direito deveriam ser mantidas o mais separadamente possível dos julgamentos morais que penetram na criação do Direito".[133]

Campbell argumenta assim que o papel adequado do Judiciário é manifestar a vontade da comunidade "por meio da im-

---

[129] T. D. Campbell, *The Legal Theory of Ethical Positivism*, Dartmouth, Aldershot, 1996.

[130] Tom Campbell atuou até 1990 como professor de Teoria do Direito da Universidade de Glasgow. Em 1990, ele se mudou para a Austrália para assumir a direção da Faculdade de Direito da Universidade Nacional da Austrália, onde ele posteriormente atuou como Decano em Direito.

[131] T. Dare, 'Tom Campbell's Ethical Positivism' (2009) 34 *Australian Journal of Legal Philosophy* 294, p. 296.

[132] Campbell, nota 129 acima, p. 4.

[133] *Ibid*, p. 3.

plementação imparcial de suas decisões formuladoras de regras".[134] Ele certamente que não apoia a imposição de direitos abstratos por meio do poder judicial e defende a articulação de direitos concretos por meio do debate democrático e das decisões de legislaturas sujeitas ao controle democrático.[135] Desse modo, o juspositivismo ético de Campbell é "comprometido com o uso de direitos democráticos, duramente conquistados, das pessoas comuns de promoverem seu bem-estar, e com a suspeita das elites, inclusive as elites judiciárias".[136] Segundo Adrienne Stone:

> A preferência de Campbell pela administração pública baseada em regras é em parte movida por certos valores do Estado de Direito. Ele valoriza, em particular, a previsibilidade proporcionada por regras publicamente conhecidas pelos cidadãos governados (e a consequente liberdade para planejar e coordenar suas ações). Mas o seu juspositivismo também é democrático: é guiado por uma preferência pela elaboração de leis pelas legislaturas, e não por tribunais. Para o "juspositivista democrático", direitos constitucionais fundamentais são duplamente problemáticos. Sua interpretação exige que os juízes se envolvam com uma quantidade considerável, relativamente ilimitada, de julgamentos políticos e morais controvertidos, problema agravado pela impossibilidade de revisão legislativa das decisões judiciais.[137]

Conforme explica Aline Muriene Eloy Schüür, "o positivo ético pode ser definido como um positivismo que não pretende ser conceitual nem descritivo, mas sim normativo e prescritivo, justamente no sentido de prescrever, através de normas, como deve ser o sistema jurídico".[138] Este juspositivismo de Campbell recebe outros nomes além de "juspositivismo ético", sendo também chamado de "juspositivismo democrático" e, às vezes, de "positivismo norma-

---

134 *Ibid*, p. 2.

135 *Ibid*, p. xi.

136 J. Goldsworthy, 'Introduction: Symposium in Honour of Professor Tom Campbell' (2009) 34 *Australian Journal of Legal Philosophy* 270, p. 270.

137 S. Stone, '*Tom Campbell's Proposal for a Democratic Bill of Rights*' (2009) 34 *Australian Journal of Legal Philosophy* 272, p. 273.

138 A. M. E. Schüür, 'Da Relação Entre o Direito e a Moral nas Teorias Positivistas e Pós-Positivistas', Mestrado em Direito, julho de 2013, p. 76.

tivo". De um modo geral, defensores desse juspositivismo pugnam pela minimização da carga moralista acerca das questões pertinentes à aplicação prática da lei. A ideia é buscar minimizar o papel do julgamento moral no campo de incidência das regras jurídicas, cujo conteúdo deve ser ditado pelo processo democrático.[139]

Além de Campbell, outros juspositivistas democráticos são Jeremy Waldron, Jeffrey Goldsworthy e James Allan, que estão igualmente determinados a evitar que os juízes assumam o papel de árbitros de valores morais e políticos.[140] Esses juspositivistas democráticos buscam minimizar a carga moralista no campo judicial de aplicação da lei – "para reduzir o alcance das avaliações e julgamentos morais individuais (e, pior ainda, impositivos) dos juízes".[141] Eles se opõem à constitucionalização de direitos abstratos que, ato contínuo, demandem dos juízes decisões sobre questões relativas a políticas públicas, as quais, segundo eles, devem, numa democracia, ser decididas por representantes eleitos pelo povo e reunidos num parlamento. Jeremy Waldron, por exemplo, argumenta que a constitucionalização de direitos abstratos equivale a "votar contra a existência da democracia, ao menos no que tange uma ampla gama de questões relativas a princípios políticos".[142] Segundo ele, a decisão judicial baseada em direitos abstratos geralmente é conflitante com a faculdade dos cidadãos comuns de influenciarem decisões políticas por meio do processo democrático. Explica ele:

> Se defendermos a ideia de constitucionalização de direitos e garantias fundamentais pétreos fora de qualquer possibilidade de revisão além da revisão feita pelos juízes, devemos (...) pensar [que] (...) mesmo que se orquestre o apoio de um grande número de homens e mulheres com o mesmo pensamento e que se consiga fazê-los prevalecer numa legislatura, essas medidas poderão ser contestadas e derrubadas quando

---

[139] T. Campbell, *'Blaming Legal Positivism: A Reply to David Dyzenhaus'* (2003) 28 *Australian Journal of Legal Philosophy* 34.

[140] Stone, nota 137 acima, p. 282.

[141] J. Allan, *'Tom Campbell and Democratic Legal Positivism'* (2009) 34 *Australian Journal of Legal Philosophy* 283, p. 286.

[142] J. Waldron, *'A Rights-base Critique of Constitutional Rights'* (1993) 13 *Oxford Journal of Legal Studies* 18, p. 46.

a visão dos juízes sobre esses mesmos direitos fundamentais for diferente.[143]

De acordo com o jusfilósofo australiano Jeffrey Goldsworthy, outro proeminente juspositivista democrático, as maiores proteções legais de que gozam os australianos hoje derivam não de um rol constitucional de direitos fundamentais, mas, sim, indiretamente, da separação de poderes, que dá origem ao devido processo legal, bem como ao federalismo. Goldsworthy destaca que as leis que dispõem sobre como os parlamentos se constituem e sobre os procedimentos que devem adotar "exercem um poderoso tipo de controle jurídico".[144] Obviamente, ele reconhece ainda que as deficiências desses procedimentos podem ter um impacto profundo na natureza da democracia parlamentar e na sua credibilidade pública. Todavia, a presença dessas deficiências, explica Goldsworthy, não significa que todo o sistema deva ser arrastado para a supervisão judicial da legislação, mas, sim, que melhorias voltadas ao aperfeiçoamento do processo democrático devem ser promovidas.[145] Goldsworthy observa ainda que um rol constitucional de direitos fundamentais pétreos pode, de fato, resultar em transferência antidemocrática das funções legislativas para o Judiciário, conferindo à elite judicial um poder absoluto para definir toda a hierarquia de direitos e interesses da sociedade. Como ele assinala:

> A função tradicional do Judiciário (...) não se coloca confortavelmente ao lado da aplicação de direitos e garantias constitucionais fundamentais. De fato, aquela função confere aos juízes, retrospectivamente, um poder de veto legislativo, com base em julgamentos de moral política (...). Isso abrange acrescer à função jurisdicional um poder tradicionalmente associado à função legislativa, com a diferença de que a imprevisibilidade inerente ao seu exercício é exacerbada por essa natureza retrospectiva. É por isso que, colocando-se na balan-

---

[143] *Ibid*, p. 50-51.

[144] J. Goldsworthy, '*Legislative Sovereignty and the Rule of Law*' in K. D. Ewing, T. Campbell e A. Tomkins (ed), *Sceptical Essays on Human Rights*, Oxford University Press, Oxford, 2001, p. 75.

[145] *Ibid*, p. 75-78.

ça, essa transferência pode enfraquecer o Estado de Direito, em lugar de fortalecê-lo.[146]

Argumento semelhante foi trazido pelo jusfilósofo de origem canadense James Allan, que sustenta que declarações abstratas de direitos são geralmente pensadas em termos de princípios gerais, e, não, de princípios precisamente formulados. Isso é assim porque suas disposições devem contemplar uma ampla gama de situações a que se destinam. E isso implica, ainda, de acordo com o professor Allan, que elas sejam um tanto vagas e demasiadamente abertas a interpretações variadas, ficando inevitavelmente, portanto, a cargo dos juízes interpretá-las e definir-lhes a aplicação nos casos concretos. Todavia, frisa Allan, frequentemente os próprios tribunais não logram chegar a um acordo sobre essas questões controversas, que geralmente são decididas por uma maioria de um colegiado dividido.[147] Acima de tudo, a constitucionalização de direitos abstratos, como destaca Allan,

> é acompanhada de técnicas interpretativas que não limitam os juízes a decidir de acordo com a intenção original dos legisladores nem com a compreensão original da época de sua aprovação. Em lugar disso, tais instrumentos são comumente interpretados como "árvores vivas" por meio das quais os juízes dão voz àquilo que eles pensam ser os "valores contemporâneos" (...) O resultado é um sistema interpretativo que coloca poucos, se não nenhum, limites ao Judiciário.[148]

Nesse sentido, Allan, que é professor de filosofia do direito na Universidade de Queensland na Austrália, acredita que uma legislação abstrata sobre direitos humanos é desnecessária numa democracia constitucional e, quando introduzida, pode descompensar o equilíbrio entre o Legislativo e o Judiciário ao conceder a este último o poder de estabelecer uma hierarquia de direitos abstratos e interesses humanos subjetivos. O fato de que os juízes consistem numa reduzida elite profissional que não responde diretamente

---

146 *Ibid*, p. 75.

147 J. Allan, '*Siren Songs and Myths in the Bill of Rights Debate*'. Artigo apresentado como palestra na Série Eventual de Palestras do Senado no Parlamento [Australiano], Canberra, 4 de abril de 2008, p. 3.

148 J. Allan, '*Oh That I Were Made Judge in the Land*" (2002) 30 *Federal Law Review* 561, p. 574-575.

ao eleitorado sugere, segundo Allan, que eles não são as melhores pessoas para fazer julgamentos controvertidos para a nação.[149] A controvérsia surge porque, embora praticamente todo mundo concorde que os princípios contidos em declarações abstratas de direitos sejam, de fato, bons princípios, existe, contudo, muito menos concordância sobre como eles devem ser aplicados, de modo que a sua aplicação geralmente requer julgamentos subjetivos de natureza política e moral.[150]

Considerações Finais

Esse capítulo identificou alguns dos muitos exemplos de juspositivismo ao longo da história da Teoria do Direito no mundo ocidental. O juspositivismo trata de um conjunto de princípios de Teoria do Direito que sujeitam as leis à análise factual, sem extrair conclusões sobre a sua justeza ou mérito. Nesse particular, o juspositivismo se distingue das escolas jusnaturalistas, que analisam as leis à luz de critérios metafísicos e por vezes teológicos. Já para os juspositivistas, o que importa é a validade do exercício do poder de fazer leis, e não a validade da lei por meio da qual esse poder se manifesta. Em sentido mais amplo, os juspositivistas são da visão de que a moral não é um elemento necessário da validade jurídica e que todo verdadeiro conhecimento é subordinado à verificação de fenômenos observáveis.

---

149 Allan, nota 147 acima, p. 3.

150 J. Allan, '*Bills of Rights as Centralising Instruments*' (2006) 27 *Adelaide Law Review* 183, p. 183; '*Oh That I Were Made Judge in the Land*', nota 148 acima, p. 573.

CAPÍTULO 3

TEORIA DO ESTADO DE DIREITO

Considerações Iniciais

Muitos estudiosos mostram-se relutantes em reconhecer ou ao menos mencionar aspectos extrajurídicos que, num contexto social mais específico, podem determinar o êxito ou fracasso da efetivação do Estado de Direito. A razão para isso pode ser que, com isso, esses estudiosos sejam compelidos a adotar uma abordagem mais sociológica em suas pesquisas sobre o fenômeno jurídico. Este capítulo oferece uma explicação ampla e interdisciplinar de circunstâncias jurídicas e extrajurídicas que podem levar ao sucesso (ou ao fracasso) da realização do Estado de Direito.

Embora o significado do conceito conhecido como Estado de Direito esteja sempre aberto ao debate, há um consenso geral de que ele toca essencialmente a proteção dos cidadãos contra interferências imprevisíveis e arbitrárias sobre seus interesses fundamentais. Tais interferências podem vir basicamente de duas fontes: outros indivíduos ou o governo. Dessa forma, diz-se que a comunidade está subordinada ao 'Estado de Direito' se as pessoas estão protegidas da violência arbitrária e se existem leis estabelecidas para manter a paz e evitar aquilo que se chamaria de estado hobbesiano da "guerra de todos contra todos".[1]

Há ainda um amplo entendimento de que Estado de Direito significa algo mais do que a sanção por lei de todo e qualquer ato estatal. Em contraposição ao "Estado de Homens", que implica "governo arbitrário", o Estado de Direito é pensado para minimizar todo modo de arbitrariedade, de modo que os direitos e as liberdades do indivíduo possam ser efetivados e adequadamente preservados. O Estado de Direito compreende a delimitação formal das funções estatais, de modo que o poder do Estado é exercido de acordo através comandos legais claros, estáveis e gerais. Tais normas devem ser promulgadas previamente e aplicadas por um Poder Judiciário imparcial e independente. Compelindo-se o Estado a seguir determinadas formas e procedimentos, reduzem-se assim as chances de o governo ser capaz de coagir, obstruir ou interferir excessivamente na vida, na liberdade e na propriedade do cidadão.

Definição do Estado de Direito

Tema subjacente na tradição e história jurídicas do ocidente é o da função do Estado de Direito como parte da solução para o problema do "despotismo", aqui entendido como o controle externo e abusivo da vida, da liberdade e da propriedade do cidadão.[2] No clássico livro *O Espírito das Leis*, Montesquieu cristaliza os principais aspectos do despotismo da seguinte forma: "No governo despótico, uma só pessoa, sem lei e sem regra, conduz tudo segundo a sua vontade e seus caprichos".[3] E mais adiante, informa Montesquieu em sua festejada obra, "o princípio do governo despótico é o medo".[4] Evitando uma situação em que ordens governamentais sejam absolutas e arbitrárias, e leis (constitucionais) fundamentais se tornem completamente inúteis, o Estado de Direito nega ao governo

---

1 T. Hobbes, *Leviathan* (1651), Cap. XIII, § 62.
2 S. Ratnapala, 'Welfare State or Constitutional State?', *Center for Independent Studies*, Sydney, 1990, p. 19.
3 Montesquieu, *O Espírito das Leis* (1748), Livro 2, Cap. 1.
4 *Ibid*, Livro 3, Cap. 9.

qualquer "direito de destruir, escravizar ou deliberadamente empobrecer seus súditos".[5] Em lugar disso, o Estado de Direito implica que "o governo só pode agir por meio do Direito e o Direito controla o poder do governo".[6] O Estado de Direito está portanto historicamente ligado ao ideal inquestionavelmente associado à liberdade individual, entendida como a liberdade face à interferência arbitrária por parte de qualquer um, inclusive das autoridades públicas.[7]

Segundo o já falecido professor emérito de Direito Constitucional Inglês, Owen Hood Phillips, historicamente, a expressão Estado de Direito, "foi usada com referência à crença na existência do Direito como algo possuidor de uma autoridade superior – seja divina ou natural – às leis promulgadas pelos governantes humanos, limitando o poder destes últimos".[8] De fato, a função tradicional do Estado de Direito como "um conceito guarda-chuva para uma série de instrumentos jurídico-institucionais destinados a proteger os cidadãos do poder do Estado (...) foi cunhada pela primeira vez por Platão e Aristóteles (...) e, posteriormente, redescoberta e elaborada por intelectuais religiosos – notadamente Tomás de Aquino – durante a Idade Média".[9]

Por outro lado, também é verdade que as discussões mais atuais acerca do Estado de Direito partem geralmente de ideias do constitucionalista inglês do século XIX Albert Venn Dicey (1835-1922). Dicey afirmava que o Estado de Direito compõe-se de três elementos básicos: (1) supremacia das leis em oposição ao exercício arbitrário do poder; (2) igualdade de todos perante a lei, que deve ser aplicada por tribunais regulares; e (3) proteção judicial dos direitos individuais, que devem ser garantidos na prática, e não só no papel.[10] Já nas nações da Europa continental, por outro lado, o Estado

---

5 J. Locke, *Segundo Tratado Sobre Governo Civil* (1689), Seção 135.

6 M. Schor, 'The Rule of Law' in D. Clark (ed), *Encyclopedia of Law and Society: American and Global Perspectives*, Sage, Londres, 2005, p. 231.

7 B. Leoni, *Freedom and The Law*, Nash, Los Angeles, 1972, p. 76.

8 O. H. Phillips e P. Johnson, '*O Hood Phillips' Constitutional Administrative Law*', Sweet & Maxwell, Londres 1987, p. 37.

9 A. Bedner, '*An Elementary Approach to the Rule of Law*' (2010) 2 *Hague Journal on the Rule of Law* 48, p. 50.

10 A. V. Dicey, *Introduction to the Study of the Law of the Constitution*, Liberty Fund, Indianapolis/IN, 1982 (1885), p. 120-121.

de Direito é mais diretamente relacionado aos valores do liberalismo clássico e sua perspectiva de governo constitucional "sujeito à lei no seu trato com os cidadãos: seu poder é, em outras palavras, limitado pelos direitos individuais das pessoas".[11] Dentro desta perspectiva, ensina-nos Carlos Ari Sundfeld, "Estado de Direito significa não só subordinação dos poderes públicos de qualquer grau às leis gerais do país, limite que é puramente formal, mas também subordinação das leis ao limite material do reconhecimento de alguns direitos fundamentais considerados constitucionalmente, e portanto, em linha de princípios invioláveis".[12]

Na Alemanha, o conceito de Estado de Direito é conhecido por *Rechsstaat*, que literalmente significa "governo sob o império da lei". O termo foi originalmente concebido por juristas hanoverianos do século XIX, em especial Robert von Mohl, E. Brandes, A. W. Rehberg e F. C. Dahlmann. Estes autores alemães concordavam em sustentar que o *Rechtsstaat* é uma garantia para a liberdade individual, ficando muito claro que a visão germânica do Estado de Direito é oposta ao Estado absolutista.[13] Eles buscaram promover os ideais de Estado de Direito relativos aos direitos e liberdades do indivíduo, bem como a separação dos poderes estatais e o governo limitado. Naquela época, calhou de a Casa Real de Hanôver ter ocupado também o trono na Inglaterra. Havia então uma óbvia relação entre os dois países. Inspirado por princípios constitucionais ingleses de tradição *Whig* (partido liberal inglês), Mohl cunhou o termo *Rechsstaat* para fundamentar um conjunto de princípios de validade jurídica que "determina e protege inexoravelmente os rumos e os limites da atividade estatal".[14] *Rechsstaat*, escreve o constitucionalista alemão Ernst-Wolfgang Böckenförde, significa, ainda nos dias de hoje, na Alemanha, "o reconhecimento principal dos direitos fundamentais (...) como a liberdade civil (proteção da liberdade pessoal,

---

11 R. C. van Caenegem, *An Historical Introduction to Western Constitutional Law*, Cambridge University Press, Cambridge, 1995, p. 15.

12 C. A. Sundfeld, *Fundamentos de Direito Público*, 4a ed., Editora Malheiros, São Paulo/SP, 2000, p. 39.

13 S. Goyard-Fabre, *Os Princípios Filosóficos do Direito Político Moderno*, trad.: Irene A. Paternot, Martin Fontes, São Paulo, 1999, p. 314.

14 R. von Mohl, *Die Philosophie des Rechts*, Vol. II, Parte II (1837), citado em F. A. Hayek, *Constitution of Liberty*, Chicago University Press, Chicago, 1960, p. 483.

da liberdade de crença e consciência, da liberdade de imprensa, da liberdade de locomoção, da liberdade contratual e da liberdade de profissão), a igualdade perante a lei e a garantia da propriedade".[15]

Do mesmo modo, teóricos do Direito da vizinha França têm tradicionalmente defendido o Estado de Direito, segundo a sua compreensão liberal-clássica. Na França, o regime do État de Droit é "um sistema de limitação, não somente das autoridades administrativas, mas também do corpo legislativo", que visa a proporcionar aos cidadãos certos direitos e garantias individuais.[16] Dessa maneira, escreve Blandine Kriegel, o Estado de Direito (État de Droit) opera primordialmente como "questão de liberdade pessoal" baseada na ideia de que tal liberdade é algo que "não pode ser protegido quando ausente certo tipo de Estado, qual seja (...) o Estado sob o império da lei".[17] Em livro inteiramente dedicado ao tema, Laurent Cohen-Tanugi comenta que o État de Droit revela-se como princípio de governo constitucional, em oposição ao jacobinismo, que é uma forma de "governo populista" mas que não fornece proteção jurídico-constitucional alguma contra interferência legislativa sobre os direitos básicos do cidadão à vida, à liberdade e à propriedade.[18]

Concepções Formalistas e Substantivistas do Estado de Direito

Nos países de língua inglesa o debate corrente sobre o Estado de Direito tem ocorrido entre os defensores da concepção formalista e da concepção substantivista. Os que defendem a concepção formalista argumentam que o Estado de Direito compreende atributos relativos à forma das leis, como a sua estabilidade, publicidade, clareza e generalidade, como norma geral. A seu turno, os defensores da concepção substantivista vão além de tais descrições

---

15 E. Böckenförde, *State, Society an Liberty: Studies in Political Theory and Constitutional Law*, Berg, New York, 1991, p. 50.

16 C. Malberg, *Contribution à la théorie générale de l'État – Tome Premier*, Librarie de la Societé du Recueil Sirey, Paris, 1922, p. 492.

17 B. Kriegel, *The State and the Rule of Law*, Princeton University Press, Princeton, p. 41.

18 Ver L. Cohen-Tanugi, *La Métamorphose de la Démocratie Française : De l'État Jacobin à l'État de Droit*, Gallimard, Paris, 1993.

formais para inserir uma discussão mais abrangente, considerando a proteção jurídica de direitos morais.[19] Todavia, ambas as correntes concordariam que o Estado de Direito age, de modo geral, como mecanismo de minimização de arbitrariedades e, especificamente, das arbitrariedades governamentais.

Concepção Formalista

Os que subscrevem a concepção formalista do Estado de Direito associam-no a exigências procedimentais e institucionais observadas como necessárias à implementação do "governo submetido à lei". Eles postulam por uma interpretação mais literal da expressão e, assim, focam-se no modo como as leis instituídas pelo Estado são promulgadas, bem como em quaisquer outros aspectos de natureza formal, como sua clareza e sua dimensão temporal.[20] Explica Paul Craig:

> A concepção formalista de Estado de Direito não (...) busca apreciar o conteúdo do Direito em si. Ela não diz respeito ao caráter bom ou mau das leis, mas, sim, à observância dos preceitos formais do Estado de Direito.[21]

Joseph Raz

Segundo Joseph Raz, conhecido juspositivista e defensor da concepção formalista, o Estado de Direito implica que agentes públicos conduzam seus ofícios de acordo com exigências procedimentais específicas. Isso requer, por exemplo, que a legislação seja em sua maior parte geral, prospectiva, aberta, clara e relativamente estável. Raz também sustenta que, em todo regime de Estado de Di-

---

19 Ver J. Goldsworthy, *'Legislative Sovereignty and the Rule of Law' in* T. Campbell, K. D. Ewing e A. Tomkins (ed), *Sceptical Essays on Human Rights*, Oxford University Press, Oxford, 2001, p. 64. Ver também P. Craig, *'Formal and Substantive Conceptions of the Rule of Law'* (Outono de 1997) *Public Law* 467; *'Constitutional Foundations, the Rule of Law and Supremacy'* (Primavera de 2003) *Public Law* 92; R. H. Fallon, *'The Rule of Law as a Concept in Constitutional Discourse'* (1997) 97 *Columbia Law Review* 1.

20 J. Raz, *The Authority of Law: Essays on Law and Morality*, Oxford University Press, Oxford, 1979, p. 218.

21 P. Craig, *'Formal and Substantive Conceptions of the Rule of Law'*, nota 16 acima, p. 467.

reito, tribunais independentes devem assegurar certos princípios de justiça natural, como julgamento justo e imparcialidade. Por fim, ele crê que, em regimes dessa natureza, os tribunais julguem as causas em prazo razoável, sem custos excessivos e de forma acessível a todo e qualquer cidadão.[22]

Não obstante, como mencionado acima, as concepções formalistas de Estado de Direito não dizem absolutamente nada a respeito de resultados substantivos. Raz não vislumbra um compromisso com a justiça substantiva no ideal de Estado de Direito. Quando a concepção formalista afirma que os princípios de justiça procedimental podem aumentar a expectativa por autonomia individual, não há nisso nenhum compromisso com a justiça substantiva. De fato, "formalistas" como Raz interpretam que o Estado de Direito é necessário apenas para conter a violência privada e a coerção estatal, a fim de se assegurar que cidadãos possam ser protegidos da anomia e da anarquia.[23] Mesmo assim, o Estado de Direito é visto como algo que envolve apenas valores "meramente concebidos para minimizar o prejuízo à liberdade e à dignidade que o Direito possa causar na busca por seus objetivos, não importando quão louváveis sejam".[24] Na medida em que Raz acredita que o Estado de Direito não deva ser confundido com valores pertinentes à democracia, justiça e igualdade, conclui ele, então, de forma um tanto polêmica, que:

> (...) um sistema jurídico antidemocrático, baseado na negação dos direitos humanos, na pobreza generalizada, na segregação racial, na desigualdade entre os sexos e na perseguição religiosa pode, em princípio, estar mais adequado às exigências do Estado de Direito do que qualquer dos sistemas jurídicos das mais iluminadas democracias ocidentais. Isso não significa que será melhor do que essas democracias ocidentais; será

---

22 Raz, nota 20 acima, p. 228.
23 G. de Q. Walker, *The Rule of Law: Foundations of Constitutional Democracy*, Melbourne University Press, Melbourne, 1988, p. 24.
24 Raz, nota 20 acima, p. 228.

um sistema jurídico incomensuravelmente pior, mas se sobressairá em um aspecto: sua adequação ao Estado de Direito.[25]

Concepção Substantivista

Em oposição aos que advogam a concepção formalista, os defensores da concepção substantivista de Estado de Direito sustentam que, sob o regime de Estado de Direito, as leis devem estruturar-se em torno de direitos e deveres morais que cada cidadão deve ter com o outro e com a sociedade como um todo, inclusive os agentes públicos. Em outras palavras, partidários da concepção substantivista fazem uma distinção bastante clara entre "boas" e "más" leis, sendo que as primeiras se adéquam à proteção desses direitos morais, ao passo que as últimas, não.[26]

Friedrich Hayek

Um dos principais defensores da concepção substantivista de Estado de Direito foi o filósofo austríaco Friedrich Hayek, que sustentava que o Estado de Direito seria uma doutrina meta-jurídica ou um ideal político que diz respeito àquilo que o Direito deva ser.[27] Para ele, a expressão é tradicionalmente relacionada a determinadas condições essenciais para a liberdade individual subordinadas à lei.[28] No livro *O Caminho Para a Servidão* (1944), Hayek comenta:

> O Estado de Direito desenvolveu-se conscientemente somente durante a era liberal e é uma das suas maiores realizações, não apenas como salvaguarda, mas como encarnação da liberdade. Como colocou Immanuel Kant (...), "Um homem é livre quando não deve obedecer a pessoas, mas, sim, tão-somente às leis". Como ideal vago, no entanto, essa ideia existiu pelo menos desde a época do Império Romano e, ao longo dos últimos séculos, ela nunca foi tão seriamente ameaçada como

---

25 *Ibid*, p. 211.
26 P. Craig, '*Formal and Substantive Conceptions of the Rule of Law*', nota 21 acima, p. 467.
27 F. A. Hayek, *The Constitution of Liberty*, Chicago University Press, Chicago, 1960, p. 206.
28 *Ibid*, p. 205.

é hoje. A ideia de que não existe limite aos poderes dos legisladores é, em parte, consequência da soberania popular e do regime democrático. Essa ideia foi reforçada pela crença de que o Estado de Direito será preservado à medida que os atos do Estado sejam devidamente autorizados pela legislação. Mas essa é uma compreensão completamente equivocada do significado do Estado de Direito. Este pouco tem a ver com a questão sobre se os atos do governo são juridicamente válidos. Eles podem muito bem ser juridicamente válidos, sem, contudo, adequarem-se ao Estado de Direito. O fato de que alguém tenha completa autoridade jurídica para agir da forma como age não diz nada sobre se a lei lhe confere poderes para agir arbitrariamente ou se a lei prevê, de forma inequívoca, como ele deve agir. Pode muito bem ser que Hitler tenha obtido seus poderes ilimitados de uma forma estritamente constitucional e que, outrossim, tudo que ele faça seja juridicamente válido. Mas quem ao menos insinuaria que, por essa razão, o Estado de Direito ainda prevaleça na Alemanha nazista?[29]

Hayek reconhecia ainda a relevância da "opinião pública" para a realização do Estado de Direito. Ao ter considerado o Estado de Direito como uma doutrina sobre o que o direito deva ser, ele concluiu que este princípio de legalidade não pode efetivar-se sem que faça parte da tradição moral da comunidade. Portanto, sua realização depende da amplitude do reconhecimento do Estado de Direito na sociedade, em termos de um ideal comum a ser compartilhado e inquestionavelmente aceito pela maioria dos membros desta comunidade. Comenta Hayek em seu livro *Os Fundamentos da Liberdade*:

> Do fato de que o Estado de Direito é uma limitação ao direito formalmente instituído, extrai-se que o Direito não pode ser entendido no mesmo sentido das leis editadas pelo legislador (...) o Estado de Direito é, portanto, não um Estado do Direito, mas um Estado em que o Direito é o que deveria ser, uma doutrina meta-jurídica ou um ideal político. Ele será efetivo somente na medida em que o legislador se sinta subordinado a ele. Numa democracia, isso significa que o ordenamento ju-

---
[29] F. A. Hayek, *The Road to Serfdom*, Routledge, Londres, 2001 (1944), p. 85.

rídico só prevalecerá se se integrar à tradição moral da comunidade, um ideal comum compartilhado e inquestionavelmente aceito pela maioria. É esse fato que torna tão ameaçadores os ataques insistentes ao princípio do Estado de Direito. O perigo é ainda maior porque muitos dos objetivos do Estado de Direito são também ideais dos quais esperamos nos aproximar, mas que nunca concretizamos plenamente. Se o ideal de Estado de Direito é um sólido elemento da opinião pública, a legislação e a jurisdição tendem a se aproximar dele mais e mais. Mas se ele é visto como irrealizável ou até indesejável e as pessoas deixam de buscar sua realização, ele desaparecerá rapidamente. Essa sociedade cairá rapidamente num estado de tirania arbitrária. Isso é o que vem ameaçando o mundo ocidental nas duas ou três últimas gerações.[30]

Num sistema em que vige a maior realização do Estado de Direito, afirmava Hayek, a igualdade perante a lei é priorizada e a discriminação jurídica, minimizada. A discriminação jurídica só é aceitável, segundo Hayek, se a maioria tanto do grupo discriminado quanto fora dele a apoiarem claramente.[31] Embora a lei não precise ser sempre exatamente a mesma para todos, a "discriminação positiva", observa Hayek, deve ser evitada ao máximo e somente é aceitável se ficar provado que ela promoverá o bem comum e, deste modo, é compreendida como razoável por todos. Entretanto, de modo geral e pelo bem da preservação da igualdade, Hayek concluiu que normas jurídicas devem na medida do possível sempre tratar a todos do mesmo modo, não importando a raça, o sexo, a religião, etc.

Ronald Dworkin

Paralelamente à expressiva contribuição de Hayek, a obra jurídica do jusfilósofo estadunidense Ronald Dworkin é igualmente importante nas discussões sobre a natureza do Estado de Direito. Em poucas palavras, a obra de Dworkin consiste numa crítica à

---

30 Hayek, nota 27 acima, p. 205.
31 *Ibid*, p. 154.

visão juspositivista de Direito e moral como conceitos distintos. Sua filosofia jurídica se autodescreve como "Direito como integridade". É central nessa filosofia a questão sobre os princípios morais, que, se seguidos, explicariam as decisões políticas tomadas pela sociedade. Assim, essa filosofia busca religar o Direito à moral com base no fato de que a natureza da argumentação jurídica se funda na interpretação moral das práticas sociais existentes. Nesse sentido, o Estado de Direito é definido por Dworkin como um ideal do "bom direito" ligado à ideia de "deveres e direitos morais", bem como à proteção de "direitos políticos em face do Estado como um todo".[32] Segundo Dworkin, esses direitos compreendem os valores sociais que "devem ser reconhecidos na legislação" e, assim, aplicados por tribunais mediante a provocação dos cidadãos. Para Dworkin, mesmo que esses direitos não estejam explicitamente previstos em norma jurídica específica, eles continuam fazendo parte da ordem constitucional baseada no Estado de Direito, pois este, segundo ele, compreende o esforço da comunidade de apreender os direitos e deveres considerados desejáveis a todos com base em diversos fundamentos relacionados às questões da autonomia individual e da justiça.[33]

Dworkin, todavia, é amplamente criticado como defensor do ativismo judicial. Depois de ter definido o Estado de Direito como "o ideal de governo por uma concepção pública precisa de direitos individuais"[34], ele vai além disso ao opinar que, em casos controvertidos, decisões judiciais devem basear-se em argumentos de princípios políticos que confirmem "que a justiça é o fim e o objeto do direito individual, e não questão independente do bem comum".[35] Para Dworkin, se os instrumentos interpretativos do Judiciário fossem limitados, os direitos dos cidadãos ficariam restritos "àqueles que são reconhecidos por um grupo limitado de pessoas numa data específica da história".[36] Dworkin enxerga o ativismo judicial como

---

[32] R. Dworkin, *Political Judges and the Rule of Law* (1978) 64 *Proceedings of the British Academy* 259, p. 262.

[33] *Ibid.*

[34] *Ibid.*

[35] *Ibid.*

[36] T. Sowell, '*Judicial Activism Reconsidered*' (1989) disponível em ,www.amatecon.com/etext/jar/jar. html> (acesso em 1º de novembro de 2012). Originalmente publicado como '*Essays in Public Policy No*

uma espécie de pragmatismo jurídico. Não fosse por este ativismo, ele sustenta, os direitos dos cidadãos ficariam estagnados no seu nível atual, incapazes de evoluírem conforme surgissem circunstâncias novas e imprevisíveis. Em suma, Dworkin acredita que o ativismo judicial corresponda a um tipo de senso comum firme e desembaraçado em favor do Judiciário. Evidentemente, ao se legitimar o comportamento ativista de juízes não-eleitos, Dworkin pode, em última análise, ser acusado de advogar por decisões judiciais susceptíveis a fragilizar tanto a democracia como a estabilidade jurídica.

T. R. S. Allan

Trevor Allan, constitucionalista inglês, acredita que o Estado de Direito diz respeito a um valor substantivo relativo a expectativas e aspirações que, na sua opinião, "englobam ideias tradicionais sobre a liberdade individual e a justiça natural e, de modo mais geral, ideias sobre os requisitos de justiça e equidade nas relações entre governantes e governados".[37] Além disso, segundo ele, a observância de certos princípios procedimentais tais como a generalidade, a clareza, a irretroatividade, bem como a igualdade (formal) perante a lei, consistem em valores intrinsecamente necessários à existência do Estado de Direito. Tais valores, afirma Allan, promovem a autonomia individual ao permitirem ao cidadão cuidar de seus próprios afazeres e avaliar (e criticar) os atos do governo à luz desses mesmos valores. Allan também sustenta que "o significado último do Estado de Direito" consiste na dignidade isonômica dos cidadãos.[38] Ele aduz que em todo regime em que vige o Estado de Direito certos direitos básicos do indivíduo devam ser protegidos por "um Judiciário independente com autoridade para invalidar a legislação, se necessário".[39] Consequentemente, afirma ele, o Estado de Direito serve primeiramente para promover uma ordem robusta de "justiça

---

13', Hoover Institute, 1989.

37 T. R. S. Allan, *Law, Liberty, and Justice: The Legal Foundations of British Constitutionalism*, Claredon Press, Oxford, 1993, p. 21.

38 T. R. S. Allan, *Constitutional Justice: A Liberal Theory of the Rule of Law*, Oxford University Press, Oxford, 2001, p. 2.

39 J. Goldsworthy, '*Homogenizing Constitutions*' (2003) 23 *Oxford Journal Legal Studies* 483, p. 505.

constitucional" pela qual "o Direito constitua um baluarte entre governantes e governados, blindando o indivíduo contra a discriminação hostil por parte daqueles que detêm o poder político".[40] Acima de tudo, recorda-nos Allan:

> Na boca de um constitucionalista britânico, a expressão 'Estado de Direito' [*rule of law*] parece significar basicamente um *corpus* de princípios e valores fundamentais que, juntos, conferem alguma estabilidade e coerência à ordem jurídica. A expressão manifesta seu comprometimento com um conjunto de ideias consideradas juridicamente fundamentais. Elas ajudam a definir a natureza da constituição ao refletirem a história constitucional e ao gerarem expectativas sobre a conduta e o caráter do governo moderno (...) A fidelidade ao Estado de Direito não é, portanto, um compromisso técnico (ou mesmo jurídico); ela é necessária à filosofia política, em que pese a filosofia prática fundada na tradição constitucional existente.[41]

Jeffrey Goldsworthy

Jeffrey Goldsworthy é um jusfilósofo australiano e um dos principais especialistas na tradição constitucional inglesa da "Soberania do Parlamento".[42] Para ele, o Estado de Direito é antes de tudo um princípio político; um ideal ou uma aspiração sujeita a limitações e reservas fundadas em outros princípios que variam de uma jurisdição a outra.[43] Como princípio político, afirma Goldsworthy, "o Estado de Direito é um conceito "supranacional" de significância potencialmente universal, e não um princípio jurídico duma jurisdição em particular".[44] Ao considerar que o direito positivado (formalmente instituído) pode não proteger o Estado de Di-

---

40 Allan, nota 37 acima, p. 44.
41 Allan, nota 37 acima, p. 21-22.
42 Ver J. Goldsworthy, *The Sovereignty of Parliament, History and Philosophy*, Clarendon Press, Oxford, 1999.
43 J. Goldsworthy, *Parliamentary Sovereignty: Contemporary Debates*, Cambridge University Press, Cambridge, 2010, p. 58.
44 *Ibid*, p. 59.

reito adequadamente, ele conclui que, como ideal de validade jurídica, o Estado de Direito requer muito mais do que uma mera "ordem jurídica".[45] Nesse sentido, observa Goldsworthy que "o Estado de Direito relaciona-se, principalmente, com a limitação e o controle daquilo que, de outro modo, constituiria um poder arbitrário exercido por agentes públicos ou cidadãos privados".[46] Embora ele critique algumas concepções (substantivistas) mais "rígidas" por serem demasiadamente amplas e por abrangerem quase todas as "virtudes políticas"[47], ele, não obstante, enxerga "boas razões" para ir além da concepção puramente formalista de Estado de Direito. Por exemplo, ele pensa que um país assolado por "corrupção endêmica, populismo, autoritarismo ou acirrados conflitos religiosos, étnicos ou de classes" pode realmente necessitar da previsão constitucional de direitos abstratos de aplicabilidade imediata, de modo a se tornar o Estado de Direito uma realidade social mais prática. Entretanto, aduz ele, "isso depende muito da cultura, da estrutura social e da organização política".[48]

Elementos do Estado de Direito

A experiência colhida em diversos países mundo afora sinaliza para a importância de critérios de juridicidade tidos como necessários para a efetivação do Estado de Direito. Esses critérios definem as características essenciais de todos os ordenamentos jurídicos fundados no conceito de Estado de Direito.[49] Abaixo segue uma compilação dos princípios e instituições considerados imprescindíveis à efetivação do Estado de Direito.[50]

---

45 *Ibid*, p. 61.

46 *Ibid*, p. 62.

47 *Ibid*, p. 62.

48 *Ibid*, p. 9.

49 C. L. Ten, '*Constitutionalism and the Rule of Law*' in R. E. Goodwin e P. Pettit (ed), *A Companion to Contemporary Political Philosophy*, Blackwell, Cambridge/MA, 1993, p. 394.

50 Esses elementos refletem em grande medida as visões manifestadas por juristas como Lon Fuller e Joseph Raz, particularmente com relação aos critérios que o próprio Direito deve observar para poder orientar efetivamente as ações das pessoas.

1. Leis contra a coerção privada. Um dos objetivos mais aceitos do Estado de Direito é a existência de leis que proíbam qualquer forma de coerção ou violência, de modo que os cidadãos estejam protegidos da anomia, da anarquia e da tirania.[51] Conforme bem observou Miguel Reale, "a exclusão de atos de violência é (...) um dado básico intocável do Estado de Direito, sem o que não haveria garantia de um ordenamento democrático estável, sempre sob a ameaça de se obter pela força o que se não logra alcançar pelo voto".[52] Contudo, a proibição à arbitrariedade prometida pelo Estado de Direito dirige-se não apenas ao governo, mas também "ao domínio privado, onde o poder social arbitrário (...) necessite de ser contido e regulado".[53] De fato, como destaca Goldsworthy, "a violência crônica desordenada praticada por alguns cidadãos contra outros seria certamente tão antiética para o Estado de Direito quanto a tirania desordenada de um rei ou de imperadores".[54]

Embora as pessoas inclinadas a violarem a lei possam ser dissuadidas pela possibilidade real de punição, esse controle é mais efetivo em sociedades que normalmente respeitam a legalidade ao aprovarem os que se sujeitam às normas jurídicas e ao reprovarem os que as violam. Para o já falecido filósofo e sociólogo Ralf Dahrendorf, "se as violações às normas tornarem-se demasiado numerosas, a aplicação das sanções se tornará pela mesma razão extremamente difícil e às vezes impossível".[55] A sociedade precisa, nas palavras de H. L. A. Hart, "aceitar as regras ou padrões comuns de conduta e reconhecer a obrigação de lhes obedecer ou mesmo relacionar essa obrigação a outra mais geral no sentido de se respeitar a Constituição".[56] Quando isso ocorre, os cidadãos se sujeitam voluntariamente à lei e o Estado de Direito desempenha neste sentido um papel

---

51 Walker, nota 23 acima, p. 24.

52 M. Reale, *O Estado Democrático de Direito e o Conflito das Ideologias*, 2a ed., Editora Saraiva, São Paulo/SP, 1999, p. 9.

53 C. Sypnowich, *'Utopia and the Rule of Law'* in D. Dyzenhaus (ed), *Recrafting the Rule of Law: The Limits of Legal Order*, Hart, Oxford, 1999, p. 184.

54 Goldsworthy, nota 19 acima, p. 65.

55 R. Dahrendorf, *Law and Order*, Stevens & Sons, Londres, 1985, p. 33.

56 H. L. A. Hart, *The Concept of Law*, Oxford University Press, Oxford, 1961, p. 113.

fundamental na sociedade, tornando-se o principal mecanismo de regulação do comportamento humano e suas interações.[57]

2. As leis devem ser claras, precisas, adequadamente publicizadas e geralmente prospectivas. Se as leis são obscuras, incertas ou inadequadamente publicizadas, as pessoas serão incapazes de lhes obedecer ao não saberem sequer o que a lei realmente exige delas. As pessoas restarão a conduzirem seus assuntos privados desprovidas do satisfatório nível de segurança jurídica, em razão da falta de conhecimento do conteúdo das leis que as afetam. Já com a devida segurança jurídica e clareza nas leis, escreveu o jusfilósofo escocês Neil MacCormick, os cidadãos podem "ter segurança razoável em suas expectativas com relação à conduta de terceiros, especialmente daqueles que ocupam cargos oficiais subordinados à lei".[58] Vale ainda dizer que o Estado de Direito não endossa leis excessivamente vagas que deleguem aos órgãos públicos e agências governamentais o poder de lidar com os cidadãos de maneira arbitrária.[59] Um regime vinculado ao Estado de Direito não permite legislação *ex post facto*, a menos que a retroatividade possa ser razoavelmente aplicada no benefício da própria legalidade, no sentido de corrigir irregularidades da forma jurídica anterior. Como destacou Lon Fuller, "é quando as coisas dão errado que a lei retroativa geralmente se torna indispensável como medida curativa; embora o movimento adequado do Direito no tempo seja para frente, às vezes temos de parar e nos virar para juntarmos os cacos".[60]

3. O Estado de Direito implica um certo tipo de generalidade do Direito. A ideia de generalidade consiste em que as leis não devam conter nomes próprios, mas, sim, aplicar-se a classes gerais de indivíduos.[61] Essa compreensão específica da generalidade im-

---

[57] J. S. Campbell, 'The Rule of Law: The Evolution of Social Order' in M. S. Eisenhower (ed), *The Rule of Law: An Alternative to Violence – A Report to the National Commission on the Causes and Prevention of Violence*, Aurora Publishers, Nashville/TN, 1970, p. 8.

[58] N. MacCormick, *Rhetoric and the Rule of Law: A Theory of Legal Reasoning*, Oxford University Press, Oxford, 2005, p. 16.

[59] Walker, nota 23 acima, p, 25.

[60] L. Fuller, *The Morality of Law*, Yale University Press, New Haven/CT, 1964, p. 53.

[61] T. R. S. Allan, '*Legislative Supremacy and the Rule of Law: Democracy and Constitutionalism*' (1985) 44 *Cambridge Law Journal* 111, p. 114.

plica que as leis devem agir de forma impessoal de modo a reduzir as chances de discriminação.[62] O objetivo não é impor uma condição de igualdade substantiva entre os cidadãos, e, sim, evitar que as leis prejudiquem desnecessariamente indivíduos e/ou grupos sociais. O objetivo do Estado de Direito não é promover os interesses de algumas pessoas à custa de outras, mas, sim, proteger todos, sem distinção de qualquer natureza. Entretanto, o princípio da igualdade perante a lei não é absoluto. Agentes públicos necessitam de poderes especiais que cidadãos comuns não têm. Mesmo assim, o que esse princípio subjacente propugna é que qualquer diferenciação jurídica deve ser minimizada. Tais poderes especiais devem estar vinculados não à pessoa, mas ao cargo público ou função pública e devem ser interpretados restritivamente, sendo exercidos apenas para o bem comum.[63]

O Estado de Direito consiste numa "sólida percepção de que é errado usar o Direito para pôr interesses de algumas pessoas na frente".[64] Este ideal de legalidade é mais bem realizado quando os cidadãos são tratados de forma igualitária pela lei, uma vez que a lei, nesses casos, "busca apenas os objetivos bons para todos, e não apenas para o benefício de alguns".[65] É claro que isso não implica um compromisso de igualdade nos resultados materiais. Como bem colocou Montesquieu, "tão distante quanto o Céu é da Terra é o verdadeiro espírito da igualdade [perante a lei] da extrema igualdade".[66] Assim, mais do que buscar trazer igualdade material, o Estado de Direito consiste em alcançar um sistema isonômico no qual todos sejam tratados como cidadãos iguais perante a lei, sem qualquer discriminação em virtude da origem, da raça, do sexo, da idade e de qualquer outra forma (não-razoável) de discriminação jurídica ou privilégio.

Finalmente, importa dizer que a generalidade jurídica não exige necessariamente que as leis sempre tenham uma aplicação uni-

---

62 Ver Fuller, nota 60 acima, p. 47.

63 C. Sampford, *Retrospectivity and the Rule of Law*, Oxford University Press, Oxford, 2006, p. 43.

64 J. Crowe, *Legal Theory*, Lawbook, Sydney, 2009, p. 4.

65 *Ibid.*

66 Montesquieu, nota 3 acima, Livro VIII, Cap. 3.

versal. Não obstante, ela implica "uma base racional e não-arbitrária para o tratamento diferenciado de indivíduos e grupos".[67] De acordo com Jeremy Waldron, um eminente professor neozelandês de direito e filosofia política, "o Estado de Direito não proíbe a elaboração de comandos jurídicos particulares (...) mas propugna que a elaboração de tais comandos deva ser orientada pela aplicação de regras universais (...) ou ao menos que sejam justificados em termos de princípios universais".[68] Assim, a generalidade torna-se um meio pelo qual as leis devem sempre refletir os melhores interesses da comunidade e rejeitar a mera vontade e caprichos de indivíduos mais poderosos.

4. As leis devem ser o mais estáveis possível. O Estado de Direito não pode se desenvolver plenamente se a legislação é constantemente afastada ou substancialmente modificada. O objetivo da estabilidade jurídica é facilitar o planejamento individual e permitir uma "interação frutífera" entre os cidadãos.[69] Portanto, a estabilidade jurídica é uma importante condição para que os cidadãos conheçam as leis às quais devem obedecer e que estas leis tenham um caráter próprio de permanência ou durabilidade. Obviamente, mudanças constantes nas leis fazem com que seja extremamente difícil para o cidadão planejar sua vida de acordo com elas.[70] Finalmente, os juízes podem também pôr em xeque o Estado de Direito ao trazerem incerteza e imprevisibilidade ao ordenamento jurídico quando as decisões judiciais geralmente são vistas como completamente incertas e não-objetivamente justas. Quando isso ocorre, aduz o celebrado ex-juiz Dyson Heydon da Suprema Corte da Austrália, "as

---

[67] S. Ratnapala, 'Securing Constitutional Government: The Perpetual Challenge' (2003) VIII(1) The Independent Review 9.

[68] J. Waldron, 'The Rule of Law in Contemporary Liberal Theory' (1989) 2 Ratio Juris 79, p. 81.

[69] M. Krygier, 'The Grammar of Colonial Legality: Subjects, Objects, and the Australian Rule of Law' in G. Brennan e F. G. Castles (ed), Australia Reshaped: 200 Years of Institutional Transformation, Cambridge University Press, Cambridge, 2002, p. 234.

[70] B. Constant escreveu: "Foi a multiplicação imprudente de leis que, em alguns momentos, lançou descrédito sobre as mais nobres coisas, sobre a própria liberdade, e fez homens buscarem refúgio na mais miserável e inferior delas, a servidão (B. Constant, Political Writings, Cambridge University Press, Cambridge, 1988, p. 195).

chances de solução pacífica dos litígios ficam reduzidas e a tentação da autotutela violenta aumenta".[71]

5. Leis limitando, controlando e orientando o exercício da discricionariedade dos agentes públicos. O Estado de Direito regula a esfera de ação dos agentes públicos. Tais agentes devem considerar as leis como "critérios comuns de conduta pública e avaliar criticamente seus próprios desvios e os alheios como lapsos".[72] Um governo sob o manto do Estado de Direito é um governo cuja legitimidade reside no exercício do poder em consonância com o ordenamento jurídico. Nesse contexto, os cidadãos não devem obediência à pessoa que porventura detém o poder, mas, sim, à ordem impessoal que lhe confere tal poder.[73] A ideia de ordem impessoal como estrutura de poder juridicamente delimitada é um elemento fundamental da interpretação weberiana do Estado de Direito. Segundo o falecido sociólogo alemão Max Weber, o contexto "racional-legal" do Estado de Direito implica "que a pessoa que obedece à autoridade o faz, como normalmente se diz, apenas na sua qualidade de membro de um grupo corporativo, e aquilo a que ela obedece é apenas a lei".[74] Para que se proteja o cidadão da arbitrariedade indevida, não pode haver prisão sem acusação baseada em lei expressa ou condenação sem provas suficientes.[75] Essa limitação advém do princípio segundo o qual todo cidadão deve ser resguardado pelo devido processo legal. A expressão compreende a existência de procedimentos formais concebidos para permitir que qualquer acusado de infração penal ou ilícito civil seja ouvido em foro regular e seja devidamente informado a respeito da natureza da acusação.[76] Existe, ademais, um consenso no sentido de que o devido processo legal compreende

---

71 D. Heydon, '*Judicial Activism and the Death of the Rule of Law*' (jan-fev 2003) *Quadrant* 10.

72 Hart, nota 56 acima, p. 17.

73 M. Weber, *Theory of Social and Economical Organization*, MacMillan, New York, 1948, p. 330.

74 *Ibid*.

75 C. Sypnowich, '*Utopia and the Rule of Law*' in D. Dyzenhaus (ed), *Recrafting the Rule of Law: The Limits of Legal Order*, Hart Publishing, Oxford, 1999, p. 180.

76 Alguns juízes estadunidenses sustentam que o devido processo protege apenas as garantias do rol de direitos fundamentais da Constituição dos Estados Unidos da América, instituído pelas primeiras dez emendas constitucionais (*US "Bill of Rights"*). Outros, no entanto, afirmam que os tribunais também podem proteger "direitos fundamentais" ali não arrolados.

a presunção de inocência nas causas criminais e o direito a um julgamento inteiramente imparcial.[77]

6. Os tribunais devem ser independentes, imparciais e acessíveis a todos. Numa ordem jurídica que adota o Estado de Direito, os cidadãos devem ser dotados do direito de submeter suas causas ao julgamento imparcial de tribunais independentes. Além disso, o acesso aos tribunais deve ser franqueado sem longas demoras e sem corrupção ou custas judiciárias excessivas, porquanto tais coisas podem transformar em letra morta até mesmo uma legislação "iluminada".[78] Central na tradição do Estado de Direito é ainda convicção de que a divisão das funções estatais consiste num "aspecto crítico de todo sistema de governo que pretenda combinar eficiência com o maior exercício da liberdade individual possível".[79] A ideia consiste no fato de que, sempre que o poder estatal se torne excessivamente concentrado nas mãos de uma pessoa ou órgão político, o risco de arbitrariedade aumenta como corolário. Um Judiciário verdadeiramente independente pode compelir as autoridades públicas a respeitarem os limites próprios da lei. O professor Brian Z. Tamanaha da Universidade de Washington explica a base lógica dessa divisão de poderes do Estado:

> A liberdade é aprimorada quando os poderes do governo são divididos em compartimentos distintos – tipicamente o Legislativo, o Executivo e o Judiciário (divisão horizontal) e, às vezes, municipal, estadual ou regional e nacional (divisão vertical) (...). Essa divisão de poderes promove a liberdade ao evitar a acumulação do poder total em uma única instituição,

---

[77] R. Mott, *Due Process of Law*, Da Capo, New York, 1973, p. 592. A primeira menção na história da expressão "devido processo" apareceu há cerca de sete séculos, em 1344, quando o Parlamento inglês obrigou, com êxito, o rei Eduardo III a aceitar uma lei que limitava seu poder monárquico. Vale a pena reproduzir o dispositivo legal: "Nenhum homem, com patrimônio ou status que for, será declarado fora da lei ou será despejado de sua residência, nem preso ou detido, nem deserdado ou levado à morte sem que antes seja levado a responder por meio de devido processo legal." A mesma expressão "devido processo" seria posteriormente consagrada na Quinta Emenda da Constituição dos Estados Unidos da América, emenda que dispõe que ninguém "poderá ser privado da vida, da liberdade ou da propriedade sem o devido processo legal". Finalmente, provisão similar pode ser encontrada na famosa 14ª Emenda à Constituição dos Estados Unidos da América, de 1868, a qual veda a todos os Estados da federação estadunidense "privar qualquer pessoa da vida, da liberdade ou da propriedade sem o devido processo legal, ou negar a qualquer pessoa dentro de sua jurisdição proteção equânime das leis".

[78] Raz, nota 20 acima, p. 217.

[79] M. J. C. Vile, *Constitutionalism and the Separation of Power*, 2ª ed., Liberty Fund, Indianapolis/IN, 1998, p. 261.

estabelecendo uma forma de interdependência competitiva dentro do governo.[80]

Alguns sustentam que a separação mais rígida dos poderes (como no caso dos Estados Unidos) facilita à efetivação do Estado de Direito. No entanto, é importante considerar que o sistema constitucional britânico não separa o Poder Executivo (Gabinete) do Poder Legislativo (Parlamento). O Executivo, todavia, não interfere no dia-a-dia do trabalho dos tribunais ingleses e os cargos dos magistrados aparentam ser protegidos da pressão política indevida.[81] Em 1707, a Lei de Sucessão Régia (*Act of Settlement*) conferiu aos juízes ingleses o direito de permanecerem em seus cargos *quamdiu se bene gesserit* (enquanto se comportar adequadamente). Ela também determinava que os subsídios dos magistrados estejam previstos em lei. Como destaca Mortimer Seller, "a Lei de Sucessão Régia foi um marco na evolução do Estado de Direito, o que fez com que a Grã-Bretanha fosse invejada pelas outras nações europeias".[82] Desde então, a lei na Grã-Bretanha regula tanto a posse no cargo quanto a destituição dos magistrados, requerendo a aprovação de ambas as casas do Parlamento para o seu afastamento.

A sujeição dos juízes ao governo enfraquece todos os aspectos da administração imparcial da justiça. Apenas os membros de um Judiciário verdadeiramente independente estão aptos a "repreender o governo e até forçá-lo a obedecer à lei e corrigir injustiças".[83] Por outro lado, como afirma John R. Morss, a lei não é apenas uma limitação do Executivo e do Legislativo, mas também do Judiciário.[84] Mesmo se um Judiciário independente puder servir como garantidor precípuo do Estado de Direito, assegurando de tal maneira que ninguém possa violar as leis sem ser punido, a independência judicial, por si só, não garante a imparcialidade, que também

---

80 B. Z. Tamanaha, *On the Rule of Law: History, Politics, Theory*, Cambridge University Press, Cambridge, 2004, p. 35.

81 S. E. Finer, *Comparative Government*, Penguin, Londres, 1970, p. 148.

82 M. N. S. Sellers, '*An Introduction to the Rule of Law in Comparative Perspective*' in M. N. S. Sellers e T. Tomaszewski, *The Rule of Law in Comparative Perspective*', Springer, Dordrecht, 2010, p. 5.

83 Caenegem, nota 11 acima, p. 15.

84 J. R. Morss, '*Facts, Threats and Reds: Common Law Constitutionalism and the Rule of Law*' (2009) 14(1) *Deakin Law Review* 79, p. 98.

é um dos objetivos maiores do Estado de Direito.[85] Independência sem uma rigorosa imparcialidade judicial certamente pode fazer com que os juízes se tornem a própria lei. Portanto, o ordenamento jurídico necessita de assegurar que os árbitros (ou seja, os magistrados) não se tornaram eles próprios demasiadamente arbitrários. Os magistrados devem orientar-se por regras jurídicas claras sempre que firmarem entendimento sobre alguma matéria controvertida.[86] Desse modo, ainda que constitucionalmente protegida, a independência do Poder Judiciário "não necessariamente proporciona uma aplicação imparcial da lei, o que é uma das coisas que se espera do Estado de Direito".[87]

7. O Estado de Direito coloca-se em oposição a decisões improvisadas que expressem a mera vontade pessoal dos magistrados individuais. Observa-se, geralmente, que o Estado de Direito necessita da presença de normas claras, estáveis e gerais a serem aplicadas isonomicamente a todos, independentemente do status ou da posição social da pessoa. Assim caracterizado, o Estado de Direito não pode desenvolver-se se os juízes firmam entendimentos desrespeitando a existência e o conteúdo das disposições legais expressas. Assim sendo, comenta Pasquale Pasquino:

> a pessoa que julga exerce, em certo sentido, o poder mais aterrador de todos. Na vida quotidiana, não é o legislador que realiza julgamentos ou exara sentenças, mas, sim, o juiz (...) O juiz protege o cidadão dos caprichos e da arbitrariedade do legislador, do mesmo modo como a existência da lei e do Direito protege o acusado dos caprichos e da arbitrariedade do juiz.[88]

---

[85] Para exemplos de Judiciários independentes, mas parciais, ver J. M. Maravall, 'Rule of Law as a Political Weapon' in J. M. Maravall e A. Przeworski (ed), *Democracy and the Rule of Law*, Cambridge University Press, Cambridge, 2003, p. 261-315.

[86] J. R. Lucas, *The Principle of Politics*, Claredon Press, Oxford, 1966, p. 24.

[87] M. Krygier, 'The Rule of Law: An Abuser's Guide'. Artigo apresentado na 13ª Conferência Anual Sobre o Indivíduo Contra o Estado, Universidade Central da Europa, Budapest, 10 e 11 de junho de 2005, p. 19.

[88] P. Pasquino, 'One and Three: Separation of Powers and the Independence of the Judiciary in the Italian Constitution' in J. Ferejohn, J. N. Rakove e J. Riley (ed), *Constitutional Culture and Democratic Rule*, Cambridge University Press, Cambridge, 2001, p. 211.

"A menos que a corrupção ou a inépcia assolem o Judiciário", diz Brian Tamanaha, espera-se que o juiz desonesto seja contido por outros juízes, sejam aqueles sentados ao lado dele no mesmo colegiado, sejam aqueles de instâncias superiores de revisão recursal.[89] Outrossim, os magistrados precisam primeiramente entender que ninguém, nem mesmo eles próprios, têm direito algum de ignorar a lei. De fato, os magistrados que abusarem de sua condição para satisfazerem a interesses políticos e pessoais sequer poderão ser chamados de defensores legítimos da legalidade. De acordo com Murray Gleeson, ex-presidente da Suprema Corte da Austrália:

> Os magistrados são nomeados para interpretarem e aplicarem os valores inerentes à lei. Dentro dos limites do procedimento jurídico, eles podem discordar sobre aqueles valores. Mas eles não têm o direito de dispensar as limitações do procedimento jurídico. Sobretudo, não têm o direito de fundamentar suas decisões sobre validade da legislação em aprovação ou desaprovação pessoal da política inserida na legislação. Quando o fazem, perdem inteiramente sua legitimidade.[90]

Nesse sentido, o poder dos juízes de "criar o Direito" não pode ser exercido em dissonância com leis positivas mais claras e derivadas do ordenamento legal. Posto que cada magistrado é obrigado a administrar a justiça *de acordo com a lei positiva*, inclusive aquelas que ele desaprove, explica Trevor Allan, "ele deverá aplicar fiel e integralmente cada diploma legal promulgado pelo Poder Legislativo".[91] Evidentemente, deve-se ainda aceitar que o magistrado possa precisar, às vezes, complementar a legislação existente quando houver algum tipo de ambiguidade, vagueza, inconsistência ou "lacuna". Mas disso não decorre que o magistrado esteja autorizado de maneira alguma a ignorar uma lei promulgada por legisladores eleitos unicamente pelo fato de simplesmente não apreciar quaisquer de suas provisões mais específicas. Situação oposta a tal postu-

---

[89] B. Z. Tamanaha, *On the Rule of Law> History, Politics, Theory*, Cambridge University Press, Cambridge, 2004, p. 88.

[90] M. Gleeson, *The Rule of Law and the Constitution* – 2000 Boyer Lectures, ABC Books, Sydney, 2000, p. 134.

[91] Allan, nota 61 acima, p. 130.

ra judicial de caráter subversivo e natureza antijurídica foi descrita em termos clássicos pelo celebrado constitucionalista estadunidense Thomas M. Cooley:

> A determinação da conveniência, justiça ou política da legislação, dentro dos limites da Constituição, compete exclusivamente à esfera legislativa; e no momento em que um juiz ou tribunal se aventura a substituir a decisão da legislatura pela sua própria, extrapola dessa maneira sua autoridade legítima e ingressa num terreno em que seria impossível estabelecer limites à sua ação senão por ele mesmo.[92]

Estado de Direito como Cultura da Legalidade

Independentemente da concepção de Estado de Direito que se adote, seu resultado prático parece exigir uma cultura própria da legalidade.[93] Tal cultura deve incorporar uma postura positiva com relação às normas jurídicas, como fica demonstrado pelo contexto sócio-político no qual os cidadãos comuns e os agentes públicos manifestam um comprometimento mais sério e efetivo com os princípios e as instituições do Estado de Direito. O compromisso manifesta-se pela obediência geral às regras jurídicas, pela persistência em lhes obedecer e, finalmente, pela tomada de quaisquer medidas necessárias para corrigir a falta de obediência. Contudo, quando um governo não reconhece a sua subordinação ao Estado de Direito, o poder residirá mais propriamente na supremacia "concreta" do governante do que nos dispositivos jurídico-constitucionais.[94] Os governantes que não estejam dispostos a se sujeitar ao sistema institucional de freios e contrapesos podem eventualmente colocar-se acima da lei. Eles exercerão o poder apenas *per leges* (pela lei), e, não, *sub leges* (sob a lei). Com isso, a "lei" resta transformada em instrumento de repressão de cima para baixo dos súditos, mas nada além disso.[95] Quando isso ocorre, os cidadãos ficam submetidos a

---
92 T. Cooley, *Principles of Constitutional Law*, Little, Brown & Co., Boston/MA, 1898, p. 158.
93 J. Mazzone, 'The Creation of a Constitutional Culture' (2005) 40 *Tulsa Law Review* 671, p. 686.
94 Weber, nota 73 acima, p. 225.
95 Krygier, nota 87 acima, p. 225.

uma forma de arbitrariedade governamental na qual a "lei" se torna apenas um veículo (e às vezes camuflagem igualmente útil para o exercício irrestrito e arbitrário do poder estatal.[96]

A esta altura, é importante considerar que nem sempre a lei é a fonte primeira de legitimação social do poder político.[97] De fato, sociólogos argumentam que existem outros e por vezes mais eficientes meios pelos quais uma determinada sociedade pode reconhecer esse poder além da lei. Baseando-se no cenário de liderança carismática, por exemplo, Max Weber explicaria que o poder político é endossado por meio de "devoção à santidade ou heroísmo incomuns ou ao caráter exemplar de uma pessoa individual e aos padrões normativos ou ordem revelada ou ordenada por ele".[98] Essa condição sociológica resulta numa realidade através da qual o "carisma" do governante é mais importante do que o respeito à legalidade, e o Estado de Direito, outrossim, não é geralmente considerado como o elemento mais aceitável do reconhecimento do poder. Sir Ivor Jennings corretamente pontuou:

> Se se acreditar que o indivíduo encontra sua maior felicidade ou desenvolve melhor sua alma num Estado forte e poderoso e que o governo implica (...) a unidade da nação por trás de um líder benfeitor e sábio, então o Estado de Direito será uma doutrina perniciosa.[99]

Existe, de fato, o grande perigo de se exagerar naquilo que o direito positivado (formalmente instituído) pode proporcionar em termos de efetivação do Estado de Direito. O renomado jusfilósofo australiano Martin Krygier procura demonstrar neste sentido a correlação intrínseca entre o Estado de Direito e suas adjacências sócio-político-culturais.[100] De acordo com ele, a realização do Estado

---

96 *Ibid.*
97 B. Z. Tamanaha, *A General Jurisprudence of Law and Society*, Oxford University Press, Oxford, 2001, p. 140.
98 Weber, nota 73 acima, p. 215.
99 I. Jannings, *The Law and the Constitution*, University of London Press, Londres, 1959, p. 46.
100 Ver M. Krygier, 'Ethical Positivism and the Liberalism of Fear' in T. Campbell e J. Goldsworthy (ed), *Judicial Power, Democracy, and Legal Positivism*, Aldershot, Ashgate, 2000, p. 64. Ver também 'Compared to What? Thoughts on Law and Justice' (dezembro de 1993) *Quadrant* 49; 'Transitional Questions about the Rule of Law: Why, What, and How?', artigo apresentado na conferência 'East Central Europe: From Where to Where?', East Central Institute for Advanced Study, Budapeste, 15 a 17 de fevereiro de

de Direito depende tanto de características da sociedade quanto do Direito, e das interações entre os mesmos.[101] Como destaca autoritativamente o professor Krygier:

> Mesmo que se conclua que certos tipos de instituições jurídicas sejam necessários para alcançar [o Estado de Direito], elas nunca serão suficientes. As instituições (...) têm de ter peso na vida social, e o que as fez ter peso na vida social, mais ainda, o que as faz ter peso como limitação ao poder arbitrário é um dos maiores mistérios do Estado de Direito e não depende apenas do Direito, pois o que mais importa, em última análise, é como o Direito afeta aqueles aos quais se dirige, e, não, as formas específicas pelas quais é transmitido. Nós, especialmente os juristas, sabemos muito sobre estas últimas e muito menos do que imaginamos sobre o primeiro. (...) Aquilo de que precisamos e que não temos é uma sociologia política do Estado de Direito, e somente com ela é que poderemos dizer, com alguma certeza, como justificá-lo, ainda que em termos não-absolutos.[102]

Nesse sentido, Krygier observa ainda que o Estado de Direito não é meramente uma questão de "arranjo institucional detalhado", mas, sim, um "feixe de valores interconectados" que pode ser buscados por meio de diversos caminhos jurídico-institucionais.[103] Para ele, a realidade empiricamente verificável de que o Estado de Direito efetivamente "floresceu mais onde ele foi menos delineado"[104] é uma forte evidência de que esse importante ideal de legalidade diz respeito mais a um "resultado social" do que apenas a um aparato jurídico-institucional.[105] Em suma, o professor Krygier nos ensina que a verdadeira realização do Estado de Direito reside

---

2001; *'Institutional Optimism, Cultural Pessimism and the Rule of Law'* in M. Krygier e A. Czarnota (ed), *'The Rule of Law After Communism: Problems and Prospects in East-Central Europe*, Ashgate, Aldershot, 1999; *'Rule of Law'* in N. J. Smelser e P. B. Baltes (ed), *International Encyclopedia of the Social & Behavioral Sciences*, 2001, p. 13.404.

101 M. Krygier, *False Dichotomies, True Perplexities, and the Rule of Law*. Artigo apresentado no *Center for the Study of Law and Society*, Universidade da Califórnia, Berkeley, 2003, p. 11.

102 Krygier, nota 87 acima, p. 7.

103 Krygier, *'Rule of Law'*, nota 100 acima, p. 13.404.

104 Krygier, *'Compared to What?'*, nota 100 acima, p. 52.

105 Krygier, *'Rule of Law'*, nota 101 acima, p. 23.

primordialmente em circunstâncias extrajurídicas de previsibilidade social, e não apenas em mecanismos institucionais formais.[106]

A história constitucional da Grã-Bretanha fornece um exemplo de que o Estado de Direito pode, de fato, depender menos de receitas formalistas acerca de arranjos jurídico-institucionais do que de esforços específicos da comunidade para produzir condições sócio-político-culturais de um governo efetivamente subordinado à lei. Embora o país careça de uma constituição escrita, ainda assim se reconhece que ele historicamente possui um regime mais estável e organizado do que a maioria de suas ex-colônias, algumas das quais têm constituições democráticas *de jure* mas que aparentam carecer da "aprovação social tácita necessária à manutenção da vida desses documentos".[107] Neste sentido, é importante ressaltar que o Estado de Direito desenvolveu-se na Grã-Bretanha a despeito da mais profunda ausência de elementos formais do Estado de Direito, tais como a separação própria ou mais efetiva das funções governamentais entre o Legislativo e o Executivo e a revisão judicial da legislação parlamentar, as quais têm sido frequentemente consideradas fundamentais à sua realização.[108] Brian Tamanaha em seu interessante livro a respeito da matéria assim comenta:

> O Estado de Direito existia na Grã-Bretanha devido a uma crença muito difundida e inquestionável no Estado de Direito, na inviolabilidade de certas limitações jurídicas fundamentais ao governo, e não em algum mecanismo jurídico em particular. A resposta ao antigo quebra-cabeças sobre como o Direito pode limitar-se a si próprio é que ele não pode – as atitudes relativas ao Direito é que fornecem os limites.[109]

Desse modo, o que parece verdadeiramente "dar vida" ao Estado de Direito é o ambiente sócio-político, o qual, segundo o jurista Lawrence M. Friedman, "está em permanente construção no

---

106 *Ibid.*

107 D. W. Brinkerhoff e A. A. Goldsmith,'*Clientelism, Patrimonialism e Democratic Governance*', artigo preparado para a *US Agency for International Development – Office of Democracy and Governance*, dezembro de 2002, p. 4.

108 Tamanaha, nota 97 acima, p. 56.

109 *Ibid*, p. 58.

Direito – destruindo aqui, renovando ali, revigorando-se lá, morrendo acolá; escolhendo quais partes do Direito funcionarão, quais, não; quais substituições, desvios e veredas brotarão; quais mudanças terão lugar".[110] Assim, se a obediência à lei não residir num firme elemento de moralidade pública, então o Estado de Direito poderá eventualmente tornar-se "um ideal irrealizável ou mesmo indesejável", e a sociedade descambará rapidamente para um "estado de tirania arbitrária".[111] De fato, a concretização do Estado de Direito aparenta residir primeiramente numa atitude de limitação do poder do Estado, "na ausência de coerção arbitrária do governo ou de indivíduos ou grupos sociais"[112], o que só poderá ocorrer verdadeiramente se a sociedade incorporar uma cultura de legalidade que demande "a virtude de uma população que deseje desfrutar de seus benefícios".[113] Consoante com os ensinamentos do professor de ciência política Noel B. Reynolds:

> O Estado de Direito é fraco em culturas nas quais o conceito não é tido como expectativa fundamental de um povo com relação a seu governo (...). Se o povo não tiver como anseio maior o Estado de Direito e insistir nele quando as autoridades estatais passarem a agir de modo a comprometer seus efeitos, o Estado de Direito será assim corrompido e substituído pelo Estado de Vontade. O Estado de Direito parece exigir essa virtude maior de uma população que deseje desfrutar de seus benefícios.[114]

Concluindo, fatores culturais e sociais, de fato, desempenham um papel fundamental na concretização do Estado de Direito, e de maneira muito maior do que a literatura politicamente correta sobre o tema parece indicar ou reconhecer. No longo prazo, o valor do Estado de Direito jamais poderá ser alcançado somente por uma estruturação constitucional ou arranjo institucional de uma consti-

---

110 L. M. Friedman, *The Legal System: A Social Science Perspective*, Russell Sage, New York, 1975, p. 193-1934.
111 Hayek, nota 27 acima, p. 206.
112 Walker, nota 23 acima, p. 2.
113 N. B. Reynolds, 'Grounding the Rule of Law' (1989) 2(1) *Ratio Juris* 1, p. 7.
114 *Ibid*, p. 7.

tuição bem-escrita. Acima de tudo, a realização concreta do Estado de Direito aparenta demandar, como bem ressaltou Philip Selznick:

> uma cultura de legalidade, ou seja, de respeito, autolimitação e deferência rotineiros (...) Ademais, o Estado de Direito demanda confiança pública em suas premissas e em suas virtudes. As premissas incluem uma compreensão opaca, mas poderosa de que o direito positivo (formalmente instituído) está sempre sujeito à correlação com critérios de verdade e justiça. Numa cultura de Estado de Direito, o direito instituído não tem a última palavra.[115]

Estado de Direito e Seus Inimigos

O Estado de Direito tem atraído muitos críticos, que costumam argumentar que todo o formalismo e neutralidade engendrados pelo conceito podem ser usados pelas elites dominantes para camuflar a hierarquia social de exploração. Representantes do Movimento dos Estudos Jurídicos Críticos, por exemplo, argumentam que a defesa da igualdade perante a lei consiste num suposto "véu ideológico" que buscaria a esconder o "caráter hipócrita e egoísta do Estado de Direito".[116] Enquanto que os teóricos desse movimento crítico do Estado de Direito "compartilham uma inclinação esquerdista ou perspectiva progressista", outros têm um foco mais estreito, que se concentra em assuntos sobre raça e gênero e, particularmente, em como o Direito gera ou contribui para que haja relações desiguais de poder.[117]

Evidentemente, existem também algumas duras críticas feministas ao Estado de Direito.[118] A teoria feminista em geral (mas

---

[115] P. Selznick, 'Legal Cultures and the Rule of Law' in M. Krygier e A. Czarnota (ed), *The Rule of Law after Communism*, Ashgate, Dartmouth, 1999, p. 37.

[116] Ver R. M. Unger, 'The Critical Legal Studies Movement' (1983) 90 *Harvard Law Review* 561. Ver também J. Shklar, 'Political Theory and the rule of Law' in A. Hutchinson e P. Monahan (ed), *The Rule of Law: Ideal or Ideology?*, Carswell, Toronto, 1987. Para uma análise do Movimento dos Estudos Jurídicos Críticos, ver o **Capítulo 9** deste livro.

[117] D. A. Farber e S. Sherry, *Beyond All Reason: The Radical Assault on Truth in American Law*, Oxford University Press, Oxford, 1997, p. 23.

[118] Ver N. Naffine, *Law and the Sexes: Explorations in Feminist Jurisprudence*, Allen e Unwin, Sydney, 1990, Cap. 2 e 3. Para uma análise mais detalhada da teoria feminista do Direito, ver o **Capítulo 10** deste livro.

não toda teoria feminista) recorre e se sobrepõe a conceitos primeiramente desenvolvidos pela teoria marxista. Um deles é a afirmação de que as mulheres tradicionalmente experimentariam algum tipo de "falsa consciência" oriunda da ideologia de gênero. Dessa forma, uma leitura marxista das relações de gênero pode ser aplicada de modo a considerar princípios como a igualdade perante à lei como excessivamente centrados na figura do homem, sem levar em consideração as necessidades mais específicas de todas as mulheres. De acordo com Kelly Weisberg, uma jurista feminista, "os valores que decorrem do potencial material das mulheres para a conexão física não são reconhecidos como valores pelo Estado de Direito".[119] Ela acredita ainda que, como conceito, o Estado de Direito é demasiado "masculino" e que as leis que "possuímos são na verdade masculinas, tanto na sua autoria quanto nos seus beneficiários".[120]

A teoria feminista do Direito, portanto, procura extrair paralelos possíveis entre a "luta de gêneros" e a ideia marxista da "luta de classes". Do mesmo modo que o marxismo enxerga o capitalismo como um sistema super abrangente que deixaria a sua marca indelével em toda a sociedade, tal feminismo considera qualquer caso de insatisfação das mulheres na sociedade como resultado último de uma "sociedade patriarcal" e, por extensão, uma opressão do Estado de Direito. Assim como o marxismo atribui todo mal à divisão social do trabalho, o feminismo o encontra na divisão sexual do trabalho. Desse modo, tanto o marxismo quanto o feminismo terminam por tornar a questão justiça refém de uma agenda ideológica que pode resultar em uma injustiça social ainda pior, em virtude da ausência de imparcialidade que pesa sobre tais reivindicações de conteúdo ideológico.

Neste mesmo sentido, os defensores das teorias críticas raciais também são opositores ferrenhos do Estado de Direito. Eles baseiam sua crítica em argumentos análogos aos do feminismo radical, afirmando que a "autonomia, imparcialidade e racionalidade" do Estado de Direito promoveriam a discriminação contra as pessoas

---

119 K. Weisberg, *Feminist Legal Theory Foundations*, Temple University Press, Philadelphia/PA, 1993, p. 86-87.

120 *Ibid.*

de cor ou culturas diferentes que não possuem a mesma estima por esses valores universalistas. Ademais, esses teóricos críticos alegam que, ao focar nesses particulares atributos da lei, o conceito de Estado de Direito não dá vez a diferentes culturas e valores, de modo a fracassar em considerar exigências mais específicas desses "grupos marginalizados". A teoria crítica racial, evidentemente, não trata da diversidade de escolhas individuais, mas apenas da "diversidade" de grupos. Os indivíduos são geralmente vistos como organicamente integrados a seus respectivos grupos e convidados a incorporar seus "valores culturais", não importando se são bons ou maus para eles mesmos como meros indivíduos. Ao colocar os direitos de "grupos" acima dos direitos de cada indivíduo, a teoria crítica racial, conscientemente ou não, pode legitimar na opressão de mulheres e outros indivíduos com menos poderes pelos integrantes mais poderosos desses grupos minoritários. Finalmente, a teoria crítica racial flerta com a perigosa falácia determinista de que certas práticas culturais são peculiares da raça. Essa teoria parece deste modo invocar um grau de determinismo que não pode ser alterado e segundo o qual se considera o indivíduo, acima de tudo, ligado inexoravelmente ao grupo étnico determinado. Evidentemente, tal premissa pode reforçar o falso mito de que escolhas morais e o próprio comportamento moral de uma pessoa estejam pré-determinados pela cor da pele ou por uma determinada origem étnico-cultural.

Por fim, vale aqui mencionar a teoria do Direito pós-modernista baseada na crítica do Estado de Direito em argumentos análogos. O Estado de Direito, como já mencionado, exige que a lei seja aplicada de maneira geral e objetiva. Contudo, a teoria pós-modernista vem a afirmar que o Estado de Direito é um conceito impossível de ser realizado, porque nenhum desses seus requisitos podem aparentemente ser inteiramente satisfeitos. Partindo-se de tal perspectiva pós-modernista, os valores da razão e da verdade objetiva não são nada além de componentes da dominação masculina branca. Como destacam Farber e Sherry, trata-se de um artigo de fé entre os pós-modernistas "que as normas jurídicas são indeterminadas e servem apenas para disfarçar o viés masculino branco do

Direito".¹²¹ Portanto, os pós-modernistas desejam mais fragmentação e subjetividade na aplicação da lei do que a tradição do Estado de Direito estaria disposta a aceitar. Desta maneira, esses teóricos do pós-modernismo encontram-se imbuídos da missão de fazer do "Direito" uma ferramenta de poder para propósitos inteiramente políticos e de tomada do poder. Em lugar de se tornar o Direito um critério objetivo segundo o qual se julgaria a conduta do indivíduo e se preservaria a ordem e a paz na sociedade, o Direito se torna dentro desta perspectiva uma arma ideológica para atingir adversários políticos submetendo-os a qualquer ponto-de-vista determinado.¹²²

Considerações Finais

Este capítulo discorreu criticamente sobre o conceito de Estado de Direito. A diferença entre as concepções formalista e substantivista foram amplamente abordadas, bem como a forma pela qual o ideal do Estado de Direito busca minorar o problema da arbitrariedade governamental. Sob o regime do Estado de Direito, todas as autoridades estatais, inclusive magistrados e políticos, devem se subordinar aos princípios e às regras jurídicas "pensadas para ser convenientes à liberdade e à justiça em vários níveis".¹²³ Ao revelar determinados elementos do Estado de Direito, este capítulo foi além para explicar como sua realização prática não fornece uma receita geral para o arranjo jurídico-institucional. Acima de tudo, a concretização do Estado de Direito parece depender de condições sócio-político-culturais que exigem um contexto próprio de respeito à legalidade que inclua a proteção de direitos do cidadão individual. Evidentemente, nem todo mundo haverá de necessariamente concordar com o ideal do Estado de Direito: teóricos críticos do Direito certamente que não. Eles acham que o Estado de Direito é tão-somente um instrumento utilizado pelas elites dominantes para enganar as massas e justificar a opressão presente nas sociedades capitalistas. É claro que isso só confirma o argumento primeiro deste

---

121 Farber e Sherry, nota 117 acima, p. 39.

122 Para uma análise mais detalhada da teoria pós-modernista, ver o **Capítulo 11**.

123 J. Waldron, 'The Rule of Law in Contemporary Liberal Theory' (1989) 2 *Ratio Juris* 79, p. 81.

capítulo de que a concretização do Estado de Direito, de fato, é uma realização de natureza mais profundamente sócio-político-cultural do que jurídico-institucional.

CAPÍTULO 4

TEORIA EVOLUCIONISTA DO DIREITO

Considerações Iniciais

A definição do Direito depende largamente das crenças de quem o define. É importante desta forma se levar em consideração como as diferentes visões de mundo afetam a maneira pela qual as pessoas pensam acerca do Direito. Ao longo da história do ocidente, até a segunda metade do século XIX, a ideia de um direito natural ou superior dominava as concepções de Direito, tanto nos Estados Unidos quanto na Europa. Ao longo desse período, as concepções de Aristóteles, Tomás de Aquino, Grócio, Coke, Locke e Blackstone influenciavam e moldavam as ideias ocidentais sobre o Direito, a justiça e a moral.[1] Essa corrente naturalista foi considerada a principal da tradição jurídica ocidental até a ascensão do pensamento evolucionário no século XIX, quando a noção de que as leis positivadas (formalmente instituídas) devem estar sujeitas a critérios superiores de validade jurídica começou a ser mais seriamente combatida.

Sob a influência do darwinismo social uma profunda transformação no estudo jurídico foi se formando em meados do século XIX. A filosofia darwinista influenciou profundamente quase todos os aspectos do Direito no ocidente, inclusive os códigos penais, as-

---
[1] Ver A. W. Alschuler, *Law Without Values: The Life, Work and Legacy of Justice Holmes*, University of Chicago Press, Chicago/IL, 2000, p. 9.

pectos da defesa criminal, os códigos de ética, os direitos parentais, os direitos de propriedade, liberdade e religião, leis relativas à política econômica, e muito mais. Evidentemente, o darwinismo influenciou todas essas áreas numa imensa variedade de formas. O propósito deste capítulo é apenas o de se explorar como a cosmovisão evolucionista afetou a percepção geral do Direito nas sociedades ocidentais.

Darwinismo Como Cosmovisão

A ideia dominante de evolução está intrinsecamente associada à obra do biólogo inglês Charles Darwin (1809-1882). Darwin foi um naturalista que acreditava que o mundo não é constante, nem que foi recentemente criado, sendo, sim, bastante antigo e com mudanças permanentes que transformam os organismos vivos de tempos em tempos. Para ele, uma vez que os organismos vivos descendem de um ancestral comum, os seres humanos são essencialmente animais altamente desenvolvidos. De acordo com Francisco Ayala, um dos principais pensadores evolucionistas da atualidade, a maior realização de Darwin foi ter ele demonstrado que "os seres vivos podem ser explicados como resultado dum processo natural, duma seleção natural, sem a menor necessidade de se recorrer a um Criador ou outro agente externo".[2] Fica claro que, se a humanidade evoluiu pelo processo cego de seleção natural, então "o acaso genético e o meio ambiente, e não Deus, criaram as espécies".[3] Foram duas as consequências disso: o desafio à noção de natureza como criação divina e o enfraquecimento da crença em critérios morais objetivos e de natureza universal. Como destacou John Cornwell:

> O livro de Darwin *Origem das Espécies* (...) enfraqueceu gravemente a base bíblica da compreensão dos agrupamentos humanos ao declarar que os seres humanos não evoluíram de Adão (...) mas, sim, através de centenas de milhares de anos,

---
2 J. H. Campbell e J. W. Schopf (ed), *Creative Evolution?*, Jones and Barlett, Boston/MA, 1994, p. 4-5.

3 E. O. Wilson, *On Human Nature*, Harvard University Press, Cambridge/MA, 1978, p. xiii. Evidentemente, isso lhes conferiu uma justificativa poderosa para suas escolhas e seus estilos de vida, "libertando-os", assim, das restrições da moral judaico-cristã.

e ao sugerir que as raças evoluíram a partir dum processo de adaptação aos habitats locais. Darwin forneceu um panorama para a compreensão biológica da espécie humana e, a partir disso, foi um pequeno passo para que alguns de seus seguidores invocassem a seleção natural e a sobrevivência do mais apto como a base para o comportamento humano e para as características raciais.[4]

Darwin afirma que tudo quanto existe ou acontece no universo tem sua existência condicionada a fatores causais associados a um sistema abrangente da natureza.[5] No mundo natural, tudo deve ter um começo. No entanto, os que acreditam em Deus afirmam que Ele não pertence ao mundo natural; Deus o teria criado. Essa é uma afirmação religiosa, não, científica. Do mesmo modo, qualquer argumento de que Deus, na verdade, não criou o mundo, mas que o mundo, de algum modo, sempre existiu, é também uma afirmação de crença religiosa, não científica.[6] A questão, portanto, não é tanto a relação da ciência com a teologia, mas, sim, como explica John Lennox, "a relação da ciência com as várias cosmovisões dos cientistas, no que diz respeito ao naturalismo e ao teísmo".[7]

O darwinismo caracteriza-se por uma cosmovisão segundo a qual as leis da natureza são criadas por forças cegas e inerentes à própria matéria. Diante disso, o professor de Direito Philip E. Johnson não acreditava que o darwinismo seja realmente fundado na força de sólidas provas científicas. Ao contrário; na sua opinião, o darwinismo, na verdade, seria uma teoria dominante apenas porque apóia uma cosmovisão materialista que descreve os seres humanos como indivíduos moralmente autônomos. As premissas do darwinismo, de acordo com Johnson, não se baseiam em verdadeira

---

4 J. Cornwell, *Hitler's Scientists: Science, War and the Devil's Pact*, Penguin, Londres, 2004, p. 76.

5 P. L Sterling, *The Metaphysics of Naturalism*, Appleton-Century-Crofts, New York, 1960, p. 160.

6 Na sua análise final, argumenta o teólogo R. C. Sproul, "a evolução não é tanto uma questão de biologia, mas, sim, de filosofia". Explica ele: "Teorias evolucionistas geralmente admitem que todas as mudanças associadas às mutações, à seleção natural, etc. são parte duma espiral ascendente do progresso. Tal "progresso" sugere um objetivo ou um propósito. Projeto sem projetista, assim como foco sem observador, desafia a inteligência. Por que tais teorias de mutações não partem do pressuposto de que as mudanças são involutivas ou regressivas? Por que não as considerar simplesmente sem-sentido? (R. C. Sproul, *The Consequences of Ideas: Understanding the Concepts that Shaped Our World*, Crossway, Wheaton/IL, 2000, p. 192).

7 J. C. Lennox, *God's Undertaker: Has Science Buried God?*, 2ª ed., Lion Books, Londres, 2009, p. 30.

ciência, mas, sim, numa cosmovisão segundo a qual a necessidade do sobrenatural pode ser convenientemente afastada, pois a própria natureza cria tudo por si só.[8] É claro que acreditar na inexistência de Deus pode ser um ato libertador para algumas pessoas, pois, como o grande escritor russo Fyodor Dostoievsky muito bem colocou em seu livro *Irmãos Karamázov*, "se Deus não existe, tudo é permitido".[9]

Teoria Social Evolucionista

Em 1859, Darwin publicou o livro *Sobre a Origem das Espécies e a Seleção Natural*. Um aspecto menos conhecido da obra é o seu subtítulo: *ou a Preservação de Raças Favorecidas na Luta Pela Vida*. Quando Darwin usa no livro a palavra *raça* como sinônimo de *espécie*, aplicando o termo a plantas e pombos, fica bem evidente que suas observações também poderiam ser aplicadas a espécie humana, o que veio a ser feito explicitamente doze anos depois no seu livro *A Descendência do Homem e Seleção em Relação ao Sexo*. Partindo de alegações no livro de que os seres humanos desenvolveram-se ao longo de milênios a partir de formas de vida inferiores por meio da seleção natural, respondendo a estímulos do ambiente, alguns foram além e passaram a acreditar que a "evolução das diferentes raças humanas" ocorreu em resposta a diferentes estímulos ambientais. Darwin, no concernente à evolução da espécie humana e suas diferentes raças, opinou:

> Em algum momento no futuro, não muito distante, se medido em séculos, as raças humanas civilizadas certamente exterminarão e substituirão as raças selvagens ao redor do mundo. Do mesmo modo, os macacos antropomorfos serão, sem dú-

---

[8] P. E. Johnson, *Darwin on Trial*, 2ª ed., InterVarsity Press, Downers Grove/IL, 1993, p. 3-14.

[9] F. Dostoievsky, *The Brothers Karamazov*, Livro 5. Todavia, como destacou Johnson: "A ideia de que o universo é produto de uma mente racional fornece um fundamento metafísico muito melhor para a racionalidade científica do que a ideia contrária de que tudo no universo (inclusive nossas mentes) é baseado, em última instância, nos movimentos inconsequentes da matéria. Talvez o materialismo fosse uma filosofia libertadora quando se precisasse escapar dos dogmas da religião, mas hoje o próprio materialismo é o dogma do qual a mente precisa de escapar. A regra de que o materialismo deve ser ensinado independentemente de provas (...) equivale à regra de que a ciência não pode contradizer os ensinamentos da Igreja" (P. E. Johnson, *Objections Sustained: Subversive Essays on Evolution, Law & Culture*, InterVarsity Press, Downers Grove/IL, 1998, p. 56).

vida, exterminados. A diferença entre o homem e seus mais próximos correlatos ficará, então, maior, pois incidirá entre o homem num estado mais civilizado, como podemos crer, até mais que o caucasoide, e algum tipo de macaco inferior como o babuíno, em vez da diferença atual entre o negro ou o [aborígene] australiano e o gorila.[10]

Como se pode ver, Darwin acreditava que sua teoria evolucionista poderia ser aplicada às diferentes raças humanas. Assim sendo, ele ressaltou que os seres humanos devem ter alcançado seu estado atual por meio da "multiplicação rápida", o que provocou, então, uma luta pela existência entre as diferentes raças humanas. Darwin também argumentava que a "batalha pela vida" forneceria continuidade ao processo evolucionário.[11] Na conclusão de seu livro *A Descendência do Homem*, Darwin comentou:

> Sem dúvida, o homem, como qualquer outro animal, avançou até a presente condição por meio da luta pela existência decorrente da sua rápida multiplicação e, se ele ainda está por avançar mais, deve permanecer sujeito a lutas severas. Do contrário, ele logo chafurdaria na indolência, e os homens mais bem-dotados não teriam mais êxito na batalha da vida do que os menos dotados. Assim, nosso ritmo natural de desenvolvimento, embora leve a muitos e óbvios males, não deve ser de forma alguma severamente reduzido. Deve haver competição livre entre todos os homens, e não se deve evitar, por meio de leis e costumes, que os mais aptos logrem deixar a maior prole.[12]

Com a ascensão do darwinismo no final do século XIX, a visão dominante passou a ser a da lei da preservação das raças favorecidas na luta pela vida. Essa hipótese serviu para sancionar a extinção das "populações inferiores e mentalmente subdesenvolvidas com as quais os europeus entraram em contato".[13] Inspirados no darwinismo, alguns europeus sustentaram a crença de que "a

---
10 C. Darwin, *The Descent of Man*, 2ª ed., A. L. Burt Co., New York, 1874, p. 178.
11 R. Weikart, *Hitler's Ethics: The Nazi Pursuit of Evolutionary Progress*, Palgrave Macmillan, New York, 2009, p. 35.
12 Darwin, nota 10 acima, p. 403.
13 A. R. Wallace, *Natural Selection and Tropical Nature*, Macmillan, Londres, 1891, p. 177.

conquista e a colonização europeias de outras partes do globo era a prova da inferioridade racial dos povos autóctones, que eram simplesmente desprovidos das capacidades – especialmente o talento mental – inerentes aos colonizadores europeus".[14] Tendo em vista que se diz que a luta darwinista pela existência haveria de produzir em termos de progresso biológico, o professor de história Richard Weikart comenta:

> (...) darwinistas sociais consideraram a competição – que resultou em morte dos vencidos – uma força positiva. Ao mesmo tempo, eles também aprovavam medidas artificiais para aperfeiçoar a espécie humana, como a esterilização compulsória dos deficientes congênitos. Aprofundar a seleção natural incrementando-se a competição e introduzindo políticas de seleção artificial de seres humanos eram dois eixos combinados do mesmo empenho de fomentar o avanço da evolução.[15]

Embora essas visões não sejam mais aceitáveis nas sociedades ocidentais, elas decorrem da cosmovisão darwiniana que considera que os seres humanos não são nada além de animais evoluídos que, portanto, podem ser tratados como animais ou máquinas. É por isso que o darwinismo contribuiu para a doutrina da eugenia como ideia voltada à melhoria da raça humana. Ademais, como ficará demonstrado em outros capítulos deste livro, os três regimes mais genocidas do século passado – a Alemanha nazista, a Rússia soviética e a China comunista – estavam firmemente baseados no materialismo científico do darwinismo.[16] De acordo com o renomado historiador inglês Paul Johnson:

> A noção darwinista de sobrevivência do mais apto foi um elemento chave tanto no conceito de guerra de classes como nas filosofias raciais que moldaram o hitlerismo (...) Aquela noção forjou a lâmina (...) usada para cortar a sociedade das

---

14 Weikart, nota 11 acima, p. 70.

15 *Ibid*, p. 5.

16 Ver R. Weikart, *From Darwin to Hitler: Evolutionary Ethics, Eugenics, and Racism in Germany*, Palgrave Macmillan, New York, 2004. Ver também B. Muehlenberg, '*On Celebrating Darwin*', *Quadrant Online*, 14 de janeiro de 2009, disponível em <www.quadrant.org.ay/blogs/muehlenberg/2009.01/on-celebrating-darwin>, acesso em 1º de novembro de 2012.

suas raízes culturais tradicionais da fé e da moral judaico--cristã.[17]

Augusto Comte (1798-1857)

A segunda metade do século XIX foi chamada de era darwinista.[18] Diversos teóricos sociais daquele século (Ammon, Grant, Gumplowicz, Le Bon e outros) tomaram de empréstimo teorias evolucionistas e as transplantaram do campo da biologia para os da sociologia e da economia. Mesmo os teóricos sociais que escreveram antes da obra de Darwin se beneficiaram desse empreendimento amplamente exitoso de popularizar a evolução como explicação científica dominante das origens. Entre os pré-darwinistas evolucionistas estava o sociólogo francês Augusto Comte, fundador do positivismo filosófico e a primeira pessoa a cunhar o termo *sociologia* para descrever o estudo das sociedades. Grosso modo, Comte estava interessado pelos avanços das ciências físicas, o que o levou a crer na capacidade ilimitada da ciência de realizar melhorias na sociedade humana. Comentou o já falecido jurista irlandês John Maurice Kelly:

> [Comte] escrevia numa época em que a evolução biológica estava no ar e, embora ele tivesse morrido antes que a maior obra de Darwin fosse publicada, ele propôs a visão de que a sociedade se desenvolveu e mudou em resposta a certas leis análogas aos grandes princípios biológicos que regem o desenvolvimento das espécies individuais. Nenhuma ideologia, nenhuma lei transcendental poderia contribuir para a compreensão do desenvolvimento social, mas, sim, tão-somente a observação empírica dos fatos. Uma ciência da sociedade, assim concluiu (...), poderia, pensou ele, alcançar um nível de perfeição tal que o próprio Direito se tornaria redundante,

---

[17] P. Johnson, *Modern Times: The World from the Twenties to the Nineties*, Harper Perennial, New York, 2001, p. 5.

[18] P. Blackledge, 'Historical Materialism: From Social Evolution to Revolutionary Politics' in P. Blackledge e G. Kirkpatrick (ed), *Historical Materialism and Social Evolution*, Palgrave Macmillan, New York, 2002, p. 9.

ou, ainda, que a função que ele desempenha hoje seria subsumida por um tipo de administração social científica.[19]

A crença no valor dos fatos científicos é o que Comte chamou "positivismo". Comte acreditava que o progresso social era alcançável pela manipulação científica da sociedade humana. Dessa forma, ele desprezava a metafísica e levou adiante a visão de que a ciência conduziria a sociedade aos seus maiores níveis de progresso e desenvolvimento. Com isso, Comte defendia uma teoria abrangente da ciência social (e do progresso) que se assentava inteiramente no método empírico das ciências naturais. Como destacou o sociólogo Mike Hawkins:

> A ambição de Comte, concretizada em seus volumosos livros *Cours de philosophie positive* e *Système de politique positive*, era talhar uma ciência da sociedade – ele cunhou o neologismo "sociologia" – que fosse relacionada às ciências naturais e complementar a elas. A biologia era um fundamento importante do seu projeto, em parte por razões metodológicas (i.e. o uso do método comparativo), em parte porque ele acreditava que seres humanos e animais compartilham muitos atributos biológicos (...). Isso seria verdade até para as propensões psicológicas humanas. Comte afirmava que "animais, ao menos na parte mais elevada da escala zoológica, manifestam na realidade a maioria de nossas faculdades concretas e até mesmo intelectuais, com uma simples diferença de grau".[20]

Curiosamente, foi a sua crença nas maravilhas da ciência que o levou a criar sua *Religião da Humanidade*.[21] Os cientistas tornar-se-iam o novo clero dessa religião, que assim prometia trazer "várias bênçãos" da ciência empírica, "não apenas como uma fonte de benefícios materiais, mas provendo aos seus devotos um tipo novo e mais elevado de ser humano".[22] Comte criou uma ver-

---

19 J. M. Kelly, *A Short History of Western Legal Theory*, Oxford University Press, Oxford, 1992, p. 332.
20 M. Hawkins, *Social Darwinism in European and American Thought: 1860-1945*, Cambridge University Press, Cambridge, 1997, p. 52.
21 Ver G. Freyre, *Order and Progress: Brazil From Monarchy to Republic*, Alfred A. Knopf, New York, 1970, p. 40.
22 M. Midgley, *Evolution as a Religion: Strange Hopes and Stranger Fears*, Routledge, Londres, 2002, p. 17.

dadeira religião humanista na qual algumas pessoas ocupariam o lugar da deidade.[23] Os discípulos de Comte exaltavam a República na imagem de Virgem Maria, uma imagem representando o ideal de pureza e perfeição dos regimes republicanos.[24] Essa religião contava com uma plêiade de "santos" encontrados entre os *Benfeitores da Humanidade*, tais como Diderot, Rousseau e Voltaire. Comte era bastante otimista com o futuro da sua nova religião. "Estou seguro de que antes do ano de 1860 estarei pregando o positivismo na catedral de Notre Dame, como a única religião real e plena", disse ele.[25]

Embora tenha sido muito malsucedida, a *Religião da Humanidade* de Comte exerceu grande influência sobre organizações humanistas do século XIX, especialmente na América Latina. Como sacerdotes da humanidade, os positivistas decidiriam o que deveria ser pensado, e não haveria divergências.[26] Na América Latina, os discípulos de Comte acolheram o conceito de "autoritarismo iluminado", denegrindo a democracia parlamentar ao qualificá-la como ineficiente e arcaica, uma grande perda de tempo e de energia. Em lugar disso, o positivismo de Comte fornecia uma base "científica" para políticas antiliberais promovidas por regimes autoritários, tornando possível para esses regimes legitimar seu projeto da "ditadura iluminada".

Émile Durkheim (1858-1917)

Destacando-se no estudo sociológico do Direito e da moral, Émile Durkheim nasceu em Épinal, próximo à fronteira da Alsácia, no lado oriental da França. Ele descendia de uma linhagem de rabinos, mas durante sua juventude rompeu com sua fé judaica e com todo tipo de fé religiosa, embora um interesse acadêmico a respeito da religião tenha se tornado central em sua obra sociológi-

---

23 C. Véliz, *The Centralist Tradition of Latin America*, Princeton University Press, Princeton/NJ, 1980, p. 195.
24 *Ibid*, p. 197-198.
25 Citado em M. Philips, *The World Turned Upside Down: The Global Battle over God, Truth and Power*, Encounter Books, New York, 2010, p. 319.
26 *Ibid*, p. 319.

ca.²⁷ Depois de ter estudado na École Normale Supérieure de Paris, Durkheim obteve sua licenciatura em filosofia em 1882. Ele lecionou filosofia por cinco anos, até que o interesse geral na nova ideia de "ciência social" levou-o a ser nomeado em 1887 para a cátedra na Universidade de Bordeaux. Em 1896, Durkheim foi nomeado professor titular de ciências sociais em Bordeaux, a primeira universidade a ter uma cadeira nessa matéria na França. Nos 15 anos em que lecionou sociologia em Bordeaux, publicou os livros *Da Divisão Social do Trabalho* (1893), *As Regras do Método Sociológico* (1895) e *O Suicídio* (1897). Em 1902 Durkheim mudou-se para Paris para assumir a cátedra de sociologia na Universidade de Paris, Sorbonne.

Embora a "nova ciência" da sociologia que seu compatriota Auguste Comte criara algumas décadas antes estivesse ainda em fase embrionária, Durkheim viu nisso o potencial de alterar profundamente nossa visão sobre as sociedades e o padrão do seu desenvolvimento ao longo da história. No núcleo da análise sociológica de Durkheim estava uma preocupação com matérias relativas ao Direito e à moral.²⁸ Para ele, a sociedade não pode existir sem vínculos morais, embora os valores morais, pensava ele, não sejam nem inatos nos indivíduos, nem dedutíveis de princípios abstratos. A moral é gerada e regida apenas por condições da vida social em cada época e lugar. A moral fornece um quadro normativo de exigências da vida em determinados ambientes ou contextos sociais.²⁹

As ideias de Durkheim foram desenvolvidas com uma ênfase no rigor analítico-conceitual combinada com o positivismo de Comte, o que gerou uma nova ciência que, por sua abordagem e metodologia, buscava descobrir leis, deduzir generalizações e fazer previsões a partir das origens e do desenvolvimento das sociedades. Além dessas influências, a teoria da evolução permitiu que Durkheim pudesse observar a sociedade em termos de desenvolvimento orgânico e de inter-relação das partes.³⁰ De fato, Durkheim costumava

---

27 R. Cotterrell, *Émile Durkheim: Law in a Moral Domain*, Edinburgh University Press, Edinburgh, 1999, p. 5.

28 *Ibid*, p. 3.

29 *Ibis*, p. 5.

30 J. H. Abraham, *Origins and Growth of Sociology*, Penguin Book, Londres, 1977, p. 95.

invocar a biologia como modelo científico básico de investigação social.[31] O biólogo, dizia Durkheim, estuda as partes componentes de um organismo conforme a função que cada componente desempenha no organismo como um todo. Aplicando uma analogia biológica à sociologia, ele ressaltava que a metodologia de estudo dos fenômenos sociais deveria ser análoga à das ciências naturais, ou seja, aplicando-se métodos objetivos baseados em observação sistemática.

  As ideias de Durkheim concernentes ao Direito são um tanto importantes para o conjunto de sua obra sociológica.[32] Segundo ele, nossas vidas são moldadas por fatos sociais "externos ao indivíduo".[33] O conceito de Direito é definido como um fenômeno social que deve ser analisado em termos de ideias e práticas sociais. Portanto, o Direito é um fenômeno a ser observado segundo as mudanças orgânicas na natureza da sociedade, mudanças que não são atribuíveis aos atos conscientes de cidadãos individuais.[34] Pelo contrário, Durkheim acredita que a evolução do Direito não é causada por mudanças dos valores e crenças políticas ou por meio de qualquer teoria ou experiência jurídicas, mas, sim, por um processo de transformação gradual na estrutura orgânica das sociedades ao longo de grandes períodos de tempo, transformação sobre a qual os indivíduos dessas sociedades têm na verdade muito pouco controle.[35] Na teoria de Durkheim, o papel desempenhado pelo Direito na sociedade é deste modo análogo ao do sistema nervoso de um organismo vivo. O sistema nervoso regula as diferentes funções do corpo, de modo a harmonizá-las:

> Isso expressa o estado de concentração a que o organismo chegou, de acordo com a divisão do trabalho fisiológico. Dessa forma, nos diferentes níveis da escala animal, podemos

---

31 Cotterrell, nova 27 acima, p. 9.

32 *Ibid*, p. xi.

33 *Ibid*, p. 12.

34 *Ibid*, p. 11.

35 *Ibid*, p. 83.

medir o grau dessa concentração de acordo com o desenvolvimento do sistema nervoso.[36]

No mesmo modo, Durkheim acredita que a violação à lei na sociedade pode afetar-lhe as "partes viventes" e, com isso, determinar uma forma similar de reação orgânica da sociedade. Nesse caso, concluía ele, "os vínculos de solidariedade que ligam certas funções sociais podem ser de tal modo que, da sua ruptura, resultem importantes repercussões gerais envolvendo sanções penais".[37] Para Durkheim, a moral está fundada nas condições da vida social e essas condições são moldadas por crenças comuns, embora esta moral "deva ser entendida (...) à luz dos contextos empíricos das ações morais em determinados lugares e épocas".[38] A sociologia de Durkheim rejeita qualquer fundamento de validade jurídica baseado na existência de absolutos morais ou princípios fundamentais. Metodologicamente, seu posicionamento era de que as motivações individuais são irrelevantes ao cientista social porque a sociedade seria algo com existência própria, acima dos membros individuais que compõem a estrutura social. Assim, os fatos sociais deveriam ser explicados por outros fatos sociais, e não pela investigação das experiências humanas individuais.[39]

Durkheim é o precursor mais influente da teoria funcionalista, que vê o fenômeno social de forma inteiramente orgânica, rejeitando ou ignorando as ações dos indivíduos no progresso das sociedades.[40] Evidentemente, sabemos muito bem que os indivíduos não estão apenas contidos nos fatos sociais, mas que também os influenciam e os criam. Não somos meros produtos do meio social e constrangidos pelo ordenamento jurídico do Estado, como supunha Durkheim; podemos influir verdadeiramente na sociedade e em suas leis por meio de nossas próprias ações e omissões individuais. A visão sociológica de Durkheim despreza a ação individual e trata a to-

---

36 E. Durkheim, *The Division of Labour in Society*, Macmillan, New York, 1893, citado em Abraham, nota 30 acima, p. 161-162.

37 *Ibid*.

38 *Ibid*, p. ix.

39 D. Robertson, *The Penguin Dictionary of Politics*, Penguin, Londres, 1993, p.149.

40 *Ibid*, p. 150.

dos não como mero "transmissores" ou receptores dos fatos sociais. Esse tipo de sociologia determinista, evidentemente, tem muitas e óbvias implicações totalitárias e antiliberais. Não é de se espantar que a teoria sociológica de Durkheim levou, em última análise, ao desenvolvimento duma teoria política corporativista posteriormente utilizada pelas ditaduras fascistas do século XX.

Herbert Spencer (1820-1903)

Na Grã-Bretanha, a teoria social-evolucionista foi especialmente inspirada pela obra de Herbert Spencer. Spencer aplicou às sociedades humanas a crença na evolução baseada na seleção dos indivíduos mais aptos a sobreviverem ao ambiente social.[41] Ele foi educado para ser filósofo e, em sua vida intelectual, publicou obras que ficaram muito conhecidas nas áreas da biologia, da psicologia, da sociologia e da ética. Suas visões política e ética eram uma mistura de teoria kantiana da perfectibilidade e liberdade humanas, combinada com uma teoria darwinista de adaptação e sobrevivência. Num de seus primeiros trabalhos, Spencer adotou como princípio elementar que todo ser humano tem o direito à mais ampla liberdade para exercer suas faculdades, desde que compatível com a essa mesma liberdade nos outros seres humanos.[42]

Grosso modo, Spencer acreditava que a perfectibilidade social era alcançável por meio da manipulação científica do processo evolucionista natural.[43] Sua visão de processo natural era reforçada pela premissa de que os indivíduos devem ser agentes livres e independentes do Estado. Deve-se permitir que as pessoas busquem e realizem seus interesses individuais sem impedimentos do Estado. Qualquer regulação da economia pelo Estado não seria apenas é desnecessária, como também indesejável devido ao fato de que a liberdade de troca em si mesma assegurará a igualdade dos direitos de barganha entre os indivíduos.

---

41 E. Patterson, *Jurisprudence: Men of Ideas of the Law*, The Foundation Press, Brooklyn/NY, 1953, p. 425.

42 *Ibid*, p. 425.

43 Kelly, nota 19 acima, p. 332.

No livro *A Descendência do Homem e Seleção em Relação ao Sexo*, Darwin critica os costumes de se permitir que o filho primogênito herde a propriedade, pois essa prática confere vantagens econômicas que não se baseiam nas qualidades biológicas. Darwin destacava que a competição econômica era a melhor forma de promover o progresso evolutivo.[44] Ele interpretava esta competição como um processo benéfico que contribui com processos sócio-evolutivos superiores.[45] Numa correspondência privada, Darwin lamenta que os sindicatos dos trabalhadores e as cooperativas estivessem reduzindo tal competição social. Essa supressão da competição, disse ele, "parece-me um grande mal para o futuro do progresso da humanidade".[46]

Inspirado nesses ensinamentos, Spencer foi o primeiro teórico a cunhar a frase "sobrevivência do mais apto" no contexto das sociedades humanas. A frase foi aplicada para descrever a evolução naturalística do Direito, que mostrava que coisas como a cooperação, o amor e o altruísmo não são realmente naturais; e que o sistema jurídico que determina e contempla tais valores deve dar lugar ao interesse individual. Para Spencer, explica Edwin Patterson:

> A perfeição última do homem era logicamente certa porque a história humana revelou um progresso contínuo a partir da selvageria para a civilização, a qual, a menos que sofra interferência, levará à eliminação de todos os homens não adaptados nesse ambiente e, desse modo, todas as suas imperfeições. O Estado não deve fazer nada no sentido de aumentar a interferência nesse progresso, exceto proteger a liberdade individual, como explicado acima. Desse modo, Spencer opôs-se veementemente às leis inglesas voltadas aos pobres – as quais mitigaram o sofrimento dos indigentes –, sob o argumento de que essas leis interferiram no funcionamento dessa "benéfica" mas "severa disciplina" que elimina da sociedade os incompe-

---

44 Darwin, nota 10 acima, p. 170-171 e 180.

45 Weikart, nota 11 acima, p. 109.

46 Weikart, nota 11 acima, p. 109. Ver também R. Weikart, 'A Recently Discovered Darwin Letter on Social Darwinism' (1995) 86 *Isis* 609.

tentes, os indolentes, os fracos e os imprudentes, juntamente com seus órfãos e viúvas desafortunados.[47]

Nos Estados Unidos do século XIX, o *laissez-faire* da teoria de Spencer consistia no apoio irrestrito à liberdade econômica do indivíduo. Essa doutrina continha um determinado darwinismo social que "apoiava a superioridade racial branca na forma dum espírito competitivo capitalista".[48] Realmente, essa versão darwinista do *laissez-faire* serviu como justificativa da teoria segundo a qual "os economicamente aptos prosperarão à custa dos economicamente fracos. Essa competitividade (...) reflete a ordem natural das coisas – uma ordem que, de fato, só se incomodaria com a interferência estatal no mercado".[49] Outrossim, Andrew Carnegie (1835-1919), empresário e "positivista" autoproclamado, e principal expoente do darwinismo social nos Estados Unidos, "acreditava que as sociedades humanas, assim como a própria natureza, estão sujeitas às leis evolutivas que conferem a alguns – os mais aptos – a responsabilidade e o privilégio de usar seus talentos superiores para conduzirem a sociedade. O resultado seria o progresso social e a prosperidade econômica".[50]

---

47 Paterson, nota 41 acima, p. 426.

48 J. Cornwell, *Hitler's Scientists: Science, War and the Devil's Pact*, Penguin, Londres, 2004, p. 76.

49 N. Duxbury, 'The Birth of Legal Realism and the Myth of Justice Holmes' (1991) 20 *Anglo-American Law Review* 81, p. 84. Ver também H. Spencer, *The Man Versus the State*, D. Appleton, New York, 1884.

50 Fran Lambert explica a vida e a filosofia de Carnegie: "Criado como presbiteriano, mas cético e agnóstico na maturidade, Carnegie acolheu os princípios do darwinismo social. Em lugar de aderir à Bíblia como guiamento moral, em especial as doutrinas do pecado original e da danação eterna, ele acreditava que as sociedades humanas, assim como a própria natureza, estão sujeitas às leis evolutivas, que conferem a alguns – os mais aptos – a responsabilidade e o privilégio de usar seus talentos superiores para conduzirem a sociedade. O resultado seria o progresso social e a prosperidade econômica. Carnegie publicou seus pensamentos sobre o darwinismo social no ensaio sobre as novas relações econômicas trazidas pela industrialização intitulado *Gospel of Wealth* [Evangelho da Riqueza] (1889), que louvava as transformações por considerá-las um progresso. Ele reconhecia que a nova ordem industrial criou um sistema de castas sociais com muito poucas pessoas ricas no topo da sociedade e massas de trabalhadores sub-remunerados na base. Entretanto, ele enxergava o novo arranjo como sendo um avanço do progresso humano, muito melhor do que a miséria que prevaleceu ao longo da história. Além disso, os benefícios eram enormes. Ele alegava que a "lei da competição" era responsável pelo "maravilhoso desenvolvimento material da nação, que trouxe consigo melhores condições". Carnegie, parecendo um pregador, mas citando um texto diferente, exortou homens e mulheres a seguirem seu novo evangelho: "Mas, seja a lei boa ou não, devemos dizer que ela (...) está aí; não podemos escapar dela; nenhum substituto dela foi encontrado; e, embora a lei possa às vezes ser dura com o indivíduo, é melhor para a raça porque assegura a sobrevivência do mais apto em cada setor da vida". Ele enalteceu o capitalismo regido pelo regime do *laissez-faire* como adequação à ordem natural. Com o mais apto no comando, toda a sociedade se beneficia, ainda que com evidentes desigualdades" (F. Lambert, *Religion in American Politics: A Short History*, Princeton University Press, Princeton/NJ, 2008, p. 82).

Teorias Evolucionistas do Direito

O mundo antigo, não apenas o hebreu, mas o grego e o romano, reconhecia uma fonte do Direito que distinguia o que é "naturalmente" certo do que é "naturalmente" errado. No âmago dessa ideia estava a visão de que as leis inconsistentes com a lei natural superior deveriam ser consideradas como injustas e inválidas. A teoria evolucionista de Darwin, no entanto, trouxe uma nova cosmovisão naturalística que teve um profundo impacto nas concepções ocidentais do Direito. Sob a sua influência direta, uma profunda transformação dos estudos jurídicos aconteceu no século XIX.

Sir Henry Maine (1822-1888)

O jurista, historiador e antropólogo britânico Sir Henry Maine foi um dos primeiros a aplicar a metodologia empírica a um objeto que era anteriormente dominado pela metafísica. A teoria jurídica evolucionista de Maine rejeitava a ideia de um Direito superior, argumentando que "o jurista, assim propriamente designado, não tem nada a ver com qualquer padrão ideal de Direito ou de moralidade".[51] Publicado numa época em que a maior parte do entusiasmo intelectual girava em torno da obra de Darwin então recentemente publicada (*Sobre a Origem das Espécies*), o livro de Maine *Ancient Law* [Direito Antigo] (1861) oferece uma teoria evolucionista do Direito acrescida de um padrão de desenvolvimento que todos os sistemas parecem seguir, em sistemas tão distantes entre si geográfica ou cronologicamente, que se pode afastar qualquer possibilidade de influência externa.[52]

Talvez a mais importante ideia de Maine seja a do rumo geral que as sociedades "progressistas" tomaram. Maine argumenta que esse movimento leva à gradual dissolução da dependência familiar e ao crescimento da responsabilidade individual em seu lugar. Nesse sentido, ele conclui: "O Indivíduo é constantemente substituí-

---

51 H. J. S. Maine, *Lectures on the Early History of Institutions*, 7ª ed., John Murray, Londres, 1897, p. 370.

52 Kelly, nota 19 acima, p. 327.

do pela Família, como a unidade a que se destinam as leis civis (...) de modo que o movimento das sociedades progressistas tem sido até o momento um movimento do Status para o Contrato".[53] Curiosamente, todavia, no mesmo momento em que Maine elaborava esses argumentos, o processo que ele descrevia como inexorável, na verdade, estava começando a se reverter. No final do século XIX, uma enxurrada de legislação social começou a reduzir a "liberdade contratual" nas sociedades ocidentais, dando lugar até mesmo no país natal de Maine a um tipo de "coletivismo estatal" que o famoso constitucionalista inglês A. V. Dicey tanto veementemente denunciou.

Maine introduziu em sua análise historicista a noção de que as sociedades tendem a se desenvolver passando por certos estágios que não variam muito de lugar para lugar. Ele buscou demonstrar como nossos conceitos jurídicos estão enraizados em tempos longínquos, como a época do Império Romano ou mesmo antes. Isso tudo era inteiramente especulativo, começando por sua descrição não-empírica das seis fases pelas quais a estrutura jurídica das sociedades "progressistas" teria atravessado.[54] Estudiosos posteriores demonstram a escassez de evidências para fundamentar um tal esquema com tantas generalizações.[55] Ainda assim, a teoria evolucionista do Direito de Maine remanesce importante do ponto de vista histórico, pois, como muito bem observou J. M. Kelly:

> O entusiasmo do século XIX com a investigação antropológica e com a teoria evolucionista teve como efeito a criação de um novo ramo do estudo jurídico, no qual a obra de Sir Maine era a mais proeminente. Essa nova ciência jurídica foi pioneira no século XX, com a difusão do trabalho-de-campo nas sociedades primitivas atuais. Embora as ideias de Maine já estivessem amplamente desacreditadas, havia ainda uma forte ênfase no empreendimento de identificar padrões na evolução jurídica. Nesse sentido, o historiador jurídico russo

---

[53] H. J. S. Maine, *Ancient Law: Its Connection With the Early History of Society, and its Relation to Modern Ideas*, John Murray, Londres, 1861, p. 173-174.

[54] Ver R. Wacks, *Understanding Jurisprudence: An Introduction to Legal Theory*, 2ªed., Oxford University Press, Oxford, 2009, p. 241.

[55] Kelly, nota 19 acima, p. 327.

Paul Vinogradoff (1854-1925) desenvolveu sua obra, até sua conclusão (1920), sugerindo haver estratos cronológicos na evolução do Direito, que começavam com a sociedade "totêmica" (na qual as relações humanas são construídas sobre uma suposta afinidade mágica com algum animal ou outro objeto natural), evoluindo, então, para o direito tribal, o direito civil (v. g. o Direito de uma cidade-Estado), o "direito medieval e sua combinação de direito canônico com direito feudal", o direito "individualista", até, finalmente, a teoria "socialista" do Direito, um esquema que (...) combinava elementos de Maine e de Dicey.[56]

Teoria Evolucionista Norte-Americana do Direito

A segunda metade século XIX marcou o período de "hibernação" do jusnaturalismo. Com o advento do juspositivismo e do naturalismo cientificista surgiu uma reação aberta contra a ideia de direito natural.[57] Hans Kelsen, em seu livro *Teoria Pura do Direito* (1934), sustentou que "a mudança da prevalência do jusnaturalismo para a do juspositivismo na ciência jurídica caminhou *pari passu* com o progresso das ciências naturais empíricas e com a análise crítica da ideologia religiosa".[58] Ato contínuo, presumia-se que nenhum sistema jurídico continha valor absoluto ou universal. Ao contrário, presumia-se que as leis permanecem "sujeitas à transformação histórica, sendo um fenômeno condicionado pela época e pelo lugar".[59]

Essa realidade afetou até mesmo os Estados Unidos. Até a segunda metade do século XIX, a ciência jurídica estadunidense era dominada pela crença em direitos inalienáveis, de sorte que se considerava que, para qualquer litígio, haveria sempre uma solução mais correta e alcançável por meio da aplicação de "princípios autoevidentes". Entretanto, particularmente depois da Guerra Civil, os juristas estadunidenses começaram a abandonar a visão jusnatura-

---

56 *Ibid*, p. 383.
57 *Ibid*, p. 333.
58 H. Kelsen, 'The Pure Theory of Law – Part 1' (1934) 50 *Law Quarterly Review* 517, Seção II.
59 *Ibid*.

lista dos direitos naturais, que tanto orientou e inspirou as primeiras gerações de norte-americanos, não apenas os Pais Fundadores, mas também os principais juristas daquele país, como John Marshall (1755-1835)[60] e Joseph Story (1779-1845).[61] Em seu lugar, os juristas estadunidenses abraçaram a ideia de seleção natural e dividiram-se em duas correntes de pensamento: a corrente analítica e a corrente historicista. Embora a escola historicista difira em muitos aspectos daquela adotada pela escola analítica – de modo que a última costumava criticar a primeira por não ser suficientemente "científica" –, ambas as escolas compartilhavam de uma visão evolucionista do Direito e uma revolta contra a tradição jusnaturalista. De fato, juristas influentes como Christopher Columbus Langdell (1826-1906) e Oliver Wendell Holmes Jr. (1841-1935) foram capazes aplicar ambas as teorias sem qualquer contradição aparente.

Oliver Wendell Holmes Jr. (1809-1894)

Os efeitos do darwinismo na doutrina jurídica estadunidense manifestaram-se na obra de Oliver Wendell Holmes. Holmes, professor de Direito em Harvard e posteriormente juiz da Suprema Corte dos EUA, acreditava que não há ordem moral transcendente e as leis são apenas a codificação de políticas públicas consideradas convenientes econômica e/ou socialmente.[62] Em 1897, ele aconselhou sua plateia de estudantes da Faculdade de Direito de Harvard a colocarem de lado quaisquer noções de moral, de modo a que, em seu lugar, vissem o Direito apenas como uma "ciência social da coer-

---

60 John Marshall (1755-1835) foi o quarto presidente da Suprema Corte dos EUA, tendo atuado como tal de 4 de fevereiro de 1801 até sua morte, em 1835. Embora a revisão judicial da legislação baseada na constitucionalidade tenha sido advogada por Alexander Hamilton no *Papel Federalista nº 78*, foi o presidente da Suprema Corte Marshall quem aplicou pela primeira vez essa doutrina a fim de invalidar lei federal, no caso *Marbury v Madison* (1803).

61 J. Story, primeiro professor-reitor de Direito da Universidade Harvard e juiz da Suprema Corte dos Estados Unidos, relacionava o jusnaturalismo aos direitos de consciência, que "foram concedidos por Deus e que não podem ser violados por autoridade humana sem que haja inobservância criminosa dos preceitos do direito natural, assim como da religião revelada" (J. Story, *Commentaries on the Constitution of the United States*, Little, Brown & Co., Boston/MA, 1833, p. 1399).

62 R. Hofstadter, *Social Darwinism in American Political Thought*, Beacon Press, Boston/MA, 1955, citado em B. C. S. Watson, '*Progressivism and the New Science of Jurisprudence*', *First Principle Series*, n. 24, Heritage Foundations, Washington/DC, 24 de fevereiro de 2009.

ção".⁶³ Como coloca Richard Posner, "Holmes era um darwinista social e biológico e, dessa forma, um céptico que acreditava que o bem e a verdade, em qualquer sentido reconhecível, era o que quer que emergisse das lutas entre as espécies, nações, classes e ideias".⁶⁴ A biógrafa de Holmes, Liva Baker, define as realizações mais importantes de Holmes da seguinte forma:

> [A obra de Holmes] chacoalhou o mundinho dos advogados e juízes, que foram criados na teoria de Blackstone de que o Direito (...) é imutável e eterno, e que os juízes têm apenas de descobrir o seu conteúdo. Levou alguns anos para eles se reunirem em torno da visão segundo a qual o Direito é flexível, sensível à mudança social e à conjuntura econômica e susceptível a métodos empíricos de análise. Mas Holmes havia (...) desbravado novas searas intelectuais, usando a história como guia. Ele deu ao Direito uma vitalidade jamais vista. Ele tirou o Direito de sua história marcada pela aridez do silogismo e pela abstração e o colocou no contexto da experiência humana, demonstrando que o *corpus* do Direito não era nem um ucasse de Deus, nem uma derivação da Natureza, mas, sim, assim como o dedinho do pé e a anatomia do cavalo, era algo em constante evolução, uma resposta a um meio em contínuo desenvolvimento social e econômico.⁶⁵

As experiências de Holmes como combatente durante a Guerra Civil mudaram sua percepção sobre a vida. Ele foi ferido três vezes e testemunhou todos os horrores daquela terrível guerra. No retorno da guerra para Massachusetts, depois de ter sido dispensado do exército em 1864, Holmes engajou-se na contemplação filosófica: "Ele não desejava falar apenas sobre Direito, mas também sobre o próprio cosmos e todos os problemas do universo".⁶⁶ Foi durante este período que Holmes ingressou no *The Metaphysical Club* (O Clube Metafísico), entidade criada no final da década de 1860 des-

---

63 Duxbury, nota 49 acima, p. 89.

64 R. Posner, 'Book Review' (1985) 53 George Washington Law Review 870, p. 872.

65 L. Baker, *The Justice from Beacon Hill: The Life and Times of Oliver Wendell Holmes*, Harper Collins, New York, 1991, p. 257-258.

66 D. Bowen, *Yankee from Olympus: Justice Holmes and His Family*, Little, Brown & Co., Boston/MA, 1945, p. 185-190.

crita como "encontro de almas irmãs livremente reunidas por um entusiasmo com a tradição filosófica britânica e com uma percepção da importância para a época do livro de Darwin *A Origem das Espécies*".⁶⁷ Como seus colegas do *Metaphysical Club*, "Holmes encontrou no darwinismo uma filosofia que transformou o instinto de autopreservação – instinto que ele experimentou vivamente durante a Guerra Civil – na condição mais fundamental da humanidade".⁶⁸

A teoria de Holmes reduziria o Direito a uma mera ferramenta para a manipulação de fatores sociais. O realismo jurídico de Holmes interpretava o Direito primordialmente sob a perspectiva da previsibilidade das decisões judiciais. Só poderia ter sido assim, pois, como destaca John W. Whitehead, se se acredita que "não há imutabilidade no Direito e nem ponto de referência, então o Direito pode ser o que os juízes disserem. Se, do contrário, há imutabilidade no Direito, existe algum fundamento absoluto sobre o qual o julgamento judicial poderá se erigir".⁶⁹ Para Holmes, o Direito não tem ponto de referência algum. Ele não é produto da lógica nem da moral; o Direito é fundamentalmente um processo que reflete a adaptação da sociedade à evolução do mundo. Explica Suri Ratnapala:

> O argumento central de Holmes é: o Direito é produto de forças econômicas e sociais. O Direito se adapta e adquire novos significados para se adequar à conveniência das épocas. Holmes via na trajetória do Direito uma das mais importantes características da evolução, tanto biológica quanto cultural. O mundo não fica parado, assim, quando algo se adapta ao mundo, este muda novamente. Isso também significa que o Direito nunca poderá ser inteiramente lógico.⁷⁰

Lamentavelmente, o darwinismo de Holmes o fez não ver muita diferença entre os seres humanos e os animais, considerando que os valores sociais e questões éticas podem ser reduzidos a uma simples questão de dominação, poder, morte e sobrevivência

---

67 M. H. Fish, 'Justice Holmes, the Prediction Theory of Law, and Pragmatism' (1942) 39 *Journal of Philosophy* 85, p. 88.

68 Duxbury, nota 49 acima, p. 94.

69 J. W. Whitehead, *The Second American Revolution*, Crossway Books, Westchester/IL, 1988, p. 80.

70 S. Ratnapala, *Jurisprudence*, Cambridge University Press, Cambridge, 2009, p. 99.

do mais apto.⁷¹ De acordo com ele, "vale a lei do mais forte", mesmo que o resultado desse processo social conduza à destruição de direitos humanos fundamentais. "Por toda a minha vida, escarneci dos direitos naturais do homem", afirmou Holmes.⁷² O dilema enfrentado por ele pode ser resumido da seguinte forma: "O que existe de diferente nos seres humanos para que tenham direito à vida, se o mesmo direito não é reconhecido a outros animais?".⁷³

Holmes inspirou-se numa cosmovisão evolucionista para concluir que os direitos humanos não têm fundamentos concretos. Tais direitos, escreveu ele, são simplesmente "aquilo por que lutará uma dada multidão".⁷⁴ Assim, Holmes certa vez disse a Felix Frankfurter, colega seu na Suprema Corte dos EUA, que "uma lei deve ser considerada boa quando reflete a vontade das forças dominantes da comunidade, ainda que a leve para o inferno".⁷⁵ Foi esse cepticismo sobre a validade de direitos humanos – e não a limitação judicial, como afirmam alguns estudiosos – que o levou a uma ampla tolerância com os arroubos legislativos independentemente de suas implicações inconstitucionais.⁷⁶ Embora Holmes visse o Direito como dependente de decisões judiciais para a sua validade concreta, ele também via o processo legislativo em termos de "campo de batalha sem princípios cujos vitoriosos não devem ser privados de seus espólios pelos juízes".⁷⁷ De fato, comentou Holmes já em 1873:

> A legislação deve modificar-se fácil e rapidamente de acordo com a vontade do poder supremo *de facto* da comunidade (...). Os interesses mais poderosos devem refletir-se mais ou menos na legislação, a qual, como qualquer instrumento humano ou animal, deve tender no longo prazo a auxiliar na

---

71 Alschuler, nota 1 acima, p. 6.

72 Holmes para Harold J. Laski, em 15 de setembro de 1916.

73 M. B. Storer (ed), *Humanist Ethics*, Prometheus Books, Buffalo/NY, 1980, p. 156.

74 Holmes para Harold Laski, em 23 de julho de 1925, *in* M. DeWolfe Howe (ed), *The Holmes Laski Letters: The Correspondence of Mr Justice Holmes and Harold J Laski 1916-1935*, Harvard University Press, Harvard, 1953, p. 716 e 762, citado em Alschuler, nota 1, p. 6.

75 Holmes para Frankfurter, em 24 de março de 1914, *in* M. DeWolfe Howe (ed), *The Holmes Laski Letters: The Correspondence of Mr Justice Holmes and Harold J Laski 1916-1935*, Harvard University Press, Harvard, 1953, citado em Alschuler, nota 1, p. 59.

76 Alschuler, nota 1 acima, p. 58.

77 *Ibid*.

sobrevivência do mais apto (...). Não se pode condenar uma legislação apenas porque ela favorece uma classe à custa de outra, pois todas ou quase todas as legislações fazem isso (...). A legislação é necessariamente um meio pelo qual um corpo político, detendo o poder, coloca os fardos que lhe são desagradáveis sobre os ombros alheios.[78]

Holmes substituiu a tradição constitucional de "direitos alienáveis" e separação de poderes por sua própria visão de que "os corpos legislativos devem ser livres para fazer experimentos quase *ad libitum*; que os tribunais não devem refreá-los, a menos que eles tenham ultrapassado os mais extremos limites do razoável; que tudo deve ser sacrificado em nome de sua autonomia, inclusive, aparentemente, até a Declaração de Direitos Fundamentais da Constituição dos EUA (*Bill of Rights*)".[79] Assim sendo, concluiu Holmes:

> Os direitos e deveres fundamentais, dos quais se ocupa a própria doutrina jurídica (...), não são nada além de profecias (...). Um dito dever jurídico não é nada mais que a previsão de que, se um homem faz ou deixa de fazer certas coisas, sofrerá tal ou qual medida judicialmente imposta.[80]

A razão de se ter uma constituição escrita é impedir que os legisladores saiam de controle da lei. É dever do Poder Judiciário salvaguardar a constituição dos ataques promovidos por eles. Holmes, todavia, sustentava que "a principal ocupação da Suprema Corte é manter a Constituição flexível e elástica".[81] Se o que ele disse em alguns dos seus julgados fosse fielmente seguido, dificilmente haveria alguma limitação constitucional sobre a elaboração de leis a Declaração de Direitos da Constituição dos EUA restaria completamente sem sentido.[82] De fato, Holmes posicionou-se notoriamente

---

78 O. W. Holmes, 'The Gas-Stoker's Strike' (1873) 7 *American Law Review* 582, p. 583-584, citado em Alschuler, nota 1 acima, p. 58.

79 H. L. Mencken, '*Mr Justice Holmes: A Review of The Dissenting Opinions of Mr Justice Holmes by Alfred Lief*', *The American Mercury*, maio de 1930, disponível em <www.unz.org/Pub/AmMercury-1930may-00122> (acesso em 1º de novembro de 2012).

80 O. W. Holmes, 'The Path of the Law' (1897) 10 *Harvard Law Review* 457, p. 458.

81 Mencken, nota 79 acima.

82 L. Mencken comenta: 'O ponto fraco da argumentação de Holmes era a sua presunção tácita de que a voz da legislatura era a voz do povo. É objetivo da Declaração Constitucional de Direitos Fundamentais, se é que ela ainda tem algum objetivo, refrear essa nobreza rapace. Sua função é estabelecer um limite sobre

como um radical que não acreditava nos direitos constitucionais e no Estado de Direito, mas, sim, numa comunidade de concorrentes sociais bem-sucedidos. A comunidade de Holmes era "uma comunidade que não faz distinção entre a presença e a ausência da intenção, e, sim, que condena a pessoa por seus 'defeitos congênitos'".[83] Isso fica evidente em diversas passagens dos escritos de Holmes, como esta:

> Em última instância, as pessoas preferem, corretamente, seus próprios interesses aos de seus vizinhos. Isso é verdade tanto na legislação como em qualquer outra forma de ação corporativa. Tudo que se pode esperar dos avanços modernos é que a legislação se modifique fácil e rapidamente, ainda que não demasiado rapidamente, segundo a vontade do poder supremo *de facto* da comunidade; e que a difusão da compaixão por meio da educação reduza ao mínimo o sacrifício das minorias. Mas é certo que qualquer ente que possua o poder supremo em determinado momento tem interesses contrários aos daqueles que foram malsucedidos na competição. O interesse mais poderoso deve refletir-se de algum modo na legislação, a qual, como qualquer parte integrante de um homem ou de um animal, deve tender, no longo prazo, a auxiliar na sobrevivência do mais apto.[84]

---

o poder daqueles de nos saquear e oprimir em seu próprio benefício. Os Pais [Fundadores], ao elaborá-la, não tinham em mente as poderosas minorias; o que eles buscavam evitar era simplesmente a maioria'. Para mostrar como Holmes não se importava com os direitos constitucionais, mas, sim, apenas em dar amplos poderes à legislatura, Mencken cita os seguintes casos: 'Em três casos referentes à Lei de Espionagem, incluindo o caso *Debs*, pode-se encontrar uma afirmação clara da doutrina no sentido de que, em tempos de guerra, os direitos garantidos pela Primeira Emenda à Constituição dos EUA perdiam sua vigência e podiam ser postos de lado por qualquer júri que tivesse sido suficientemente advertido por um promotor público arrivista em busca de autopromoção. No caso *Fox v the State of Washington*, tomamos conhecimento de que qualquer conduta "que tenda a encorajar ou apoie o desrespeito à lei" pode ser considerada criminosa e que os atos protesto daquele que acredita ter sido injustamente condenado à prisão e de ameaça de boicotar seus acusadores podem ser tratados como aquele crime. No caso *Moyer v Peabody*, vê-se que o governador de Estado, "sem razão suficiente, mas de boa-fé", pode convocar milícias, declarar lei marcial e mandar prender qualquer um de quem ele suspeite ou desgoste, sem que, com isso, esteja susceptível "a uma ação depois de ter deixado o cargo sob o argumento de que não tinha fundamento razoável para a formação de seu juízo". E, no caso *Weaver v Palmer Bros Co*, existe uma clara inferência de que, para punir o homem hipotético A, suspeito de ter praticado uma transgressão, a legislatura estadual possa impor pesadas e intoleráveis obrigações a um homem real, B, que reconhecidamente não praticou transgressão alguma' (Mencken, nota 79).

83 Duxbury, nota 49 acima, p, 94.

84 O. W. Holmes, '*Summary of Events: The Gas Stokers' Strike*' (1873) 7 *American Law Review* 582, p. 583.

A despeito de seu darwinismo social em que a lei deve servir não ao indivíduo, mas à "vontade do poder supremo *de facto* da comunidade", Holmes reapareceu nos últimos tempos na doutrina jurídica como o coqueluche esquerda estadunidense.[85] A escola dos Estudos Jurídicos Críticos faz referência à teoria jurídica de Holmes em sua ênfase na ideia de que os direitos devem ser concebidos para proteger mais as comunidades escolhidas do que a todos os indivíduos.[86] Holmes é considerado o "herói dos progressistas" por sua tolerância para com legislações progressistas e desprezo por juízes que se utilizam da Constituição para favorecer o capitalismo de livre-mercado. Na sua divergência no caso *Lochner v New York*, Holmes criticou a decisão majoritária argumentando que, embora ela fosse "uma teoria econômica aceita por grande parte da nação, a Décima-Quarta Emenda não instituiu a Estatística Social de Herbert Spencer".[87] Ainda assim, como aqui mencionamos, o próprio Holmes era um darwinista social convicto, acreditando que "a todos os agentes econômicos, independentemente de sua classe ou *status*, deve ser garantida a igualdade de direitos na luta por sua sobrevivência no mercado".[88] Com relação à divergência aberta por Holmes no caso *Lochner*, Neil Duxbury explica:

> Holmes introduziu Spencer em seu julgamento mais com o propósito de entoar um aforismo impactante do que propriamente posicionar-se contra o darwinismo social. Holmes, de fato, declarou admirar a obra de Spencer tanto quanto a de Darwin, e, mesmo durante seus anos como juiz da Suprema Corte, ele continuou a subscrever uma cosmovisão essencialmente social-darwinista. Se ele divergia de Spencer, fazia-o por acreditar que a liberdade econômica era um privilégio tanto para as classes trabalhadoras quanto para a classe média. Certamente, foi precisamente por essa razão que ele apre-

---

85 Duxbury, nota 49 acima, p. 99.

86 Ver D. Price, 'Taking Rights Cynically: A Review of Critical Legal Studies' (1989) 48 *Columbia Law Journal* 271.

87 *Lochner v New York* 198 US 45 (1905), 76 (divergência do juiz Holmes).

88 Duxbury, nota 49 acima, p. 99.

sentou objeção ao uso judicial do darwinismo social a fim de impugnar legislação que previa direitos trabalhistas.[89]

Teoria Liberal-Evolucionista do Direito

A ideia de evolução influenciou os círculos liberais desde que Maine e Spencer adotaram a ideia para promover o liberalismo econômico. Um dos principais nomes do liberalismo de todos os tempos, Friedrich A. Hayek (1899-1992), prolífico escritor de origem austríaca, era bastante versado numa ampla gama de assuntos, como o direito, a economia, a ciência política e a sociologia. Seu livro mais conhecido, *O Caminho da Servidão* (1914), foi uma tentativa bem-sucedida de explicar o que o mundo tem a ganhar com ideologias socialistas, além da opressão e da tirania. No que tange à sua filosofia jurídica, as suas melhores contribuições estão nas obras *Os Fundamentos da Liberdade* (1960) e *Direito, Legislação e Liberdade*, publicado em três volumes entre os anos de 1973 e 1979.[90]

Hayek argumentava que devemos nos abster da pretensão de alcançar qualquer tipo de perfeição com relação a qualquer forma de conhecimento.[91] Essa linha de pensamento baseia-se na percepção de que não somos capazes de alcançar um conhecimento perfeito sobre o que quer que seja. Isto está além da nossa capacidade mental. Esta é, na prática, uma poderosa objeção a qualquer "modelo especial e providencial de Direito humano".[92] A ideia de que os seres humanos não devem agir como se possuíssem conhecimento divino confere uma "força especial à advertência para que os seres humanos não brinquem de Deus".[93] Este argumento de Hayek leva à conclusão de que melhores resultados podem ser alcançados pelo processo de autocorreção judicial, que desenvolve o Direito de precedente em precedente. Essa preferência pelo Direito como uma

---

89 *Ibid.*

90 Para uma análise da teoria liberal do Direito, inclusive a teoria liberal de Hayek, ver o **Capítulo 13**.

91 N. MacCormick, *'Spontaneous Order and Rule of Law: Some Problems' in* S. Ratnapala e G. A. Moens (ed), *Jurisprudence of Liberty*, Butterworths, Sydney, 1996, p. 69.

92 *Ibid.*

93 *Ibid*, p. 70.

ordem espontânea levou Hayek a defender os sistemas jurídicos nos quais as leis mudam gradualmente, e, não, repentinamente. Essas leis mudam preferencialmente como resultado de adaptação judicial e, não, pela mudança legislativa radical. E isso, conclui Hayek, pode trazer mais estabilidade ao ordenamento jurídico, tornando-o muito mais previsível.[94]

Como Hayek enxerga a sociedade como sustentada por ordens complexas, debruçou-se assim nas explicações científicas dessas ordens e o papel das regras em ordens complexas.[95] De acordo com ele, fenômenos complexos exibem padrões abstratos compostos de um vasto número de variáveis.[96] Estas surgem por causa da natureza das interações dos elementos.[97] Ele se referiu, neste sentido, às "ideias gêmeas de evolução e ordem espontânea" e da interação humana por meio da ordem espontânea.[98] Para Hayek, a teoria da ordem espontânea explica como as sociedades complexas podem se auto-organizar e se autogerir espontaneamente. Hayek designa-as como modelos de fenômeno complexo da ordem social da ação, a qual fornece explicações gerais sobre como esses elementos se relacionam.[99]

Segundo Hayek, a teoria evolucionista da ordem social espontânea fornece "explicações sobre a alteração e o desenvolvimento de ordens complexas, sem supor que alguém entenda plenamente o funcionamento da ordem". Há uma clara conexão entre a teoria de Hayek e a ideia darwinista de evolução. Na descrição de Hayek, "as normas jurídicas desempenham um papel análogo ao dos genes na evolução biológica; enquanto que os organismos individuais constituem-se por meio do cumprimento das instruções dos genes, a Grande Sociedade constitui-se pelo cumprimento das instruções

---

[94] Ver F. A. Hayek, *Law, Legislation and Liberty*, Vol. 2, Routledge, Londres, 1982, p. 17-24.
[95] G. F. Gaus, '*Hayek on the Evolution of Society and Mind*' in E. Feser (ed), *The Cambridge Companion to Hayek*, Cambridge University Press, Cambridge, 2006, p. 232.
[96] *Ibid*.
[97] *Ibid*, p. 233.
[98] *Ibid*.
[99] *Ibid*, p. 237.

previstas nas normas jurídicas".[100] E, ainda, "assim como a variação genética pode oferecer uma vantagem a um organismo individual na competição com outros, a variação normativa pode desempenhar o mesmo papel na competição entre a ordem social da ação".[101] Na biologia, diz Hayek, a teoria darwinista nos permite entender os princípios que regulam a evolução das espécies, revelando que alguns desenvolvimentos estão fora do conjunto de valores possíveis (por exemplo, que cavalos repentinamente dão a luz a descendentes alados).[102] "O processo de seleção funcionará na ordem como um todo", conclui Hayek.[103]

A teoria de Hayek fornece uma descrição da ascensão da ordem social, de modo que "as normas e as instituições que encontramos nessa ordem têm tido, geralmente, a função que deu à ordem uma vantagem no ambiente no qual a seleção evolutiva ocorreu".[104] Embora tenha destacado a distância entre sua ideia de evolução social e a descrição darwinista da evolução biológica, ele também enfatizava que ambas calcavam-se na competição pela sobrevivência.[105] Que certas normas tenham sobrevivido, é, para ele, uma forte evidência de que elas são adaptáveis e refletem fatos relacionados ao ambiente humano. Haveria, ao menos, a presunção de utilidade objetiva, o que resulta em limites à extensão daquilo que se pode remoldar nas suposições acerca da realidade social.

A teoria do Direito de Hayek coincide em vários sentidos com a tradição do direito consuetudinário inglês.[106] E, ainda, a teoria jurídica de Hayek é apenas semelhante, mas não idêntica, à esta tradição jurídica. Afinal de contas, o Direito Inglês é fundado na crença em leis que, segundo Sir Edward Coke, "Deus, no momento

---

100 Gaus, nota 95 acima, p. 238.

101 *Ibid*, p. 239.

102 Hayek, nota 94 acima, p. 31.

103 Hayek, nota 94 acima, p. 71.

104 Gaus, nota 95 acima, p. 239.

105 F. A. Hayek, 'The Fatal Conceit: The Errors of Socialism' in W. W. Barley III (ed), *Collected Works of F. A. Hayek – Vol. I*, Chicago University Press, Chicago/IL, 1988, p. 26.

106 D. W. Kmiec, 'Liberty Misconceived: Hayek's Incomplete Theory of the Relationship Between Natural and Customary Law' in S. Ratnapala e G. A. Moens (ed), *Jurisprudence of Liberty*, Butterworths, Sydney, 1996, p. 132.

da criação da natureza do homem, infundiu em seu coração para a sua preservação e orientação".[107] Isso equivale a dizer que, sob a perspectiva do direito consuetudinário inglês, qualquer ordem espontânea que não se baseie em normas de direito natural não conduzirá verdadeiramente à liberdade, mas, sim, à mera licenciosidade. Essa distinção era costumeiramente feita por jusnaturalistas ingleses como John Locke, cuja filosofia jurídico-política deu legitimidade à Revolução Gloriosa inglesa de 1688. Ao descrever o "estado da natureza", Locke argumentou que, "embora aquele seja um *Estado de Liberdade*, não configura um *Estado de Licenciosidade*".[108] Nessa passagem, por liberdade se entende a autonomia de ação que as pessoas devem ter. A licenciosidade se refere à autonomia de ação que as pessoas não devem ter e que, portanto, é devidamente restringida.[109] Em seu *Comentários*, Sir William Blackstone fez uma afirmação que se tornou célebre: "Deus, quando criou o homem, dotou-o de livre arbítrio para se orientar em todos os aspectos da vida. Ele estabeleceu certas leis imutáveis da natureza humana que regulam e limitam o livre-arbítrio em diferentes graus, concedendo-lhe também a faculdade da razão para descobrir o conteúdo dessas leis".[110] Blackstone sustentava assim que a liberdade genuína não é resultado de processos evolutivos, mas, sim, algo regido por leis eternas mas acessíveis a todos pela razão.

Em contraposição a isso, Hayek acreditava que o Direito (e a liberdade) é "produto da evolução cultural e se baseia mais na imitação do que em ideias ou na razão".[111] Hayek enxergava o ordenamento jurídico da sociedade como uma "ordem contínua que ninguém projetou, uma ordem que se formou a si própria, sem o conhecimento da vontade da autoridade, e muitas vezes contra ela".[112] Ele acreditava não ser correto supor que a razão humana

---

107 E. Coke, *Calvin's Case* (1608) 7 Coke Rep (12)a; 77 Eng Rep 392.

108 J. Locke, *Two Treatises of Government*, Mentor, Cambridge, 1963 (1690), p. 311.

109 R. E. Barnett, *The Structure of Liberty: Justice and The Rule of Law*, Oxford University Press, Oxford, 1998, p. 2.

110 W. Blackstone, 'Of the Nature of Laws in General' in *Commentaries on the Laws of England – Vol. I*, MacMillan, Londres, 1979, p. 29-30.

111 Hayek, nota 105 acima, p. 22.

112 F. A. Hayek, *Law, Legislation and Liberty – Vol. 1: Rules and Order*, Routledge, Londres, 1973, p.

crie e controle a evolução social, sendo mais apropriado afirmar que a evolução social criou a razão humana.[113] De fato, a teoria evolucionista de Hayek afirma que nós e todas as nossas leis somos "produto de milênios de processos evolutivos biológicos e culturais, não sendo possível esperar de nós mesmos uma compreensão maior do que aquela permitida pela indeterminação e pela complexidade dos fatores que concorreram para a nossa criação".[114] E, ainda, se a evolução realmente significa que não há ponto de referência para o Direito, então também não há fundamento absoluto para qualquer tipo de julgamento. O resultado disso é a ausência perceptível de *padrões morais objetivos* aplicáveis a todos os indivíduos em todas as circunstâncias.[115]

Interpretação Evolucionista do Direito

Um dos principais efeitos do darwinismo sobre o pensamento jurídico foi o desafio que esta teoria impôs às crenças tradicionais das sociedades ocidentais na "superioridade do imutável e do definitivo".[116] A mudança social, em termos darwinianos, é a essência do bem, que ganha significado com o processo de adaptação, sobrevivência e crescimento da sociedade. Este tipo de evolução resulta numa interpretação das leis que não mais busca por princípios absolutos, mas, sim, por processos que geram o "tipo certo" de mudança social. Sem a imutabilidade, não apenas o Direito, mas a moral, a política e a religião, ficam sujeitos a revisão constante e a transformação radicais.[117]

Os agentes políticos e judiciais da atualidade foram buscar na evolução darwinista a base para erigir uma filosofia do Direito

---

119.

113 E. Feser, '*Hayek the Cognitive Scientist and Philosopher of Mind*' *in* E. Feser (ed), *The Cambridge Companion to Hayek*, Cambridge University Press, Cambridge, 2006, p. 306.

114 *Ibid*, p. 307.

115 J. W. Whitehead, *the Second American Revolution*, Crossway Books, Westchester/IL, 1988, p. 80.

116 J. Dewey, *The Influence of Darwinism in Philosophy and Other Essays*, Henry Hold & Co., New York, 1910, p. 1.

117 B. C. S. Watson, '*Progressivism and the New Science of Jurisprudence*', *First Principles Series*, n. 24, Heritage Foundation, Washington/DC, 24 de fevereiro de 2009, p. 4-5.

baseada em "uma concepção orgânica de um Estado por princípio não-limitado".[118] Nesse sentido, as leis não são mais consideradas instrumentos para limitar o exercício do poder estatal, mas, sim, devem ser analisadas à luz duma visão "progressista" segundo a qual até mesmo as nossas leis mais fundamentais "evoluem" organicamente para atender as assim chamadas necessidades sociais. Em tais circunstâncias:

> A interpretação constitucional, portanto, envolve uma percepção e uma articulação clara da direção tomada pela transformação evolutiva para um documento que atenda às necessidades de um Estado orgânico. Aqueles que possuem uma visão da História – isto é, aqueles que têm assento na Suprema Corte – devem redefinir noções ultrapassadas de liberdade, justiça e igualdade. Seu objetivo é auxiliar o processo que está fora do controle de qualquer indivíduo ou instituição. O processo histórico é uma imensa luta pela sobrevivência (...) e a boa fortuna é indispensável para a revelação apropriada da História.[119]

Como resultado do conceito de *evolução jurídica*, muitos juízes e estudiosos do Direito postularam que as constituições escritas devam ser interpretadas como se elas fossem *documentos viventes*, ao invés de serem interpretadas de acordo com seu sentido original (ou literal).[120] Essa visão aparentemente "progressista" enxerga as constituições escritas como documentos antiquados que precisam ser constantemente "revisados" e "atualizados" pela elite judicial. Os magistrados são, dessa forma, chamados a dar um significado "atual" ao texto constitucional, "conforme a percepção de sucessivas gerações do povo, refletida no tribunal".[121] Portanto, conceito

---

118 *Ibid*, p. 11.

119 *Ibid*, p. 13.

120 Juiz da Suprema Corte dos EUA Antonin Scalia: "O Grande Cisma na interpretação constitucional não está entre a intenção e o significado objetivo dos constituintes [estadunidenses], mas, sim, entre o sentido original (originário ou não da intenção dos constituintes) e o sentido atual. A corrente de interpretação constitucional predominante afirma a existência daquilo que é chamado de Constituição Vivente, um ordenamento jurídico que (diferentemente dos diplomas normativos normais) cresce e se transforma a cada época, a fim de atender às necessidades duma sociedade em transformação" (A. Scalia, *A Matter of Interpretation*, Princeton University Press, Princeton/NJ, 1997, p. 38).

121 *Brownlee v R* (2001) 207 CLR 278 em [105] pelo juiz Kirby. No caso *Eastman v R* [2000] HCA 29 em [242], o juiz Kirby declarou: "A Constituição deve ser lida de acordo com a compreensão atual do

de "Direito vivente" oferece poucos limites à amplitude esgarçada dos poderes dos juízes para "interpretarem" a "lei" de maneira livre e descontrolada. Sem dúvida alguma, a ideia de uma "constituição vivente" confere a oportunidade para os juízes seguirem em qualquer direção num determinado assunto, segundo suas preferências pessoais.[122]

Em última análise, a designação constitucional de um direito fundamental depende da maneira pela qual o magistrado ou o legislador enxergam a Constituição.[123] A cosmovisão evolucionista, geralmente vê o indivíduo isolado como medida moral – e medidor moral – de todas as coisas. Vistos através das lentes dessa visão de mundo, os indivíduos determinam a liberdade com base na conveniência pessoal e, assim – sem considerar quaisquer padrões objetivos de certo e errado –, criam o Direito.[124] Isso pode levar a uma perda gradual das liberdades, pois, através desta moral relativista,

---

seu significado para atender, na medida daquilo que o texto admite, às necessidades do governo do povo australiano." No caso *New South Wales v Commonwealth* (*WorkChoices case*) [2006] HCA 52 em [472], o juiz Kirby afirmou: "Uma vez que a Constituição concede poderes legislativos a uma legislatura nacional, é adequado interpretar a previsão de cada chefe de Poder expresso no art. 51 com toda a generalidade admitida pelas palavras empregadas. A palavras também precisam ser interpretadas à luz da sua função constitucional. Elas devem refletir o fato de que a Constituição é um "documento vivente", concebido para responder às necessidades decorrentes das transformações através do tempo. Não se devem inferir limites aos desdobramentos de outros Poderes de forma a afetar também um sujeito determinado só por causa da existência de um dispositivo legal com um escopo mais específico [notas de rodapé omitidas]." Ver ainda M. Kirby, '*Constitutional Interpretation and Original Intent – A Form of Ancestor Worship?*', palestra proferida no Seminário Sir Anthony Mason de 1999, na Faculdade de Direito da Universidade de Melbourne, em 9 de setembro de 1999. Não obstante, como destaca Robert H. Bork, "Os valores que um magistrado revisionista aplica (...) vêm da lei. Se eles de fato vêm da lei, o juiz não os estaria revisando. A questão, portanto, é saber de onde o juiz tira os valores que aplica. Acadêmicos buscam oferecer vários aparatos filosóficos que forneçam aos juízes os valores adequados (...). Um magistrado que insira novos princípios na Constituição indica-nos a origem destes apenas através de discurso retórico, jamais analítico. Todavia, existe um bom motivo para suspeitar que o magistrado esteja absorvendo aqueles valores que ele insere na lei da classe social ou da elite com a qual se identifica. A visão moral ou política de uma elite jamais poderá ganhar uma eleição ou obter a maioria dos votos de uma legislatura, mas pode, não obstante, influenciar magistrados e, assim, ganhar a força de lei. Por essa razão é que o ativismo judicial é altamente popular entre certas elites e é por isso que estas encorajam os magistrados a pensarem no o ativismo judicial é o aspecto mais elevado de seu mister. É muito mais provável que a legislação emanada do Poder Legislativo reflita o sentimento da maioria, ao mesmo tempo em que é mais provável que o ativismo judicial represente o sentimento de uma elite minoritária. O magistrado é livre para manifestar a "melhor" opinião porque ele não precisa se submeter a uma reeleição e porque ele pode escapar da fúria da maioria alegando estar simplesmente fazendo valer a Constituição. A doutrina constitucionalista é um terreno misterioso para a maioria das pessoas, que têm coisas mais prementes com que se preocupar. E esse fato é muito conveniente para os revisionistas" (R. H. Bork. *The Tempting of America*, Touchstone, New York, 1991, p. 6-17).

122 T. Sowell, *Intellectuals and Society*, Basic Nooks, New York, 2009, p. 167.

123 W. Wagner, '*The Jurisprudential Battle Over the Character of a Nation: Understanding the Emerging Threats to Unalienable Liberty in America*' in S. Ratnapala e G. A. Moens, *Jurisprudence of Liberty*, LexisNexis Butterworths, Sydney, 2011, p. 302.

124 *Ibid*, p. 300.

o Poder Judiciário poderá interpretar a Constituição como um organismo vivente, contudo baseados nas preferências evolutivas daqueles que detêm o poder judicial.[125] Este resultado final, segundo o constitucionalista estadunidense William Wagner, pode ser descrito da seguinte maneira:

> Invocando sua formação jurídica para fazer parecer estarem aptos a modificar ativamente a Constituição, os juízes buscam nas penumbras do Direito meios de moldar subjetivamente as liberdades fundamentais que, em sua opinião pessoal, requerem proteção judicial contra expressões políticas da vontade do povo sujeitas a controle (i.e. o direito à contracepção, ao aborto, etc.). Defensores dessa corrente afirmam que juízes não-eleitos estão autorizados a avaliar, segundo sua visão pessoal, se a evolução dos costumes sociais justifica considerar que determinado direito individual está sujeito aos limites da ordem pública. Quando o juiz conclui em sentido afirmativo, está ungindo judicialmente aquele direito com status de "fundamental". Sem critério moral objetivo como medida, o Direito e a liberdade tornam-se o que o juiz quiser que eles sejam em determinada situação ou determinado momento. A insindicabilidade é, neste particular, coerente com uma filosofia política da "sobrevivência do mais apto"; a vida humana (como mero efeito colateral de um acidente evolutivo cósmico) não tem valor especial a ser respeitado por aqueles que detêm posições de poder.[126]

Roscoe Pound (1870-1964)

A era progressista dos Estados Unidos testemunhou o avanço de uma tendência que viria a se tornar dominante, primeiro entre os acadêmicos, e, depois, nos tribunais. Essas ideias progressistas foram divulgadas por Roscoe Pound, estudioso do Direito que defendia que os magistrados devam ser encarregados de revelar a "real natureza do Direito", de acordo com as "necessidades vitais da

---
125 *Ibid*, p. 297.
126 *Ibid*, p. 305.

vida atual".[127] Pound, que veio a se tornar diretor da Faculdade de Direito de Harvard, referia-se, já em 1908, à conveniência de "uma constituição viva pela interpretação judicial".[128]

Ao condenar as "doutrinas jurídicas mecanicistas" por sua "deficiência em responder aos interesses vitais da vida atual"[129], Pound clamou por "um despertar da atividade jurídica e por decisões judiciais orientadas pelos resultados".[130] Embora pareça vislumbrar um ordenamento jurídico em conformidade com o senso moral da comunidade, na verdade, Pound defendia que uma elite ungida transformasse a natureza do Direito para que este se conformasse àquilo que é definido como as "necessidades vitais da vida atual", a despeito desta estar em constante desacordo com a opinião do povo, cujo "sentido moral o Direito supostamente foi feito para estar de acordo".[131]

Contudo, Pound não foi o primeiro defensor do conceito de constituição vivente. Alexander H. Stephens (1812-1883), líder escravagista, advogado na Geórgia e vice-presidente dos Estados Confederados durante a Guerra Civil, foi o precursor maior da moderna teoria da "constituição vivente". Em discurso proferido no Senado dos EUA, em 1891, afirmou ele que os Estados Confederados eram sociedades mais progressistas, "a própria antítese da sociedade tradicional".[132] Para Stephens, a ideia de evolução jurídica implicaria numa reinterpretação da "velha constituição" para atualizá-la segundo as necessidades atuais da sociedade.[133]

---

127 R. Pound, 'Mechanical Jurisprudence' (1908) 8 Columbia Law Review 614.
128 Ibid, p. 615.
129 Ibid, p. 614.
130 Ibid, p. 612.
131 R. Pound, 'The Need of a Sociological Jurisprudence', The Green Bag, outubro de 1907, p. 611-612.
132 H. V. Jaffa, 'What Were the Original Intentions of the Framers of the Constitution of the United States?' in H. V. Jaffa, B. Ledewitz, R. L. Stone e G. Anastaplo (ed), Original Intent and the Framers of the Constitution: A Disputed Question, Regnery Gateway, Washington/DC, 1994, p. 48.
133 Ibid.

Considerações Finais

Para serem coerentes com a teoria da evolução, os juristas podem pensar ser necessário incorporar uma cosmovisão que negue a existência da fatores metafísicos inerentes a proteção dos assim chamados direitos inalienáveis e, portanto, oponíveis ao Estado. Se os seres humanos evoluíram, assim deve ser com as suas leis, que não são nem imutáveis e nem se assentam em princípios universais de moralidade e justiça.[134] Nessa cosmovisão, a única coisa verdadeiramente estável é a própria *transformação*. Como tal, toda a tradição jurídica ocidental de "direitos inalienáveis" pode ser inteiramente descartada como mera superstição de indivíduos de uma era menos iluminada. Esse novo paradigma explica como o alto prestígio de outrora de juristas britânicos como Fortescue, Coke e Blackstone praticamente não subsiste mais, assim como seus ensinamentos, que geralmente são transmitidos de forma inadequada na imensa maioria das faculdades de Direito atuais.

---

[134] R. J. Rushdoony, *Law and Liberty*, Ross House, Vallecito/CA, 1984, p. 40.

CAPÍTULO 5

HISTORICISMO JURÍDICO ALEMÃO

Considerações Iniciais

As origens do historicismo jurídico alemão remontam ao século XVIII e têm suas raízes numa reação "romântica" contra o jusnaturalismo. De maneira mais precisa, este historicismo jurídico surgiu como reação contra o racionalismo, o universalismo e o individualismo percebidos na teoria jusnaturalista. Em lugar de um direito natural pairando sobre o mundo com seu sistema de valores universais e absolutos, os historicistas alemães viam o Direito primordialmente como um produto do *Volksgeist*, ou o "espírito do povo", imerso no movimento de sua "vida coletiva".

O historicismo jurídico alemão sustentava que a evolução do Direito está ligada ao crescimento da nação como "organismo vivo". Esse crescimento é lento e extrai sua força do *Volksgeist*. Porque o Direito é percebido como sendo não um produto da razão, mas como condição sociocultural, o seu progresso não deve ser nem acelerado nem obstruído pela intervenção do legislador. A evolução orgânica do Direito é tida como um processo contínuo de maturação histórica, que se desenvolve natural e inconscientemente. Tal entendimento de "progresso natural" do Direito não é um argumento em favor do indivíduo nem das pequenas associações. Ao contrário:

é um argumento em favor do poder orgânico do Estado como entidade soberana e manifestadora da vontade coletiva da nação. Os historicistas jurídicos alemães enxergam o Estado como a personificação máxima de toda manifestação cultural, intelectual, ética e espiritual dentro de uma "nação vivente".

Carl von Savigny (1779-1861): "O Darwin da Ciência do Direito"

Oriundo duma família aristocrática de guerreiros, Friedrich Carl von Savigny foi o mais proeminente representante da escola historicista do Direito alemã. Quando da fundação da Universidade de Berlim em 1810, Wilhelm Von Humboldt, na qualidade de chefe do novo sistema educacional prussiano, ofereceu a Savigny a cátedra de Direito, a qual ele aceitou e na qual permaneceu até 1842. Em 1819, Savigny foi nomeado juiz do Tribunal de Revisão e Cassação em Berlim. Em 1842, ele se tornou o ministro da Justiça da Prússia, cargo que ocupou até 1848.

Foi Savigny que trouxe a ideia de evolução do Direito na Alemanha. Ele entrou em cena num momento em que os pensadores alemães de tipo hegeliano buscavam demonstrar o processo de evolução das sociedades.[1] Savigny achou assim que o sentido da história ou da evolução era um elemento necessário no estudo do direito.[2] Ele acreditava que o Direito é formado pelas forças silenciosas derivadas do costume e do consentimento popular. Savigny era de tal maneira contrário à codificação legal, a qual, pensava ele, aprisionaria a evolução do Direito numa gaiola de ferro. Para ele, a valorização da história é a única salvaguarda contra "um certo tipo de autoengano" que enxerga nos valores de uma pessoa algo a ser aplicado a todos. Savigny acreditava ainda que é necessário pesquisar as fontes, origens e evolução histórica das instituições jurídicas e

---

1 J. E. G. de Montmorency, 'Friederich Carl von Savigny' (1910) 11(1) *Journal of the Society of Comparative Legislation* 32, p. 34.

2 *Ibid*, p. 33.

das normas legais. Ademais, tal pesquisa deveria enfatizar a individualidade de cada povo com relação a todos os outros.[3]

Savigny argumentava ainda que as leis se baseiam numa forma de consciência popular (*Volksgeist*) que evolui através do tempo a fim de refletir o "espírito da comunidade". Os códigos legais do século XVIII haviam sido concebidos com base na premissa de que um conjunto de pessoas, por meio do exercício da razão, poderia criar um sistema completo de leis aplicáveis para todos os tempos. Savigny, por outro lado, acreditava que "cada nação tem peculiaridades de costumes e hábitos que não podem ser apreendidas em códigos ou tratados, ou sequer inteiramente em suas decisões judiciais".[4] Sua teoria do *Volksgeist* era, portanto, incompatível com a codificação das leis baseadas em princípios de natureza universal.

Savigny admitia que a legislação (fora a legislação "política", a qual ele não comentava) pode ser usada para aprimorar procedimentos e oficializar o Direito costumeiro.[5] A fim de criticar a codificação legal, ele adotou uma posição estritamente hegeliana: Seria impossível anular impressões e modas do pensamento dos juristas de hoje – impossível mudar completamente a natureza das relações jurídicas existentes; e sobre essa dúplice impossibilidade repousa a conexão orgânica e indissolúvel das gerações e das eras, dentre as quais apenas o desenvolvimento – e não o final absoluto e o começo absoluto – é concebível.[6] É apenas por meio da história que o Direito pode ser conectado com o estado do povo, embora "a perda dessa conexão deva retirar de cada povo a melhor parte da sua vida espiritual".[7] Qualquer processo não-histórico, acrescentava ele, faz o Direito perder toda sua consciência de nacionalidade. Savigny assim definia o objetivo maior de toda sua teoria historicista do Direito: "rastrear cada sistema estabelecido até sua raiz, e, assim,

---

3 A. Rahmatian, '*Friederich Carl Von Savigny's Beruf and Volksgeistlehre*' 28(1) *The Journal of Legal History* 1, p. 8.

4 E. Patterson, *Jurisprudence: Men and Ideas of the Law*, The Foundation Press, Brooklyn/NY, 1953, p. 414.

5 *Ibid*, p. 413.

6 Montmorency, nota 1 acima, p. 46.

7 *Ibid*, p. 47.

descobrir um princípio orgânico, de modo a poder distinguir aquele que ainda tem vida daquele que é sem vida e apenas pertence à história".[8]

Em 1814, época em que Savigny trabalhava como professor particular de Direito do príncipe real da Prússia, ele publicou uma pequena obra intitulada *Da Vocação de Nossa Era para a Legislação e para a Ciência do Direito*. O livro, que permaneceu extremamente influente ao longo do século XIX, critica o sistema de codificação imposto na Europa. Era a sua resposta a uma obra anterior do professor de Heidelberg A. F. J. Thibaut chamada *Sobre a Necessidade de um Código Civil para Toda a Alemanha*, também publicado em 1814. O debate entre esses dois proeminentes juristas alemães ficou conhecido como a "controvérsia da codificação". Savigny rejeitava a ideia de codificação do direito privado, em particular a alegação de Thibaut de que um código civil deveria ser estabelecido para toda a Alemanha como meio de unificar a nação.[9] O Código Civil napoleônico, rebatia Savigny, "serviu-lhe como uma amarra para acorrentar nações. E, por essa razão, seria objeto de terror e abominação de nossa parte, ainda que goze de toda a excelência intrínseca pretendida".[10] Ele estava determinado a restaurar o progresso "natural" do direito germânico, apelando a uma "Teoria do Direito real e vivente" que não pudesse ser encontrada em nenhum dos códigos civis ou numa proposta de novo código civil alemão.[11] Dentro desta perspectiva, de acordo com Rahmatian:

> A codificação de um sistema jurídico é um indicador de declínio do desenvolvimento orgânico de um corpo vivente de leis e de sua ciência do Direito no curso da história. O movimento de codificação do tempo de Savigny era, em sua opinião, conduzido por conceitos artificiais de Razão que desconsideravam as leis existentes e eram desconectados da consciência e da história do povo. Em lugar disso, o operador do Direito deve antes ser apto a entender a história que deu a cada época

---

8 *Ibid*.
9 Rahmatian, nota 3 acima, p. 2.
10 Montmorency, nota 1 acima, p. 43.
11 *Ibid*, p. 48.

e instituição jurídica (...) a sua forma particular, e, em segundo lugar, deve avaliar seu lugar num contexto sistêmico mais amplo.[12]

A obra *Da Vocação de Nossa Era para a Legislação e para a Ciência do Direito* de Savigny advoga uma complexa teoria da evolução do Direito especulativa e antirracionalista.[13] Não foi, contudo, escrita de uma forma completamente clara e concisa e parece, em certas partes, "um texto de obscuridade quase mística".[14] Nessa obra, Savigny trabalhou na ideia de que o Direito é produto do desenvolvimento orgânico da comunidade, que abrange a cultura, a tradição e o caráter do povo.[15] Savigny ataca a ideia do conceito de direitos inalienáveis por considerá-la inteiramente abstrata e subproduto do Iluminismo do final do século XVIII. Cada indivíduo é, antes de tudo, um membro do corpo orgânico da comunidade, assim como cada época, numa nação, compreende a continuidade de épocas anteriores. A história é enxergada como o caminho que conduz ao "conhecimento da nossa própria condição".[16] Savigny concluiu que o Direito, nesse sentido, deve adaptar-se às condições evolutivas da comunidade vivente, de modo que a evolução do Direito não pode jamais ser comprometida por formulações mais abstratas ou metafísicas, incluindo-se aqui a própria ideia de direitos inalienáveis.

O *magnum opus* de Savigny é o seu livro de oito volumes intitulado *História do Direito Romano na Idade Média* (cinco publicados em 1840-1841 e o resto em 1847-1849). O trabalho amplia as suas visões anteriormente expressas em seu livro *Da Vocação*. Assim, Savigny explica que o objetivo da Escola Historicista não é "subordinar o presente ao império do passado", mas, sim, criar uma visão de "ciência jurídica" que consista no reconhecimento unifor-

---

12 Rahmatian, nota 3 acima, p. 7.
13 *Ibid*.
14 *Ibid*, p. 3.
15 *Ibid*, p. 5.
16 F. C. von Savigny, *On the Vocation of Our age For Legislation and Jurisprudence*, trad. A. Hayward, Londres, 1831, citado em G. S. Jones, '*Communism*' *in* K. Marx e F. Engels, *The Communist Manifesto*, Penguin, Londres, 2002, p. 152.

me do valor e da independência de cada época, e isso meramente atribui o maior peso ao reconhecimento da conexão vivente que entrelaça o presente com o passado. Sem tal reconhecimento, reconhecemos apenas a aparência externa da condição jurídica do presente, não atingindo a sua natureza interna.[17]

Em laudatório artigo publicado em 1910 no jornal do *British Institute of International and Comparative Law* [Instituto Britânico de Direito Internacional e Comparado], J. E. G. de Montmorency comentou que a obra de Savigny sobre "a história e evolução do Direito" tê-lo-ia colocado "entre os maiores juristas do mundo".[18] Savigny é chamado por este jurista inglês de "Darwin da ciência do Direito" porque muitas realizações desse "grande alemão" na área do conhecimento jurídico de assemelhariam às realizações de Charles Darwin na ciência biológica.[19] Assim como ocorreu com Darwin no terreno do naturalismo biológico, afirmava Montmorency, teria sido Savigny, que, como primeiro jurista alemão a reconhecer a importância da evolução, estabeleceu as bases historicistas a partir das quais se rastreiam séculos de modificação do Direito. De acordo com Montmorency:

> [Savigny] nos mostrou que o Direito (...) é ele próprio obediente ao processo cósmico. Mostrar que o Direito é ele próprio expressão do processo jurídico que atravessa os séculos foi por si só uma realização da mais alta ordem, mas prosseguir para rastrear, como Savigny rastreou, o que podemos chamar de história natural do Direito, rastrear seu crescimento orgânico como coisa vivente, evoluindo juntamente com a evolução das raças, dos reinos e das línguas, foi um triunfo ainda maior. Quando pensamos na aparente massa caótica de material no qual Savigny introduziu uma lei evolucionária, ou, ainda, indicou o processo pelo qual, operando com esse material, as forças jurídicas ajustaram-se elas mesmas às necessidades de sucessivas épocas, fica difícil resistir à ideia de colocá-lo entre os pensadores europeus de primeira linha.[20]

---

17 Citado em Montmorency, nota 1 acima, p. 48.

18 *Ibid*, p. 51.

19 *Ibid*.

20 Montmorency, nota 1 acima, p. 52.

Historicismo Jurídico Alemão e Hegelianismo

Georg W.F. Hegel (1770-1831) foi uma figura marcante. Ele é considerado por muitos como a figura mais imponente do idealismo germânico e um dos fundadores da filosofia moderna ocidental. A filosofia de Hegel, mas conhecida por Hegelianismo, substituiu a ideia de Direito natural pelo conceito de Direito como encarnação da moral comunal que transcende qualquer moral privada. A teoria hegeliana de Direito, contudo, repudiava o jusnaturalismo por considerá-lo repleto de "fantasias subjetivas" e que restringia a ciência do Direito à análise expositiva de conceitos jurídicos abstratos. O hegelianismo considerava não apenas ter o direito, mas o dever, de deduzir detalhadamente dados concretos do desenvolvimento histórico e as suas aplicações ao Direito, bem como extrair suas consequências.[21]

Publicado em 1821, a obra de Hegel *Princípios Filosofia do Direito* descreve o Estado como "organismo vivente", a "manifestação do Divino na Terra" e "a marcha de Deus pelo mundo".[22] O Estado é considerado como entidade baseada em instituições que preexistem aos indivíduos e "os conduzem ao exercício de sua vontade e personalidade em concordância com o Direito positivo, que expressa a vontade do Estado".[23] Partindo disso, todo Direito na visão hegeliana é um Direito emanado pelo Estado. Hegel desenvolveu uma filosofia dialética que todavia se opunha à ideia de que o Direito emanado pelo Estado venha a ser primeiramente encontrado na consciência do povo como uma necessidade interior manifesta no desenvolvimento histórico das instituições jurídicas de cada nação, a ser elaborada e refinada pela análise conceptual dos juristas.[24]

A Escola Historicista do Direito opõs à ideia de Estado como mera ficção jurídica ou pessoa jurídica formal. O Estado é

---

21 J. Bjarup, "*Continental Perspectives on Natural Law Theory and Legal Positivism*" *in* M. P. Golding e W. A. Edmunson (eds), *The Blackwell Guide to the Philosophy of Law and Legal Theory*, Blackwell, Melden/MA, 2005, p. 292.

22 G. Hegel, *Philosophy of Law*, §§ 258, 269, 270 e 272.

23 G. Hegel 1991, § 212, citado em Bjarup, nota 21 acima, p. 292.

24 F. C. von Savigny (1840), citado em Bjarup, nota 21 acima, p. 292.

visto não como uma construção formal, mas como uma entidade orgânica que cresce por meio de "acordos jurídicos celebrados entre associações menores".²⁵ Nesse historicismo jurídico, o *Volk* incorpora a Mente Eterna como encarnação de Deus no tempo e no espaço, embora se manifeste apenas pelo poder do Estado, o qual reflete o corpo político e/ou organismo social, de modo a "incorporar um grande número de acordos jurídicos celebrados entre associações distintas menores e a evoluir a partir deles".²⁶ Ao criar o Direito, o Estado reconcilia a moral privada dos seus membros individuais com o sistema jurídico formal que se desenvolveu sobre um sistema de ética social, que é o fim último da mente do *Volk*.²⁷ Consequentemente, como resultado final da Escola Historicista do Direito, comentou Abraham Kuyper:

> (...) muitos alemães começam a acreditar firmemente que o Estado é a maior, mais rica e mais perfeita ideia da relação entre os homens. Dessa forma, o Estado tornou-se uma ideia mística. O estado era considerado um ser misterioso, com um ego oculto, com uma consciência estatal em lento desenvolvimento e com uma crescente e potente vontade estatal, as quais, por um lento processo, esforçam-se para alcançarem, sem perceber, o mais alto objetivo estatal. O povo não era entendido (...) como a soma total dos indivíduos. Considerava-se (...) que o povo era não um agregado, mas uma totalidade orgânica. Esse organismo deve necessariamente ter seus membros orgânicos. Vagarosamente esses órgãos chegaram ao seu desenvolvimento histórico. Por meio desses órgãos a vontade do Estado opera, e tudo deve curvar-se perante a sua vontade. Essa vontade de Estado soberana pode revelar-se numa república, numa monarquia, num déspota asiático, num tirano como Filipe de Espanha ou um ditador como Napoleão. Essas são apenas formas às quais se incorpora a ideia de Estado. Os estágios de desenvolvimento são um processo sem-fim, mas, em qualquer forma que esse ser místico do Estado se revele,

---

25 J. Seitzer e C. Thornhill, 'An Introduction to Carl Schmitt's Constitutional Theory: Issues and Context' in J. Seitzer, *Carl Schmitt: Constitutional Theory*, Duke University Press, Durham/NC, 2008, p. 12.

26 *Ibid*, p. 12.

27 E. Barker, '*Introduction*' in O. Gierke. *Natural Law and the Theory of Society*, Cambridge University Press, Cambridge, 1950, p. 1.

a ideia permanece suprema: o Estado rapidamente afirma sua soberania e para cada membro do Estado ela segue sendo a pedra-de-toque de sabedoria a dar vazão a essa apoteose estatal.[28]

Otto von Gierke (1841-1921): A Teoria Organicista do Estado

Otto von Gierke é a figura mais proeminente da segunda geração de historicistas alemães. Nomeado professor de Direito em Berlim em 1887, pelo peso de sua cátedra e por suas publicações altamente influentes, Gierke consolidou a tradição historicista do *Volksgeist*, bem como a filosofia do *Volksrecht*. Ao fazê-lo, ele tomou de empréstimo do hegelianismo a teoria de Estado como organismo vivente da mais alta ordem, o qual é, portanto, a manifestação maior de todas as organizações humanas, bem como a soma total de todos os agrupamentos humanos por meio dos quais a vida é plenamente incorporada e preenchida.[29] Nesta concepção organicista o Estado deve ser tratado como uma pessoa real, se bem que uma pessoa superior e mais poderosa dos que os indivíduos. Partindo desse ponto-de-vista, escreveu Ernest Baker:

> A sociedade e o Estado têm em si mesmos a natureza das estruturas biológicas ou organismos, no sentido de que eles são análogos a essas estruturas e de que devem ser entendidos nos mesmos termos e pela mesma linguagem (...). É um ponto-de-vista que faria com que tanto o direito quanto a ciência política ficassem tributários da biologia com relação aos seus conceitos voltados para a compreensão de seu objeto e à linguagem utilizada para expressar seus conceitos.[30]

Gierke entendia que agrupamentos humanos têm a capacidade de se tornarem, verdadeiramente, pessoas reais. Na natureza das coisas, comentava ele, existem verdadeiras pessoas grupais cuja essência é do mesmo tipo da dos indivíduos que as compõem. Por

---

28 A. Kuyper, *Lectures on Calvinism*, Hendrickson, Peabody/MS, 2008, p. 75-76.
29 Barker, nota 27 acima, p. xxiv.
30 *Ibid*, p. xxix.

trás do Estado, diz Gierke, há, portanto, um verdadeiro ser grupal, do mesmo modo em que há uma pessoa humana real por trás de qualquer pessoa jurídica individual. Esse foi o primeiro passo para a "plenitude soberana do poder" e para a elevação do Estado acima de indivíduos e grupos sociais. "A autoridade do Estado", afirmava Gierke, "é o mais elevado direito sobre a Terra".[31] Tal visão hegeliana é exposta muito vividamente neste excerto de um discurso de 1902 proferido por Gierke na Universidade de Berlim sobre a "Natureza dos Grupos Humanos":

> O Todo não pode estar dentro de nós porque somos apenas partes do Todo (...). Indiretamente (...) podemos deduzir, dos efeitos das comunidades sobre nós, a conclusão de que os Todos sociais têm uma natureza corpóreo-espiritual (...). Em nosso dia-a-dia, qualquer esforço de introspecção cuidadosa bastará para nos convencer da existência dessas forças espirituais. Mas há épocas em que o espírito da comunidade revela-se para nós com um poder elementar, numa forma quase visível, preenchendo e conduzindo nosso ser interior numa tal extensão que dificilmente teremos ainda consciência de nossa existência individual como tal.[32]

A crença de Gierke na "presença viva do Estado" é a filosofia do Estado suprapessoal que o vê como organismo vivente o corpo político estatal absorver toda vida humana e toda possível individualidade. Na prática, tal teoria facilmente levaria – como de fato levou – a uma justificação teórica do totalitarismo estatal. Como muito bem elucidou Barker:

> Se fizermos dos grupos pessoas reais, faremos do Estado-nação uma pessoa real. Se fizermos do Estado uma pessoa real, com vontade real, criaremos um verdadeiro Leviatã – um Leviatã que não é um autômato, como o Leviatã de Hobbes, mas uma realidade vivente. Quando sua vontade colidir com outras vontades, ele pode alegar que, por ser superior, deve e vai prevalecer. E sua vontade suprema poderá, assim, tornar-se uma força suprema. Se e quando isso acontecer, não

---

[31] O. Gierke, *Das Wesen der Menslichen Verbände*, p. 28, citado em Baker, nota 27 acima, p. xxxiii.

[32] Barker, nota 27 acima, p. xix.

apenas poderá o Estado tornar-se a única pessoa real e o único grupo real que elimina ou assimila todos os outros, mas também poderá tornar-se um mero poder pessoal que elimine a sua própria real natureza como propósito específico voltado ao Direito e ao Correto.[33]

Considerações Finais

Os historicistas jurídicos alemães veem as nações e grupos étnicos inteiros como unidades naturais que evoluem principalmente através do Estado. Eles entendem que o Direito deve dissociar-se de quaisquer considerações metafísicas. Nesse sentido, a ideia de direitos inalienáveis (e de princípios universais que imponham obrigações morais ao Estado) é inteiramente rechaçada, e afirma-se que as leis são inteiramente o produto de um processo histórico e, desse modo, fadadas a serem substituídas por leis futuras.[34] O resultado disso é não apenas o positivismo jurídico, mas também o niilismo moral, pois os únicos critérios que subsistem são aqueles de caráter inteiramente subjetivo.[35] Assim, não levou muito tempo para que o historicismo jurídico alemão se degenerasse em um movimento de completo relativismo moral.[36]

Indiscutivelmente, o clamor pelo conhecimento histórico do Direito pode levar não apenas a um desejo sincero por uma investigação histórica do Direito, mas também pode fazer com que a própria ideia de Direito torne-se desconectada de tudo que se considere de natureza eterna, objetiva e universal.[37] De fato, a premissa

---

33 *Ibid*, p. xxxv.

34 L. Strauss, *Natural Right and History*, University Chicago Press, Chicago, 1965, p. 25.

35 *Ibid*, p. 18.

36 J. M. Kelly. *A Short History of Western Legal Theory*, Oxford University Press, Oxford, 1992, p. 324.

37 Bernhard Windscheid resumiu o impacto da Escola Historicista sobre o jusnaturalismo: "O sonho do Direito natural acabou". Trinta anos depois, no entanto, admitiu a contragosto que o sonho de um "Direito universal, fixo e imutável fundado na razão" era existente. Esse reconhecimento levou Karl Bergbohm a apresentar uma investigação abrangente sobre o pensamento jusnaturalista, de modo a anular seus efeitos perniciosos de uma vez por todas. Bergbohm afirma que o conceito de Direito deve ser um conceito unitário. O que importa é substituir a "doutrina idealista" pela "doutrina realista do Direito positivo" (...). O Direito positivo pode ter qualquer conteúdo, dependendo da vontade do legislador. Assim, Bergbohm endossa a resposta voluntarista, sustentando que o Direito positivo pode ser identificado apenas por referência a sua fonte. Para Bergbohm, a existência do Direito está relacionada à ciência do Direito expositiva, cuja tarefa é apresentar uma apreciação científica, fundada na experiência (...). Para ele, considerações ét-

historicista de que a justiça é convencional aparenta implicar que nenhum princípio se assente sobre a natureza humana, mas que todas as leis têm seu próprio fundamento nas decisões habituais derivadas de acordos temporais. O problema dessa perspectiva historicista, como apontou com maestria Leo Strauss:

> (...) é que todas as sociedades têm seus ideais: as sociedades canibais não menos que as civilizadas. Se os princípios são suficientemente justificados pelo fato de que são aceitos por uma sociedade, os princípios do canibalismo são tão defensáveis ou sólidos quanto os da vida civilizada. Partindo desse ponto-de-vista, os referidos princípios não podem ser rejeitados por serem simplesmente maus (...). O problema não pode ser resolvido de maneira racional se não temos um critério como referência, a partir do qual possamos distinguir as necessidades genuínas das necessidades desejadas e discernir a hierarquia de vários tipos de necessidade genuína.[38]

---

nicas, políticas e econômicas não são questões para os juristas, como tais" (Bjarup, nota 21 acima, p. 292).

38 Strauss, nota 34 acima, p. 34.

CAPÍTULO 6

TEORIA JURÍDICA NACIONAL-SOCIALISTA

Considerações Iniciais

Podemos aprender com os famigerados nazistas todas as lições sobre desvalorização da vida, da liberdade e da dignidade humanas. Este capítulo trata dos fundamentos filosóficos do ordenamento jurídico nacional-socialista. A ideologia do nacional-socialismo foi moldada, sobretudo, mediante a combinação da glorificação de Estado e uma forma nacionalista do socialismo com um tipo de darwinismo social pseudocientífico. Este capítulo discute esses pilares filosóficos e investiga o contexto histórico do período pré-nazista, que lançou as bases para a doutrina nacional-socialista. Por fim, o capítulo analisa o papel desempenhado por profissionais do Direito (advogados, magistrados e acadêmicos) na debilitação da justiça e da legalidade durante o Terceiro Reich.

Nazismo e Socialismo

A ideologia nacional-socialista encontra seu homólogo no movimento fascista introduzido por Benito Mussolini na Itália depois da Primeira Guerra Mundial. Mussolini foi filho de pai anarquista e de mãe marxista, tendo-se tornado, em 1912, aos 29 anos de idade, um dos jornalistas socialistas mais influentes na Europa.¹ Naquele ano, assumiria ele o controle do Partido Socialista Italiano no Congresso de Régio da Emília (*Reggio Emilia*), opondo-se aos parlamentos "burgueses" e propondo que o socialismo italiano fosse inteiramente marxista. "Marx", escreveu Mussolini naqueles dias, "é o pai e o mestre (...), ele é um filósofo magnífico da violência da classe trabalhadora".² Sobre a sua própria aspiração política, comentou ele que "desejava preparar a Itália e acostumá-la à guerra para o dia do maior banho-de-sangue de todos, quando as duas classes fundamentalmente hostis confrontar-se-ão no julgamento supremo".³ Às vésperas da Segunda Guerra Mundial, Mussolini previu entusiasmado que "com o desencadeamento de um forte confronto de povos, a burguesia mostrará sua última cartada e será invocado à cena mundial aquilo que Karl Marx chamou de sexto grande poder: a revolução socialista".⁴

Mussolini, o fundador dos *fasci* em março de 1919, foi primeiramente membro da ala revolucionária do Partido Socialista Italiano antes de apoiar a entrada da Itália na guerra. Imediatamente depois, ele se viu em um violento conflito com os líderes de inclinação bolchevique de seu partido.⁵ Mussolini estava ciente de que a noção marxista de "internacional-socialismo" não funcionara como os comunistas inicialmente esperavam. Ela não impedira a Primeira Guerra Mundial nem funcionou em 1919, quando Lênin, sem êxito, clamou por uma revolução proletária mundial. O advento da guerra, combinado com a determinação de Mussolini de inserir seu país nela, resultou na perda de sua posição oficial no Partido Socialista

---

1 P. Johnson, *Modern Times: The World from the Twenties to the Nineties*, HarperPerennial, New York, 2001, p. 57.

2 B. Mussolini, *Opera Omnia*, 36 vols., Florença 1951-1963, Vol. II, p. 32 e 126, citado em Johnson, nota 1 acima, p. 57.

3 *Ibid*, p. 57.

4 Johnson, nota 1 acima, p. 37.

5 F. Furet, *The Passing of an Illusion: The idea of Communism in the Twentieth Century*, University of Chicago Press, Chicago/IL, 1999, p. 22.

Italiano. Ele se tornou assim um socialista um pouco mais heterodoxo – um socialista nacionalista.[6]

Em 23 de março de 1919, Mussolini fundou assim o movimento fascista com o compromisso maior de apropriação parcial do capital financeiro; de controle estatal da economia por meio de conselhos econômicos corporativos; do confisco de terras da Igreja; e da reforma agrária.[7] Embora o fracasso econômico de Lênin na União Soviética tenha-o afastado da ideia de expropriação direta da indústria, Mussolini aspirava a implantar uma utopia socialista que buscasse não a propriedade estatal direta dos meios de produção, mas, sim, que o Estado efetivamente ditasse como os negócios privados devessem ser conduzidos.[8] Como bem coloca o historiador Paul Johnson:

> Ele queria agora então mais usar e explorar o capitalismo do que o destruir. Não obstante, a sua revolução devia ser radical, enraizada no marxismo da *"vanguard élite"* do pré-guerra e no sindicalismo (governo dos trabalhadores), que viria a permanecer até a sua morte como o elemento mais importante de sua política.[9]

De uma forma tradicionalmente marxista, Mussolini comprometeu-se a fazer história, e, não, a vivê-la passivamente.[10] Como Lênin, outro dos discípulos mais bem-sucedidos de Marx, Mussolini via seu partido político como uma organização disciplinada voltada à promoção de objetivos revolucionários. Mussolini visava ao empoderamento das assim chamadas "minorias de vanguarda", nelas compreendidas líderes revolucionários altamente treinados que, por meio de mitos e invocações simbólicas, trariam consciência revolucionária ao proletariado.[11] Acima de tudo, Mussolini concordava

---

[6] Johnson, nota 1 acima, p. 96.

[7] *Ibid.*

[8] T. Sowell, "*Socialist or Fascist?*", *The American Spectator*, 12 de junho de 2012, disponível em <www.spectator.org/archives/2012/06/12/socialist-or-fascist> (acesso em 1º de novembro de 2012).

[9] Johnson, nota 1 acima, p. 96.

[10] *Ibid.*

[11] *Ibid.*, p. 57.

inteiramente com Lênin que a violência era um meio necessário para alcançar o poder político.[12]

Na Alemanha, os socialistas de orientação nacionalista seguiram o despertar dos fascistas italianos. Entretanto, os nazistas acresceram à sua política o elemento do racismo, em geral, e, especificamente, o antissemitismo, que não era parte do nacionalismo italiano. Como seu próprio nome indica, o Partido Nacional-Socialista dos Trabalhadores Alemães (*National-Sozialistische Deutsche Abeiterpartei* – NSDAP) foi fundado como movimento de massa voltado para a união dos ideais nacionalistas com os do socialismo. Elaborado em 1921 por Adolf Hitler e Anton Drexler, o manifesto de 25 pontos do NSDAP representava objetivos "inalteráveis e eternos" do partido que apoiava a expropriação de propriedades sem indenização, a completa nacionalização da indústria, a abolição do empréstimo baseado no mercado, o confisco da renda não-obtida pelo trabalho, e daí por diante.[13] Os nazistas não viam problema algum na união entre os ideais do socialismo e os do nacionalismo. Muito pelo contrário, em discurso de 1º de maio de 1927, Hitler declarou:

> Somos socialistas. Somos inimigos do sistema capitalista atual de exploração dos mais fracos economicamente, com seus salários injustos, com seu julgamento indecoroso do ser humano segundo a riqueza e a propriedade, em lugar da responsabilidade e da ação, e estamos determinados a destruir esse sistema a qualquer custo.[14]

Os intelectuais da linha-de-frente do nazismo eram ardorosos socialistas que acreditavam que o capitalismo favorecia apenas a "classe não-produtiva" dos industriais e dos especuladores, à custa do "trabalhador honesto". Eles acreditavam que o capitalismo deveria ser gradualmente eliminado porque assim aprimoraria a taxa de natalidade da classe trabalhadora, "a melhor da nação". Dessa for-

---

12 *Ibid*, p. 58.

13 Para uma análise completa da plataforma do Partido Nazista, ver J. Goldberg, *Liberal Fascism: The Secret History of the American Left, From Mussolini to the Politics of Change*, Three Rivers Press, New York, 2009, p. 410-413.

14 A. Hitler, discurso público, Munique, 1º de maio de 1927, citado em J. Toland, *Adolf Hitler*, Doubleday, New York, 1976, p. 306.

ma, o nacional-socialismo alemão foi fundado com base na premissa de que a todos devem ser dadas oportunidades econômicas iguais, de modo que o talento e a aptidão biológica prevaleçam. Isso permitiria, dentro desta orientação ideológica, que aqueles com atributos biológicos superiores tivessem êxito no campo econômico, contribuindo-se, outrossim, com o progresso evolutivo da sociedade.[15]

As políticas nazistas de justiça e bem-estar sociais foram pensadas para fortalecer a unidade orgânica e militar do corpo social (*Volkskörper*), "assim, ele poderá triunfar em face de outras raças supostamente inferiores na luta pela existência".[16] Num folheto encomendado por Hitler, *Por que lutamos?* (1944), uma reveladora conexão é feita entre o socialismo almejado pelos nazistas e o darwinismo social: "O socialismo significa para nós não a solução para questão laboral, mas, sim, a organização de todos os camaradas raciais alemães numa comunidade genuinamente viva, o que significa a preservação e o aprimoramento da evolução do *Volk* com base nas leis evolutivas de especialização das espécies".[17]

A partir do momento em que os nazistas tomaram o poder no início dos anos de 1930, políticas públicas expandiram dramaticamente o controle do Estado sobre os preços, o trabalho, os insumos, os dividendos e o comércio exterior. Essas políticas restringiram severamente a liberdade econômica e o direito à propriedade privada numa tentativa de redirecionar todos os segmentos da economia para a política do "bem-estar social".[18] Como consequência disso, algumas das demonstrações mais significativas de apoio e apreço ao regime nacional-socialista vieram precisamente do movimento dos trabalhadores sindicalizados. No Dia do Trabalho, em 1º de maio de 1933, milhares de trabalhadores alemães sindicalizados aglomeraram-se no distrito berlinense de Tempelhof sob o comando de seus líderes sindicais para assistirem a uma "gigantesca demons-

---

15 R. Weikart, *Hitler's Ethics: The Nazi Pursuit of Evolutionary Progress*, Palgrave Macmillan, New York, 2009, p. 110.

16 *Ibid*, p. 120.

17 *Wofür kämpfen wir*, Heerespersonalamt, Berlim, 1944, p. 105, citado em Weikart, nota 15 acima, p. 111.

18 W. J. Rinderle e B. Norling, *The Nazi Impact on a German Village*, University of Kentucky Press, Lexington/KY, 1993, p. 148.

tração" de apoio ao regime nazista. Eles foram o alvo do discurso apaixonado de Hitler, "que falou do renascimento do país e da domesticação da exploração capitalista, a fim de abrir caminho para a criação duma nova ordem econômico-social".[19]

Em seu livro de 1939, *O Rampante Alemão*, o diplomata britânico de longa experiência Ernest Hambloch colocou os nazistas ao lado dos comunistas como os dois maiores grupos socialistas de caráter revolucionário durante a República de Weimar. Hambloch não considerava os nazistas como "reacionários", mas, sim, como integrantes de um partido "revolucionário", muito semelhante aos comunistas alemães.[20] Portanto, é uma simplificação inteiramente falaciosa sustentar que o nazismo fosse o estágio final de uma suposta contrarrevolução capitalista reacionária.[21] Como o comunismo, o nazismo buscava estabelecer "uma nova sociedade e um novo homem", acreditando que o abismo entre as classes deveria ser transposto pela substituição do liberalismo "individualista" pelos valores socialistas coletivistas de "camaradagem".

Como o comunismo, o nacional-socialismo é baseado na supremacia da comunidade sobre o indivíduo. Como tais, as liberdades individuais são inteiramente subordinadas aos interesses maiores da comunidade. A ideia foi condensada num famoso mote nazista: "O bem-estar comum antes do interesse individual". Hitler expressou essa mesma visão por diversas vezes. Num discurso em 1939, ele disse: "A liberdade individual termina quando começa

---

[19] R. C. Caenegem, *Na Historical Introduction to Western Constitutional Law*, Cambridge University Press, Cambridge, 1995, p. 287.

[20] E. Hambloch, *German Rampant: A Study in Economic Materialism*, Carrick & Evans, New York, 1939, p. 135.

[21] K. D. Bracher, *The German Dictatorship: The Origins, Structure and Effects of National Socialism*, Praeger Publishing, New York, 1970, p. 10. Comenta Goldberg: "Na Alemanha, a aristocracia e a elite empresarial eram geralmente repudiadas por Hitler e pelos nazistas. Mas, quando Hitler mostrou que não iria embora, essas mesmas elites decidiram que seria prudente colocar algum dinheiro nos arrivistas. Isso pode ser repreensível, mas essa decisão não foi motivada por nenhuma aliança ideológica entre o capitalismo e o nazismo. As empresas alemãs, como as suas correspondentes da atualidade, tendiam a ser oportunistas e, não, ideológicas (...). Os nazistas ascenderam ao poder explorando a retórica anticapitalista na qual eles indiscutivelmente acreditavam. Mesmo que Hitler tenha sido uma incógnita niilista, como muitos dizem, é impossível negar a sinceridade das fileiras nazistas que se veem como organizadores de um ataque revolucionário às forças do capitalismo. Ademais, o nazismo também ressaltava muitos dos pontos da posterior Nova Esquerda em outras épocas e lugares: a primazia da raça, a rejeição ao racionalismo, uma ênfase no orgânico e holístico – inclusive o ambientalismo, comidas saudáveis e exercícios físicos – e, acima de tudo, a necessidade de "transcender" noções de classe" (Goldberg, nota 13 acima, p. 58-59).

a prejudicar os interesses da coletividade. Nesse caso, a liberdade do *Volk* tem precedência sobre a liberdade do indivíduo".[22] Assim sendo, em face dessas indiscutíveis afinidades ideológicas, os comunistas estavam inteiramente dispostos a colaborar com os nazistas contra a República de Weimar. Eles costumavam até mesmo a votar *juntos*, como bloco parlamentar no *Reichstag* (Parlamento).[23] Como assinalou Paul Johnson:

> A única notícia que os comunistas tomavam dos nazistas era nas brigas com eles nas ruas, o que era exatamente o que Hitler queria. Havia algo de falso e ritualístico nesses encontros (...). No *Reichstag*, [eles] combinavam transformar debates em tumultos. Às vezes a colaboração ia além (...). Cegos por usa análise política absurda, os comunistas realmente queriam um governo de Hitler, acreditando que seria um caso burlesco, o prelúdio da sua própria tomada do poder.[24]

Na sua juventude, Hitler estudara detidamente como os social-democratas orientados pelo marxismo haviam manipulado as multidões na sua nativa Áustria. A partir dessa observação, ele foi capaz de desenvolver seu próprio método de psicologia de massas, o qual ele aplicou com êxito indiscutível. Hitler foi, sem dúvida, um orador que "arrebatava as massas num frenesi de fé e entusiasmo".[25] E, ainda, tanto em conversas públicas quanto privadas, ele ficava inteiramente confortável em reconhecer sua dívida com o marxismo e com os teóricos social-democratas.[26] Num discurso de novembro de 1941, Hitler mesmo declarou que, "basicamente, o nacional-socialismo e o marxismo são o mesmo".[27] Em outra ocasião, o *Führer* alemão declarou:

---

22 Discurso de Hitler em 1º de maio de 1939, citado em R. Weikart, *Hitler's Ethic: The Nazi Pursuit of Evolutionary Progress*, Palgrave Macmillan, New York, 2009, p. 113.

23 Goldberg, nota 13 acima, p. 77.

24 Johnson, nota 1 acima, p. 282.

25 Caenegem, nota 19 acima, p. 282.

26 G. Watson, *The Lost Literature of Socialism*, Lutterworth Press, Cambridge, 1998. O livro de Watson detalha os louvores de Hitler a Marx e Stálin.

27 A. Hitler, discurso público, Munique, novembro de 1941, citado em *The Bulletin of International News*, Royal Institute of International Affairs, XVIII, n. 5, 1941, p. 269.

> Aprendi um bocado com o marxismo e não hesito em admiti-lo ... A diferença entre mim e eles é que eu realmente ponho em prática o que aqueles mascates burocratas timidamente começaram. A totalidade do nacional-socialismo baseia-se nisso. Vede os clubes esportivos dos trabalhadores, os compartimentos industriais, as demonstrações das massas, os panfletos propagandísticos escritos especialmente para a compreensão das massas: todos esses novos métodos de luta política são essencialmente marxistas em sua origem. Tudo o que tive que fazer foi assumir o controle desses métodos e adaptá-los aos nossos propósitos.[28]

Embora Hitler condenasse a encarnação do marxismo na Rússia Soviética, ele não tinha problemas em classificar seu partido como verdadeiramente socialista. Realmente, a diferença entre o nazismo e o comunismo não está tanto na economia (embora haja diferenças doutrinárias), mas, sim, no tipo específico de socialismo a ser implantado. Aquilo que Hitler desprezava no marxismo era a ideia de que "os trabalhadores não têm pátria". Os comunistas abraçam o *internacional-socialismo*, ao passo que os nazistas sonhavam com um *nacional-socialismo* que desprezava tudo quanto fosse considerado "supranacional". Ainda assim, em artigo de 1935 publicado no jornal *Völkischer Beobachter*, o ministro da propaganda nazista Joseph Goebbels afirmou que os nazistas eram "um partido de socialistas revolucionários".[29] A única diferença essencial entre eles e os comunistas, conforme atestou Goebbels, era o nacionalismo de um e o internacionalismo do outro.[30] Tal afirmação pode parecer um tanto inacreditável. Todavia, como propriamente conta F. A. Hayek:

> A conexão ente socialismo e nacionalismo na Alemanha era estreita desde o início. É significativo que os ancestrais mais importantes do nacional-socialismo – Fichte, Rodbertus e Lassalle – são, ao mesmo tempo, reconhecidos como pais do

---

28 H. Raushning, *Hitler Speaks*, Thornton Butterworth, Londres, 1939, p. 134.

29 M. H. Kele, *Nazis and Workers: National Socialist Appeals to German Labor 1919-1933*, University of North Carolina Press, Chapel Hill/NC, 1972, p. 93.

30 *Ibid*, p. 92.

socialismo (...). De 1914 em diante, surgiram das fileiras do socialismo marxista sucessivos professores que conduziram à vertente nacional-socialista não os conservadores e reacionários, mas, sim, os trabalhadores braçais e a juventude idealista. Foi só depois disso que a corrente do nacional-socialismo ganhou maior importância, desenvolvendo-se rapidamente para se transformar na doutrina hitlerista. A histeria da guerra de 1914, a qual, justamente por causa da derrota alemã nunca foi totalmente curada, é o início do desenvolvimento que produziu o nacional-socialismo, e foi com a ampla assistência dos velhos socialistas que esse movimento ascendeu naquele período.[31]

Os nazistas exortaram seus concidadãos a substituir o internacional-socialismo pelo nacional-socialismo.[32] Eles proclamavam que o objetivo do movimento era construir a unidade do *Volk* alemão. O vocábulo alemão *Volk* significa "povo", mas num sentido específico de comunidade racial. Os nacionalistas do século XIX geralmente usavam o vocábulo *Volk* para descrever um grupo de pessoas que falam a mesma língua e compartilham uma cultura comum. Todavia, para esses pensadores radicais, o *Volk* não se definia pelas características culturais, mas, sim, por traços biológicos. O *Volk* alemão era como um sinônimo de "raça ariana".[33]

Curiosamente, os nazistas foram extremamente ajudados pelos comunistas quando estes se recusaram a se alinhar com os social-democratas nas eleições parlamentares de 1933.[34] Agindo sob ordens estritas de Moscou, os comunistas alemães consideravam os social-democratas, e não os nazistas, seus maiores inimigos políticos durante a República de Weimar. Essa posição impossibilitou uma resistência conjunta entre comunistas e social-democratas, pavimentando assim o caminho para a tomada do poder pelos nacional-socialistas, da qual os comunistas foram as primeiras vítimas. No

---

31 F. A. Hayek, *The Road to Serfdom*, Routledge, Londres, 2008 (1944), p. 173.
32 Weikart, nota 15 acima, p. 104.
33 *Ibid*, p. 5.
34 R. Pipes, *Communism: A History of the Intellectual and Political Movement*, Phoenix Press, Londres, 2003, p. 75.

embate entre social-democratas, comunistas e nacional-socialistas, escreve Richard Pipes:

> Moscou favoreceu substancialmente os nazistas em detrimento dos social-democratas, aos quais deu a designação de "social-fascistas", tendo continuado a considerá-los como seu principal inimigo. Nessa linha de raciocínio, Moscou proibiu os comunistas alemães de colaborar com os social-democratas. Nas eleições críticas de novembro de 1932 para o *Reichstag* (Parlamento), os social-democratas obtiveram sete milhões de votos e os comunistas, seis milhões; seus votos somados excederiam a votação nazista de 1,5 milhão. Em termos de assentos no Parlamento, os dois primeiros obtiveram 221, contra os 196 dos nazistas. Tivessem juntado suas forças, os dois partidos de esquerda teriam derrotado Hitler na votação e o teriam impedido de assumir a chancelaria (chefia do Poder Executivo alemão). Foi a aliança tácita entre os comunistas e os nacional-socialistas que destruiu a democracia na Alemanha e levou Hitler ao poder.[35]

Obviamente, Hitler usou o comunismo soviético como forma de amedrontar os eleitores alemães. Contudo, ele usou de certos aspectos desse mesmo comunismo como modelo a seguir na construção de sua própria ditadura. Um dos fatores explorados por ele nas eleições de 1932/1933, que o levaram ao poder, foi o medo generalizado da tomada de poder pelos comunistas. Assim o *Reichstag* concedeu a Hitler, a pedido seu, poderes extraordinários depois que ele acusou os comunistas de terem ateado fogo ao prédio do Parlamento.[36] Uma vez consolidado seu poder, os nazistas encontraram na Rússia Soviética "um modelo pronto de partido único com o qual puderam implementar a autoridade concedida pelo decreto de março de 1933".[37] Esta mesma Rússia comunista que colaborou decisivamente com a Alemanha nazista em desfavor da Polônia e das democracias ocidentais por meio do Pacto Ribbentrop-Molotov, de

---

35 *Ibid*, p. 96.
36 *Ibid*, p. 105.
37 *Ibid*.

agosto de 1939.³⁸ Stálin até mesmo chegou a devolver a Hitler alguns comunistas alemães que buscaram asilo em seu país.³⁹ Naquela época, em todo o mundo, partidos comunistas reviram sua política antinazista, pregando a paz com a Alemanha a qualquer custo e sabotando ativamente o esforço de guerra, quando este veio à tona: no ápice da invasão nazista da França, Maurice Thorez, chefe do Partido Comunista francês, transmitiu uma mensagem de Moscou implorando às tropas francesas para que não resistissem.⁴⁰

Como podemos perceber, a noção segundo a qual nazismo e comunismo são polos opostos do espectro político oculta o seu incontestável parentesco ideológico.⁴¹ Existe de fato uma convergência notável das ideias comunistas e nazistas. Essa convergência tornou-se evidente mesmo antes de os nazistas e os comunistas soviéticos terem se tornado aliados pouco antes e durante o início da Segunda Guerra Mundial, com a assinatura do Pacto Ribbentrop-Molotov em 1939.⁴² Indiscutivelmente, uma das razões pelas quais Hitler buscou primeiro eliminar a "esquerda" antes de perseguir a "direita", foi justamente o fato de que os nazistas apelavam à mesma base social, usavam a mesma linguagem e pensavam segundo as mesmas categorias da extrema esquerda.⁴³ Explica Richard Pipes:

> Os nazistas apelavam às tradições socialistas do trabalhismo alemão, afirmando o trabalhador como "pilar da comunidade" e a "burguesia" – juntamente com a aristocracia tradicional –, como classe amaldiçoada. Hitler, que dizia ser "socialista" aos seus aliados, fez o partido adotar uma bandeira vermelha e, ao chegar ao poder, declarou o dia 1º de maio feriado nacional: ordenou-se que os membros do Partido Nazista se dirigissem um ao outro como "camaradas" (*Genossen*). Sua ideia de partido era, igualmente à de Lênin, a de uma organização de militantes, um *Kampfbund* ou "Liga de Combate" (...). Seu objetivo último era uma sociedade na qual as

---
38 Caenegem, nota 19 acima, p. 279.

39 Pipes, nota 34 acima, p. 76.

40 Johnson, nota 1 acima, p. 361.

41 Hayek, nota 31 acima, p. 174. Ver também Goldberg, nota 13 acima, p. 69.

42 K. Loewenstein, '*Law in the Third Reich*' (1936) 45 *Yale Law Journal* 779, p. 780.

43 Goldberg, nota 13 acima, p. 70.

classes tradicionais fossem abolidas e o status fosse obtido por heroísmo pessoal. De um modo tipicamente radical, ele pensava no homem recriando-se a si próprio: "O homem está se tornando deus (...). O homem é senhor do destino".[44]

Nazismo e Darwinismo

No século XIX, o biólogo Charles Darwin (1809-1882) desenvolveu uma teoria segundo a qual os seres humanos evoluíram de animais por meio de um processo inconsciente de seleção natural. Três capítulos do livro de Darwin *A Descendência do Homem* (1871) dedicam-se à teoria de que as faculdades mentais e morais dos seres humanos originam-se da mesma fonte da qual se originam os animais. Embora a humanidade não pudesse ter continuado a existir sem que a cooperação fosse maior do que a competição, o darwinismo afirmaria que a sobrevivência do mais apto é a principal engrenagem do progresso da humanidade, bem como de todo o resto do reino animal. Assim, Darwin advertia que certas medidas deveriam ser tomadas a fim de "evitar que integrantes indolentes, imorais ou de alguma forma inferiores da sociedade aumentassem em número numa taxa maior do que a da melhor classe de homens".[45] Por mais falaciosos e racistas que fossem esses argumentos, eles tiveram um profundo impacto nas disciplinas sociais como a psicologia, a antropologia e o direito. De acordo com Phillip E. Johnson:

> Porque Darwin estava determinado a estabelecer uma continuidade entre homens e animais, escreveu sobre "raças selvagens e inferiores" como estágio intermediário entre animais e pessoas civilizadas. Assim (...), foi tanto Darwin quanto os chamados darwinistas sociais que colocaram a abordagem evolucionista do comportamento humano numa direção politicamente inaceitável. Graças ao reconhecimento da ideia de hierarquia entre as sociedades humanas (...), pode-se dizer que a difusão e a aceitação da modalidade racista de darwi-

---

44 R. Pipes, *Russia Under the Bolshevik Regime*, Vintage Books, New York, 1995, p. 260.
45 C. Darwin, *The Descent of Man* (1871), Cap. 5.

nismo social devem mais a Charles Darwin do que a Herbert Spencer.[46]

A segunda metade do século XIX pode ser chamada de Era Darwinista.[47] A premissa largamente adotada foi a de que o processo de "seleção natural" das espécies animais também ocorre entre as raças humanas. Tem-se dito que tal premissa ajudou a moldar as teorias raciais que resultaram nas políticas de reprodução e de extermínio do Terceiro Reich.[48] De fato, o darwinismo levantou questões centrais sobre a existência e a natureza humanas, o que contribuiu para a rapidez e intensidade com que as ideias evolucionistas se tornaram extremamente populares na Alemanha depois de 1860. Consequentemente, quase todo conflito social ou racial, durante o meio século ou mais depois da introdução do livro de Darwin aos leitores alemães, testemunhou a evocação da autoridade do biólogo inglês como suporte da posição racista.[49]

O impacto mais imediato do darwinismo na Alemanha foi sua postura negativa quanto à credibilidade das cosmovisões teológicas. O darwinismo foi primeiramente divulgado naquele país como o golpe de morte nas explicações sobrenaturais acerca da origem do universo, ampliando e sustentando, com isso, novas cosmovisões materialistas, mecanicistas e naturalistas. Dentro desse contexto, o principal cientista a difundir a evolução darwinista na Alemanha foi o controverso zoólogo Ernst Haeckel (1834-1919). Haeckel foi fundador e presidente da Associação Para a Propagação do Ateísmo Ético. Personalidade influente, foi premiado em 8 de março de 1907 pelo Kaiser Wilhem II com o título de Excelência "em honra ao seu jubileu de ouro, na qualidade de doutor".[50] A cosmovisão de Haeckel serviu para justificar a política externa alemã colonialista ba-

---

46 P. E. Johnson, *Objections Sustained: Subversive Essays on Evolution, Law and Culture*, InterVarsity Press, Downers Grove/IL, 1998, p. 35-36.

47 Hambloch, nota 20 acima, p. 14.

48 *Ibid.*

49 T. Benton, 'Social Darwinism and Socialist Darwinism in Germany: 1860 to 1900' in P. Blackledge e G. Kirkpatrick, *Historical Materialism and Social Evolution*, Palgrave Macmillan, New York, 2002, p. 39.

50 R. Grigg, *The Trial and Death of Adolf Eichman* (2009), <http://creation.com/the-trial-and-death-of-adolf-eichman> (acesso em 10 de setembro de 2012).

seada na ideia de hierarquia entre as diferentes raças humanas.[51] O livro de Haeckel *Morfologia Geral*, volumosa obra de 500 páginas em dois tomos, introduziu o darwinismo aos alemães não apenas como teoria biológica, mas também como uma cosmovisão evolucionista. Esses dois volumes, escreve John Cornwell:

> (...) foram uma mera fragmentação de uma teoria sobre tudo, uma proposta grandiosa para a relevância universal do darwinismo, abrangendo desde pequenos detalhes da embriologia até a formação do Estado-nação liberal. Além disso, traz a promoção da superioridade dos povos germânicos – todos os superiores a se unificarem num único Estado-nação – e a necessidade de combater o cristianismo, o sacerdócio e seu Deus "gasoso". Haeckel chamou sua filosofia evolucionista de monismo, pois, na sua opinião, era o único princípio explicativo viável na ciência. O Estado-nação, segundo Haeckel, era comparável a um organismo biológico evolutivo lutando pelo progresso e limitado por leis naturais [evolutivas]. Somente as raças mais aptas sobreviveriam e permaneceriam; e a raça mais apta deve estar tomar cuidado com a doença e a degeneração. Haeckel, devoto de Goethe, combinou uma curiosa mistura de evolução com "filosofia natural" alemã, o que conferiu à sua interpretação da teoria darwinista uma poderosa noção teleológica ou sentido de objetivos e propósitos inatos. A evolução, de acordo com essa visão, foi implacavelmente levada adiante e para cima por uma propensão inexorável para a complexidade e para o gênio dos seres humanos como pináculo da natureza. A mistura de Haeckel de filosofia natural com evolução sobrevive até os dias atuais entre os biólogos.[52]

Haeckel enfatizava que, entre as implicações mais significativas do darwinismo, está a prova da ascendência humana naquilo que ele descrevia como ancestral simiesco. Na obra *Naturalisch Shopfungsgeschichte*, ele adota a noção de Darwin de "luta pela existência" e a descreve em termos de "competição por meios de subsistência". Isso, por sua vez, "proporciona um facilitador à aplicação

---

51 Benton, nota 49 acima, p. 50.

52 J. Cornwell, *Hitler's Scientists: Science, War and the Devil's Pact*, Penguin, Londres, 2004, p. 76.

da ideia de "luta" à sociedade humana (...). Quanto mais intensa a competição entre os trabalhadores da mesma classe, mais rapidamente serão realizados os progressos e as invenções".[53] A seleção artificial na forma de eliminação dos inaptos ou das crianças frágeis pelos espartanos e ameríndios era louvada por ele.[54] Haeckel sustentava ainda que os deficientes físicos e mentais e os geneticamente doentes deveriam ser exterminados por desacelerarem o processo evolutivo da sociedade.[55] Nisso, ele era diretamente inspirado por Darwin, que uma vez lamentou que "os membros fracos das sociedades civilizadas se reproduzissem".[56] Como destacou Ted Benton:

> O entusiasmo de Haeckel com o darwinismo era motivado não apenas pelas implicações biológicas de Darwin, mas, também, e até mais, por implicações metodológicas e metafísicas que Haeckel atribuía à evolução pela seleção natural. Na grande batalha entre explicações "mecânico-causais" e "teleológicas", o darwinismo era bem-vindo por retirar a teleologia do paradigma biológico: forças desconhecidas, divinas ou impessoais, não tinham lugar na explicação científica, e a ideia de transformação orgânica como resultado da seleção natural na luta pela existência tornou possível abandoná-las.[57]

Haeckel não encontraria razão alguma para a preservação de valores morais dentro do processo social evolutivo. Em sua obra *A Evolução do Homem*, ele comentou: "Só podemos ver "ordem moral" e "*design*" nisso apenas quando ignoramos o triunfo das forças amorais e dos aspectos sem objetivo do organismo; bem poderia ter acontecido antes, a partir do momento em que existe a vida orgânica".[58] Haeckel argumentou assim que a luta desprovida de valor moral pela sobrevivência dos organismos vivos produz mudanças adaptativas que engendram a especialização, a diversificação e a perfeição. Para ele, a dinâmica da evolução darwinista criava

---
53 *Ibid*, p. 48.
54 *Ibid*, p. 49.
55 Na Inglaterra, os líderes dos movimentos eugenistas eram o primo de Charles Darwin, Francis Galton, e seu irmão, Leonard Darwin.
56 Darwin, nota 45 acima.
57 *Ibid*, p. 51.
58 E. Haeckel, *The Evolution of Man*, vol. II, Londres, Watts, 1910, p. 748.

desigualdades inerentes entre os vários tipos de raças humanas, mas que eram positivas por si mesmas.[59] Como destaca Mike Hawkins:

> Haeckel acreditava que as desigualdades raciais são biologicamente determinadas e negava a possibilidade de reduzi-las por meio da educação ou de outros "métodos artificiais". Era inútil tentar civilizar as raças inferiores porque a pré-condição necessária para a cultura humana, "a perfeição do cérebro", não se consubstanciou; qualquer contato com a civilização aceleraria mais sua extinção do que seu aperfeiçoamento. Haeckel estava convicto de que todas as raças inferiores "irão, cedo ou tarde, sucumbir completamente na luta pela existência ante a superioridade das raças mediterrâneas". Enquanto que os europeus estavam destinados a se espalhar pelo globo terrestre, as raças inferiores estavam condenadas a perecer.[60]

O darwinismo de Haeckel forneceu a base biológica para as políticas racistas mais terríveis do nacional-socialismo. Segundo ele, "as raças mais primitivas, como os veddas do Sri Lanka ou os aborígenes australianos, estão muito pouco acima da vida mental dos macacos antropoides. Dos selvagens mais desenvolvidos, passamos por toda uma gradação de estágios para as raças mais civilizadas".[61] Como destaca Benton:

> A religião monista de Haeckel sobre a natureza alinhou-se estreitamente, nesses últimos anos, com a tradição do *Volk* na Alemanha, cuja afirmação da identidade racial e de ideologia ou unidade românticas com a Natureza, compreendidas em sentido territorial/nacionalista, viria a se tornar muito depois uma fonte nada desprezível da ideologia nazista. O próprio Haeckel, ao defender a superioridade ariana e a eugenia racial, contribuiu para emprestar o peso da autoridade científica às correntes mais reacionárias da cultura germânica daquele período.[62]

---

59 M. Hawkins, *Social Darwinism in European and American Thought, 1860-1945*, Cambridge University Press, Cambridge, 1997, p. 139.

60 Hawkins, nota 59 acima, p. 140.

61 E. Haeckel, *Last Words on Evolution: A Popular Retrospect and Summary*, Owen, Londres, 1906, p. 100-101.

62 Benton, nota 49 acima, p. 63.

Hackel morreu em 1919, mas é óbvio que os nazistas herdaram sua cosmovisão darwinista. "A pureza da raça" tornou-se, com os nazistas, "o objetivo principal da legislação, produzindo, de um lado, medidas antissemitas e, de outro, várias leis que, no conjunto, beneficiavam a promoção da eugenia e da pureza da vida pública".[63] Como consequência, os deficientes físicos e mentais foram alvo de leis que determinariam a sua alocação em centros de esterilização nos quais aqueles "parasitas sociais" deveriam ser esterilizados por métodos como a castração, injeções e choques elétricos em suas genitálias.[64] A legislação nazista impedia a reprodução de qualquer pessoa afetada por doença hereditária. Um tribunal da saúde foi ainda formado e assim constituído por uma pessoa de formação jurídica e dois assessores médicos para decidirem se alguma pessoa, após a apresentação de uma queixa, estaria sujeita à esterilização ou, depois de 1935, à castração.[65]

Embora o darwinismo não seja a explicação única para o nazismo, é certamente uma de suas explicações essenciais.[66] De acordo com Sir Arthur Keith (1866-1955), outrora o mais proeminente biólogo da Grã-Bretanha, "o *Führer* alemão é um evolucionista fervoroso; ele tem conscientemente buscado pôr em prática a

---

63 Loewenstein, nota 42 acima, p. 787.

64 Kenneth Ludmerer, historiador da medicina na Universidade Washington, percebeu que a ideia de eugenia é tão antiga quando a República de Platão. Todavia, ele afirma também que o darwinismo era a principal causa do surgimento do interesse na ideia no século XIX: "O pensamento eugênico moderno surgiu apenas no século XIX. O advento do interesse na eugenia durante aquele século tem múltiplas raízes. A mais importante delas foi a teoria da evolução, pois as ideias de Francis Galton sobre eugenia – e foi ele quem criou o termo "eugenia" – foram a derivação direta e lógica da doutrina científica elaborada por seu primo, Charles Darwin" (K. Ludmerer, '*Eugenics*' *in* M. Lappe (ed), *Encyclopedia of Bioethics*, Free Press-Macmillam, New York, 1978, p. 457).

65 *Ibid*, p. 798.

66 A fim de demonstrar que o nacional-socialismo era uma conclusão abrangente e ainda lógica do darwinismo social, F. A. Schaeffer escreveu: "Essas ideias ajudaram a produzir uma conclusão ainda mais abrangente e até lógica: o movimento nazista na Alemanha. Heinrich Himmler (1900-1945) (...) declarou que a lei da natureza deve seguir seu rumo pela sobrevivência do mais apto. O resultado foram as câmaras de gás. Hitler afirmou diversas vezes que o cristianismo e sua noção de caridade deveriam ser "substituídos pela ética da força sobre a fraqueza". Sem dúvida, muitos fatores estavam envolvidos na ascensão do nacional-socialismo na Alemanha. Por exemplo, o consenso cristão fora amplamente esquecido pela filosofia racionalista e pelo panteísmo romântico do lado secular, e a teologia liberal (que foi a adoção do racionalismo na terminologia teológica) nas universidades e nas igrejas. Depois da Primeira Guerra Mundial, veio o caos político e econômico e uma enxurrada de permissividade moral na Alemanha. Assim, muitos fatores criaram essa situação. Mas naquele cenário a teoria da sobrevivência do mais apto endossava o que ocorreu" (F. A. Schaeffer, *How Should We Then Live? The Rise and Decline of Western Thought and Culture*, Crossway, Wheaton/IL, 1983, p. 151).

teoria da evolução na Alemanha".⁶⁷ De fato, acreditava Hitler que o maior bem para a comunidade era a cooperação com o progresso evolutivo da humanidade.⁶⁸ Ele pensava que, ao impor sobre as forças cegas da natureza a visão perfeita do homem ariano, estaria assim avançado o ideal de "evolução". As expressões de Darwin "luta pela sobrevivência" e "luta pela vida" aparecem de tal forma repetidas vezes no livro *Mein Kampf* do ditador alemão, assim como em vários de seus discursos públicos, juntamente com a conotação de um processo guiado de "seleção natural", outra palavra oriunda do pensamento darwinista.⁶⁹ Obviamente, o próprio título que Hitler escolheu para o seu infame livro, *Mein Kampf* ("Minha Luta") é a expressão dessa crença darwinista.⁷⁰

Em seu diário, Goebbels relata uma interessante conversa com Hitler de 29 de dezembro de 1939, que confirma a hipótese de que o líder nazista enxergava os seres humanos como não muito distantes dos animais irracionais. Logo após a menção ao vegetarianismo de Hitler, Goebbels revela que o ditador "não pensava tanto em termos de *Homo Sapiens*" e que ele acreditava que a espécie humana tinha evoluído de répteis, passando por mamíferos e possivelmente por macacos.⁷¹ Goebbels também relatou que Hitler havia sustentado que organismos antropomórficos existiram por apenas alguns milhões de anos e os seres humanos, por apenas cerca de 30 mil anos. Hitler entendia que não podemos de maneira alguma escapar das leis da seleção natural e da luta pela sobrevivência, uma vez que "os seres humanos não criaram este mundo e são apenas pequenas bactérias ou bacilos neste planeta".⁷² Tal era a insignificância da condição humana dentro da cosmovisão de Hitler que, em 1942, quando o Holocausto estava em plena execução, ele afirmou num discurso aos oficiais do exército alemão:

---

67 A. Keith, *Evolution and Ethics*, Putnam, New York, 1947, p. 230.

68 Weikart, nota 15 acima, p. 211.

69 *Ibid*, p. 33.

70 Hambloch, nota 20 acima, p. 47.

71 Weikart, nota 15 acima, p. 49.

72 A. Hitler, *Ansprache des Führeres vor Generalen und Offiziers am 22.6.1944 im Platterhof*, p. 2, citado em Weikart, nota 15 acima, p. 50.

> Somos todos seres da natureza, a qual – pelo que podemos ver – só conhece uma dura lei, a lei que concede o direito à vida ao mais forte e que suprime a vida do mais fraco. Nós humanos não podemos nos evadir dessa lei. Nesta terra, observamos a luta constante entre os organismos vivos. Um animal vive e, nisso, mata o outro.[73]

Hitler considerava a evolução biológica como marco da ciência e da cultura modernas.[74] Ele bebeu da fonte abundante do pensamento darwinista infundido na vida intelectual alemã para manifestar as suas infames tiradas racistas. Em uma de suas tiradas favoritas sobre as supostas virtudes do vegetarianismo, Hitler informava que "os macacos, nossos ancestrais pré-históricos, são estritamente vegetarianos".[75] Em outubro de 1941, ele comentou: "Seres humanos da categoria do babuíno têm existido por pelo menos trezentos mil anos. Existe uma diferença menor entre o homem-macaco e o homem moderno comum do que entre o homem moderno comum e um homem como Schopenhauer".[76] Com relação a educar pessoas de pele escura para se tornarem juristas e professores, ele rejeitava a ideia por considerá-la "impraticável", afirmando ser "uma loucura criminosa insistir em educar um meio-macaco de nascença até que se pense fazer dele um jurista, pois isso é exatamente como treinar um poodle".[77]

Segundo essa visão-de-mundo hitlerista, "a proteção da raça" desempenharia um papel político fundamental na assim chamada "luta pela sobrevivência da raça".[78] Para Hitler, as duas dinâmicas essenciais da humanidade são a fome (que promove a autopreservação) e o amor (que preserva a espécie).[79] As condições

---

73 *Hitler vor Offizieren und Offiziersanwärtern*, 15 de fevereiro de 1942, citado em Weikart, nota 15 acima, p. 4.

74 D. Gasman, *The Scientific Origins of National Socialism*, Macdonald and American Elsevier, New York, 1971, p. 168.

75 Hawkins, nota 59 acima, p. 290.

76 *Ibid*, p. 283.

77 A. Hitler, *Mein Kampf*, Hutchinson, McLeod/MN, 1974 (1925-1926), p. 391.

78 R. Clark, *Darwin: Before and After*, Grand Rapids International Publication, Grand Rapids/MI, 1958, p. 115.

79 Hawkins, nota 59 acima, p. 278.

naturais pelas as quais esses instintos se satisfazem são limitadas, de modo que os organismos teriam de lutar por mais espaço e recursos. É nessa luta permanente pela proteção da raça que Hitler via a evolução da humanidade acontecer, por meio do mecanismo da "sobrevivência do mais apto".[80] A luta pela sobrevivência entre as raças humanas, na opinião de Hitler, determinava, em última instância, "seu valor e seu direito de existir".[81] E assim concluiu Hitler de maneira sinistra:

> O mais forte deve dominar e não se misturar com o mais fraco, sacrificando, assim, seu próprio progresso. Apenas os nascidos fracos podem ver crueldade nisso, mas este é, no final das contas, apenas um homem fraco e limitado; pois se essa lei não prevalecer, qualquer evolução superior concebível de seres vivos orgânicos será impensável.[82]

Portanto, Hitler tinha uma cosmovisão que enxergava o avanço evolutivo da espécie humana como o árbitro supremo da verdade e da moral. Para ele, a única política legítima era aquela que promovia o aprimoramento racial do povo Alemão. Como muitos pensadores alemães que incorporaram a ética darwinista no final do século XIX e no início do XX, Hitler acreditava fielmente que a moral era produto de processos evolutivos, naturalísticos, mas também acreditava que o processo em si definia o que é considerado moral.[83] Essa política, evidentemente, mirava única e exclusivamente o avanço genético da raça germânica.[84] Usando as palavras de Hitler, a política ficaria "completamente cega sem objetivos biológicos e fundamento biológico".[85] Acima de tudo, comenta Richard Weikart:

---

[80] *Ibid*, p. 274.

[81] M. Baggot, '*Darwin, Hitler, and the Culture of Death*', LifeSiteNews, em <http://www.lifesitenews.com/ldn/2008/may/08050602.html>, (acesso em 10 de setembro de 2012).

[82] Hitler, nota 77 acima, p. 395.

[83] Weikart, nota 15 acima, p. 45.

[84] Weikart, nota 15 acima, p. 8.

[85] Citado em R. Overy, *Dictators: Hitler's Germany and Stalin's Russia*, Allen Lane, Londres, 2004, p. 244-245.

A ética de Hitler era essencialmente uma ética evolucionista que exaltava o progresso biológico acima de todas as considerações morais. Ele acreditava que os seres humanos estão sujeitos a leis evolutivas imutáveis e que a natureza dita o que é moralmente devido. Os seres humanos devem adaptar-se e até se amoldar segundo as leis [biológicas] da natureza. A mais importante dessas leis biológicas é a luta pela existência, como Hitler enfatizou insistentemente durante sua carreira. Tanto em público quanto em privado, Hitler salientava repetidamente a importância de se conformar às leis da natureza, especialmente a lei darwinista da luta pela existência.[86]

Nazismo e Religião

Os neoateístas às vezes gostam de afirmar que Hitler era cristão. Embora seja verdade que o ditador alemão costumava fazer referência em seus discursos à "Providência", ele não estava apelando, de fato, à deidade judaico-cristã. Em lugar disso, Hitler equiparava Deus ao desconhecido, ou à natureza, ou qualquer que seja o nome do poder superior que se escolha acreditar.[87] Mesmo que Hitler tivesse assumido uma hipótese teísta, tal hipótese se assentava na visão evolucionista que considerava que Deus governa o mundo por meio das leis da evolução, particularmente a evolução biológica.[88] Pode-se encontrar prova disso, por exemplo, na sua proclamação de fevereiro de 1945, na qual ele buscou relacionar a sua "Providência" ao sucesso na luta pela existência e sobrevivência dos mais fortes, ao declarar: "A Providência não mostra misericórdia para com os fracos. Em vez disso, apenas reconhece o direito de viver aos saudáveis e fortes".[89] Em síntese, Hitler via a ética evolucionista como expressão última da suposta vontade divina.[90] Em outro discurso, ele frisou que a "Providência" ajudava apenas aqueles que

---

86 *Ibid*, p. 3.
87 A. Hitler, *Hitler's Table Talk 1941-1944*, com ensaio introdutório de H. R. Trevor-Roper, Oxford University Press, Oxford, 1988, p. 6 e 44.
88 Weikart, nota 15 acima, p. 40.
89 A. Hitler, proclamação de 24 de fevereiro de 1945, citado em Weikart, nota 15 acima, p. 33.
90 Weikart, nota 15 acima, p. 40.

lutassem pela vida, sendo o processo de seleção natural o modo de Deus agir na natureza. Hitler declarou:

> À medida que o Todo-Poderoso abriu nossos olhos para nos conceder uma compreensão das leis com as quais Ele governa, conforme as nossas capacidades limitadas de seres humanos, nós reconhecemos a justiça incorruptível que concede a vida como recompensa final apenas àqueles que estão dispostos e prontos a darem uma vida por outra vida. Se o homem aceita ou rejeita essa lei severa, isso não faz a menor diferença. O homem não pode mudá-la; quem quer que tente subtrair-se dessa luta pela vida não invalida a lei, mas tão-somente o fundamento da sua existência.[91]

Embora tenha sido criado por sua mãe nominalmente como católico apostólico romano, Hitler rejeitou a religião católica desde a sua tenra idade, acreditando que a fortaleza da crença religiosa tinha sido derrubada pelo avanço repentino da ciência evolucionista. Hitler enxergava ser a "ciência" elemento vital da tarefa de desacreditar o cristianismo.[92] Ele era suficientemente prudente, contudo, para não relevar publicamente suas crenças, ainda que comentários privados revelem um profundo desprezo pelo cristianismo. "O dogma Cristão", disse Hitler ao seu colega Heinrich Himmler em outubro de 1941, "foi tragado pelos avanços da ciência".[93] Como destaca Richard Overy:

> Hitler acreditava que todas as religiões eram "atualmente decadentes"; na Europa, foi o "colapso do cristianismo então experimentado". A razão da crise era a ciência. Hitler, como Stálin, assumiu uma visão bem moderna de incompatibilidade entre religião e explicação científica (...). Não havia mentiras na ciência como as havia nas ideias religiosas de vida após a morte; "a verdade científica", anunciou Hitler numa conversa após um jantar, "é a formulação indispensável". Não havia nada a oferecer a quem buscasse por "desejos de natureza metafísica" no partido. A verdade reside na ciência natural e,

---

[91] A. Hitler, discurso de 12 de novembro de 1944, citado em Weikart, nota 15 acima, p. 39.
[92] Hawkins, nota 59 acima, p. 283.
[93] Hitler, nota 87 acima, p. 59.

para Hitler, isso significava as verdades da biologia racial – a seleção natural, a luta racial, a "identidade de espécie".[94]

Hitler acreditava ainda, em suas próprias palavras, que "o maior golpe que a humanidade já sofreu foi a chegada do cristianismo".[95] Ele considerava o cristianismo "uma religião de escravos",[96] acreditando que a compaixão e a caridade cristãs, por ajudarem os mais fracos a sobreviver, propagaria a "má-hereditariedade". Evidentemente, as virtudes cristãs do amor ao próximo, da caridade, da misericórdia e da humildade, eram consideradas entraves inadmissíveis para o modelo impiedoso e militarista de exaltação nazista da raça ariana. Essas virtudes cristãs seriam obstáculos inaceitáveis à propagação dos ideais mais "sagrados" do nacional-socialismo.[97] Hitler concluiu assim que os alemães deveriam ser gradualmente "imunizados contra a doença do cristianismo".[98] De acordo com Robert Jackson (1892-1954), o juiz da Suprema Corte dos Estados Unidos e promotor-chefe do principal julgamento do Tribunal de Nuremberg, os nazistas levaram a cabo "uma repressão sistemática e implacável contra todas as igrejas cristãs".[99] Hitler tinha até concebido uma "solução final" para o "problema cristão". Segundo ele,

> As religiões são todas iguais, não importando como elas se denominem. Elas não têm futuro – certamente não para os alemães. O fascismo, se quiser, pode chegar a um acordo com a Igreja. Do mesmo modo, eu. Por que não? Isso não vai me impedir de arrancar as raízes e os galhos cristãos, aniquilando-os na Alemanha (...). Mas para o nosso povo é crucial se acolhemos a crença do cristo judeu com sua ética da pena

---

94 Overy, nota 85 acima, p. 281.

95 T. Dowley (ed), *The History of Christianity: A Lion Handbook*, Lion Publishing, Berkhamsted, UK, 1977, p. 589-590.

96 A. Bullok, *Hitler and Stalin: Parallel Lives*, Vintage Books, New York, 1993, p. 381.

97 Hambloch, nota 20 acima, p. 14.

98 Hitler, nota 87 acima, p. 217.

99 R. Jackson, *Nuremberg Trial Proceedings*, vol. 2, Projeto Avalon na Faculdade de Direito de Yale. Sir Winston Churchill, em seu célebre discurso de 5 de outubro de 1938 no Parlamento britânico, declarou: "Nunca poderá haver amizade entre a democracia britânica e o poder nazista, aquele poder que despreza a ética cristã, que celebra seu curso progressivo em direção ao paganismo bárbaro, que aufere força e prazer pervertido da perseguição, e usa, como temos visto com impiedosa brutalidade, a ameaça da força assassina. Esse poder não pode ser um amigo de confiança da democracia britânica" (citado em V. Adams, *Men in Our Time*, Freeport, New York, 1969, p. 77).

efeminada ou uma crença forte, heroica no Deus da Natureza, no Deus do nosso próprio povo, em nosso destino, em nosso próprio sangue (...). Deixai as pequenezas para os outros. Se é o Antigo Testamento ou o Novo, ou simplesmente os ditos de Jesus (...), isso é tudo o mesmo embuste judaico. Isso não nos tornará livres. Uma igreja alemã, um cristianismo alemão, são distorções. Ou se é alemão ou se é cristão. Não se pode ser ambos. Pode-se descartar o epiléptico Paulo – outros o fizeram antes de nós. Pode-se fazer de Cristo um ser humano nobre e negar seu papel de salvador. Povos têm feito isso há séculos. Eu acredito que haja esse tipo de cristão hoje em dia na Inglaterra e na América (...). Precisamos de homens livres que sintam e saibam que Deus está neles mesmos.[100]

Friedrich Nietzsche (1844-1900)

A obra do filósofo alemão Friedrich Nietzsche foi particularmente relevante para o desenvolvimento posterior da ideologia nazista. Nietzsche proclamava triunfantemente o fim de qualquer fundamento deísta da moral. Deus estava morto e os ideais propostos pelo Iluminismo em seu lugar eram igualmente ilusórios. Aquilo de que a humanidade precisava, propugnava Nietzsche, era uma moral fundada na vontade do mais forte. Precisaríamos de "seres humanos que (...) dessem as leis a si mesmos, que criassem a si próprios".[101] Nietzsche considerava o cristianismo "a grande maldição, a maior e mais profunda penetração (...), a deformidade imortal da humanidade". Ele desprezava a ideia cristã da virtude como algo inteiramente vil e débil: "A sociedade nunca considerou a virtude como algo além de um meio de força, de poder e de ordem". Acima de tudo, Nietzsche exaltava a ideia de força personificada no super-homem, ou Übermensch, encarnação maior de um poder desenfreado – "o brutamontes loiro maravilhoso, ávido por espólios e vitórias".

---

[100] P. Johnson, *Intellectuals*, Harper & Row, New York, 1988, p. 57.
[101] F. Nietzsche, *The Gay Science*, Random House, New York, 1974 (1882), p. 266.

Hitler era tão fascinado pela filosofia de Nietzsche que ele dava a cada um de seus soldados uma cópia das obras do filósofo anticristão. Inspirado nessa mesma filosofia, Hitler acreditava ardorosamente que o cristianismo era um tipo de "moral escrava doente", em contraste com a "moral do senhor" mais saudável das tribos germânicas antigas.[102] Ele visitava regularmente o museu da casa de Nietzsche quando estava no poder, existindo ainda várias fotos dele posando orgulhosamente ao lado do busto de Nietzsche.[103] Como explica Eric Metaxas:

> Hitler acreditava piamente no que Nietzsche disse sobre a "vontade de poder". Hitler venerava o poder, enquanto que a verdade era uma quimera a ser ignorada. E seu inimigo mortal não era a falsidade, e, sim, a fraqueza. Para Hitler, a brutalidade era uma grande virtude e a misericórdia, um grande pecado. O principal defeito do cristianismo era o fato de ele defender a resignação (...). Hitler parece ter acreditado que Nietzsche tinha profetizado sua própria ascensão ao poder. Em seu livro *A Vontade de Poder*, Nietzsche profetizou a vinda de uma raça de governantes, "um tipo de homens especialmente fortes, mais bem dotados de intelecto e de vontade". Hitler acreditava que a raça ariana era essa "raça de governantes". Nietzsche referia-se a esses homens como "senhores da Terra" (...). "Senhores da Terra" é uma expressão familiar no livro *Mein Kampf*. Que, ao final, Hitler tenha se considerado o super-homem da profecia de Nietzsche, isso é algo de que não se pode duvidar.[104]

Inspirado na ideia nietzscheana, Hitler defendia a existência de dois tipos básicos de moral: a do senhor e a do escravo. A

---

102 Robert Solomon escreve: "O ataque de Friedrich Nietzsche (1844-1900) ao cristianismo e à moral cristã baseia-se na acusação de que a religião fornece muletas e armas aos fracos. A religião e a moral são também o legado de uma "moralidade escrava" que prefere a segurança à excelência e à honra individuais. Em contraposição a essa ideologia da fraqueza e da mediocridade, Nietzsche defende vários exemplos de "moral do senhor" e de "homens superiores", que rejeitam e desprezam a fraqueza e vivem como exemplos do que ele chama de "vontade de poder", o que é mais bem ilustrado por artistas e outros gênios criativos. Numa de suas mais célebres passagens, em seu poema pseudobíblico *Assim Falava Zaratustra*, Nietzsche introduz o excitante, porém obscuro ideal do Übermensch. Mas, se o ideal é obscuro, o objetivo de Nietzsche é, todavia, claro: encorajar a ambição individual em substituição à mediocridade e ao reles conformismo." (R. Solomon, 'Existentialism', in Thomas Mautner (ed), *The Penguin Dictionary of Philosophy*, Penguin, Londres, 2000, p. 187).

103 E. Metaxas, *Bonhoffer: Pastor, Martyr, Prophet, Spy*, Thomas Nelson, Nashville, 2010, p. 168.

104 *Ibid.*

moral do escravo era o produto indesejável dos valores e tradições judaico-cristãos. A moral do senhor, por sua vez, representava os mais "nobres ideais" das fileiras mais elevadas dos indivíduos "superiores" que descendiam das tribos nórdicas da Alemanha pré-cristã. Hitler achava que o povo germânico precisava redescobrir a sua "verdadeira autenticidade pré-cristã",[105] a fim de derrubar de uma vez por todas a ordem moral do antigo milênio judaico-cristão, de modo a restaurar o paganismo germânico da antiguidade.[106]

Resistência da Igreja ao Nazismo

Em virtude do acima descrito, não se torna difícil de imaginar porque nenhum outro grupo na Alemanha opôs mais resistência ao regime nazista do que as diversas denominações cristãs. Segundo Karl Popper, "de todos os grupos organizados da comunidade, foi apenas a Igreja, ou, ainda, uma parte da Igreja que ofereceu resistência seriamente".[107] Portanto, não foi por acidente que Hitler abertamente considerava as igrejas cristãs a reserva mais forte e mais resistente de oposição ideológica ao nazismo, muito mais do que os comunistas.[108]

A Igreja Católica, por exemplo, declarou oficialmente o nazismo como profundamente anticristão e um perigo ao catolicismo. Expedida pelo Papa Pio XI em 21 de março de 1937, a encíclica *Com Ardente Preocupação* rejeitou a moral nacional-socialista em favor dos absolutos morais da tradição jusnaturalista cristã, exortando a comunidade cristã na Alemanha a reafirmar a "verdade" e o "senso de justiça". "Não há espaço", declarou o Papa, "para um *ersatz* ou substitutivo da religião baseado em *revelações* arbitrárias

---

[105] E. Dollfuss, o chanceler da Áustria que foi assassinado por agentes nazistas em 25 de julho de 1934, disse certa vez: "Para mim a luta contra o nacional-socialismo é essencialmente uma luta em defesa da concepção cristã de mundo. Enquanto que Hitler quer reavivar o antigo paganismo germânico, eu quero reavivar a Idade Média cristã" (*in* Metaxas, nota 104 acima, p. 232).

[106] Goldberg, nota 13 acima, p. 61-62.

[107] K. Popper, *The Open Society and Its Enemies, vol. 2: Hegel and Marx*, Routledge, Londres, 2003 (1945), p. 181.

[108] R. Evans, *The Third Reich in Power – 1935-1939*, Penguin, Londres, 2005, p. 256.

que, como pretendem alguns de seus defensores atuais, derivariam do chamado mito do sangue e da raça".[109]

A encíclica *Com Ardente Preocupação* foi proclamada em todas as igrejas católicas da Alemanha. Ela instruía explicitamente os católicos alemães a se pronunciarem contra as alegações totalitárias nazistas, o neopaganismo, a teoria racial e a perseguição do povo. Portanto, como destaca Robert S. Wistrich, "não foi por casualidade que Hitler desconfiava profundamente do Papa e que alguns líderes da SS em Berlim o achavam mais perigoso para o nacional-socialismo do que Churchill ou Roosevelt".[110]

Colaboração Cristã com o Nazismo

Embora as igrejas fossem as maiores fontes de resistência contra o nazismo, foi também fato que alguns dos que se diziam cristãos praticaram vergonhosos esforços para se comprometerem com o regime nazista. Por exemplo, em 15 de setembro de 1935, os nazistas anunciaram suas conhecidas "Leis Para a Proteção do Sangue e da Honra Alemães". Também conhecidas como Leis de Nuremberg, essas leis consistiram numa fase "mais ordenada" da perseguição aos judeus, tendo chegado até a lhes retirar a cidadania. Tais leis claramente deram oportunidade para a Igreja Luterana alemã oficial (*Reichskirche*) se pronunciar contra o regime.[111]

---

[109] R. J. Rychlak, que leciona prática forense na Universidade do Mississipi, examinou as calúnias dirigidas ao Papa Pio XII. Ele conclui que o Papa fez tudo que estava a seu alcance para condenar Hitler e salvar judeus sem colocar em perigo mais vidas inocentes (R. J. Rychlak, *Hitler, The War and the Pope*, 2ª ed., Our Sunday Visitor, Huntington/IN, 2010). Pio XII comungava da mesma visão de seu predecessor Pio XI acerca do nacional-socialismo. Pio XII, cujo nome de batismo era Eugenio Pacelli, foi núncio apostólico na Baviera de 1917 a 1929. Num discurso de 28 de abril de 1935 proferido para uma audiência de 25 mil peregrinos em Lourdes, o cardeal Pacelli declarou que os nazistas eram "míseros plagiadores que vestiam velhos erros com novas lantejoulas". Ele estava fazendo uma citação de *Mit brennender Sorge* ("Com Ardente Preocupação"), a encíclica católica antinazista de 1937. Ver também R. S. Wistrich, 'Reassessing Pope Pius XII's Attitudes Toward the Holocaust', Jerusalem Center for Public Affairs, n. 89, outubro de 2009, em <www.jcpa.org> (acesso em 1º de novembro de 2012). O historiador judeu e diplomata israelense Pinchas Lapide diz que o Pio XII usou a rede global da Santa Sé para ajudar a retirar clandestinamente judeus das zonas europeias ocupadas. Ele acredita que ações diretas do Papa Pio XII e do Vaticano salvaram aproximadamente 897 mil vidas de judeus durante a Segunda Guerra Mundial: D. Kerr, 'The Secret Life of Pope Pius XII', *The Record*, Perth, 16 de novembro de 2011, p. 14, em <www.therecord.com.au/blog/the-secret-life-of-pope-pius-xii/> (acesso em 1º de novembro de 2012).

[110] Wistrich, nota 109 acima.

[111] Metaxas, nota 103 acima, p. 281-282.

Todavia, a maior parte da Igreja Luterana Alemã não fez nada desse tipo, tornando-se, assim, culpada pelo "erro luterano de se restringir à esfera estreita de como a igreja e o Estado estavam relacionados".[112] Havia até uma facção orgulhosamente nazista dentro dessa igreja. Chamados de "cristãos germânicos", esses apoiadores do nazismo dentro da *Reichskirche* estavam determinados a adotar um pensamento oposto ao do cristianismo autêntico. Em conversa privada ocorrida apenas um ano após a tomada do poder pelos nazistas em 1933, Hitler explica, de forma curiosa, que alguns destes teólogos liberais poderiam ser usados como "idiotas úteis" pelo regime nazista para eliminar o cristianismo:

> Que se deve fazer? Tu o dizes. Eu respondo: devemos impedir as igrejas de fazer qualquer coisa além do que elas estão fazendo agora, isto é, perder terreno dia após dia. Tu realmente acreditas que as massas voltarão algum dia a ser cristãs? De jeito nenhum! Jamais. Essa fábula está acabada. Ninguém lhe dará ouvidos novamente. Mas podemos acelerar as coisas. Far-se-á com que os pastores cavem suas próprias covas. Eles trairão seu Deus por nós. Eles trairão qualquer coisa por seus empreguinhos e ganhos miseráveis. Que podemos fazer? Exatamente o que a Igreja Católica fez quando impôs suas crenças aos pagãos: preservar o que pode ser preservado e mudar seu significado. Tomaremos a mesma estrada em sentido contrário: a Páscoa não é mais a ressurreição, mas, sim a renovação eterna do nosso povo. O Natal é o nascimento do nosso salvador: o espírito de heroísmo e a liberdade do nosso povo. Achas que esses padres liberais, que não têm mais uma crença e, sim, apenas um cargo, recusar-se-ão a pregar nosso Deus em suas igrejas? Posso assegurar que, do mesmo modo como eles fizeram de Haeckel, Darwin, Goethe e Stefan George profetas do seu "cristianismo", eles substituirão a cruz pela nossa suástica. Em vez de adorar o sangue do seu antigo salvador, eles adorarão o sangue puro do nosso povo. Eles receberão os frutos do solo germânico como uma dádiva divina e os comerão como símbolo da eterna comunhão com o povo, como eles têm comido até aqui o corpo de seu Deus. E

---

112 *Ibid*, p. 280.

quando tivermos alcançado esse estágio (...), as igrejas estarão cheias novamente. Se o desejarmos, assim o será – quando for a nossa religião a ser pregada lá. Não precisamos apressar o processo.[113]

Ludwig Müller, o mais alto eclesiástico (*Reichsbischof*) da Igreja Luterana, acreditava que as doutrinas bíblicas da graça e da redenção eram "não-germânicas". O "amor" dos alemães, comentava ele, "tem uma face dura e guerreira que odeia tudo quanto seja fraco e brando porque sabe que todas as vidas só desse jeito podem permanecer saudáveis e adequadas à vida quando que lhe seja antagonista".[114] Esses "líderes cristãos" rechaçavam todos os aspectos judaicos do Antigo Testamento. Ademais, eles defendiam que a Comunhão Sagrada devia simbolizar não o corpo e sangue de Cristo, mas, sim, "o corpo e o sangue da terra".[115] Esses "cristãos nazistas" proclamavam que Cristo não tinha vindo para reconciliar os pecadores com Deus, mas, sim, "para salvá-los da pressão das Suas demandas e pretensões".[116] Qualquer tentativa de superar "o mal em nós" era considerada fora de questão. Para teólogos nazi-cristãos como Wilhelm Stapel, cada nação possuía o direito de adotar a sua própria moral:

> A redenção pouco tem a ver com a elevação moral, assim como com uma sabedoria mundial. O cristão sabe que é completamente impossível para ele "viver" de outro modo que não no pecado; que ele não é capaz de tomar uma decisão sem cair na iniquidade; que ele não pode fazer o bem sem fazer o mal ao mesmo tempo (...). Deus fez este mundo perecível, está condenado à destruição. Pode, assim, danar-se segundo seu destino! Os homens que se imaginam capazes de melhorá-lo, que pretendem criar uma moral superior, estão iniciando uma revolta ridícula e insignificante contra Deus.[117]

---

113 Raushning, nota 28 acima, p. 58.

114 *Ibid*, p. 173.

115 *Ibid*.

116 J. S. Conway, *Nazi Persecution of the Churches, 1933-1945*, Regent College Publishing, Vancouver, 2001, p. 249-250.

117 *Ibid*, p. 256-257.

Essas autoridades religiosas dentro da Igreja Luterana consideravam "Deus" um tipo de super-Hitler. Elevavam ainda a pessoa do ditador alemão à posição de "intérprete supremo da vontade divina". Em março de 1938, o bispo luterano da Turíngia, Martin Sasse, emitiu um documento oficial ordenando que todos os pastores sob sua autoridade eclesiástica fizessem um juramento pessoal de lealdade ao *Führer*.[118] Outros bispos luteranos emitiram ordens similares aos seus subordinados na hierarquia eclesiástica. Em abril de 1937, esses líderes religiosos já tinham lançado uma notória declaração que substituía a autoridade da Bíblia pela de Adolf Hitler como o intérprete e revelador maior da vontade divina. O documento dizia, em parte, o seguinte:

> A palavra de Hitler é a lei de Deus; os decretos e leis que a representam possuem autoridade divina. Sendo o *Führer* o único cem por cento nacional-socialista, ele sozinho completa a lei. Todos os outros devem ser considerados culpados perante a lei divina.[119]

Como bem sabemos, o teólogo alemão Dietrich Bonhoffer (1906-1945) foi executado por sua participação no plano fracassado de assassinar Hitler. Ele costumava relacionar a teologia desses "cristãos germânicos" com a "cosmovisão nietzschiana", segundo a qual a força é exaltada como virtude maior e a fraqueza é "esmagada e eliminada".[120] É evidente que esses líderes cristãos que se comprometeram com o nazismo adotaram uma forma "paganizada" de cristianismo que livrava as pessoas de quaisquer implicações morais da fé cristã. Tal cristianismo não era mais centrado na pessoa de Cristo, mas, sim, na adoração da vontade do governante opressor, sob um véu de "cristianismo" mais ou menos transparente.[121] De

---

118 Metaxas, nota 103 acima, p. 308.

119 A. Kolnai, *The War Against the West*, Viking Press, New York, 1938, p. 276.

120 Metaxas, nota 103 acima, p. 184. Em 1933, em carta a sua avó, Bonhoffer escreveu sobre o "antievangelho de Hitler" como sendo o assassinato legalizado das pessoas com deficiências consideradas "comedores inúteis" e "vida indigna de viver" pelo regime nazista. "É pura loucura", afirmou ele, "que os doentes possam ou devam ser eliminados por determinação legal. É praticamente o mesmo que construir uma Torre de Babel e se limita à própria vingança" (Metaxas, nota 103 acima, p. 193).

121 *Ibid*, p. 249.

acordo com J. S. Conway, professor emérito de História da Universidade de Colúmbia Britânica (Canadá):

> Os líderes do movimento [cristão germânico], os pastores Julius Leutheuser, Joachim Hossenfelder e Siegfried Leffler, envidaram esforços para convencer seus colegas do clero de que apenas uma interpretação completamente nova do cristianismo (...) poderia atender às necessidades da nova era. Eles queriam livrar a Igreja da sua mentalidade "pré-científica" e das suas liturgias arcaicas, e substituí-las pela nova revelação encontrada em Adolf Hitler. O essencial não era a ortodoxia cristã, mas, sim, o ativismo cristão, que seguiria o exemplo do Jesus "heroico" (...). Na recente criação do Partido Nazista, eles enxergavam um veículo para o seu programa, que oferecia camaradagem, a qual eles acreditavam ser característica do verdadeiro cristianismo. Se Hitler pudesse desempenhar o que eles chamavam de necessidades cristãs, então a ortodoxia poderia ser abandonada.[122]

Nazismo e luteranismo

Em abril de 1939, a *Reichskirche* publicou a *Declaração de Godesberg*, que declarou o nazismo uma "continuação natural da obra de Martinho Lutero".[123] "Cristãos alemães" justificariam a distorção das Escrituras apelando à autoridade de Martinho Lutero. Se o grande Reformador alemão poderia romper com a ortodoxia católica, então, argumentavam eles, nada estaria gravado em pedra. Eles também argumentavam que Lutero tinha questionado a canonicidade de certos textos bíblicos, chamando a Epístola de Tiago de "carta de palha" por aparentemente pregar a "salvação pela obra". Para esses teólogos nazistas, Lutero deixou para os alemães um legado inestimável, com "a conclusão da Reforma alemã" a ser encontrada no Terceiro Reich de Adolf Hitler.[124]

---

122 Conway, nota 116 acima, p. 11.
123 Metaxas, nota 103 acima, p. 324.
124 *Ibid*, p. 174.

Lutero é o grande Reformador que definiu o que é ser um cristão alemão.[125] No entanto, em boa parte de sua vida adulta, ele sofreu de várias doenças e sua saúde frágil pode ter contribuído para suas notórias mudanças de humor e depressão regular. É à luz desse contexto que se deve analisar a notória obra *Von den Jüden und Iren Lügen* ("Sobre os Judeus e Suas Mentiras"), publicada por Lutero em 1528, Lutero sugere ações um tanto drásticas contra os judeus alemães, inclusive o incêndio de suas sinagogas, a destruição de suas casas e escolas, o confisco de seus livros de orações e de seu dinheiro e a imposição de trabalhos forçados. Os nazistas sabiam perfeitamente que Lutero escrevera essas coisas abomináveis e ficaram encantados com isso. Eles podiam justificar suas ações com base nos próprios escritos de Lutero, incluindo, assim, o *imprimatur* daquele grande Reformador alemão aos delírios mais anticristãos dos nazistas.[126] Como destaca Eric Metaxas:

> A repetição constante das declarações mais abjetas de Lutero serviu aos propósitos dos nazistas e convenceram a maioria dos alemães de que ser alemão e ser cristão são heranças raciais, e que nenhuma delas era compatível com a identidade judaica. Os nazistas eram anticristãos, mas fingiriam ser cristãos porquanto isso servisse aos seus propósitos de atrair alemães teologicamente ignorantes para o seu lado, contra os judeus.[127]

Teologia Nazista

À medida que se intensificavam os ataques das lideranças nazistas ao cristianismo, os cristãos alemães consolaram-se no fato de que, aparentemente, a hostilidade advinha de apenas alguns indivíduos representantes do Partido. Na verdade, todos os mais conhecidos líderes do regime apresentaram, abertamente, objeções à própria essência do cristianismo.[128] Influentes membros do Partido

---

125 *Ibid*, p. 91.
126 *Ibid*, p. 93.
127 *Ibid*, p. 94.
128 Durante a gravação do julgamento de Karl Adolf Eichmann (1906-1962), um dos principais arquitetos

como Alfred Rosenberg, Martin Bormann, Heinrich Himmler e Reinhard Heydrich eram militantes anticristãos ferrenhos.[129] Durante a guerra, o próprio Hitler exprimiu que, no longo prazo, nazismo e cristianismo "não poderão mais coexistir".[130] Ele explicou aos seus seguidores mais próximos que, depois da vitória final do nazismo na guerra, o cristianismo haveria de ser substituído por uma religião nacional que suplantasse as ideias cristãs de pecado, misericórdia, penitência e graça.[131] O povo alemão veneraria, assim, um novo "deus-homem" no lugar do Deus da Bíblia, e reverenciaria um paganismo ecológico de adoração da natureza como sucedâneo integral do "cativeiro judaico da lei".[132] Ernst Bergmann, professor de filosofia da Universidade de Leipzig, certa feita explicou que essa nova religião seguiria as ideias de "honra" e "vontade", e, não, a de compaixão; da "eterna luta", e, não, a da paz.[133]

Professor Bergmann propunha uma nova religião voltada à adoração da "Mãe-Terra", que estaria incorporada na veneração da natureza e seus aspectos panteísticos. Influenciado pelas forças da evolução, Cristo "renasceria no útero da Mãe-Terra", não para ser o redentor do mundo, mas para revelar o Deus que há em todos nós, pois "o mundo não necessita de redenção".[134] Curiosamente, ele argumentou ainda que Cristo não era judeu, e, sim, um homem de origem nórdica. Outrossim, Bermann buscaria elevar Hitler à con-

---

do Holocausto nazista, o promotor israelense Gideon Hausner comentou: "Eichmann era fanaticamente hostil à religião. Certa vez, em exame cruzado, ele admitiu que ficou tão furioso de ver sua esposa lendo a Bíblia que, em duas ocasiões, arrancou o livro das mãos dela e o rasgou em pedaços (...). Ele permaneceu irresoluto quanto à concepção nazista de Deus, que era representado pelo poder da Natureza e se refletia no mundo biológico. Não havia espaço para a moral, judaica ou cristã, no mundo em que acreditava" (G. Hausner, *Justice in Jerusalem*, Herzl Press, New York, 1996, p. 9). Nesse julgamento, a principal tese de defesa de Eichmann era a de que ele era somente um tenente-coronel subordinado e, como tal, estava apenas obedecendo a "ordens superiores".

129 Overy, nota 85 acima, p. 268.

130 Hitler, nota 87 acima, p. 341.

131 W. L. Shirer, *The Rise and Fall of the Third Reich*, Simon and Schuster, New York, 1960, p. 240.

132 Kolnai, nota 119 acima, p. 241.

133 *Ibid*, p. 238. Bergmann escreveu um importante livro intitulado *Die 25 Thesen der Deutschreligion*, Breslau, 1934. Nesse livro Bergmann propôs uma religião nazista para as escolas alemãs baseada no panteísmo, no subjetivismo, na veneração da natureza, nos instintos do "*Volk*", por meio da escola romântica do filósofo francês J. J. Rousseau. O professor Bergmann chamou sua tese de catecismo da religião alemã: P. R. E. Viereck, *Metapolitics: From Wagner and the German Romantics to Hitler*, Transaction Publishers, New Brunswick/NJ, 2004, p. 292.

134 Kolnai, nota 119 acima, p. 246.

dição de novo messias, sugerindo a suástica nazista como símbolo apropriado para substituir a cruz cristã em todas as igrejas alemãs. Acima de tudo, era essencial que o povo alemão abandonasse de uma vez por todas a "superstição" de que pessoas são pecadoras e necessitam de arrependimento. Elas deveriam descobrir uma nova fé "segundo a qual nós mesmos somos Cristo". Concluiu Bergmann: "Destruí vós a lenda de que Deus se tornou homem, e o próprio homem se levantará como Deus, um Cristo; ele se tornará cônscio de si mesmo, e sua essência assumirá a forma divina".[135]

Nazismo e Historicismo Jurídico Alemão

Nos anos 1930 um dos juristas mais influentes na Alemanha era o austríaco Hans Kelsen (1881-1973). Kelsen era ávido por estabelecer a diferença, e até o contraste, entre o *justo* e o *legal*. Todavia, essa separação entre justiça e legalidade realmente não existia nos países de língua alemã até a ascensão da Escola Historicista do Direito no século XIX. Antes da ascensão da Escola Historicista, comentou certa feita o próprio Kelsen, "a questão da justiça era considerada um problema fundamental na ciência jurídica".[136] A Escola Historicista do Direito alemã tornou-se mais conhecida no fim das guerras napoleônicas, quando os historicistas alemães se opuseram à codificação das leis para a Confederação Germânica. O principal historicista do Direito alemão, Friedrich Carl von Savigny, considerava o Direito com sendo fundado não em princípios universais, mas num *Volksgeist*, ou o "espírito do povo", que se desenvolve através do tempo e determina o crescimento orgânico do Direito. Juntamente com Gustav Hugo (1764-1844), Savigny foi o fundador do historicismo jurídico alemão e seu representante mais influente. Conforme demonstrado no **Capítulo 5**, ele foi o primeiro professor de Direito Romano na então recém-criada Universidade de Berlim e, depois disso, ocupou importantes cargos políticos.[137] Savigny foi

---

135 *Ibid*, p. 267.

136 H. Kelsen, *General Theory of Law and State*, Harvard University Press, Harvard, 1946, p. 391.

137 G. S. Jones, '*Communism*' in Karl Marx and Friedrich Engels, *The Communist Manifesto*, Penguin, Londres, 2002, p. 152.

uma personalidade proeminente entre a elite jurídica alemã.[138] Diz-se que ele ocupa "uma posição na ciência do Direito alemã semelhante à que Johann Wolfgang von Goethe (1749-1832) ocupa na literatura alemã".[139]

Para Savigny, o indivíduo é acima de tudo um membro do corpo social, assim como cada época da nação representa a continuação das épocas passadas. A história é tratada não como uma fonte de exemplo ou tradição, mas como o caminho que leva ao "verdadeiro conhecimento de nossa própria condição".[140] Nesse contexto, Savigny analisa o Direito como algo que sempre teve de se adaptar à evolução das necessidades sociais. Tal historicismo postula que o Estado não é um constructo jurídico formal, mas, sim, um corpo orgânico cuja natureza evoluiu segundo "negócios jurídicos pactuados entre associações menores distintas".[141] Esta ideia de crescimento orgânico do Estado foi considerada como a mais perfeita encarnação do *Zeitgeist* ou "Espírito do Tempo", isto é, uma encarnação das manifestações culturais, intelectuais, éticas e espirituais numa "nação vivente".[142]

Ao focar nas implicações sociológicas de um sistema jurídico orgânico desenvolvido nacionalmente, os historicistas alemães estavam interessados na soberania do Estado, um produto do panteísmo filosófico alemão.[143] Tal historicismo jurídico tornou-se, ademais, a força motriz da promoção do mito racial na Alemanha.[144] Os historicistas alemães, de fato, afirmavam que o Direito de cada nação era fadado a ser modificado através do tempo pelas constantes gerações futuras.[145] Todavia, não demorou muito para que essa

---

138 A. Rahmatian, '*Friedrich Carl von Savigny's Beruf and Volksgeistlehre*' (2007) 28(1) *Journal of Legal History* 1, p. 2.

139 *Ibid*, p. 1.

140 F. C. Savigny, *On the Vocation of Our Age for Legislation and Jurisprudence*, tradução de A. Hayward, Londres, 1831, citado em Jones, nota 137 acima, p. 152.

141 J. Seitzer e C. Thornhill, '*An Introduction to Carl Schmitt's Constitutional Theory: Issued and Context*' in J. Seitzer, *Carl Schmitt: Constitutional Theory*, Duke University Press, Durham/NC, 2008, p. 12.

142 *Ibid*.

143 A. Kuyper, *Lectures on Calvinism*, Hendrickson, Peabody/MA, 2008, p. 75.

144 Loewenstein, nota 42 acima, p. 784.

145 L. Strauss, *Natural Rights and History*, University of Chicago Press, Chicago/IL, 1965, p. 25.

ideia se degenerasse no relativismo moral.[146] A exortação à investigação histórica do Direito levou à visão segundo a qual o Direito é inteiramente histórico e contingente. Em tal contexto, é claro, toda a ideia de direitos inalienáveis e princípios universais que impõem obrigações morais ao Estado pode ser descartada como mera invenção do "liberalismo burguês".[147] O principal problema de tal historicismo, escreveu Leo Strauss, "é que todas as sociedades têm seus acordos, tanto a sociedade canibalista quanto a civilizada (...). Se os princípios são suficientemente justificados pelo fato de que eles foram aceitos pela sociedade, os princípios do canibalismo são tão defensáveis ou sólidos quanto os da vida civilizada".[148]

Nesse sentido, a ênfase do historicismo alemão nas implicações históricas e contextuais do Direito contribuíram para o empreendimento nazista de recriar o ordenamento jurídico segundo "a natureza e a alma alemães".[149] O jurista acadêmico nazista Hans Gerber descreveu o novo espírito do direito alemão depois de 1933: "O nacional-socialismo frisa que a justiça não é um sistema abstrato e autônomo de valores, como os vários tipos de sistemas jusnaturalistas. Cada sociedade tem seu próprio conceito de justiça".[150] Consequentemente, a rejeição historicista a qualquer possibilidade de critérios universais de validade jurídica, comenta Richard Overy:

> (...) tornou o Direito historicamente contingente, um produto dos seus próprios tempo e lugar. O Direito não é visto como algo gravado em pedra, mas como algo que evoluiu e mudou com a alteração das circunstâncias históricas. A realidade histórica, argumentava-se, ditava a natureza dos sistemas jurídicos e regia seu valor moral (...). No Terceiro Reich, a mais elevada justiça era a preservação da vida da nação; a nação era a fonte do Direito; assim, o Direito era também justo.[151]

---

146 J. M. Kelly, *A Short History of Western Legal Theory*, Oxford University Press, Oxford, 1992, p. 324.
147 *Ibid*, p. 18.
148 L. Strauss, *Natural Right and History*, Chicago University Press, Chicago/IL, 1965, p. 3.
149 Loewenstein, nota 42 acima, p. 782.
150 Overy, nota 85 acima, p. 289.
151 *Ibid*, p. 290.

De acordo com Andreas Rahmatian, havia uma perspectiva místico-romântica ilusória da noção de *Volksgeist* de Savigny que naturalmente atraiu os nazistas. Uma análise mais crítica revelaria que o conceito de "*Volk*" não se unia de fato ao povo alemão real, pois "um povo real não teria por si só um poder legiferante efetivo como expressão de sua consciência comum, o que já era o caso com a Alemanha nazista".[152] Com o surgimento de uma "nova Alemanha" a partir de 1933, a nação passou basicamente por um processo de homogeneização que fez com que todos os grupos sociais fossem "assimilados" ao *Volk* alemão, como unidade espiritual a ser encarnada no corpo totalitário do Estado.[153]

Nazismo e Positivismo Jurídico

Quando os nazistas chegaram ao poder em 1933, Kelsen foi afastado de seu cargo de Decano de Direito da Universidade de Colônia.[154] Todavia, tem-se dito que a sua teoria juspositivista não forneceu qualquer base teórica para uma resistência jurídica contra as atrocidades praticadas pelo regime nazista. Pelo contrário: seu juspositivismo estreito conferiu às leis promulgadas pelo Terceiro Reich um considerável grau de legitimidade. Ao propor uma rígida separação entre o que "é" e o que "deve ser", o juspositivismo de Kelsen promoveu a expulsão da ética e da metafísica da análise das leis, o que, em última instância, não oferece recursos teóricos satisfatórios aos operadores do Direito para resistirem às arbitrariedades inerentes aos regimes autoritários.[155] Conforme salientou Ives Gandra da Silva Martins,

> A visão formalista, principalmente após as teorias de Hans Kelsen e seus seguidores, empequenece a Ciência Jurídica, na tentativa de purificá-la de elementos estranhos pertinentes a outras Ciências, pois desconsiderando, como elementos pró-

---

[152] Rahmatian, nota 138 acima, p. 12.

[153] Loewenstein, nota 42 acima, p. 784.

[154] Kelsen mudou-se para os Estados Unidos em 1940, e em 1945 foi nomeado professor livre-docente do Departamento de Ciência Política da Universidade da Califórnia, em Berkeley.

[155] Hawkins, nota 59 acima, p. 90.

prios do Direito, a Moral, os fatos sociais e quaisquer outros regulados pela norma. Goza, para efeitos de explicação do poder, da mesma e cínica visão de Maquiavel, onde ao Príncipe, se com forças suficientes, tudo é permitido.[156]

Kelsen acreditava que a validade de normas jurídicas não decorreria de seu conteúdo moral-substantivo, mas, sim, da sua aprovação pela autoridade constituída e segundo procedimentos legislativos formais. Subjacente a essa análise está a clássica premissa positivista de que as leis existem somente em termos de regras e procedimentos. Assim, uma norma legal torna-se válida à medida em que satisfaz determinadas condições formais exigidas pelo próprio ordenamento jurídico. Como colocou Kelsen: "Uma norma se torna lei somente porque se constituiu de uma determinada forma, originada de um procedimento determinado e de uma regra determinada".[157]

A "teoria pura" de Kelsen consistia em revelar o ordenamento jurídico tal como posto em determinada época, "sem legitimar-se ou desqualificar-se como injusto, buscando-se o Direito positivo, real, não o Direito correto".[158] Positivistas como ele enxergavam a validade das leis em termos procedimentais, de modo que as leis não seriam válidas se incorressem em injustiça ou produzem a imoralidade.[159] Desse modo, Kelsen afirmou certa feita que as leis dos nazistas eram perfeitamente válidas, independentemente de seu conteúdo substantivo. Elas seriam válidas simplesmente porque foram aprovadas pela autoridade constituída. Como ele postulou, "do ponto-de-vista da ciência do Direito, a lei do governo nazista era Direito. Podemos lamentá-lo, mas não podemos negar que fosse Direito".[160] Também declarou Kelsen:

---

156 I.G.S. Martins, 'Liberdade, Legitimidade e Legalidade' (2011) 17 *Revista Brasileira de Direito Constitucional* 47, p. 50

157 H. Kelsen, '*The Pure Theory of Law – Part 2*' (1935) 51 *Law Quarterly Review* 17, par. 29.

158 Bracher, nota 21 acima, p. 474.

159 R. A. Hughes, G. W. G. Leane and A. A. Clarke, *Australian Legal Institutions: Principles, Structure and Organisation*, Lawbook Co., Sydney, 2003, p. 32.

160 H. Kelsen, *Das Naturrech inder Politischen Theorie* (F. M. Schmoetz (ed) (1963)), citado em F. A. Hayek, *Law, Legislation and Liberty, Vol. 2: The Mirage of Social Justice*, Routledge & Kegan Paul, Londres, 1976, p. 56.

A ordem jurídica dos Estados totalitários autoriza seus governos a confinar em campos de concentração pessoas cujas opiniões, religião ou raça os desagradam; a forçá-las a realizar qualquer tipo de trabalho e até a matá-las. Tais medidas podem ser condenadas moral ou violentamente; mas não se pode considerar que elas tenham ocorrido à margem da ordem jurídica desses Estados.[161]

Para se considerar como "não-lei" a lei positivada que viola princípios universais de justiça, é preciso se adotar uma concepção do Direito que aceite o seu conteúdo metafísico e substantivo.[162] O problema da injustiça extrema só pode ser adequadamente abordado quando adotamos um conceito de Direito que incorpora uma moral fundamental como critério limitador.[163] Na era nazista, contudo, todas as tentativas de resistência jurídica ao regime foram fundadas em ideias jusnaturalistas, pois o juspositivismo, como tal, não poderia encontrar fundamento para tanto.[164] Evidentemente, as leis nazistas não satisfariam os critérios mais básicos de justiça baseados em princípios tradicionais do direito natural. Nessas bases, S. Agostinho descreveria o governo nazista jamais como autoridade ilegítima, mas, sim, como mera "quadrilha de criminosos".

Quando se olha para os profissionais do Direito alemães nos anos 1930, deixando-se de lado aqueles que eram comprometidos com a ideologia nazista, fica evidente que o juspositivismo desempenhou um papel importante no fracasso daqueles que porventura contemplaram se levantar contra as injustiças nazistas. Se se for avaliar os 84 nomes da lista de filiação da Associação de Constitucionalistas Alemães de 1922, constatar-se-á que os juspositivistas eram na realidade a esmagadora maioria.[165] Muitos desses juristas viam no governo nazista, de algum modo, os valores ideais do po-

---

[161] H. Kelsen, *Pure Theory of Law*, University of California Press, Berkeley/CA, 1967, p. 56.

[162] M. Stolleis, *The Law Under the Swastika: Studies on Legal History in Nazi Germany*, University of Chicago Press, Chicago/IL, 1998, p. 5.

[163] F. Hadelmann, 'Gustav Radbruch vs Hans Kelsen: A Debate on Nazi Law' (1958) 71 *Harvard Law Review* 162, p. 176.

[164] H. Rommen, 'Natural Law in Decisions of the Federal Supreme Court and of the Constitutional Courts in Germany' (1959), citado em C. E. Rice, *50 Questions on the Natural Law: What It Is and Why We Need It*, Ignatius Press, San Francisco/CA, 1999, p. 26.

[165] Representativos desse grupo são Richard Thoma, Heinrich Triepel e Gerhard Anschütz.

sitivismo, que formaram a base do estudo do Direito na Alemanha daquele período.[166]

De acordo com Charles Rice, quando os nazistas se viraram contra os judeus, muitos desses juristas que ousaram se opor ao regime estavam "desarmados" pelo seu próprio juspositivismo.[167] Esse não teria sido o caso se esses mesmos juristas tivessem respondido às injustiças nazistas com denúncias sólidas "baseadas em princípios" da tradição jusnaturalista. Afinal de contas, como explica Álvaro de Azevedo Gonzaga, "todas as teorias da lei natural compreendem a lei como um remédio contra os grandes males de, por um lado, a anarquia e, por outro, a tirania. E uma das características da tirania é a cooptação da lei como uma máscara para decisões fundamentalmente injustas encobertas nas formas de lei e legalidade".[168] Nesse sentido, a tese de juspositivista de que "lei é lei" à despeito de seu valor moral deixou esses juristas alemães completamente indefesos em face de leis com conteúdo arbitrário ou criminoso.[169] Esses juristas, escreveram J. Seitzer e C. Thornhill:

> (...) tinham a tendência de enfatizar a estreita relação entre a análise jurídica e as ciências naturais. Eles sustentavam que a evolução do Direito deveria ser vista segundo padrões puramente positivistas, e que o Direito deveria ser construído como unidade consistente interna e sistematicamente de princípios e normas, relativamente fechada à interferência externa de caráter normativo, intencional ou diretamente politizada. Consequentemente, os preceitos legais deveriam ser vistos unicamente como fatos intrajurídicos, constructos criados pelo próprio Direito para facilitar sua aplicação. Com base nesses fundamentos, eles concluíram que a validade da lei dependia do seu status de conjunto de regras internamente consistentes e que ela não poderia se reconstruída ou interpretada com base em preceitos morais.[170]

---

166 Stolleis, nota 162 acima, p. 226.

167 C. Rice, 'Some Reasons for a Restoration of Natural Law Jurisprudence' (1989) 24 *Wake Forest Law Review* 539, p. 567.

168 A.A. Gonzaga, 'Direito Natural e Jusnaturalismo', Enciclopédia Jurídica da PUC-SP, Tomo de Teoria Geral e Filosofia do Direito, São Paulo/SP, abril de 2017, pp. 21 e 22.

169 H. Rommen *in* Rice, nota 164 acima, p. 28.

170 Seitzer e Thornhill, nota 141 acima, p. 10.

Um desses juristas que ficaram inteiramente desarmados pelo seu próprio juspositivismo foi Gustav Radbruch (1878-1949). Proeminente jurista e ministro da Justiça na República de Weimar, em seus escritos anteriores à Segunda Guerra Mundial ele argumentava que o soberano pode fazer a lei que lhe aprouver, contanto que seja coerente ao aplicá-la. A teoria de Radbruch não era apenas positivista; era também amoral e voluntarista. De acordo com essa teoria, o que faz a conduta ser correta do ponto de vista jurídico é simplesmente a sua aprovação pelo legislador, de modo que a lei só pode ser verificada conforme a sua fonte, em contraposição ao seu mérito. Depois de ter sustentado que a estrita obediência à lei é fundamental para a segurança jurídica, Radbruch concluiu: "É dever profissional do juiz validar a demanda da lei por validade, sacrificar seu próprio senso de certo e errado em favor da determinação imperativa da lei, perguntar-se apenas o que é legal, e não o que é também justo".[171]

Radbruch viveu o bastante para testemunhas todos os horrores do nazismo. Ele ficou profundamente consternado e começou a questionar seu próprio juspositivismo. Ele começou assim a refletir se a sua abordagem jusfilosófica não haveria de ter oferecido legitimidade ao regime genocida. Na quarta edição de seu livro *Rechtsphilosophie*, publicado postumamente em 1950, Radbruch surpreendentemente abandona sua posição original de positivismo jurídico (e relativismo moral), propondo, em lugar disso, uma teoria jusnaturalista estabelecedora de que, "quando não há sequer uma tentativa de justiça, quando a equidade, o centro da justiça, é deliberadamente traído na outorga do direito positivo, o diploma legal não é apenas uma "falsa lei"; ela carece completamente da própria natureza de lei".[172] Em uma outra de suas obras publicadas após a Segunda Guerra Mundial, ele declarou ainda que "medidas pela lei

---

[171] G. Radbruch, '*Legal Philosophy*' in K. Wilk (ed), *The Legal Principles of Lask, Radbruch, and Dabin*, Harvard University Press, Cambridge/MA, 1950, p. 119.

[172] G. Radbruch, *Rechtsphilosophie*, K. F. Koehler Verlag, Stuttgart, 1970, citado em J. Barup, '*Continental Perspectives on Natural Law Theory and Legal Positivism*', in M. P. Golding e W. A. Edmunson (ed), *The Blackwell Guide to the Philosophy of Law and Legal Theory*, Blackwell, Melden/MA, 2005, p. 298.

superior, a anomia permanece sendo anomia ainda que determinada através de regras formais."[173]

Radbruch apelou assim aos princípios de direito natural que, conforme ele mesmo afirmou, foram reconhecidos "pela obra dos séculos" que "chegaram a gozar de um amplo consenso na declaração de direitos humanos fundamentais sobre os quais apenas o deliberadamente céptico pode ainda lançar dúvidas".[174] Sendo assim, concluiu ele, as ordens positivadas do regime nazista "não participavam de modo algum da natureza do Direito; elas não eram apenas mau Direito; não eram Direito absolutamente".[175] Ele dá alguns exemplos de "falsas leis" aprovadas pelo regime nazista, tais como as que autorizavam o tratamento de indivíduos como sub-humanos, assim como a aplicação da pena de morte a um amplo espectro de infrações decorrentes de considerações raciais. De acordo com ele, quando tais leis violam nosso senso básico ou natural de justiça, "o povo não lhes deve obediência e os operadores do Direito também devem buscar coragem para negar a sua natureza de lei".[176] John Kelly comenta esta nova abordagem de Radbruch acerca da validade das leis positivadas:

> Radbruch acreditava que a teoria de que tudo que um diploma legal dissesse seria lei tornou a justiça alemã indefesa quando confrontada com a crueldade e injustiça travestidas de diploma legal (...). Na sua própria reação e na de outros, Radbruch viu um renascimento da crença numa lei transcendental [não importando como se queira descrevê-la: a lei de Deus, a lei da natureza, a lei da razão] que poderia condenar como "injustiça jurídica" qualquer lei má. Ele concluiu sua última aula lembrando seus estudantes de que, um dia, sua

---

[173] G. Radbruch, 'Die Erneuerung des Rechts' (1954) 2 *Die Wandlung* 9, p. 484. Citado por B. Bix, 'Radbruch's Formula, Conceptual Analysis, and the Rule of Law', *in* I. B. Flores and K. E. Himma (eds.), *Law, Liberty, and the Rule of Law*, Springer, Dordrecht, 2013, p. 67.

[174] *Ibid.*

[175] G. Radbruch, *Rechsphilosophie*, 4ª ed., 1950, citado em Kelly, nota 146 acima, p. 419.

[176] *Ibid.*

disciplina [a filosofia jurídica] recebera o título no currículo de "O Direito da Natureza".[177]

Evidentemente, nem todo jurista que apoiava a Alemanha nazista adotava a teoria juspositivista. Por exemplo, o Judiciário por vezes interpretava as leis com uma larga margem de discricionariedade e as aplicava em conformidade com noções derivadas da ideologia nazista. Contudo, "a relevância do juspositivismo não está na teoria, mas na prática. Ele não moldou a teoria nazista do Direito; ele ajudou efetivamente a manter a ordem jurídica nazista".[178] De todo modo, a teoria juspositivista "permitiu aos juristas ponderarem consigo mesmos e com outros sobre sua interpretação e aplicação das leis, as quais eles poderiam, após reflexão, ter considerado grotescamente injustas ou imorais".[179] E não resta dúvida, ainda, que a predominância do juspositivismo, no mínimo, acabou por inibir severamente qualquer reação da comunidade jurídica alemã contra a perversão nazista do ordenamento constitucional.[180]

Como forte indicativo de que o juspositivismo não foi o único fator de legitimação do regime, as leis aprovadas durante a República de Weimar permaneceram intocadas sob o Terceiro Reich. A aplicação destas leis, todavia, entraria muitas vezes em conflito com a intenção do legislador e até com a letra da lei. O principal filósofo do Direito da Alemanha nazista, Carl Schmitt, comentou certa vez que, mais do que um juiz ter responsabilidade de aplicar a lei, aquilo que seria de mais necessário era a obrigação moral com um ideal "mais fidedigno, mais vigoroso e mais profundo do que a obrigação traiçoeira das palavras escorregadias de milhares de dispositivos legais".[181]

---

177 Kelly, nota 146 acima, p. 379.

178 M. D. Dubber, '*Judicial Positivism and Hitler's Injustice*' (1993) 93(7) *Columbia Law Review* 1807.

179 *Ibid*, p. 1826.

180 G. Breckenridge, '*Legal Positivism and the Natural Law: The Controversy Between Professor Hart and Professor Fuller*' (1964-1965) 18 *Vanderbilt Law Review* 945, p. 950.

181 C. Schmitt, *Staat, Bewegung, Volk*, 1933, p. 46, citado em S. Paulson, '*Lon Fuller, Gustav Radbruch, and the Positivist Theorists*' (1994) 13 *Law and Philosophy* 313, p. 315.

Nazismo e Freirechtsbewegung ("Movimento do Direito Livre")

O regime nazista foi também beneficiado por um movimento jurídico chamado *Freirechtsbewegung* ("Movimento do Direito Livre"). Tendo-se originado no final do século XIX e no início do século XX, as raízes deste movimento se encontram numa palestra do professor Eugen Ehrlich (1862-1922), da Universidade de Berlim, ocorrida em 1903. Outra raiz importante seria o famoso artigo publicado em 1906 por Hermann Kantorowicz (1877-1940) sobre "A Batalha pela Liberdade da Ciência Jurídica".[182] Como escola jusfilosófica, o Movimento do Direito Livre se posicionava com reação romântica à adesão excessivamente literal à letra da lei pelos profissionais do Direito alemães.[183] De acordo com Karl Loewenstein, o Movimento do Direito Livre focava em "menos positivismo e mais realismo",[184] atacando uma "aplicação mecânica do Direito" que enfatizava demasiadamente os aspectos lógicos do processo à custa da "realidade" da vida social, com todas as suas condições políticas e econômicas.

Nesse contexto, tem-se dito que os juristas nazistas se inspiraram no Movimento do Direito Livre para distanciarem-se, quando conveniente, da linguagem estrita da lei, de modo a olhar para apenas para "valores sociais". Em 1939, Gustav Radbruch escreveria que uma interpretação e aplicação mais estritas ou literais da lei ofereceria pelo menos algum grau de segurança jurídica e, como tal, alguma proteção contra a arbitrariedade do Estado. Sob o governo nazista, o ordenamento jurídico seria interpretado como uma ordem progressiva da vida da comunidade, de modo que as formulações jurídicas se tornaram mais vagas e assentadas em linguagem metafórica mais apropriada a profetas ou oradores rasos do que a legisladores ou juristas.

---

182 Em alemão, *Der Kampf um die Rechtswissenschaft*. Ver F. K. Carter, '*Gustav Radbruch and Hermann Kantorowicz: Two Friends and a Book*' (2006) 7(7) *German Law Journal* 657, p. 658.

183 Kelly, nota 146 acima, p. 359.

184 Loewenstein, nota 42 acima, p. 783.

Uma vez que os tribunais podiam orientar-se por valores ambíguos derivados da ideologia nacional-socialista,[185] o sistema jurídico se materializaria, em última instância, no "decisionismo" da liderança nacional-socialista. Segundo o princípio da liderança do líder (*Führerprinzip*), a liderança de Hitler era, pois, justificada por um apelo direto a esse princípio. É claro que o ditador convenientemente designava a si próprio como líder supremo do povo alemão, tendo afirmado em 1938 que seu governo aspirava organizar a Alemanha de tal forma "que o princípio supremo e natural da seleção parecesse indicar que a existência contínua de uma liderança política firme fosse garantida".[186]

Desde o início, o regime nazista depositou confiança na inserção de novos princípios interpretativos como símbolo de seu "novo pensamento". A fachada de legalidade foi introduzida por meio de uma interpretação ideológica do Direito. Com relação ao seu ordenamento jurídico, a estratégia inicial do regime não era rechaçar o antigo ordenamento, mas, sim, distorcer seu significado e sua natureza originais. Esperava-se que os magistrados adotassem uma interpretação ampliativa do Direito.[187] Ao mesmo tempo em que não se permitia que os magistrados se afastassem das leis promulgadas pelo regime, as leis elaboradas anteriormente à ascensão do regime eram tratadas de maneira diferenciada. Um novo método de interpretação era então aplicado, a fim de infundir o sistema nacional-socialista de valores no direito anterior.[188] Esse método interpretativo permitiria ao Judiciário que "mudasse a aplicação dos diplomas legais anteriores sem alterar as disposições textuais".[189]

A linguagem por trás das tentativas de adaptar o sistema das leis revela que não estava entre os principais objetivos da interpretação nazista respeitar a legalidade com o máximo de precisão

---

185 Loewenstein, nota 42 acima, p. 781.

186 Hitler, discurso de 20 de fevereiro de 1938, citado em Weikart, nota 15 acima, p. 113.

187 Dubber, nota 178 acima, p. 1811. Essa abordagem jurídica só foi abandonada durante a segunda metade da guerra, com o crescimento cada vez maior do *Reichtgesetzblatt* (o jornal que publica as novas leis) e a inversão da proporção entre as leis nazistas e as de Weimar.

188 Loewenstein, nota 42 acima, p. 781.

189 *Ibid.*

possível. Os magistrados eram abertamente encorajados a proferir julgamentos contra a lei, caso sua "consciência racial" assim o determinasse. Nesse contexto, Curt Rothenburger, presidente do Tribunal de Hamburgo, falava com aprovação da extinção do "juiz neutro e apolítico da era liberal" e do surgimento de novos juízes que fossem "politicamente conscientes por completo, firmemente vinculados à cosmovisão do legislador".[190] Uma vez que o que importava em tal contexto não era o influxo de nova leis, mas, sim, a interpretação da lei conforme às "necessidades da comunidade racial", é curioso observar que até mesmo a Constituição de Weimar jamais seria formalmente revogada.[191] Em vez de revogar a ordem constitucional anterior em bloco, os nazistas optaram por adotar uma abordagem "evolucionista" na interpretação das leis existentes. Como explica Michael Stolleis:

> O desprezo à intenção original do legislador por parte dos magistrados ideologicamente orientados tornou-se muito mais significativo na vida jurídica quotidiana do nacional-socialismo do que a injustiça diretamente ordenada pelo legislador. E é por isso que a tese difundida nos anos 1950 – de que o Judiciário, em virtude da sua orientação positivista, restara indefeso em face dum legislador livre de quaisquer limitações – continha apenas parte da verdade (...). Ainda na República de Weimar, amplos seguimentos do Judiciário haviam optado por se opor ao corpo legislativo democraticamente legitimado. É por isso que a exortação dos nazistas para "a superação do normativismo estreito" por meio da interpretação jurídica (...) não colocava mais problemas de método (...).

Tanto durante o período da tomada de poder quanto durante a guerra, interpretar a lei anterior sob o guiamento da ideologia nacional-socialista provou ser uma abordagem superior à elaboração de novas leis. Era mais célere e mais flexível, e em casos concretos poderia ser mais facilmente criticado e invalidado. O regi-

---

190 Overy, nota 85 acima, p. 297.

191 Loewenstein escreve: "Depois que *Herr* Hitler tomou o poder, a Constituição de Weimar, embora nunca formalmente revogada, foi desconstitucionalizada. Por meio da conhecida lei de concessão de poderes de 24 de março de 1933, o gabinete recebeu poderes para afastar a aplicabilidade da Constituição mediante simples decretos do governo; e a Lei de 30 de janeiro de 1934 dotou o governo de *pouvoir constituent* (poder constituinte) integral" (Loewenstein, nota 42 acima, p. 803).

me evidentemente aceitava o fato de que a natureza vaga da "ideologia nacional-socialista", a seu turno, criava espaços para manobra, os quais foram usados de diversos modos. Leis efetivamente instituídas, por sua vez, tinham de ser avaliadas contra as próprias reivindicações do nacional-socialismo. Elas também geram um certo tipo de efeito vinculante incômodo para os novos governantes.[192]

Contribuição dos Profissionais do Direito ao Governo Nazista

A correlação entre o ordenamento jurídico nazista e o total desrespeito aos direitos individuais manifestou-se de forma flagrante na contribuição de acadêmicos, magistrados e advogados. Quando Hitler foi nomeado Chanceler, em 30 de janeiro de 1933, a consolidação do regime ainda não era de modo algum algo dado como certo. Nos primeiros meses do regime, muitos alemães não se impressionaram com as violações de direitos e com as punições cruéis sancionadas pelo governo. Para conferir validade ao regime nazista, o público precisava ser convencido da validade da legislação e de decisões judiciais baseadas na ideologia do Estado.

Inicialmente, os nazistas tiveram um grande interesse em preservar a impressão de "normalidade jurídica". Quando a *Lei de Concessão de Amplos Poderes* foi promulgada pelo *Reichstag* em março de 1933, entregando o poder legislativo ao governo por quatro anos, tudo foi feito de acordo com uma emenda constitucional aprovada pela maioria de dois terços do parlamento requerida pelo artigo 76 da Constituição. Assim, os constitucionalistas alemães da época sustentaram que a Alemanha Nazista era um *Rechtstaat*, uma vez que Hitler obtivera poder ilimitado de forma estritamente constitucional.[193] Como destaca R. Caenegem, a reedição da *Lei de Concessão de Amplos Poderes* em 1937, 1939 e 1943 representou "um interessante indicativo da combinação esquizofrênica do regime entre formalismo jurídico e violência cruel e desprezo profundo pelo

---

192 Stolleis, nota 162 acima, p. 14-15.
193 Caenegem, nota 19 acima, p. 283.

Estado de Direito".[194] Aqueles juristas definiram eufemisticamente a revogação *de facto* da Constituição por parte dos acontecimentos de 1933 e 1934 como um tipo de "revolução jurídica" mas aparentemente dentro dos limites da legalidade.[195]

Curiosamente, no entanto, quanto mais os profissionais do Direito se esforçavam para legitimar o regime nazista, maior era o abuso e o desprezo com que eles eram tratados pelo regime nazista. Alguns daqueles juristas que inicialmente colaboraram ativamente com o regime acabaram se dando conta do triste fato de que eram na verdade produtos descartáveis de um regime que funcionava inteiramente na base de decretos emergenciais e resoluções, em contraste com o verdadeiro Estado de Direito. Hitler tinha um desprezo absoluto pelos juristas, "o que torna mais aflitiva a servilidade com que grande número de professores de direito adere ruidosamente ao regime".[196] Para ele, "a saúde da nação alemã é mais importante do que a letra da lei".[197] Ele não tinha consideração alguma pela profissão jurídica, tendo comentado certa vez que todo advogado "deve ser visto como um homem deficiente por natureza ou deformado pela experiência".[198] Em 1942, ele disse que sua vontade era "fazer com que cada alemão se desse conta de que é uma desonra ser um advogado".[199]

Advogados

A grande maioria dos advogados alemães era hostil à República de Weimar. Eles tinham sido formados com base na noção de que a Alemanha era uma unidade nacional orgânica. A visão de um parlamento dividido parecia-lhes completamente antinatural. De acordo com Paul Johnson, "a característica principal do regime

---

194 *Ibid*, p. 277.

195 *Ibid*, p. 278.

196 Rigaux, F. *A Lei dos Juízes*, trad.: Edmir Missio, Martins Fontes, São Paulo/SP, 2000, p. 125.

197 M. Broszat, *The Hitler State: The Foundation and Development of the Internal Structure of the Third Reich*, Longman, New York, 1981, p. 293.

198 Johnson, nota 1 acima, p. 290.

199 K. C. H. Willing, 'The Bar in the Third Reich' (1976) 20 *American Journal of Legal History* 13, p. 14.

da Alemanha pré-guerra com seus príncipes, generais, proprietários de terras, professores de Direito que o subscreviam com legitimação acadêmica e pastores luteranos que lhe conferiam autoridade moral era o não-liberalismo".[200] Deste modo, a comunidade jurídica alemã, de modo geral, recebeu com autêntico entusiasmo a nomeação de Hitler como Chanceler.[201] Em outubro de 1933, na sua convenção anual em Leipzig, com seus braços levantados em saudação nazista, cerca de dez mil juristas alemães juraram que, "pela alma do povo alemão", eles se esforçariam para "seguir o rumo do nosso *Führer* até o fim de [seus] dias".[202] No mesmo dia, publicação do Ministério da Justiça exortava a todos os membros da classe profissional do Direito a "marcharem como brigadas militares do *Führer*".[203]

Como ministro do Terceiro Reich, Hans Frank – presidente da Ordem dos Advogados da Alemanha (1933-1942), da Câmara Internacional de Direito (1941-1942) e da Academia de Direito alemã, parlamentar e governador-geral dos territórios poloneses ocupados (1939-1945) – ocupou uma posição proeminente na fraternidade jurídica. Frank era um jurista que acreditava que "a base para a interpretação de todas as fontes do Direito é a ideologia nacional-socialista, especificamente tal como expressada no programa do partido e nas declarações do *Führer*". Para ele, a vontade de seu amado *Führer* constituía "a fonte e a representatividade do Direito", acrescentando, para completar, que ele estava entre "os maiores legisladores da história universal". Num livro de 1938, Frank afirmou: "Nossa constituição é a vontade do *Führer*".[204] Quanto ao papel a ser desempenhado pelo Judiciário alemão, ele comentou:

> Seu papel é salvaguardar a ordem concreta da comunidade racial, eliminar elementos perigosos, punir todos os atos prejudiciais à comunidade e arbitrar os desentendimentos entre os membros da comunidade. A ideologia nacional-socialista,

---

200 Johnson, nota 1 acima, p. 111.

201 I. Müller, *Hitler's Justice: The Courts of the Third Reich*, Harvard University Press, Cambridge/MA, 1991, p. 38.

202 G. Fieberg, *Justiz im Nationalsozialistischen Deutschland*, 1984, p. 37, citado em Müller, nota 201 acima, p. 38.

203 F. Roetter, 'The Impact f Nazi Law' (1945) *Wisconsin Law Review* 516, p. 542.

204 Caenegem, nota 19 acima, p. 284.

especificamente tal como expressa no programa do Partido e nos discursos do nosso Líder, é o fundamento para a interpretação das fontes do Direito.[205]

Magistrados

Os magistrados alemães foram muito importantes para a legitimação da ordem jurídica nacional-socialista. Grosso modo, pode-se dizer que eles foram desproporcionalmente solidários à causa do nazismo,[206] manifestando essa solidariedade mesmo antes que os nazistas viessem a chegar ao poder. Nos últimos dias da República de Weimar, os juízes alemães alinharam-se ao enaltecimento de Hitler e graciosamente endossaram sentimentos antissemitas em suas decisões judiciais.[207] Ademais, o Judiciário alemão aplicara a Hitler uma sentença bastante leniente na acusação de traição após o Putsch da Cervejaria de 1923, em Munique.[208] A traição era um delito bastante grave que previa uma pena de até 20 anos de trabalhos forçados. O juiz-relator, Georg Neidhardt, era abertamente simpático aos nacionalistas e aplicou a Hitler uma pena de apenas cinco anos de prisão. Depois da nomeação de Hitler como Chanceler, em janeiro de 1933, Neidhardt foi premiado com a Presidência do Tribunal de Justiça da Baviera.

Quando Hitler tomou o poder, um de seus primeiros passos foi a retirada dos magistrados "indesejados". Os magistrados judeus foram exonerados e os não-arianos foram aposentados.[209] Aqueles que permanecessem no cargo seriam encorajados a aplicar a lei de acordo com valores nazistas, e os órgãos judiciários fundiram-se numa única Federação de Juristas Nacional-Socialistas.[210] Os juízes alemães restantes prontamente se adaptaram ao novo ordenamento

---

205 H. Frank, *Reichsgesetzblatt*, 1933, p. 39, citado em Stolleis, nota 162 acima, p. 14.

206 Müller, nota 201 acima, p. 38.

207 *Ibid*.

208 M. Lippman, '*Law, Lawyers and Legality in the Third Reich: The Perversion of Principle and Professionalism*' (1997) 11(2) *Temple International and Comparative Law Journal* 199, p. 206.

209 *Ibid*, p. 269.

210 *Ibid*, p. 233.

jurídico.²¹¹ Na realidade, apenas um juiz se exonerou por desaprovar o regime durante toda a trajetória do Terceiro Reich.²¹² Já em março de 1933, a Federação dos Juízes declararia seu apoio incondicional à liderança nazista e a cooperação com ela "na revisão do direito alemão".²¹³ A declaração incluía a garantia de que "magistrados alemães depositavam plena confiança no novo governo".²¹⁴ Curiosamente, algumas das políticas mais famosas do regime nazista foram, na verdade, propostas pelos juízes. Em 1933, por exemplo, o juiz da Suprema Corte Alemã Erich Schultze propôs a aprovação de sanções penais para a chamada "traição da raça, que é (...) a miscigenação de alemães com membros de certas raças enumeradas na lei".²¹⁵

Os magistrados alemães inventaram de bom grado múltiplas maneiras de despojar os judeus de seus direitos, mesmo quando não houvesse embasamento legal para tanto.²¹⁶ Otto Theirack, presidente do Tribunal do Povo, recomendou em 1940 que se transferissem indivíduos para campos de concentração sem julgamento. Ele destacou que a sua proposta asseguraria resultados mais rápidos e evitaria procedimentos "tediosos, demasiadamente caros e complicados".²¹⁷ Outros juízes, como Roland Freisler e Oswald Rothaug usaram a lei existente "criativamente" para proferir as sentenças mais severas possíveis. Mas a principal força legitimadora do regime não eram estes "juízes-monstros", mas, sim, os "bons" juízes que não ousaram questionar a constitucionalidade da legislação existente.²¹⁸ Ao não questionarem tal invalidade constitucional, esses magistrados deram a aparência de normalidade jurídica ao regime totalitário e genocida.

---

211 M. E. Tigar e J. Mage, *'The Reichstag Fire Trial, 1933-2008: The Production of Law and History'* (2009) 60 *Monthly Review* 24, p. 46.

212 *Ibid*, p. 41.

213 *'Zeitspiegel'* (1933) 25 *Deutsche Richterzeitung* 258, citado em Müller, nota 201 acima, p. 38.

214 *Ibid*, p. 37.

215 *'Richter und Staatanwalt im Dritten Reich'* (1933) 280, citado em Müller, nota 201 acima, p. 38.

216 Müller, nota 201 acima, p. 116.

217 *Ibid*, p. 134.

218 Dubber, nota 178 acima, p. 1824.

Como disse Rottleuthner, "a maioria dos juízes do Terceiro Reich foi, no início, diligente em benefício dos novos detentores do poder, posteriormente provavelmente pressionados, mas, mesmo assim, se submeteram passivamente. Em todos os casos, como um todo, atuaram praticamente sem fazer oposição".[219] De fato, o exame mais detalhado da jurisprudência do *Reichsgerich* demonstra que não só a mais alta corte jurisdicional alemã jamais expressou a menor restrição às leis raciais nazistas, mas as aplicou extensamente e, "num espírito de obediência aquiescente, deu execução à vontade do poder". Como bem salientou François Rigaux,

> As câmaras penais do Reichsgerich aderiram com convicção à política racista e antissemita do III Reich. A ideia segundo a qual a Blutzschutzgesetz, que é uma lei racial, é "uma das leis fundamentais do Estado nacional-socialista" é afirmada pelo acórdão de 5 de dezembro de 1940. A vontade deliberada do Reichsgerich de se alinhar à política racista do governo também é perceptível na elevada proporção de acórdãos que cassam uma decisão da absolvição.[220]

No final da Segunda Guerra Mundial, vários desses juízes foram processados no Tribunal de Nuremberg por conspiração para cometer crimes de guerra e crimes contra a humanidade. Judith Shklar observou que esses magistrados durante o Tribunal de Nuremberg apelaram ao juspositivismo em sua defesa, embora eles muito frequentemente tivessem fracassado em "aceitar e aplicar" as leis de Weimar.[221] Isso não passaria, portanto, de uma tentativa *ex post facto* de "lavar as mãos nas águas da teoria do Direito".[222] Os magistrados falharam no papel de modelos éticos para a população em geral. Eles agiram como "puxa-sacos" de um regime brutal. Em vez de, no mínimo, liderarem no campo da resistência intelectual

---

219 H. Rottleuthner, 'Legal Positivism and National Socialism: A Contribution to a Theory of Legal Development' (2011) 12 *German Law Journal* 100, p. 108.

220 Rigaux, F., nota 196 acima, p. 116.

221 J. N. Shklar, *Legalism: Law, Morals, and Political Trials*, 2ª ed., Harvard University Press, Cambridge/MA, 1986, p. 72.

222 *Ibid.*

a um Estado criminoso, eles prontamente se juntaram a ele como seguidores, e em alguns poucos casos como ativistas.[223]

Acadêmicos

A mesma atitude de subserviência também se verificaria na comunidade acadêmica do Direito. A Alemanha nazista, de fato, sintetiza a subserviência dos acadêmicos aos ditames do poder político. Honestamente falando, uma razão pela qual os professores de Direito estariam dispostos a apoiar o novo regime era que um terço da comunidade acadêmica (em sua maioria judeus) foi demitida ou substituída.[224] Isso retirou uma significativa parcela dos potenciais opositores da ideologia nazista. Quando o regime começou, em 1933, houve uma alta taxa de expulsão de acadêmicos de seus cargos. Todos os judeus e "intelectuais perigosos" foram removidos, assim como a maioria daqueles que se especializavam em Direito Internacional. Os cargos vagos foram preenchidos por um novo corpo docente de nacional-socialistas.[225]

Desse modo, o medo certamente que desempenhou um importante papel na capitulação das leis nazistas pelos profissionais do Direito. Mas não é preciso dizer que a ameaça de punição pelas mãos da SS ou da Gestapo não foi o principal motivo pelo qual os acadêmicos apoiaram a ideologia nazista. Artigos acadêmicos daquela época exibiam "uma mistura colorida de fantasias irracionais, declarações de submissão degradantes e uma doutrina jurídica tradicional dogmática com pronta aceitação (positivista) da nova ordem jurídica".[226] Esses artigos defendiam o antissemitismo e desprezavam a ideia de direitos individuais oponíveis ao Estado, conceito que era considerado por tais professores como "uma forma degenerada do constitucionalismo burguês".[227]

---

223 M. Koessler, 'Nazi Justice and the Democratic Approach: The Debasement of Germany's Legal System' (1950) 36 *ABA Journal* 634, p. 635.

224 R. Posner, *Overcoming Law*, Harvard University Press, Cambridge/MA, 1995, p. 417.

225 M. Lippman, 'They Shoot Lawyers Don't They? Law in the Third Reich and the Global Threat to the Independence of the Judiciary' (1933) 23(2) *California Western International Law Journal* 257, p. 278.

226 Stolleis, nota 162 acima, p. 98-99.

227 E. Forsthoff, *Der totale Staat*, p. 26, citado em Müller, nota 201 acima, p. 71.

"Direitos fundamentais criam esferas de liberdade para os indivíduos intocáveis pelo Estado que são inconciliáveis com o princípio totalitário do novo Estado", comentou Dr. Freisler, jusfilósofo nazista.[228] Paul Ritterbusch (1900-1945), outro acadêmico nazista da área jurídica, argumentava que o nazismo representava o "surgimento da nação (*Volkswerdung*), a realização plena da verdade e da nossa própria realidade". Ritterbusch ainda afirmou: "O surgimento último da nação realiza o Direito da nossa realidade e verdade, pois somente o todo é verdadeiro e real e somente a nação é a inteireza e, portanto, a verdade e a realidade de nós mesmos".[229] Assim, a distinção clássica entre direito público e direito privado foi descartada por esses acadêmicos da área jurídica. Influenciados por esses acadêmicos, os estudantes acolheram com entusiasmo a ideologia nazista. De acordo com Paul Johnson,

> Os nazistas se saíram consideravelmente melhor com os estudantes do que com a população como um todo, e suas vitórias eleitorais foram sempre precedidas por avanços nos *campi*, com os estudantes pondo à prova seus melhores proselitistas. Os estudantes enxergavam o nazismo como um movimento radical. Eles gostavam do seu igualitarismo. Eles gostavam do seu antissemitismo também. De fato, os estudantes foram mais antissemitas do que ambas as classes trabalhadora e burguesa.[230]

Em outubro de 1933, o conceito de "leis raciais" foi elevado à categoria de principal tópico de debate durante a notória conferência dos professores de Direito alemães.[231] Na conferência, o principal palestrante, Helmut Nicolai (1895-1955), coautor de

---

228 Loewenstein, nota 42 acima, p. 803.

229 P. Ritterbusch, "*Der Führer und Reichskanzler, des Deutschen Volkes Staatsoberhaupt*" in *Juristische Wochenschrift*, 1934, p. 2193-2194, citado em Stolleis, nota 162 acima, p. 80.

230 Johnson, nota 1 acima, p.117.

231 Desse modo, dois anos depois o *Reichstag* aprovou em 15 de setembro de 1935 sua conhecida "Lei Para a Proteção do Sangue e da Honra Alemães", que proibia o casamento entre judeus e cidadãos alemães ou "tipos de sangue correlatos". Casamentos contraídos em afronta a essa lei eram nulos. Duas outras leis foram aprovadas pelo *Reichstag*, uma despojando os indivíduos "de sangue não-alemão" de seus direitos como cidadãos e outra proibindo, entre outras coisas, casamentos entre judeus e cidadãos de sangue alemão ou de tipos de sangue correlatos": ver *Law for the Protection of German Blood and German Honour*, 15 de setembro de 1935, em <http://frank.mtsu.edu/baustin/nurmlaw3.html> (acesso em 1º de novembro de 2012); ver também *The Reich Citizenship Law*, 15 de setembro de 1935, em <http://frank.mtsu.edu/baustin/nurmlaw2.html> (acesso em 1º de novembro de 2012).

um conhecido livro (*Rassengesetzliche Rechtslehre*) publicado em 1921, falou acerca da promulgação de "leis raciais" protetoras daqueles que gozassem da "herança racial adequada".[232] Advogou ele ainda a "consciência pura" do "espírito criativo" do Direito que aparentemente existia entre as tribos teutônicas, embora o nacional-socialismo estivesse endossando "retroativamente" tais qualidades do espírito germânico antigo. Essa teoria do "homem puro da floresta alemã" é similar ao mito rousseauniano do "Bon Sauvage".[233] Obviamente que essa imagem é equivocada, uma vez que os povos germânicos antigos eram "bárbaros de um baixo nível cultural e de tribo primitiva".[234]

Ainda antes de assumirem qualquer poder, os nazistas já haviam proposto no *Reichstag* uma política por meio da qual qualquer pessoa com certos defeitos físicos ou mentais devesse ser exterminada. Uma vez no poder, eles aprovaram leis eugênicas que custariam a vida de milhares de indivíduos. Esse extermínio em massa de seres humanos parece não ter abalado a consciência de muitos dos membros da comunidade jurídica, a qual, no geral, apoiava a eugenia. Logo no início dos anos 1920, o professor Karl Binding (1841-1930) publicou um livro de Direito que rejeitava peremptoriamente a possibilidade de que diagnósticos médicos equivocados fossem matéria de interesse, ainda que resultassem em eliminação da vida humana. Professor Binding afirmou: "Para os familiares, a perda é naturalmente muito severa, mas a raça humana perde tantos membros para os erros que um a mais ou um a menos pouco importam".[235]

A elite jurídica alemã considerava como sua maior tarefa realizar a "coordenação" da profissão em paralelo com a coordenação das instituições jurídicas que já existiam.[236] Erik Wolf (1902-

---

232 Loewenstein, nota 42 acima, p. 786.

233 Cardinal Faulhaber, *Judentum, Christentum, Germanentum*, Munique, 1933, citado em Loewenstein, nota 42 acima, p. 786;

234 Loewenstein, nota 42 acima, p. 786.

235 K. Binding e A. Hoche, *Die Freigabe der Vernichtung Lebensunwerten Lebens*, 1920, p. 40, citado em Müller, nota 201 acima, p. 121.

236 Müller, nota 201 acima, p. 68-71.

1977), acadêmico nomeado por Heidegger diretor da Faculdade de Direito de Friburgo (em Brisgóvia), acreditava que os tribunais deveriam analisar os casos com um certo "preconceito saudável", fazendo julgamentos de valor que correspondessem, à nova ordem nacional-socialista e à vontade de sua liderança política.[237] Professor Wolf também sustentava que "na prática do dia-a-dia do Direito, o nacional-socialismo genuíno é certamente mais bem representado quando a ideia do *Führer* é silenciosamente, mas lealmente seguida".[238] Concluiu ele:

> Os trabalhos do juiz não devem ser limitados por decisões arbitrárias ou por um princípio formalista e abstrato de estabilidade do Direito; em vez disso, [ele deve] encontrar diretrizes claras e (...), sempre que necessário, seus limites através dos pontos-de-vista jurídicos do povo que obtiveram sua expressão na lei e que são encarnados pelo Führer.[239]

Se formos ainda observar os 84 nomes da lista de 1932 de filiação da Associação de Constitucionalistas Alemães, os juspositivistas configuravam o grupo dominante.[240] Ao lado desses juspositivistas, como segundo grupo prevalente, havia antipositivistas como Rudolf Smend (1882-1975), que buscava aplicar um conceito sociológico de "integração" relacionada à capacidade de se realizar de maneira orgânica a integração da sociedade ao Estado todo-provedor.[241] A teoria organicista de Smend poderia facilmente estigmatizar o Estado de Weimar como uma experiência de constitucionalismo fracassado incapaz de proporcionar uma necessária coesão orgânica da sociedade através do Estado.[242] Embora constitucionalistas antipositivistas como Smend estivessem no centro do movimento de oposição ao positivismo constitucional, eles comungavam com o

---

237 G. Dahm, '*Das Ermessen des Richters im Nationalsocialistschen Strafrecht*', Deutches Strafrecht 1 (1934) 90, citado em Müller, nota 201 acima, p. 73.

238 E. Wolf, *Das Rechtsideal der Nationalsozialistischen Staates*, citado em Müller, nota 201 acima, p. 73.

239 *Ibid*, p. 72.

240 Representativos desse grupo eram Richard Thoma, Heinrich Triepel e Gerhard Anschütz.

241 Smend trabalhou esse conceito numa teoria sociológica da Constituição baseada na filosofia cultural de Theodor Litt . Ver A. Zimmermann, 'Rudolf Smend e a Teoria Constitucional Integrativa' (1998) 4(1) *Cadernos de Estudos Constitucionais da PUC-Rio* 32.

242 Stolleis, nota 162 acima, p. 91.

mesmo um desapreço pelo constitucionalismo liberal e eram completamente infensos à teoria jusnaturalista. De maneira geral, esses professores negavam a existência de direitos oponíveis ao Estado. Para eles, o Direito não era uma salvaguarda do indivíduo contra a violência e a opressão, "mas, sim, mais um meio de assegurar a onipotência dos Senhores do Estado (...). Em síntese, o objetivo do Direito não era mais refrear, mas, sim, encorajar o exercício arbitrário do poder público".[243] Evidentemente, tais interpretações feitas por teóricos do Direito altamente considerados foram de inestimável valor para a legitimação de uma forma de dominação que enfraqueceu efetivamente o Estado de Direito em favor do exercício arbitrário do poder governamental.[244]

Ernst Rudolf Huber (1903-1990)

A correlação entre o ordenamento jurídico nazista e o desprezo pelos direitos individuais manifesta-se flagrantemente na contribuição de Ernst Rudolf Huber. Professor de Direito da Universidade de Kiel, Huber acreditava que os direitos da "comunidade nacional" deveriam prevalecer acima de qualquer possível direito do indivíduo. Em matéria de direito constitucional, afirmou ele, "o velho pensamento lógico-formal e normativo do constitucionalismo burguês deve ser superado pelo pensamento político comunal do nacional-socialismo".[245] Huber pensava ser "impossível" avaliar as leis emanadas pelo regime em face de um conceito superior de Direito, uma vez que, para ele, "através do *Führer* os princípios essenciais do *Volk* se manifestam".[246] Professor Huber também defendia o poder

---

243 Kolnai, nota 119 acima, p. 300.

244 I. Kershaw, *Hitler: A Profile in Power*, Longman, Londres, 1991, p. 78.

245 E. R. Huber, 'Die Deutsche Staatswissenschaft' (1935) 95 *Zeitschrift für die gesamten Staatswissenchaften*, p. 58-59, citado em Stolleis, nota 162 acima, p. 73-74. Depois que a Segunda Guerra Mundial terminou, Huber foi considerado *persona non grata* por muitos anos na Alemanha por ter sido colaborador do regime nacional-socialista. Huber concentrou sua obra daquele período na elaboração do seu livro "monumental" *História Constitucional Alemã Desde 1789*. Ele adotou uma visão abrangente do conceito de constituição no tocante a aspectos políticos, sociais e econômicos do "Estado" alemão. Sua interpretação é considerada conservadora e contém ressonâncias da filosofia da história de Hegel. Ver M. Stolleis, 'Concepts, Models and Traditions of a Comparative European Constitutional History' (2010) 19(1) *Journal of Constitutional History* 45, p. 47.

246 E. R. Huber, *Verfassungsrecht des Grossdeutschen Riches*, 2ª ed., 1939, p. 197, citado em O. Lepsius, 'The Problem of Perceptions of National Socialist Law, or: Was There a Constitutional Theory of National

"abrangente e total" de Hitler como "executor da vontade comum da nação" Tal poder, concluiu ele, "deve ser livre, independente, exclusivo e ilimitado".[247] Ao descrever o ordenamento nacional-socialista de 1939, ele afirmou que o gabinete do *Führer* não era um "gabinete do Estado" limitado pelo *Rechtstaat* (Estado de Direito), mas, sim, "uma autoridade total e plenamente abrangente que incorpora a vontade de todo o povo".[248]

Carl Schmitt (1888-1985)

Carl Schmitt foi o jusfilósofo de maior renome do regime nazista. Schmitt, que deveu a Hans Kelsen sua primeira nomeação para a Universidade de Colônia,[249] filiou-se ao partido nazista em maio de 1933, e pouco depois disso foi nomeado Decano de Direito da prestigiosa Universidade de Berlim. Schmitt acreditava que as descrições clássicas do *Rechtstaat* refletiam tendências liberais "autoenganosas" e "de espírito débil". Sua obra mais conhecida, escrita durante a República de Weimar, descreve o direito como a forma e a vontade do Estado, às quais todos deves se subordinar.[250] Schmitt foi um duro crítico da República de Weimar, argumentando que a sua estrutura constitucional não propiciava um "governo forte" o suficiente para a estabilidade socioeconômica da nação. Para Schmitt, a República de Weimar repousava sobre uma fé cega em deliberação parlamentar, que para ele seria uma grande perda de tempo e energia. A despeito de sua aversão ao juspositivismo, seu argumento de que a ordem jurídica é contingente em face da vontade do Estado não contradiz a premissa juspositivista acerca do voluntarismo jurídico. Pelo contrário: sua alegação de que a validade do Direito não pode se justificar em bases morais coloca a teoria de Schmitt em terreno firme do juspositivismo, ao menos no que diz respeito à

Socialism?' in C. Joerges e N. S. Ghaleigh (ed), *Darker Legacies of Law in Europe: The Shadow of National Socialism and Fascism over Europe and its Legal Traditions*, Hart Publishing, Oxford, 2003, p. 25.
247 Kershaw, nota 244 acima, p. 78.
248 Citado em Overy, nota 85 acima, p. 69.
249 Müller, nota 201 acima, p. 42.
250 Seitzer e Thornhill, nota 141 acima, p, 13.

sua visão sobre a correlação entre poder político e leis instituídas. Ao acreditar que o Direito está sempre sujeito a contingências políticas, Schmitt endossou a afirmação juspositivista de que "o Direito adquire legitimidade simplesmente pelos fatos de que evoluiu para uma certa forma positivada e de que, apoiado pelo aparato estatal, fornece uma ordem concreta de normas que moldam e estruturam as expectativas sociais".[251]

Schmitt colaborou com o regime nazista entre 1933 e 1936.[252] Os nazistas eram agitadores que sabiam como exacerbar os ressentimentos populares apelando para sentimentos racistas primitivos. Nos anos de 1920, Schmitt já desenvolvera toda uma teoria que poderia ser utilizada para a legitimação desses baixos sentimentos. Ele sustentava que o Direito e a moral são os produtos finais da luta constante entre grupos hostis pela supremacia política. Schmitt prossegue de tal modo a descrever o conceito de "inimizade" como a qualidade mais característica da política. Conforme o disposto por Schmitt:

> A distinção especificamente política a embasar as ações políticas e suas motivações é aquela entre amigo e inimigo. Ela corresponde, no âmbito da política, aos contrastes relativamente independentes das outras esferas: entre bom e mau na ética, o belo e o feio na estética, daí por diante. A [distinção entre amigo e inimigo] é autossuficiente – isto é, não deriva nem de um ou mais desses contrastes, nem se reduz a eles (...). Ela pode existir tanto na teoria quanto na prática sem concorrer com outras distinções – morais, estéticas, econômicas, e assim por diante. O inimigo político não necessita ser moralmente mau ou esteticamente feio; ele não precisa aparecer como um competidor econômico e pode até ser bastante vantajoso fazer negócios com ele. Mas ele é o outro, o estranho; é suficiente que ele seja, num sentido existencial especialmente intenso, alguém diferente e um estrangeiro, de modo que, em caso de conflito, ele representa a negação do próprio ser e, por essa

---

251 *Ibid*, p. 14.
252 *Ibid*, p. 1.

razão, deve-se opor-lhe resistência e lutar contra ele, a fim de proteger a identidade (*seinmässing*) do estilo de vida.[253]

Consoante o artigo 48 da Constituição de Weimar, o presidente da República Alemã era autorizado a governar por decreto em tempos extraordinários de emergência.[254] No dia seguinte ao incêndio do *Reichstag*, em 27 de fevereiro de 1933, o presidente Hindenburg baseou-se nesse artigo para assinar a lei do conhecido Decreto do Incêndio do Reichstag.[255] Esse decreto emergencial suspendeu todos os direitos constitucionais e concedeu ao Gabinete do *Reichstag* poderes extraordinários para aprovar quaisquer decretos necessários à segurança da saúde pública.[256] O que se seguiu a isso foi a perda total dos direitos constitucionais, que foram suspensos "até nova ordem".[257] Para Schmitt, essa suspensão de direitos era perfeitamente justificável. No livro *Teologia Política* (1922), ele já havia postulado que "a natureza da autoridade estatal revela-se mais nitidamente no estado de sítio. Aqui, o processo decisório e a norma jurídica divergem, e (...) a autoridade demonstra que não necessita ter base na lei para estabelecer a justiça".[258] Porque o estado de emergência autorizava o governo a suspender a ordem constitucional, concluiu Schmitt, aquele artigo do *Decreto do Incêndio do Reichstag* concederia poderes extraordinários desprovidos de quaisquer limites constitucionais. Como afirmou Schmitt:

> Uma vez que esse estado de sítio foi declarado, é evidente que a autoridade constituída do Estado continua a existir e a lei é posta em suspenso (...). A decisão exime aquela autoridade de qualquer limite normativo e o torna absoluto, no verdadeiro sentido da palavra. Num estado de sítio, a autoridade

---

253 C. Schmitt, '*Der Begriff des Politischen*' (1927) 58 *Archiv für Sozialwissenchaft und Sozialpolitik* 1, citado em Pipes, nota 44 acima, p. 263.

254 Esses poderes especiais duravam quatro anos, podendo ser renovados se o estado de sítio permanecesse. Se o incêndio foi realmente causado pelos comunistas ou não, o fato é que essa ação serviu como base para a declaração do estado de sítio.

255 Assim declarava seu preâmbulo: "Conforme previsto no art. 48, § 2º, da Constituição, decreta-se o seguinte para defender o Estado contra atos de violência dos comunistas (...)".

256 R. J. Evans, *The Third Reich in Power: 1933-1939*, Penguin, Londres, 2006, p. 6.

257 Müller conta que a "nova ordem" só veio ocorrer em 8 de maio de 1945, quando o decreto foi finalmente revogado pelo governo militar dos aliados: Müller, nota 201 acima, p. 47.

258 C. Schmitt, *Politische Theologie*, 2ª ed., 1934, p. 20, citado em Müller, nota 201 acima, p. 46.

constituída suspende a lei com base no direito de proteger sua própria existência.²⁵⁹

A categoria da "arbitrariedade legalizada" pode ser também ilustrada pelas leis *ex post facto* de julho de 1934. Ocorrida entre 30 de junho e 2 de julho de 1934, a 'Noite das Facas Longas' (*Nacht der langen Messer*) foi uma série de assassinatos políticos praticados pelo regime contra lideranças do *Sturmanbteilung* (SA), milícia paramilitar nazista dos camisas pardas. Ao menos 85 pessoas morreram durante a repressão, inclusive o líder da SA, Ernst Röhm.²⁶⁰ Embora aquelas pessoas tenham sido executadas sem processo legal, Schmitt chegou a conceber a justificação jurídica para tais assassinatos. Em 3 de julho de 1934, uma nova lei relativa a medidas de legítima defesa do Estado foi instituída. A lei estabelecia que: "As medidas tomadas em 30 de junho e 1º e 2 de julho para dirimir prováveis ataques ficam declaradas legais".²⁶¹ Isso significou que o regime havia sido posto acima da lei no mais pleno e absoluto sentido do termo. Schmitt, contudo, em artigo publicado na *Deutsche Juristen-Zeitung* de 1º de agosto, qualificou aquele ato legislativo como "jurisdição genuína não-sujeita à justiça, e, sim, à própria justiça suprema (...). A lei não é mais uma norma objetiva, mas, sim, a emanação espontânea da vontade do *Führer*".²⁶² Intitulado '*Der Führer Schüityt das Recht*' ("O Führer Salvaguarda o Direito"), nele Schmitt confere "ênfase sobretudo à qualidade de justiceiro supremo do Führer sem detectar a menor contradição entre esta afirmação e a lei concluída às pressas dois dias depois dos fatos e adotada pelo governo do Reich, presidido pelo próprio Führer, claramente inconstitucional mas que se prevalece como um tipo de legalidade formal".²⁶³

---

259 *Ibid*, p. 181-182, citado em Müller, nota 201 acima, p. 46.

260 Hitler via a independência da SA e seu pendor para a violência de rua como uma ameaça ao seu recém-conquistado poder político. A maioria dos assassinatos foi conduzida pela SS e pela Gestapo, as polícias secretas do regime.

261 Num discurso de 13 de julho, Hitler declarou: "Nesta hora, fui responsável pelo destino da nação alemã e, desse modo, o Senhor Supremo da Lei (*Hoechster Gerichtsherr*) do povo alemão" (Loewenstein, nota 42 acima, p. 811).

262 C. Schmitt, '*Der Führer Schüityt das Recht*' (1934) *Deutsche Juristen-Zeitung* 947, citado em Loewenstein, nota 42 acima, p. 811.

263 Rigaux, nota 196 acima, p. 115.

Outro aspecto notório da filosofia de Schmitt era seu antissemitismo visceral. Em 1933, ele organizou uma conferência sobre "Os Judeus nos Campos do Direito e da Economia". Na sessão de abertura, Schmitt declarou: "A relação do judeu com nossa obra intelectual é parasitária, tática e mercantil. Astuto e presto, ele sabe como dizer a coisa certa na hora certa. Esse é o seu instinto de parasita e comerciante nato".[264] Quando se retirou a cidadania dos intelectuais judeus e se queimaram seus livros, comentou Schmitt: "Podemos viver sem intelectuais como esses (...). A Alemanha os purgou para sempre".[265] Quando perdeu a aprovação do regime, em 1936, Schmitt tentou reconquistar confiança escrevendo artigos acadêmicos em apoio à expansão das fronteiras alemãs. De 1936 a 1945, ele dedicou a maior parte da sua produção acadêmica à área do direito internacional, desenvolvendo o conceito de *Grossraum* ("área ampla"), que justificava a expansão do território alemão e da subjugação (escravização) dos povos vizinhos. Isso era estreitamente associado à conhecida teoria nazista da *Lebensraum*, com base na qual o regime nazista reivindicava territórios exteriores às fronteiras alemãs como sua "esfera natural" de poder e influência.[266]

Considerações Finais

Este capítulo focou nos fundamentos filosóficos do ordenamento jurídico nazista. Segundo a filosofia nazista, os seres humanos não são criaturas especiais dotadas de direitos inalienáveis, mas, sim, criaturas descendentes do reino animal sem valor intrínseco ou significância especial na ordem natural. Dessa forma, presumia-se que criaturas "superiores" teriam o "direito natural" de eliminar

---

[264] C. Schmitt, '*Die Deutsche Rechtwissenchaft im Kampf gegen den Jüdischen Geist*' (1936) *Deutsche Juristen-Zeitung* 1193, citado em Müller, nota 201 acima, p. 43.

[265] C. Schmitt, '*Die Deutschen Intellektuellen*' (1933) 126 *Wstdeutscher Beobachter* 1, citado em Müller, nota 201 acima, p. 43.

[266] Naquela época, escreve John R. Morss, "Carl Schmitt (...) desenvolveu uma explicação teórica do direito internacional que trouxe o poder da força ao centro das atenções, um tipo de marxismo de direita no qual, em vez de ter a atividade econômica como o fundamento de todos os aspectos da sociedade e da história humanas, esse papel fundamental era reservado ao processo decisório executivo. A teoria de Schmitt era uma versão extremada da subordinação do direito internacional ao poder, ainda que isso ilustre um enigma: o direito internacional ao mesmo tempo trata e não trata de poder" (J. R. Morss, '*Power and International Law: Hohfeld to the Rescue?*' (2011) 2 *The Western Australian Jurist* 93, p. 100).

as criaturas "inferiores", pelas mesmas razões que os leões comem os antílopes. Assim, prevaleceu uma "moral do senhor" e, apelar a qualquer princípio ou valor superior do Direito, tornou-se inteiramente sem sentido, pois, fazê-lo, na cosmovisão dos nazistas, seria semelhante a dizer aos leões que devessem deixar de ser leões.[267] Além disso, este capítulo buscou explicar como os juristas alemães estavam ansiosos para estabelecer um regime autoritário que rejeitasse qualquer reconhecimento de "direito inalienável" oponível ao Estado. Aqueles juristas haviam sido hostis à República de Weimar e, de modo geral, receberam de bom grado o regime nazista em 1933. A maioria dos magistrados e acadêmicos da área do Direito desempenharam um papel importante no processo de consolidação e legitimidade do Terceiro Reich.

---

267 D. D'Souza, *What's So Great About Christianity*, Regnery, Washington/DC, 2007, p. 221.

CAPÍTULO 7

TEORIA MARXISTA DO DIREITO

Considerações Iniciais

O marxismo é uma teoria social, política e econômica que interpreta a história através de um prisma "progressista". Karl Marx alegava ter descoberto um padrão dialético que levaria à sociedade sem classe. Marx via o Direito em termos de garantia e da opressão de classe. Ele definia o Estado e suas leis como meros instrumentos de opressão de classe, que desapareceriam quando o estágio final do comunismo fosse alcançado. A primeira tentativa de realizar o ideal marxista utilizando-se o poder do Estado aconteceu na Rússia (a antiga União Soviética), entre 1917 e 1991. O marxismo operou por lá como autojustificação daquele experimento socialista. Este capítulo discute a teoria marxista do Direito e como ela foi interpretada na antiga União Soviética. Analisa-se ainda como a violência e a ilegalidade tão frequentemente observadas em todos os regimes comunistas são uma consequência natural da ideologia marxista.

Marxismo e Religião

Para entender melhor o marxismo, é necessário, primeiramente, investigar suas dimensões religiosas. O marxismo não é apenas um arranjo de transformação social, mas, também, uma forma de teologia secular. Sob vários aspectos, o marxismo não é menos religioso do que as religiões tradicionais do judaísmo, do cristianismo e do islamismo. De fato, o marxismo traz em si uma cosmovisão que inclui uma explicação da origem do universo, bem como uma teoria escatológica acerca do destino final da humanidade. De maneira teológica, o marxismo afirma que Deus não deve existir e não pode existir. Em vez disso, o marxismo baseia-se na convicção (verdadeiro ópio do povo?) de que a história progride em direção a um certo fim, e que o proletariado (a ser orientado pela "vanguarda" do proletariado) é a força redentora da humanidade. Marx declarou: "A História é o juiz, e seu carrasco, o proletariado".[1]

O marxismo é claramente dotado de "dimensões proféticas e certezas, que são o núcleo da sua mensagem e do seu apelo".[2] É evidente que esse tipo de visão utópica cria a ilusão de que o proletariado é uma entidade onipotente, ao menos como método,[3] e que ele é "destinado a cumprir essa missão de forma orgânica e inexorável, como processo natural".[4] Se atentarmos às analogias do marxismo com as religiões mundiais (e seus elementos escatológicos), perceberemos que o marxismo corretamente institucionalizado tem muito em comum com as tradicionais religiões. Entretanto, o legado do marxismo e o legado de religiões como o cristianismo e o judaísmo diferem ao menos em certos aspectos fundamentais. Como destaca Martin Krygier,

> As grandes religiões do mundo perduraram por milênios e, se causaram sofrimento, também foram responsáveis por gloriosas realizações – realizações espirituais, culturais, artísticas, civilizacionais e arquitetônicas monumentais, tanto no sentido literal quanto metafórico; e em certos casos, se se for acreditar em Weber, realizações econômicas significativas. O marxismo institucionalizado durou setenta anos [na Rússia

---

[1] Citado em P. Johnson, *Intellectuals*, Harper and Row, New York, 1988, p. 55.
[2] M. Krygier, '*Marxism, Communism, and Narcissism*' (1900) 15(4) *Law & Social Inquiry* 707, p. 712.
[3] M. Djlas, *The New Class: An Analysis of the Communist System*, Thames and Hudson, Londres, 1957, p. 6.
[4] A. Flis, '*From Marx to Real Socialism: The History of a Utopia*' in M. Kryger (ed), *Marxism and Communism*, Rodopi, Amsterdã, 1994, p. 25.

Soviética]. Naquele curto espaço de tempo, custou milhões de vidas, escravizou milhões de pessoas e reduziu países outrora civilizados em ruínas dilapidadas. Seu legado espiritual é zero. Sua praticamente única realização (nada desprezível) tem sido endurecer o caráter daqueles que não sucumbem ou se curvam em tempos difíceis. A única grande literatura por que o comunismo foi notadamente responsável, e praticamente a única grande literatura produzida sob esse regime, tem sido a literatura de oposição e de sofrimento. Quanto menos for dito sobre suas realizações, melhor.[5]

O marxismo funciona como um credo fundado nas convicções proféticas de Marx. O marxismo não é opinião científica, mas, sim, uma profecia sem fundamento. Tendo postulado a teoria da missão histórica do proletariado, Marx foi depois lhe buscar algum tipo de prova empírica.[6] Visto que Marx acreditava haver descoberto o segredo para a perfectibilidade humana, a política tornou-se, para ele, um tipo de religião segundo a qual a salvação humana seria obtida através da atividade do proletariado na história. A história é assim interpretada progressivamente, movendo-se por meio da luta permanente entre as classes sociais. Para Marx, o estágio final deste processo histórico transcende a luta de classes, quando a consumação escatológica do comunismo for finalmente alcançada.[7] Comparando essa escatologia marxista com a escatologia do livro do Apocalipse, David Koyzis comenta:

> Do mesmo modo como as escrituras pregam sobre a vitória final de Jesus Cristo sobre seus inimigos e o reinado dos justos sobre a nova Terra no reino de Deus, o marxismo promete uma consumação escatológica da história humana. Isso não quer dizer, evidentemente, que haja uma batalha a ser travada

---

[5] *Ibid*, p. 712. Existe uma noção amplamente difundida, porém falsa, de que o socialismo e o comunismo são apenas versões seculares atualizadas do cristianismo. Todavia, como destaca Richard Pipes, "a diferença é que, enquanto Jesus instava seus seguidores a abrir mão de suas posses, os socialistas e comunistas querem distribuir as posses dos outros. Ademais, Jesus nunca insistiu na pobreza; apenas a aconselhou como facilitador da salvação. O conhecido dito de S. Paulo sobre o dinheiro é comumente citado de forma equivocada: ele não disse que "o dinheiro é a raiz de todo mal", mas, sim, que "o *amor* ao dinheiro" o é – em outras palavras, a ganância" (R. Pipes, *Communism: A History of the Intellectual and Political Movement*, Phoenix Press, Londres, 2003, p. 2).

[6] Flis, nota 4 acima, p. 24.

[7] D. T. Koyzis, *Political Visions & Illusions*, Intervarsity Press, Downers Grove/IL, 2003, p. 174.

ou uma obra a ser realizada. De fato, há um pouco de cada. Mas ao lutar pela sociedade sem classes, o proletariado o faz plenamente confiante de que está lutando não contra a história, mas junto com ela.[8]

Se o "deus" do marxismo representa todo o processo histórico dialético em direção ao comunismo, seu "diabo" são as "forças reacionárias" que impedem ou embaraçam a consumação do paraíso comunista. Esses reacionários estão destinados à sua destruição final nas chamas da revolução mundial.[9] Leonardo Boff, um dos principais representantes da teologia marxista da "libertação", afirma que um dia o mundo verá um confronto final entre as forças do bem (os comunistas) e do mal (anticomunistas) e, em seguida, "o milênio abençoado".[10] A supressão dos capitalistas "maus", representará assim, de acordo com Boff, o advento do "Reino de Deus na Terra e o advento da nova sociedade de tipo socialista".[11] Em seu livro de 1987 *O Socialismo Como Desafio Teológico*, Boff escreveu que os antigos regimes comunistas da Europa Oriental ofereciam "a oportunidade objetiva de se viver no espírito dos Evangelhos e de cumprir os Mandamentos".[12] Teólogos marxistas como ele recusam-se a aceitar a possibilidade de coexistência pacífica entre pessoas de diferentes segmentos sociais. Eles acreditam no dever moral de se "despertar a classe trabalhadora para uma consciência de luta de classes e para a necessidade de tomar parte nela".[13] Boff não consideraria como "pecado" alguém combater um indivíduo rotulado como pertencente ao grupo econômico "opressor", uma vez que o ato seria praticado por uma pessoa "oprimida" e, portanto, envol-

---

8 *Ibid*, p. 172.

9 H. M. Morris e M. E. Clark, *The Bible Has the Answer*, Master Books, Green Forest/AR, 2005, p. 340-341.

10 L. Boff, *Salvation and Liberation*, Dove, Melbourne, 1984, p. 106.

11 *Ibid*, p. 116.

12 L. Boff, O Socialismo Como Desafio Teológico, Vozes, Petrópolis, 1987, p. 682. Ao retornar duma visita à Romênia e à antiga União Soviética em 1987, apenas alguns anos antes do colapso do comunismo na Europa Oriental, esse ex-padre católico declarou que aqueles conhecidos regimes eram "altamente éticos e (...) moralmente limpos", e que ele não havia percebido quaisquer restrições naqueles países à liberdade de expressão. Ver J. A. Page, *The Brazilians*, Addison-wesley, Reading/MA, 1995, p. 39.

13 '*Liberation Theology*' (1985) VIII(6) *The Angelus*, originalmente publicado em *The Economist*, 13 de outubro de 1984, disponível em: <www.angelusonline.org/index.php?section=article&subsection=show_article&article_id=1036>, (acesso em 1º de novembro de 2012).

vida na luta para eliminar as desigualdades sociais.[14] Referindo-se a esse tipo de pensamento, o cardeal Joseph Ratzinger, depois Papa Bento XVI, declarou:

> Apresenta-se por conseguinte o ingresso na luta de classes como uma exigência da própria caridade; denuncia-se como atitude desmobilizadora e contrária ao amor pelos pobres a vontade de amar, de saída, todo homem, qualquer que seja a classe a que pertença, e de ir ao seu encontro pelas vias não-violentas do diálogo e da persuasão. Mesmo afirmando que ele não pode ser objeto de ódio, afirma-se com a mesma força que, pelo fato de pertencer objetivamente ao mundo dos ricos, ele é, antes de tudo, um inimigo de classe a combater. Como consequência, a universalidade do amor ao próximo e a fraternidade transformam-se num princípio escatológico que terá valor somente para o « homem novo », que surgirá da revolução vitoriosa.[15]

O marxismo considera o advento da utopia comunista um fim em si mesmo. Diferentemente de um erro de julgamento que possa ser detectado e corrigido por fatos acessíveis, o marxismo pode ser visto como um sistema de crenças baseado num "investimento intelectual, mais ou menos como uma fé religiosa, embora seu objeto [seja] histórico".[16] Para implantar o marxismo, qualquer meio se justificaria inclusive a violência e a fraude.[17] Afinal, no paraíso

---

14 M. J. Erickson, *Christian Theology*, Baker Book House, Grand Rapids/MI, 1983, p. 592.

15 J. Ratzinger (Papa Bento XVI), Instrução Sobre Alguns Aspectos da "Teologia da Libertação", Sagrada Congregação Pela Doutrina da Fé, Roma, 6 de agosto de 1984, disponível em: <http://www.vatican.va/roman_curia/congregations/cfaith/documents/rc_con_cfaith_doc_19840806_theology-liberation_po.html>, (acesso em 1º de dezembro de 2016). **Nota do tradutor**: trocou-se a referência original em inglês pela referência em português disponível no mesmo *site*.

16 F. Furet, *The Passing of an Illusion: The Idea of Communism in the Twentieth Century*, University of Chicago Press, Chicago, 1999, p. ix.

17 Visto que Marx acreditava que a violência é elemento essencial da revolução socialista, Lênin jamais titubeou ante a necessidade de empregar o terror. Lênin herdou do marxismo a justificativa ideológica para o terror. Comenta Johnson: "Lênin sempre ressaltou que o marxismo identificava-se com a verdade absoluta (...). Ao acreditar nisso, e a crer ser ele próprio seu legítimo intérprete (...), Lênin estava obrigado a olhar para a heresia com fúria ainda maior do que ele demonstrava com relação ao infiel. Daí a espantosa virulência das injúrias que ele constantemente lançava sobre seus oponentes de dentro do partido, atribuindo-lhes as motivações mais ignominiosas e buscando destruí-los como seres morais até mesmo quando estavam em jogo as menores questões doutrinárias. O tipo de linguagem empregada por Lênin – com suas metáforas da selva e do campo e sua recusa brutal em fazer o mais mínimo esforço de compreensão humana – fazem ressurgir o *odium theologicum* que envenenou as controvérsias teológicas cristãs sobre a Trindade nos séculos VI e VII ou sobre a Eucaristia no século XVI. Evidentemente, uma vez que o ódio verbal fora elevado a esse tom, o sangue estava eventualmente sujeito a correr (...). Assim como os teólogos guerreiros pensavam estar lidando com questões determinantes sobre a condenação de incontáveis milhões de almas

socialista não haverá mais a injustiça social e todos seremos tratados com dignidade e de forma igualitária. Argui-se, portanto, que o conjunto de ações que acelere o advento desta grande utopia seja sempre algo positivo. Em outras palavras, qualquer coisa que se faça para avançar este tão nobre ideal deverá ser sempre considerado como próprio e justificável. Do mesmo modo, todos os defeitos concretos do marxismo devem ser inteiramente ignorados. O marxismo torna-se, deste modo, um objeto de fé ou um ideal espiritual. Como destaca o teólogo anglicano Michael Green:

> Não importam os pogroms de Lênin; não importam as revelações do arquipélago de *Gulags* e a brutalidade aterrorizante dos campos de concentração soviéticos; não importa a violação de uma Hungria, de uma Tchecoslováquia, de um Afeganistão; a fé dos devotos comunistas persiste. Todo julgamento pessoal é obscurecido em nome da fé; a fé é absolutamente essencial para que seus ouvidos fiquem imunes a tudo isso (...). Do ponto-de-vista lógico, é claro, não há razão para que um comunista moderno trabalhe para uma utopia da qual ele nunca irá participar: essa é uma das irracionalidades do comunismo. Mas esse comunista moderno inspira-se pela visão, atrai-se pela expectativa, estimula-se pela luta e se inflama pela companhia. A utopia do milênio afirmada pelo comunismo (...) é ao mesmo tempo uma longínqua imitação e um reflexo inconsciente da ideia cristã de Reino de Deus.[18]

Mas há ainda diversas outras diferenças entre cristianismo e marxismo. Enquanto que o marxismo sempre teve um apelo especial junto à elite intelectual dominante, o cristianismo sempre atraiu os mais pobres e desamparados. Esses intelectuais sentem-se seduzidos pela promessa marxista de transformação escatológica do homem imperfeito no homem ideal. Como doutrina de redenção, o marxismo oferece à elite intelectual a consumação perfeita da fantasia platônica do rei-filósofo sempre presente no subconsciente dos

---

ao fogo do inferno por toda a eternidade, Lênin sabia que o grande banho-de-sangue da civilização estava por vir, no qual o destino da humanidade seria decidido pela História, tendo o próprio Lênin como profeta. Isso seria digno de um pouco de sangue: na verdade, muito sangue" (P. Johnson, *Modern Times: The World from the Twenties to the Nineties*, HarperCollins, New York, 2001, p. 56).

18 M. Green, *I Believe in Satan's Downfall*, Hodder & Stoughton, Londres, 1988, p. 159-161.

intelectuais.¹⁹ Por exemplo, falando por intermédio de Sócrates, Platão, em seu livro *A República*, viu a raiz de toda discórdia "nas posses". Em seu livro *As Leis*, Platão vislumbrou uma sociedade na qual as pessoas compartilhassem todos os seus bens, assim como suas esposas e filhos. O marxismo fornece uma "causa nobre", um sentido de missão maior, uma convicção de que as vidas destes intelectuais valem a pena porque a história precisa deles para conduzir as classes trabalhadoras ao advento da nova sociedade e do "novo homem". Outras religiões postergaram a completa felicidade como dádiva a ser usufruída somente em outro plano, como recompensa ao indivíduo em sua vida pós-morte. Todavia, o marxismo promete a esses intelectuais a recompensa na Terra, alegando falar em nome dum futuro previsível da humanidade. Os juristas estadunidences M. Glendon, M. Gordon e C. Osakwe comentam sobre o apelo marxista à elite intelectual:

> Como religião secular mundial, o marxismo tem uma dialética parecida com a predestinação calvinista. Como outras crenças, o marxismo tem seu texto sagrado, seus santos, bem como sua cidade sagrada. Se Marx é seu messias, Lênin é seu S. Paulo. Como também é verdade em várias outras religiões mundiais, o marxismo igualmente tem testemunhado uma exuberante proliferação de seitas e sub-seitas – os desviacionistas, os revisionistas, os fundamentalistas, os modernizantes, e daí por diante (...). Apesar de todas essas analogias, o que é realmente importante é o quão diferente é o marxismo de outras religiões. Diferentemente do cristianismo, por exemplo, seu apelo inicial sempre se dirigiu aos intelectuais. O cristianismo encontrou resistência por parte dos antigos filósofos, que o consideraram uma aberração das classes inferiores: ele

---

19 "O marxismo oferece à liderança intelectual um novo mundo em algum lugar desta Terra. A sociedade feudal foi governada por senhores militares; a sociedade capitalista, por seus homens de negócios focados em dinheiro, mas na sociedade socialista os intelectuais governariam em nome do proletariado (...). A fantasia platônica do "rei-filósofo", sempre presente no subconsciente dos intelectuais, seria finalmente realizada no mundo histórico" (M. A. Glendon, M. W. Gordon e C. Osakwe, *Comparative Legal Traditions*, West Publishing, St. Paul/MN, 1985, p. 676). H. Berman levantou uma questão similar: "Os escritos de Marx e seu colaborador Engels são, de fato, o Novo Testamento do Comunismo. Lênin é seu apóstolo paulino para os gentios que adotaram o evangelho duma nova geração e dum novo povo. Stálin é o Imperador Soviético Constantino, que fez da nova religião uma Ortodoxia Estatal (...). Foi sobre a base da análise marxista da origem, do crescimento e do declínio das sociedades que os Revolucionários Russos estabeleceram a construção duma nova ordem social. Conduzidos por Lênin, esses homens baseavam-se inteiramente no marxismo e eram crentes fanáticos das suas doutrinas" (H. J. Berman, *Justice in Russia*, Harvard University Press, Cambridge/MA, 1950, p. 8-9).

se espalhou de baixo para cima. O marxismo, ao contrário, tem sido defendido por intelectuais para os proletários e camponeses. Para os intelectuais, ele teve apelo como nenhuma outra doutrina porque integrou razões psicológicas quase inteiramente divergentes. No marxismo pode-se encontrar pela primeira vez uma combinação de linguagem científica com linguagem mitológica – uma união entre lógica e misticismo. O ceticismo científico do século XIX privou os intelectuais de seu Deus e os deixou na incerteza sobre o fundamento de sua ética. O agnosticismo científico era uma autonegação severa num mundo inerentemente sem vida e sem dramas, um mundo sem propósito ou clímax. Os movimentos sociais assumiram esse caráter de altruísmo superficial e anódino, não-fundamentado na natureza do universo. No marxismo, entretanto, os ideais podiam ser tomados como expressão duma necessidade histórica subjacente das coisas.[20]

Marxismo e Darwinismo

Existe uma forte relação entre a teoria darwinista e o marxismo. A tentativa de Darwin de explicar como os seres humanos evoluíram dos animais mediante um processo inconsciente de seleção natural foi inspiradora para Marx, que considerava que a primazia das classes guardava um paralelo com a suposta desigualdade entre as raças humanas. De fato, Marx reconheceu que o darwinismo correspondia a "uma gloriosa corroboração e realização" do seu materialismo histórico.[21] Ele estava convencido de que o conceito darwinista de seleção natural demoliria completamente a crença no cosmos imutável da Bíblia. Como destaca Paul Blackledge:

A teoria social marxista requer um componente evolucionário sofisticado para fundamentar sua teoria política revolucionária, pois ela se fortalecerá se for construída dentro dos parâmetros contextualizados pela evolução histórica das forças produtivas. Ademais, com a incorporação do componente evolucionário, o mar-

---

20 *Ibid*, p. 676.

21 Citado em M. Eastman, *Marx, Lenin and the Science of Revolution*, Allen & Unwin, Londres, 1926, p. 67.

xismo se torna mais apto a certificar que a história é compreendida como "algo mais do que apenas uma série de eventos particulares e únicos, mas revela uma certa direcionalidade".[22]

Frederich Engels, amigo revolucionário de Marx, foi o primeiro a ler o "esplêndido livro" de Darwin (Sobre A Origem das Espécies) e o recomendou ardentemente a ele. Depois de tê-lo lido, Marx concordou com Engels que, embora tivesse sido escrito num "inglês tosco", o livro continha o fundamento da história natural".[23] Como coloca Engels, "assim como o darwinismo descobriu a lei da evolução na natureza orgânica, Marx descobriu a lei da evolução da história humana".[24] Essa relação entre marxismo e darwinismo está expressa em *Sobre o Papel do Trabalho na Transformação do Macaco em Homem*, obra não concluída de Engels em que ele discute a visão de Darwin sobre a evolução dos seres humanos.[25] Acima de tudo, Engels pensava que o marxismo estava irremediavelmente "destinado a fazer pela história o que a teoria de Darwin fez pela biologia".[26] Max Eastman comenta essa previsão:

> A realização de Darwin foi banir o ético-deífico da biologia, estabelecer o fato da evolução com base científica, e indicar um princípio predominante de investigação e uma explicação objetiva. E Marx deu quase exatamente a mesma contribuição à ciência geral da história. Ele colocou no lugar da retórica moral, religiosa, poética e patriótica um princípio objetivo de explicação (...) e estabeleceu – ao menos enfatizou adequadamente pela primeira vez – o fato de que houve uma evolução, não apenas nas formas políticas da sociedade, mas em sua estrutura econômica.[27]

---

22 P. Blackledge, '*Historical Materialism: From Social Evolution to Revolutionary Politics*' *in* P. Blackledge e G. Kirkpatrick, *Historical Materialism and Social Evolution*, Palgrave Macmillan, New York, 2002, p. 32.

23 *Ibid*, p. 1.

24 F. Engels, *Selected Works*, Vol. 3, International Publishers, New York, 1950, p. 153. Ver também Djlas, nota 3 acima, p. 2.

25 Blackledge, nota 22 acima, p. 11.

26 Eastman, nota 21 acima, p. 67.

27 *Ibid*.

Dois conceitos de socialismo emergem dos escritos de Marx: um severamente criticado por ele como "Socialismo Utópico", ideal ético a ser alcançado pela ação política; e o outro chamado de "Socialismo Científico", que ele considerou a forma mais científica do socialismo de acordo com o seu materialismo histórico e dialético. Marx alegaria ter provado a inevitabilidade deste último.[28] Como filósofo do seu tempo, ele acreditava que Deus fora refutado pelas "forças inexoráveis" da ciência, da razão e do progresso.[29] Assim, Marx contava com o darwinismo para fornecer ao movimento socialista uma base ainda mais científica. De fato, a teoria marxista precisava do elemento do conceito de evolução para justificar a luta de classes por mudanças sociais num mundo que "mudaria apenas porque tinha de mudar, que traz em si a semente do seu contrário e da sua própria destruição".[30] Numa carta a Engels, escreveu ele que o livro de Darwin lhe fornecera "a base da ciência natural para a luta de classes na história".[31] Como sinal e gratidão, Marx enviou a Darwin a segunda edição do *Das Kapital*. Na página do título, ele escreveu: "Sr. Charles Darwin/Da parte de seu admirador sincero/ (assinatura) Karl Marx/Londres, 16 de junho de 1873".[32]

Karl Kautsky, líder da Segunda Internacional Socialista,[33] chegara ao marxismo exatamente por intermédio do darwinismo: "Marx e Engels partiram de Hegel; eu parti de Darwin".[34] Ele considerava que o marxismo "não era nada mais nada menos do que a aplicação do darwinismo ao desenvolvimento social".[35] Nos anos

---

28 Flis, nota 4 acima, p. 25.

29 Ver H. V. Jaffa, '*What Were the Original Intentions of the Framers of the Constitution of the United States?*' in H. V. Jaffa, B. Ledewitz, R. L. Stone e G. Anastaplo (ed), *Original Intent and the Framers of the Constitution*, Regnery Gateway, Washington/DC, 1994, p. 49.

30 Djlas, nota 3 acima, p. 6.

31 K. Marx e F. Engels, *Selected Correspondence*, International Publishers, New York, 1942, p. 125.

32 E. Geissler e W. Scheler (ed), *Darwin Today*, Akademie-Verlag, Berlim, 1983, p. 55.

33 A Primeira Internacional Socialista foi criada por Marx em Londres, em 1864, para coordenar as tentativas de alcançar o socialismo em diversos países. A Segunda Internacional Socialista, formada em Paris, em 1889, e em Amsterdã, em 1904, condenou a participação de partidos socialistas em "coalizões burguesas". Depois da Revolução Bolchevique, a Terceira Internacional Socialista (Comintern) foi criada em 1919 para trabalhar pela revolução comunista mundial. Esta foi dissolvida em maio de 1943. Ver A. W. Palmer, *A Dictionary of Modern History*, Penguin, Londres, 1962, p. 163.

34 K. Kautsky, *The Agrarian Question*, Zwan, Winchester/MA e Londres, 1988, p. 6.

35 Blackledge, nota 22 acima, p. 16.

de 1920, ele afirmou que "o avanço e o progresso do proletariado na sociedade capitalista são irresistíveis (...). É inevitável que o processo de desenvolvimento econômico na direção do socialismo termine com a abolição de todas as classes".[36] Anton Pannekoek, outros dos principais teóricos na Segunda Internacional, insinuou que processos evolutivos sociais viriam a favorecer as forças do socialismo revolucionário. Pois assim como a tecnologia evolui, argumentava ele, "o desenvolvimento da concentração de capital destrói gradativamente o próprio capital, pois isso enfraquece a burguesia, cujo interesse é manter o capitalismo, e fortalece a massa que busca aboli-lo".[37]

No modelo darwinista, a mudança no mundo natural ocorre como produto da combinada variação entre indivíduos, hereditariedade, seleção e luta pela sobrevivência. Em contraste com o modelo de causalidade evolutiva, a teoria social marxista legitima uma leitura determinista do progresso histórico. Essa teoria requer um componente evolutivo sofisticado a fim de poder fundamentar sua teoria política acerca da evolução histórica das forças de produção. Por meio da incorporação do componente evolutivo, o marxismo fica, com isso, mais apto a proclamar que a história é mais do que apenas uma série de eventos particulares e únicos, revelando uma certa direcionalidade.[38] Como explica Richard Pipes:

> A injeção de pensamento evolucionista na teoria socialista introduziu nela um elemento de inevitabilidade. De acordo com o "socialismo científico", as ações humanas podem de algum modo retardar ou acelerar a evolução social, mas não podem alterar essa direção, que depende de fatores objetivos. Assim, (...) o capitalismo, no devido tempo, inexoravelmente terá de dar lugar ao socialismo. O apelo emocional dessa crença não é muito diferente da fé religiosa na vontade de Deus, inspirando aqueles que a possuem com a convicção inabalável de que, independentemente de quantos reveses a sua causa sofra, a vitória final estará garantida. O marxismo teria um apelo

---

36 K. Kautsky, 1988, p. 410-411, citado em Blackledge, nota 22 acima, p. 16.

37 A. Pannekoek, *Marxism and Darwinism*, Pluto Press, Londres, 1912, p. 57.

38 Blackledge, nota 22 acima, p. 11.

especial para os intelectuais por prometer substituir a vida confusa e espontânea por uma ordem racional da qual eles seriam os intérpretes e mentores.[39]

Curiosamente, Marx lançou mão do darwinismo para justificar o racismo, especialmente o antissemitismo. Em seu livro *A Questão Judaica*, Marx corroborou o antissemitismo de Bruno Bauer, o líder da esquerda hegeliana que demandava que os judeus abandonassem inteiramente o judaísmo. Embora Marx fosse etnicamente judeu, ele costumava usar frases como "judeu imundo" e "crioulo judeu" para descrever seus inimigos políticos.[40] Sobre o socialista alemão Ferdinand Lassalle, Marx certa vez comentou:

> Não está muito claro para mim se, a julgar pelo formato de sua cabeça e por seu tipo de cabelo, ele descende dos negros que se juntaram à fuga de Moisés do Egito (a menos que sua mãe ou avó paterna tenha se misturado com um crioulo). Essa união de judeu e alemão com uma origem negroide estava fadada a produzir um híbrido extraordinário.[41]

Na opinião de Marx, o "judeu-do-dinheiro" era "o elemento antissocial universal da época atual". Para "tornar impossível o judeu", argumentava ele, era necessário abolir as "precondições", a "própria possibilidade" do tipo de atividades financeiras que o produziam.[42] Assim, Marx concluiu que tanto o judeu quanto o judaísmo teriam de desaparecer antes que "a atitude judaica com o dinheiro" pudesse ser abolida. Como ele colocou, "ao se emancipar do mercenarismo e do dinheiro, e, portanto, do verdadeiro e efetivo judaísmo, nossa era emancipar-se-ia ela própria".[43] Daí poder-se dizer que o antissemitismo moderno, de certo modo, deriva diretamente do marxismo. Segundo Paul Johnson:

---

39 Pipes, nota 5 acima, p. 8.
40 Johnson, nota 1 acima, p. 62.
41 K. Marx e F. Engels, Vol. XXX, p. 259, citado em Johnson, nota 1 acima, p. 62.
42 *Ibid*, p. 57-58.
43 T. B. Bottomore (ed), *Karl Marx: Early Writings*, McGraw-Hill, New York, 1963, p. 34-37.

O antissemitismo parece ter despontado numa época em que o tipo do filósofo social determinista usava o princípio da seleção natural de Darwin para desenvolver "leis" que explicassem as mudanças colossais trazidas pela industrialização, o surgimento das megalópoles e a alienação de numerosos proletários desenraizados. O cristianismo satisfazia-se com uma figura solitária de ódio para explicar o mal: Satã. Mas as crenças seculares modernas precisavam de demônios humanos e categorias inteiras deles. O inimigo, para ser plausível, tinha de ser toda uma classe ou raça. A invenção de Marx do termo "burguesia" era o mais abrangente nessas teorias de ódio e tem fornecido a base para todos os movimentos revolucionários paranoicos, seja fascista-nacionalista, seja comunista-internacionalista. O antissemitismo teórico moderno foi produto do marxismo e envolveu a escolha (por razões de conveniência nacional, política ou econômica) de um grupo específico da burguesia como objeto a ser atacado.[44]

Marx baseava-se igualmente no marxismo para postular que a história estava sempre ao seu lado. Assim, era perfeitamente admissível para ele chamar seus adversários políticos de "parasitas" e "reacionários" que mereciam ser punidos por retardarem o progresso da humanidade.[45] De fato, o materialismo dialético pode ser usado para descrever tanto a evolução do mundo natural quanto da história humana, esta última compreendida como uma sucessão contínua de sistemas econômicos cada uma com suas próprias contradições sociais geradas pelo conflito de classes.[46] Para Vladímir Lênin (1870-1924), um dos mais bem-sucedidos discípulos de Marx, a junção da ciência natural com a história social é exatamente o que tornava a teoria marxista do avento da utopia comunista tão atraente, "não somente o acidente histórico, mas o destino histórico, produto da natureza essencial das coisas".[47] Uma vez aplicada ao marxismo, a teoria da evolução, observa Richard Overy:

---

44 Johnson, nota 17 acima, p. 117.
45 D. D'Souza, *What's So Great About Christianity*, Regnery, Washington/DC, 2007, p. 220.
46 R. Overy, *The Dictators: Hitler's Germany and Stalin's Russia*, Allen Lane, Londres, 2004, p. 266.
47 *Ibid*, p. 267.

(...) conferiu à revolução um ar irresistível de legitimidade. O comunismo era entendido como o estágio mais avançado e mais altamente desenvolvido da história e, por definição, eticamente superior a todas as outras formas de sociedade. A moral soviética, de acordo com Lênin, era determinada pela luta histórica do proletariado. Era moral tudo quanto servisse "aos interesses da luta de classes"; era imoral tudo que embaraçasse a marcha histórica para o comunismo. Essa formulação conferiu oportunidades ilimitadas à [liderança] do partido comunista de, na qualidade de vanguarda da luta revolucionária, determinar quais tipos de ações e ideias eram mais apropriados para o estado atual de desenvolvimento histórico.[48]

Como Lênin, Leon Trotsky era outro bolchevique a ficar impressionado com obra de Darwin. Em sua juventude, comenta Trotsky, "Darwin foi para mim como um porteiro todo-poderoso da entrada para o templo do universo. Eu estava intoxicado do seu pensamento minucioso, preciso, consciente e ao mesmo tempo poderoso".[49] Para ele, o marxismo seria nada mais do que "a aplicação do darwinismo à sociedade humana".[50] Trotsky ressaltava ainda que mudanças evolutivas estavam longe de ser um processo gradual de seleção natural: "Existem longas eras de relativo equilíbrio no mundo dos seres vivos (...). Mas existem também eras em que as plantas, os animais e seu ambiente geofísico ficam despedaçados, épocas de crise geológica (...). A teoria darwinista destaca-se entre todas como a teoria das épocas críticas do desenvolvimento vegetal e animal".[51] Ainda de acordo com Trotsky, a lei fundamental da dialética seria "a conversão da quantidade em qualidade, pois ela fornece a fórmula geral para todo o processo revolucionário – tanto da natureza quanto da sociedade".[52]

A teoria evolutiva foi convertida em dogma oficial pelo ditador soviético Joseph Stálin, "para quem o marxismo evolucionis-

---

48 Ibid.
49 Blackledge, nota 22 acima, p. 29.
50 Ibid.
51 Ibid, p. 30.
52 Ibid.

ta se tornou a ideologia formal da classe governante soviética".[53] Stálin, um dos ditadores mais assassinos da história, tirou do marxismo a ideia de que as mudanças sociais poderiam ser definidas em termos de leis científicas observáveis da história, do mesmo modo como haveria leis científicas de reger a evolução do mundo natural. Essas leis, comentou ele em 1952, são o "reflexo do processo objetivo que ocorre independentemente da vontade do homem". Em *Materialismo Histórico e Dialético*, ensaio publicado em 1938, Stálin argumenta que "tudo na natureza é parte de um mundo material e objetivo que é completamente integrado e constantemente sujeito a mudanças". Em suma, ele alegava que tais mudanças ocorreriam através de "contradições dinâmicas que impulsionam todos os fenômenos das formas de existência mais baixas para as mais altas".[54]

Marxismo e Hegelianismo

Não se pode ignorar a influência filosófica de G. W. Hegel (1770-1831) sobre a formação do método marxista. Hegel era um filósofo alemão que descrevia o Estado como a unidade orgânica mais perfeita. Nessa descrição, o indivíduo deve a sua existência física e espiritual inteiramente ao Estado. O Estado é assim transformado "no novo absoluto, o novo deus do ser". De fato, o hegelianismo vê no Estado o mais perfeito "organismo vivente", de modo que tudo que o Estado faz deve adquirir o status de perfectibilidade absoluta, de bondade intrínseca.[55] A insistência de Hegel na autoridade moral absoluta do Estado pode ser encontrada em passagens como esta:

> O universal encontra-se no Estado. O Estado é a Ideia Divina, tal como existente na Terra (...). Devemos, portanto, venerar o Estado como manifestação do Divino na Terra e considerar que, se é difícil compreender sua natureza, é infinitamente mais difícil alcançar a Essência do Estado (...). O Estado é a marcha de Deus através do mundo (...). O Estado deve

---

53 *Ibid*, p. 19.
54 Overy, nota 46 acima, p. 267.
55 K. Popper, *The Open Society and its Enemies, Vol. II: The High Tide of Prophesy: Hegel, Marx, and the Aftermath*, Routledge, Londres, 2003, p. 45.

ser compreendido como um organismo (...). Ao Estado pleno pertence, essencialmente, a consciência e o pensamento. O Estado sabe o que quer (...). O Estado (...) existe por si só (...). O Estado é a vida moral realizada concretamente existente.[56]

O excerto acima revela a relação entre hegelianismo e o totalitarismo moderno. Tal como concebida por Hegel, a teoria evolucionista torna a ideia de Direito relativa, mutável e, em última análise, arbitrária. A única coisa que nunca seria relativa segundo essa teoria é o próprio Estado como mecanismo de transformação social. Os seguidores de Hegel na absolutização do Estado são os nacional-socialistas (nazistas) e os comunistas (isto é, os marxistas radicais). De acordo com Karl Popper, o marxismo é uma das versões modernas do historicismo que remonta diretamente à filosofia de Hegel. Explica Karl Popper:

> A filosofia histórica marxista coloca a classe eleita no lugar da [raça eleita], o instrumento para a criação da sociedade sem classes e, ao mesmo tempo, a classe destinada a herdar a Terra. Ambas as teorias baseiam suas previsões históricas numa interpretação da história que conduz à descoberta duma lei do seu desenvolvimento. No caso do racialismo (...), a superioridade biológica do sangue da raça eleita explica o curso da história, o passado, o presente e o futuro; não é nada mais do que a luta das raças pelo poder. No caso da filosofia da história de Marx, a lei é econômica; toda a história tem de ser interpretada como uma luta de classes pela supremacia econômica.[57]

A relação entre o hegelianismo e o marxismo repousa ainda sobre o método dialético utilizado por Marx para fixar suas teorias políticas dentro do materialismo histórico-dialético.[58] Hegel via o mundo como organismo evolutivo, argumentando que o progresso científico não é linear, mas, sim, que se move dialeticamente, segundo um diálogo conflituoso. De acordo com essa dialética, a

---

56 G. W. Hegel, *Philosophy of Law*, §§ 258, 269, 270 e 272, citado em Popper, nota 55 acima, p. 35.
57 K. Popper, *The Open Society and its Enemies, Vol. 1: The Spell of Plato*, Routledge, Londres, 2003, p. 5.
58 J. M. Kelly, *A Short History of Western Legal Theory*, Oxford University Press, Oxford, 2007, p. 309.

pessoa A afirma algo, a pessoa B, o oposto, e, então, a combinação dos elementos de ambas as ideias surge como um conceito melhor, mais evoluído. Ao aplicar essa premissa à história humana, Hegel concluiu que a verdade é subjetiva e que não é possível julgar qualquer norma por critérios inteiramente objetivos. Assim, a teoria de Hegel sustenta que o progresso histórico não depende da busca pela "verdade", mas tão somente do conflito permanente de ideias. E, na ausência da norma universal, a moral do Estado é definida pelo próprio Estado. Desse modo, a moral do indivíduo acaba por se subordinar à moral do Estado: quando o indivíduo age de acordo com os ditames do Estado, o indivíduo está sujeito aos critérios morais do Estado.[59]

Marx concordava com Hegel sobre a inevitabilidade do progresso histórico-dialético. Entretanto, ele rejeitava a crença de que o elemento intelectual fosse a força motriz da história humana. A "dialética de Hegel", escreveu Marx, "é o princípio fundamental de toda dialética apenas se retirada sua forma mística. E é precisamente isso que distingue o meu método".[60] Acreditando que certas forças materiais são os elementos reais por trás de todo progresso humano,[61] Marx substituiu a dialética hegeliana por um materialismo dialético no qual as forças em conflito não são mais ideias ou princípios, mas, sim, interesses tangíveis das classes sociais na sua luta pelo controle dos recursos materiais.[62] Quando a história é vista à luz desse processo dialético, considera-se que as instituições jurídicas correspondam aos interesses econômicos da classe domi-

---

[59] G. A. Moens, 'The German Borderguard Cases: Natural Law and the Duty to Disobey Immoral Laws' in S. Ratnapala e G. A. Moens (ed), Jurisprudence of Liberty, Butterworths, Sydney, 1996, p. 161.

[60] K. Marx, Hegel's Dialectic (Marx's Letter to Kugelmann), citado em S. Hook, From Hegel to Marx: Studies in the Intellectual Development of Karl Marx, Columbia University Press, New York, 1994 (1936), p. 16.

[61] M. D. A. Freeman escreve: "Para Hegel, a lei da contradição produzia, na forma de tese e antítese, uma solução por meio da síntese num nível superior. Ele aplicava isso às forças antagônicas da natureza e da sociedade. Marx aproveitou-se dessa abordagem da história e da sociedade, especialmente com relação ao "conflito de classes" (...). A dialética de Marx era diferente da de Hegel. Marx rejeitava a filosofia idealista de Hegel e a substituiu pelo materialismo. Uma combinação da dialética de Hegel com uma teoria materialista do conhecimento produziu o materialismo dialético, e isso, aplicado às relações humanas na sociedade, especialmente à sua evolução e ao seu desenvolvimento, Marx chamou de materialismo histórico" (M. D. A. Freeman, Lloyd's Introduction to Jurisprudence, Sweet & Maxwell, Londres, 2008, p. 1130).

[62] Kelly, nota 58 acima, p. 310.

nante,⁶³ como superestrutura que se adéqua às necessidades materiais dessa mesma classe.⁶⁴ Como Marx coloca:

> Eu fui conduzido por muitos estudos à conclusão de que as relações jurídicas, assim como as formas de Estado, não poderiam ser compreendidas por si sós, nem explicadas pelo chamado progresso geral da mente humana, mas, sim, que eles decorrem das condições materiais da vida, que são resumidas por Hegel depois da moda dos escritores ingleses e franceses do século XVIII sob o nome de "sociedade civil", e que a anatomia da sociedade civil deve ser estudada na economia política [ou seja, nas forças econômicas] (...). No processo de produção social realizada pelos homens, eles entram em relações definidas de produção correspondentes ao estágio definido de desenvolvimento do seu poder material de produção. A totalidade dessas relações de produção constitui a estrutura econômica da sociedade – a base real, sobre a qual se erige a superestrutura jurídica e política à qual correspondem formas definidas de consciência social.⁶⁵

Concepções de Marx sobre o Direito

Nascido em 1918, em Tréveris, na Renânia (região da Alemanha), Karl Marx era filho de um advogado judeu recém-convertido ao cristianismo. Na sua juventude, ele teve uma educação regular, inicialmente em Bonn, e depois em Berlim, entre 1835 e 1841. Diz-se que Marx levou seus estudos jurídicos a sério, com a intenção de um dia vir a se tornar advogado como seu pai. Como estudante, em Berlim, ele assistiu as aulas de Carl von Savigny, o teórico da Escola Historicista do Direito. Numa carta a seu pai datada de 10 de novembro de 1836, Marx escreveu que ele lera e apreciara enormemente o livro *Direito de Posse* (1803) de Savigny, obra que John

---

63 "A teoria evolucionista marxista, moldada pela dialética hegeliana da história, fornece a base filosófica e a fé aos seus seguidores. O mecanismo do progresso é o conflito de classes, o conflito dos opostos para os quais a lógica de Hegel forneceu a solução (...). Os comunistas acreditam que (...) "a História está do nosso lado". Como muitos outros crentes no Destino, eles se sentem obrigados a ajudá-lo" (E. Patterson, *Jurisprudence: Men and Ideas of the Law*, Foundation Press, Brooklin/NY, 1953, p. 436-437).

64 Kelly, nota 58 acima, p. 310.

65 K. Marx, *A Contribution to the Critique of Political Economy*, N. I. Stone (trad), Chicago, 1904, prefácio, p. ii, citado em Kelly, nota 58 acima, p. 310.

Austin, em seu *Province of Jurisprudence Determined*, considerou, "de todos os livros sobre Direito, o mais perfeito e magistral".

Savigny defendia que o Direito era parte da história não como um ramo de ética aplicada. Ele considerava que a propriedade privada não era um direito fundamental. "Pela posse de algo", escreveu ele, "sempre concebemos uma condição na qual não apenas o trato de uma pessoa com a coisa é fisicamente possível, mas também o trato de todas as outras pessoas é passível de ser excluído".[66] E, ainda, argumentava Savigny, a grande massa da humanidade teria vivido em sociedades nas quais a propriedade era comunal e condicionada. Em outras palavras, a humanidade teria gastado a maior parte da sua história praticando algum tipo de propriedade comunal. Savigny procurou, então, por essas modalidades de propriedade e demonstrou que as modalidades de propriedade e as formas jurídicas são determinadas historicamente. Portanto, as raízes históricas do materialismo histórico de Karl Marx encontram-se na sociologia jurídica de Savigny, cuja obra forneceu a base indispensável para a teoria marxista acerca das relações de propriedade.[67] Marx era francamente aberto às ideias de Savigny sobre a natureza do Direito e da propriedade porque ele sabia que apenas quando a história suprimisse o jusnaturalismo seria possível para ele "mover-se de estágios necessários da história da produção para a compreensão de que um modo de produção é totalmente moldado por forças históricas".[68]

As ideias de Marx sobre o Direito são essencialmente expressas no programa comunista, programa este revolucionário e publicado por ele em colaboração com seu amigo íntimo e revolucionário, Friedrich Engels, em 1848. Nesse documento, ele argumenta

---

[66] J. E. G. de Montmorency, 'Friedrich Carl von Savigny' (1910) 11(1) *Journal of the Society of Comparative Legislation* 32, p. 38.

[67] G. S. Jones, '*Marx's Contribution: Prologue*' in K. Marx e F. Engels (G. S. Jones (ed)), *The Communist Manifesto*, Penguin, Londres, 2002 (1848), p. 73. Explica Jones: "Como estudante de Direito em 1836-1837, Marx tinha assistido às aulas de Savigny sobre o *Pandectas*, e fica claro numa carta a seu pai em 1837 que ele lera o livro *Direito de Posse*, de Savigny. Parece certo também que ele tenha se familiarizado com a controvérsia, que se tornou pública em 1839, entre Savigny e o professor hegeliano de Direito Eduard Gans precisamente sobre a relação entre a posse e o direito" (p. 157-158).

[68] N. Levine, '*The German Historical School of Law and the Origins of Historical Materialism*' (1987) 48(3) *Journal of the History of Ideas* 431, p. 436.

que "o Direito, a moral e a religião são preconceitos burgueses por trás dos quais espreitam em emboscada interesses burgueses". Marx prossegue, então, criticando toda a tradição ocidental de direitos considerados naturais à vida, à liberdade e à propriedade como meras expressões de "preconceitos burgueses". "Vossas ideias", declarou Marx:

> (...) são apenas a consequência natural das condições da vossa produção e da vossa propriedade burguesa, assim como a vossa doutrina jurídica é apenas a vontade de vossa classe transformada em lei geral; uma vontade, cujo caráter essencial e cuja direção são determinados por condições econômicas da existência de vossa classe (...). O equívoco egoísta que vos induz a transformar em leis eternas da natureza e da razão, as formas sociais brotando do vosso modo de produção atual e vosso tipo de propriedade – esse equívoco que compartilhais com toda classe dominante que vos precedeu.[69]

Marx percebia o Direito como simples instrumento de dominação de classe. Ele acreditava que o Direito é invariavelmente relacionado a relações econômicas.[70] Portanto, o fenômeno jurídico seria superestrutural e dependente em sua forma e conteúdo das forças oriundas da base econômica da sociedade. Se esta premissa fosse realmente correta, então, explicam R. David e J. Brierley:

> O Direito ... na realidade, ele apenas traduz os interesses daqueles que detêm as rédeas do comando numa dada sociedade; é um instrumento a serviço daqueles que exercem sua "ditadura" naquela sociedade porque eles têm os instrumentos de produção sob seu controle. O Direito é um meio de expressar a classe explorada; ele é, necessariamente, injusto – ou, em outras palavras, é justo apenas a partir do ponto-de-vista subjetivo da classe dominante. Falar de um Direito "justo" é apelar a uma ideologia – ou seja, uma falsa representação da

---

69 K. Marx e F. Engels, *Manifesto of the Communist Party*, Cap. 2, citado em Kelly, nota 58 acima, p. 329.

70 Marx não inventou a ideia de que o Direito mera expressão da opressão socioeconômica. Em *A República*, de Platão, Trasímaco desenvolve a tese de que "cada forma de governo aprova leis com vistas ao seu próprio benefício". Desse modo, a legislação é apresentada como "algo voltado para seu próprio interesse – dos governantes –, e o homem que se afasta dela é castigado por ser um violador da lei e um malfeitor" (Platão, *A República*, 338d, e).

realidade; a justiça não é nada mais do que uma ideia histórica condicionada às circunstâncias de classe.[71]

Marx pensava que não havia nada de positivo na existência das leis. Surgindo de um conflito de classes, todas as leis deixariam de existir com o advento final do comunismo e o desaparecimento das diferenças de classe. No documento *Crítica ao Programa de Gotha*, Marx considera o fim do ordenamento jurídico à condição de estágio final do comunismo, o qual "deve ser antecedido um período no qual o Estado não pode ser nada além de uma ditadura revolucionária do proletariado".[72] Daí Hans Kelsen arguir em seu livro *A Teoria do Direito Comunista* (1955) que a "abordagem antinormativa do fenômeno social é um elemento essencial da teoria marxista em geral e da teoria marxista do Direito em particular".[73] Kelsen classificaria como "profecia utópica" a promessa marxista de que a anomia levaria à "justiça perfeita".[74]

O Direito dentro desta ótica jamais funciona como instrumento de proteção do cidadão. Ao contrário, o Direito é a mera aplicação da política do grupo dominante.[75] Desse modo, Marx considerava o Direito como mero instrumento de opressão. O Direito ilustraria assim "o curso de 140 lutas políticas e a evolução das formações sociais".[76] Evidentemente, se se acreditar, como Marx, que o Direito é sempre um instrumento de opressão social, será difícil ver como a deliberação legislativa pelo bem comum seja possível. Na visão de Marx, não pode haver esperança de que o Direito se volte ao bem comum. Até que a revolução ponha fim as diferenças entre as classes econômicas, o Direito falhará inevitavelmente em se

---

71 R. David e J. Brierley, *Major Legal Systems in the World Today: An Introduction to the Comparative Study of Law*, Stevens & Sons, Londres, 1985, p. 171.

72 K. Marx, *Critique of the Gotha Programme*, citado em M. Cain e A. Hunt, *Marx and Engels on Law*, Academic Press, Londres, 1979, p. 163.

73 H. Kelsen, *The Communist Theory of Law*, Stevens & Sons, Londres, 1955, p. 36.

74 *Ibid*, p. viii.

75 R. A. Hughes, G. W. G. Leane e A. Clarke, *Australian Legal Institutions: Principles, Structure and Organisation*, Lawbook, Sydney, 2003, p. 33.

76 H. Collins, *Marxism and Law*, Oxford University Press, Oxford, 1988, p. 9.

voltar ao bem comum e, por essa razão, a tarefa do legislador está fadada ao fracasso.[77]

Marxismo e Direitos Humanos

O principal objetivo do Direito no marxismo não é promover os direitos humanos, nem mesmo a igualdade de todos perante a lei, e, sim, criticar esses ideais e revelar as estruturas putativas da dominação sócio-econômica. Em seu livro *Princípios Básicos do Comunismo*, Engels descreve valores da democracia liberal como "máscaras fraudulentas" vestidas pela burguesia para legitimar a exploração econômica. De fato, os valores mais caros às democracias liberais, inclusive as liberdades pessoais e os direitos humanos fundamentais, são denunciados como meras ferramentas ideológicas para legitimar um sistema econômico explorador.[78] Juntamente com Engels, Marx acreditava que esses direitos e liberdades individuais garantidos pela lei deixam as pessoas egoístas, escravizando-as por meio de bens materiais. O que Marx e Engels tinham em mente foi explicado pelo teórico marxista Georg Lukács:

> A "liberdade" dos homens vivos hoje é a liberdade de indivíduos isolados pela propriedade, que tanto os reifica quanto é ela própria reificada. É uma liberdade vis-à-vis os outros (não menos isolados) indivíduos. A liberdade de um egoísta, de um homem que se desliga dos outros.[79]

Marx sustentava que direitos humanos são variáveis e condicionados à classe social. Eles não são estáveis, e, sim, evoluem segundo os estágios da luta de classe. Em seu livro *A Questão Judaica*, Marx afirmou que "os chamados direitos do homem são simplesmente os direitos do homem egoísta, do homem separado dos outros e da comunidade". Esses direitos não seriam fundados sobre relações entre cidadãos livres e responsáveis, mas, sim, sobre a "separação entre os homens; é o direito a essa separação", declarou

---
77 M. C. Murphy, *Philosophy of Law: The Fundamentals*, Blackwell, Malden/MA, 2007, p. 196.
78 Kelly, nota 58 acima, p. 330.
79 G. Lukács, *History and Class Consciousness*, MIT Press, Cambridge/MA, 1971, p. 315.

Marx.⁸⁰ Sua interpretação da Declaração Francesa dos Direitos do Homem e do Cidadão (1789) era que ela reduzia a comunidade política a "mero meio de manutenção desses chamados direitos do Homem". A aplicação prática desses direitos, concluiu Marx, "é o direito do Homem à propriedade privada".⁸¹ Se o poder se assenta sobre esses direitos, afirmaram ele e Engels no livro *A Ideologia Alemã*:

> (...) então os direitos, a lei, etc. são apenas sintomas de outras relações sobre as quais se assenta o poder do Estado. A vida material dos indivíduos (...), seu modo de produção e tipo de interesse que eventualmente determinam-se mutuamente (...), essa é a base real do Estado (...). Os indivíduos que governam nessas condições, além de terem de constituir seu poder na forma do Estado, têm de emprestar à sua vontade (...) uma expressão universal como vontade do Estado, como lei.⁸²

Podem então os marxistas ortodoxos verdadeiramente acreditar na universalidade dos direitos humanos fundamentais e ainda assim permanecer fiéis à teoria marxista? Afinal de contas, Marx considerava que o "horizonte estreito dos direitos burgueses" deveria ser completamente eliminado. Ele negava expressamente que qualquer direito possua implicações práticas não-relacionados com seu contexto histórico. Um direito existe apenas na medida que a classe dominante o cria, aceita-o e permite que ele exista.⁸³ Como destacou François Furet, o que Marx criticava era precisamente a ideia de direitos como base da sociedade. Ele considerava esses direitos "mero disfarces do individualismo que rege a economia capitalista". O problema era, segundo ele, que o capitalismo e a liberdade moderna estavam ambos sujeitos à mesma regra, a da liberdade e da pluralidade e ele a impugnava em nome da "unidades perdida da humanidade".⁸⁴

---

80 Bottomore, nota 43 acima, p. 24-26.

81 K. Marx, *On the Jewish Question*, Vol. 3, International Publishers, New York, p. 162-164.

82 K. Marx e F. Engels, 'German Ideology', citado em Kelly, nota 58 acima, p. 329.

83 E. A. Harriman, '*Enemy Property in America*' (1924) 1 *The American Journal of International Law* 202, citado em E. B. Pachukanis, *Law and Marxism: A General Theory*, Pluto Press, Londres, 1989, p. 130.

84 Furet, nota 16 acima, p. 10-11.

Em vez de apoiar a realidade de direitos humanos fundamentais, o que o Marx realmente proclamou foi a completa abolição destes direitos.[85] Marx desprezava qualquer padrão normativo de comportamento moral.[86] No livro *A Ideologia Alemã*, ele não apenas rejeitou, como efetivamente zombou da moral objetiva como possível obstáculo "não-científico" ao avanço inerente do socialismo. A luta pelo socialismo foi aqui elevada à condição de "bem fundamental", que tem assim de eliminar todas as condições da moral e as circunstâncias da justiça.[87] Em última instância, a análise marxista "debilita todo senso de responsabilidade pessoal e de dever para com um código moral objetivo e estabelecido, que foi o núcleo da civilização europeia do século XIX".[88] Isso equivale, na prática, a um ataque a toda e qualquer ética não-relativista. De fato, "Marx e os subsequentes marxistas salientaram que a moral é ideológica e se refere aos interesses de classe e aos modos específicos de produção".[89] Para Marx, comenta Freeman:

> (...) tudo o que as "leis fundamentais" fariam é fornecer princípios para a regulação de reivindicações conflitantes e, com isso, servir à promoção do compromisso de classe e atrasar a mudança revolucionária. Após a realização do comunismo, o conceito de direitos humanos seria redundante porque as condições da vida social não necessitariam mais de tais princípios limitativos. Fica claro também (particularmente nos escritos de Trotsky) que na luta para alcançar o comunismo, conceitos como o de direitos humanos poderiam facilmente ser postos de lado – e o foram.[90]

Nesse sentido, a torrente de violência comumente manifestada em regimes políticos de orientação marxista representa uma mera projeção dos fundamentos da anomia proposta por Marx. Para o renomado jurista Geoffrey Robertson, "a força da crítica de

---

85 Freeman, nota 61 acima, p. 1151.
86 *Ibid*.
87 *Ibid*, p. 1152.
88 Johnson, nota 17, p. 11.
89 Freeman, nota 61 acima, p. 1150.
90 *Ibid*, p. 1153.

Marx aos direitos humanos levou os pensadores marxistas do século seguinte a caracterizarem os direitos humanos como instrumento de universalização dos valores capitalistas, notadamente a livre-iniciativa (...). Daí terem os governos socialistas silenciado e suspeitado desse conceito até ele ter se provado útil para angariar apoio às causas esquerdistas nos estágios finais da Guerra Fria".[91] Igualmente, de acordo com o acadêmico australiano Martin Krygier, a noção do Direito como meio de restrição do poder é "estranha às ideias de Marx sobre o que o Direito poderia ou não fazer, estranha aos seus ideais e estranha às ações dos comunistas no poder".[92] Desse modo, o desdém pelo Estado de Direito nos regimes comunistas de natureza marxista não é mero acidente, mas, sim, algo teoricamente orientado. Os escritos de Marx não diziam nada de bom sobre o Estado de Direito; eles não transmitiam nenhuma confiança na possibilidade de o Direito ser parte da boa sociedade; estavam impregnados de valores que não deixavam nenhum espaço para aqueles que o Estado de Direito foi concebido para proteger.[93]

Em países que foram regidos por princípios marxistas, o contexto anti-normativo do marxismo tem resultado na inevitável absolutização do poder estatal. Os regimes comunistas não respondem por seus atos de extrema violência a qualquer lei fora daquilo que faça avançar o socialismo. Esses regimes são entidades opressoras por excelência, controladas que são por uma pequena oligarquia governamental que pode decidir qual indivíduo ou grupo social deva ser eliminado por ser considerado politicamente indesejável.[94] Esses massacres são inteiramente justificados pelo doutri-

---

[91] G. Robertson, *Crimes Against Humanity*, Penguin, Londres, 2008, p. 17.

[92] M. Krygier, 'Marxism, Communism, and Rule of Law', in M. Krygier (ed), *Marxism and Communism: Posthumous Reflexions on Politics, Society and Law*, Rodopi, Amsterdam, 1994 p. 117.

[93] *Ibid.*

[94] Assim declarou o editorial de um jornal soviético em 1918: "Rejeitamos o antigo sistema de moral e de "humanidade" inventado pela burguesia (...). Nossa moral não tem precedentes e nossa humanidade é absoluta porque se fundamenta num novo ideal (...). Para nós, tudo é permitido, pois somos os primeiros a erguer a espada, não para oprimir raças e reduzi-las à escravidão, mas para libertar a humanidade de seus grilhões (...). Sangue? Deixai o sangue correr como água! Deixai o sangue manchar para sempre a bandeira negra do pirata tremulada pela burguesia, e deixai nossa bandeira ser vermelho-sangue para sempre! Pois apenas por meio da morte do mundo antigo podemos livrar-nos do regresso daqueles chacais!" (N. Werth, '*A State Against its People: Violence, Repression and Terror in the Soviet Union*' in S. Courtois et al., *The Black Book of Communism: Crimes, Terror, Repression*, trad. J. Murphy e M. Kramer, Harvard University Press, Cambridge/MA, 1999, p. 102).

na marxista messiânica de que o novo mundo está nascendo e que tudo é permitido para ajudar no seu árduo nascimento.[95] De fato, Marx certa vez argumentou que "a geração atual assemelha-se aos judeus conduzidos por Moisés através do deserto. Ela não apenas deve conquistar um novo mundo, mas também deve perecer a fim de dar lugar às pessoas que estão prontas para esse novo mundo".[96] Vista dessa perspectiva, a humanidade atual é um detrito, um refugo de um mundo amaldiçoado, e exterminá-la seria algo sem maiores consequências.[97] Para esses revolucionários marxistas, os seres humanos tais como são representam uma caricatura do que eles poderiam e deveriam se tornar.[98] Desse modo, esses marxistas estarão preparados a sacrificar milhões de vidas humanas pelo ideal do "novo homem". Para a realização de tais objetivos utópicos, tudo é perfeitamente válido, até mesmo sacrificar "os pobres espécimes que habitam o mundo corrupto".[99]

Na Rússia Soviética, o marxismo era filtrado pela interpretação de Lênin e constituía parte integrante do corpo de ideias que produziram aquele regime comunista.[100] Lênin muito cedo decidiu usar o terror da repressão policial baseada na crença de que "o inimigo de classe tinha de ser extirpado, destruído e esmagado, sem o menor sinal de misericórdia".[101] Ele jamais hesitou ante a necessidade de empregar o terror e a violência, herdando de Marx uma completa justificação teórica para essas coisas. Já em 1901, podiam-se encontrar comentários dele como este: "Por princípio, nunca renunciamos ao terror e nem o poderíamos".[102] Numa palestra em 1919 na Universidade de Moscou, Lênin sustentou que "a ditadura revolucionária do proletariado será governada, conquistada e mantida pelo uso da violência pelo proletariado contra a burgue-

---

95 Werth, nota 94 acima, p. 102.

96 K. Marx, *The Class Struggle in France 1848-1850*, International Publishers, New York, 1964, p. 114.

97 Pipes, nota 5 acima, p. 68.

98 *Ibid*, p. 67.

99 *Ibid*, p. 68.

100 Furet, nota 16 acima, p. 99.

101 V. Tismaneanu, '*Communism and the Human Condition: Reflections on the Black Book of Communism*' (2001) 2(2) *Human Rights Review* 126.

102 V. I. Lênin, *Collected Works*, Vol. IV, p. 108, citado em Johnson, nota 17 acima, p. 67.

sia, governo que não é limitado por qualquer lei".[103] Essa visão foi endossada por outros líderes bolcheviques como Grigory Zinoviev, que, certa vez, comentou:

> Para nos livrarmos dos nossos inimigos, teremos de criar nosso próprio terror socialista. Para isso, teremos de treinar 90 milhões dos 100 milhões de russos e tê-los todos de um lado. Não temos nada a dizer aos outros 10 milhões; teremos de nos livrar deles.[104]

O principal objetivo de Lênin era construir um sistema a partir das ideias de Marx.[105] Ele se considerava o responsável maior pela continuação da obra de Marx.[106] "No marxismo", declarou Lênin, "não existe um simples grão de ética do início ao fim. Na teoria, ele subordina o ponto-de-vista ético ao princípio da causalidade; na prática, ele se reduz à luta de classes".[107] Em 1891, o jovem Lênin baseou-se em sua crença marxista para recusar-se a participar das ações de socorro às vítimas da grande fome que levou à morte milhares de pessoas em seu país. Como lembrado por um amigo, Lênin afirmou que a fome teria "vários resultados positivos". A fome, argumentou ele, "ao destruir a economia camponesa ultrapassada, traria mais rapidamente o próximo Estado e o conduziria ao socialismo, estado que se segue ao capitalismo. A fome destruiria a fé não somente no czar, mas também em Deus".[108] Trinta anos depois, como o líder da Rússia Soviética, Lênin regozijava-se do fato de a grande fome de 1921-1922 que custou a vida de mais de cinco milhões de pessoas, "teria dado um golpe mortal no inimigo", qual seja, a Igreja Ortodoxa russa. Numa carta de 19 de março de 1922 ao Politburo, Lênin comentou:

---

103 *The Proletarian Revolution and the Renegade Kautsky: Selected Works*, Vol. II, Parte 2, Progress Publishers, Moscou, 1951, p. 41, citado em M. Krygier, 'The Rule of Law' in N. J. Smelser e P. B. Baltes (ed), *International Encyclopedia of the Social & Behavioral Sciences*, Elsevier, Amsterdã, 2001, p. 13404.

104 *Severnaya Kommuna*, (19 de setembro de 1918), citado em Werth, nota 94 acima, p. 76.

105 Djlas, nota 3 acima, p. 4.

106 *Ibid*.

107 V. I. Lênin, *Collected Works*, Vol. I, p. 421, citado em Freeman, nota 61 acima, p. 1150.

108 A. Beliakov, *Yunost Vozhdya* ("A Adolescência do Líder"), Molodaya Gvardila, Moscou, 1958, p. 80-82, citado em Werth, 'A State Agains its People', nota 94 acima, p. 123-124.

> Com a ajuda de todas aquelas pessoas famintas que estão começando a se comer umas às outras, que estão morrendo aos milhões, e cujos corpos se entulham ao longo das estradas por todo o país, é agora, e somente agora, que podemos – e, portanto, devemos – confiscar toda a propriedade da Igreja com toda a energia mais implacável que possamos reunir (...). Desse modo, devemos juntar o tesouro de centenas de milhões de rublos em ouro (...), pensai quão ricos alguns desses monastérios são (...). Não importa o quanto custe, devemos obter essas centenas de milhões de rublos. Isso só pode ser feito no momento atual, pois nossa única esperança é que o desespero incutido nas massas pela fome faça com que elas nos vejam de forma favorável ou, no mínimo, com indiferença. Assim, posso afirmar categoricamente que este é o momento de esmagar o clero da forma mais resoluta possível e de agir sem qualquer misericórdia, com o tipo de brutalidade de que se lembrarão por décadas (...). Quanto mais representantes do clero reacionário e da recalcitrante burguesia abatermos, melhor será para nós. Devemos ensinar a essas pessoas uma lição o mais rápido possível, de modo que a ideia de protestar novamente não lhes ocorra pelas próximas décadas.[109]

Segundo provas irrefutáveis hoje facilmente acessíveis, a grande fome de 1932-1934 não foi como outras fomes que devastaram a Rússia ao longo dos séculos. Diferentemente da fome de 1921-1922, a fome de 1932-1934 foi resultado unicamente de um ataque genocida perpetrado pelas autoridades soviéticas contra o povo do campo. Aproximadamente 40 milhões de pessoas foram afetadas e mais de seis milhões morreram como resultado direto de uma fome provocada artificial e sistematicamente. Enquanto milhões de pessoas estavam morrendo de fome, o governo soviético comandado por Stálin "continuou a exportar grãos, tendo enviado 18 milhões de quintais longos (equivalentes a mais de 900 mil toneladas) de grãos para o exterior".[110] Como destacou Nicolas Werth:

> Essa fome sozinha, com seus seis milhões de mortos, correspondeu, de longe, ao mais duro morticínio da repressão stalinista

---

109 Citado em Werth, nota 94 acima, p. 125.

110 Werth, nota 94 acima, p. 164.

e constitui uma forma de violência extrema jamais vista. Depois da coletivização, os camponeses dos *colcozes* de várias das mais ricas regiões agrícolas do país (Ucrânia, Ciscaucásia, Terras Negras) tiveram colheitas inteiras roubadas e depois foram "punidos" por terem tentado resistir – passivamente – a essa pilhagem. A punição consistiu em transformar a situação de escassez em situação de absoluta fome.[111]

> Sete décadas depois da emancipação, o campesinato russo não apenas tinha voltado à servidão, como fora verdadeiramente escravizado. Como destaca Pipes, "a coletivização degradou o campesinato ainda mais do que a servidão pré-1861 o fizera até então, uma vez que, como servo, ele possuía (na prática, se não em teoria) sua colheita e seu gado. O novo status era o de um trabalhador escravo que recebe o mínimo para a sua subsistência".[112] Forçados a entregar tudo que tinham e sem meios de comprar comida, milhões de camponeses famintos não tinham opção senão fugir para as cidades para permanecerem vivos. Em 27 de outubro de 1932, as autoridades soviéticas instruíram as autoridades locais a proibirem "por todos os meios necessários a fuga em larga-escala dos camponeses da Ucrânia e da Ciscaucásia para as cidades".[113]

Ao lutarem desesperadamente para sobreviver, esses camponeses foram criminalizados por uma vasta gama de leis, tais como a lei de 7 de agosto de 1932 condenando quem pegasse uma batata de qualquer plantação coletiva (*colcoz*) à execução sumária ou ao campo de concentração por "furto ou dano à propriedade socialista". Tais leis explicam por que os camponeses formavam a grande maioria dos prisioneiros dos campos de concentração soviéticos nos anos de 1930.[114] A lei de 7 de agosto abriu caminho para a criminalização de um número significativo de infrações menores. Essa tendência se desenvolveu ao longo dos anos 1930 e 1940 e alimentou os campos de concentração soviéticos chamados *Gulags* com mi-

---

111 N. Werth, *'Strategies of Violence in Stalinist USSR'* in H. Rousso (ed), *Stalinism and Nazism: History and Memory Compared*, University of Nebraska Press, Lincoln/NE, 1999, p. 74.

112 Pipes, nota 5 acima, p. 60.

113 Werth, nota 94 acima, p. 164.

114 A. Applebaum, *Gulag: A History*, Anchor, Londres, 2004, p. 47.

lhões de prisioneiros. O *Gulag*, acrônimo para Administração Geral dos Campos de Trabalho Correcional e Colônias, foi descrito como "expressão quintessencial do sistema soviético".[115] Com o tempo, o termo passou a significar não apenas a administração soviética dos campos de concentração, como também todo o sistema repressivo em todas as suas modalidades de campos de trabalho, de punição e de mulheres e crianças.

No livro *Democracia e Totalitarismo*, o filósofo francês Raymond Aron discute as ideias que inspiraram os regimes de orientação marxista, bem como o nacional-socialismo de Hitler. Segundo ele, a destruição dos *kulaks* durante as campanhas de coletivização na antiga União Soviética é análoga à política genocida nazista contra grupos étnicos considerados inferiores racialmente.[116] Semelhantemente à Alemanha nazista de Hitler, a União Soviética de Lênin legitimava-se a si própria criando categorias inteiras de "inimigos". Eles eram descritos como "sub-humanos" que eram convenientemente desumanizados e destruídos sem misericórdia em larga escala. Na Alemanha nazista, os primeiros alvos de extermínio em massa pelo Estado foram os aleijados e retardados e, depois, os judeus. Na União Soviética, as vítimas eram a princípio os "inimigos do povo", categoria de pessoas que poderia incluir não apenas supostos opositores do regime, como também grupos nacionais e etnias, "se parecessem (por razões igualmente mal definidas) ameaçar o Estado soviético".[117] Esses "inimigos do Estado" foram presos e executados não pelo que tinham feito, mas por quem eles eram.[118] A propaganda soviética os descrevia como "meio-animais" e "algo ainda mais inferior que um bovino bípede". Ela se lhes referia em termos social-darwinistas como "parasita", "poluição", "ervas daninhas a serem extirpadas",[119] do mesmo modo como a propagan-

---

115 *Ibid*, p. xxix.

116 R. Aron, *Democracy and Totalitarism*, Weidenfeld and Nocolson, Londres, 1968, p. 168.

117 Applebaum, nota 114 acima: "Em diversas épocas Stálin conduziu prisões em massa de poloneses, chechenos, tártaros e – às vésperas de sua morte – dos judeus", p. xxxvi.

118 *Ibid*.

119 *Ibid*, p. 102.

da nazista associava os judeus às imagens de parasita ou peste.[120] Segundo Stéphane Courtois:

> No comunismo existe uma eugenia político-social, uma forma de darwinismo social. (...) Como senhor do conhecimento da evolução das espécies sociais, Lênin decidiu quem deveria desaparecer ao condenar à lata de lixo da história. A partir do momento em que uma decisão fora tomada com uma base "científica" (...) de que a burguesia representava um estágio da humanidade a ser ultrapassado, sua liquidação como classe e a liquidação dos indivíduos que real ou supostamente lhe pertenciam estaria justificada.[121]

Um bom exemplo desse tipo de política de desumanização seguida de genocídio é o tratamento recebido pelos *kulaks*. *Kulak* é um termo aplicado aos camponeses com melhores condições materiais, assim como qualquer camponês que resistisse à coletivização. Eles eram basicamente camponeses que tinham todos os seus bens confiscados e eram deportados para campos de trabalhos forçados ou, juntamente com suas famílias, para o exílio na Sibéria. Num discurso datado de agosto de 1918, Lênin declarou: "Os *kulaks* são os exploradores mais bestiais, rudes e primitivos (...). Esses parasitas se cobriram de riquezas durante a guerra contra miséria do povo (...). Esses aracnídeos engordaram à custa dos camponeses (...). Esses sanguessugas beberam o sangue dos trabalhadores (...). Guerra impiedosa contra esses *kulaks*! Morte a eles".[122] De acordo com Tismaneanu:

> A perseguição e o extermínio dos judeus eram consequência de dogmas ideológicos, tidos por sagrados pelos fanáticos nazistas, assim como a destruição dos "*kulaks*" durante as campanhas stalinistas de coletivização. Milhões de vidas humanas foram destruídas como resultado da convicção de que o triste estado atual da humanidade só seria corrigido se houvesse a eliminação dos ideologicamente designados como "parasitas". O caminho ideológico para a purificação da humanida-

---

120 *Ibid*, p. xxxvi.
121 S. Courtois, '*Conclusion: Why?*' in S. Courtois *et al* (ed), nota 94 acima, p. 752.
122 V. I. Lênin, *Polnoe Sobranie Sochinenii*, Vol. 37, p. 39-41, citado em Pipes, nota 5 acima, p. 162.

de tinha suas raízes no culto cientificista da tecnologia e na crença convicta de que a História (sempre com letra maiúscula) dotara as elites revolucionárias (...) da missão de se livrar de populações "supérfluas" (...).[123]

É importante ressaltar que foi na União Soviética, e não na Alemanha nazista, que o primeiro campo de concentração da Europa foi construído.[124] Já em outubro de 1923 havia 315 desses campos espalhados por toda a União Soviética. Apenas de 1929 a 1951, ao menos um entre cinco homens adultos já haviam passado por eles. Nesse período, não menos do que 15 milhões de pessoas foram condenadas a trabalhos forçados, com a morte de mais de 1,5 milhão na prisão. Seis milhões foram deportados coletivamente em família ou em grupos étnicos inteiros.[125] Hitler soube desses campos soviéticos e aprendeu com eles a fim de criar campos de concentração para a Alemanha nazista. Como destacou Kaminski:

> Os líderes do comunismo soviético foram os inventores e criadores dos (...) estabelecimentos chamados "campos de concentração" (...). [Eles] também criaram um método específico de argumentação jurídica, uma rede de conceitos que incorporavam implicitamente um sistema gigantesco de campos de concentração, o qual Stálin apenas organizou tecnicamente e aprimorou. Comparados com os campos de concentração de Trotsky e Lênin, os de Stálin representaram apenas uma forma gigantesca de implementação (...). E, evidentemente, os nazistas encontraram tanto em uns quanto nos outros modelos prontos e acabados, os quais eles só precisaram aprimorar. Os homólogos alemães aproveitaram-se prontamente desses modelos.[126]

A história revela que o genocídio de classe promovido por regimes marxistas tem sido auxiliado e estimulado por uma filosofia política que encoraja, inadvertidamente, se não explicitamente, po-

---

[123] Tismaneanu, nota 101 acima, p. 130.

[124] *Ibid*.

[125] Werth, nota 111 acima, p. 73.

[126] A. J. Kaminski, *Konzentrationslager*, p. 82-83, citado em R. Pipes, *The Russian Revolution*, Vintage Books, New York, 1997, p. 836.

líticas governamentais que vieram a ser altamente genocidas. O problema não é tanto que essa filosofia não preste atenção o bastante em políticas que se tornam genocidas, mas, sim, que essa filosofia (e aqueles que a apoiam) pode realmente ter alguma responsabilidade pelo que aconteceu. Essa filosofia preparou a mentalidade e forneceu toda uma fundamentação para a implementação do assassinato em massa e da violência praticados pelo Estado. Nesse sentido, uma das características mais perturbadoras dos regimes de inspiração marxista não é apenas a quantidade de vítimas presas, torturadas ou assassinadas, mas, sim, o próprio princípio em que pode se basear o genocídio de classe. Uma vez no poder, o aparato repressor do Estado é utilizado para perseguir as pessoas e destruí-las, não com base no que elas fizeram, mas, sim, com base na sua condição social ou "categoria". Uma vez que a ideia de responsabilidade pessoal é abolida, o governo pode mais facilmente "exterminar" categorias inteiras de indivíduos somente por conta da ocupação ou do parentesco. Não há limite para as consequências que esse terrível princípio pode ter: Não poderiam ser classificadas categorias inteiras de "inimigos" e condenadas à prisão ou à morte somente com base na sua cor de pele, sua origem racial ou nacionalidade? Não existe uma diferença moral essencial entre guerra de classe e guerra racial, entre destruir uma classe e destruir uma raça. Assim nasceu a prática moderna do genocídio.[127]

Nesse sentido, todos os crimes, opressão e terror de regimes comunistas foram inspirados e fundamentados na ideologia marxista. Marx jamais rejeitou a violência e o terrorismo quando servidores de objetivos ideológicos. A despeito da trágica história do terror revolucionário durante a Revolução Francesa, Marx deu apoio incondicional ao método. Para ele, "havia apenas um meio de cortar, simplificar e concentrar a agonia sangrenta da antiga sociedade e as dores do parto sangrentas da nova sociedade, apenas um meio – o terror revolucionário".[128] Marx uma vez declarou, como aviso ao governo prussiano, em 1849: "Somos implacáveis e não

---

127 Johnson, nota 1 acima, p. 71.
128 K. Marx e F. Engels, *Historisch-Kritische Gesamtausgabe*, citado em Johnson, nota 17 acima, p. 66.

vos pedimos um centavo. Quando nossa vez vier, não disfarçaremos nosso terrorismo".[129] Assim, quando ele ouviu sobre a tentativa fracassada de um anarquista radical de assassinar o imperador alemão Guilherme I, em 1878, um colega comunista registrou toda a sua explosão de raiva e indignação, "amaldiçoando o terrorista que fracassou em executar seu ato de terror".[130] Como destaca Paul Johnson:

> Que Marx, uma vez estabelecido no poder, teria sido capaz de praticar grande violência e crueldade, parece certo. Mas é evidente que ele jamais esteve na posição de conduzir uma revolução de larga escala, violenta ou não, e sua raiva reprimida passou, portanto, para seus livros, que sempre têm um tom de intransigência e extremismo. Muitos trechos dão a impressão de que foram realmente escritos num estado de fúria. No devido tempo, Lênin, Stálin e Mao Tse-Tung praticaram, numa escala gigantesca, a violência que Marx sentia em seu coração e que suas palavras exalavam.[131]

Portanto, na prática, a chamada ditadura do proletariado de orientação ideológica marxista transforma o Estado numa "ditadura permanente de não-trabalhadores sobre trabalhadores braçais e camponeses".[132] Tais regimes correspondem a uma ditadura não *do* proletariado, mas, sim, *sobre* o proletariado e todas as outras classes existentes.[133] Evidentemente, o marxismo elabora toda uma justificação para essa forma de opressão social conduzida pela chamada "vanguarda do proletariado", ou seja, uma pequena casta de indivíduos privilegiados.[134] Numa sociedade em que o Estado detém toda a riqueza produtiva, a burocracia se transforma numa casta de privilegiados. Além disso, o confisco de recursos produtivos pelo Estado torna a todos em funcionários do Estado e dependentes

---

129 *Ibid*, p. 71.

130 Johnson, nota 1 acima, p. 71.

131 *Ibid*, p. 72.

132 Pipes, nota 5 acima, p. 15.

133 Pipes, nota 5 acima, p. 39.

134 Na Rússia Soviética, escreve O. Figes, "como casta governante proletária, era inaceitável para os bolcheviques misturar-se com pessoas duma classe social diferente. Era de "mau gosto", por exemplo, (...) para um bolchevique, casar-se com uma mulher duma classe que não a do proletariado, e tal casamento seria condenado do mesmo jeito que "o casamento dum conde com uma criada seria condenado no século anterior"" (O. Figes, *The Whisperers: Private Life in Stalin's Russia*, Penguin, Londres, 2007, p. 31-32).

da burocracia estatal. Nas próprias palavras de Trotsky, "num país em que o único empregador é o Estado, a oposição significa uma lenta morte pela fome". Nos regimes comunistas da Rússia, China, Camboja, Etiópia e Coréia do Norte, milhões de pessoas morreram em consequência da fome provocada pelo governo.[135]

O Direito Marxista da Extinta União Soviética

Os teóricos do Direito soviético definiam sistemas jurídicos como expressão da classe dominante da sociedade. Eles consideravam o ordenamento jurídico das sociedades capitalistas como algo pensado para oprimir a classe trabalhadora, do qual a Revolução Bolchevique deveria libertar. Para eles, a ideia de que houvesse qualquer moral jurídica superior que transcendesse a mudança histórica e que se colocasse acima do Estado era rejeitada como fantasia idealista: os Estados criavam e aplicavam as leis em benefício de interesses de classes específicas, e sempre fizeram dessa forma.[136] "Ideias sobre o moral e o imoral, o justo e o injusto, o bom e o mau, não são inatas", escreveu A. Denisovi em 1947, "elas não podem ser deduzidas dos chamados "princípios eternos"".[137] A rejeição de critérios de justiça por parte dos juristas soviéticos tornou o Direito contingente. A questão seria resolvida com a seguinte tautologia: "Na Rússia a revolução era justa; a lei era outorgada pelo Estado revolucionário; portanto, a lei também era justa".

É com base nessa casuística que o sistema soviético "construiu a arquitetura da legitimação".[138] Contudo, os juristas soviéticos consideravam a mera existência do Direito um fato teoricamente inconveniente.[139] Eles sustentavam que o Estado de Direito era uma noção burguesa que mascarava as desigualdades econômicas e de-

---

135 Pipes, nota 5 acima, p. 152.
136 Overy, nota 46 acima, p. 289.
137 G. C. Guins, *Soviet Law and Soviet Society*, Martinus Nijhoff, Haia, 1954, p. 27.
138 Overy, nota 46 acima, p. 209.
139 I. Grazin, 'The Role of Ideas in Political Change' in S. Ratnapala e G. A. Moens (ed), *Jurisprudence of Liberty*, Butterworths, Sydney, 1996, p. 249.

bilitava o poder do Estado.¹⁴⁰ Evgeny Pachukanis (1891-1937), o principal jusfilósofo soviético, em sua obra *Teoria Geral do Direito e do Marxismo* (1924), argumentou que a neutralidade e a formalidade "excessivas" do Estado de Direito serviam apenas para mascarar as bases "hegemônicas" da "legalidade burguesa".¹⁴¹ Para ele, o Estado de Direito é apenas "uma miragem, mas que se adéqua muito bem à burguesia, pois substitui a minguada ideologia religiosa e esconde o fato da hegemonia burguesa dos olhos das massas".¹⁴²

Marx costumava comentar acerca da importância do Direito para a formação, organização e manutenção do modo capitalista de produção. Pachukanis construiu assim a sua doutrina jurídica com base nessas premissas ideológicas. Sua "Teoria do Direito da Troca de Mercadorias" aduz que na organização das sociedades humanas, o fator econômico é sempre o mais preponderante; regras jurídicas (e morais) são apenas reflexo das forças econômicas atuando em cada contexto social. Quando o comunismo atingir seu estágio final de desenvolvimento, conclui Pachukanis, não apenas o Estado desaparecerá, com também as suas leis e os princípios morais que as fundamentam.

---

140 R. C. Caenegem, *Na Historical Introduction to Western Constitutional Law*, Cambridge University Press, Cambridge, 1995, p. 260.

141 Pachukanis é descrito por Harold Berman como "jusfilósofo profundo que dominava o direito soviético (e em alguns aspectos a evolução jurídica soviética) por uns vinte anos" (H. J. Berman, 'Book Review: Soviet Legal Philosophy, by H. W. Babb e J. N. Hazard' in The Annals of the American Academy of Political and Social Science, 1952, p. 249, n. 281).

142 O trecho completo é o seguinte: "O Estado constitucional (*Rechtsstaat*) é uma miragem, mas que se adéqua muito bem à burguesia, pois substitui a minguada ideologia religiosa e esconde o fato da hegemonia burguesa dos olhos das massas (...). Os proprietários livres e iguais dos bens que se encontram no mercado são livres e iguais apenas nas relações abstratas de apropriação e alienação. Na vida real, eles estão amarrados por vários laços de dependência mútua. Exemplo disso são os varejistas e atacadistas, o camponês e o proprietário de terras, o devedor falido e seu credor, o proletário e o capitalista. Todas essas inumeráveis relações de dependência real formam a verdadeira base da estrutura estatal, ao passo que, para a teoria jurídica do Estado [isto é, a teoria convencional relacionada ao *Rechtsstaat*] é como se elas não existissem (...). Portanto, deve-se ter em mente que a moral, o Direito e o Estado são formas da sociedade burguesa. O proletariado bem pode utilizar-se dessas formas, mas isso de modo algum implica que estas possam ser aprimoradas ou permeadas por um conteúdo socialista. Essas formas são incapazes de absorver esse conteúdo e devem desaparecer na razão inversa da realização desse conteúdo. Não obstante, no atual período de transição, o proletariado explorará necessariamente essa forma herdada da sociedade burguesa em seu próprio interesse. Para fazê-lo, todavia, o proletariado deve antes de tudo ter uma ideia absolutamente clara – livre de qualquer nebulosidade ideológica – da origem histórica dessas formas. O proletariado deve assumir uma atitude sobriamente crítica, não apenas com relação ao Estado burguês e à moral burguesa, mas também com relação ao seu próprio Estado e à sua própria moral. Colocando de outro modo, eles devem estar conscientes de que tanto a existência quanto o desaparecimento dessas formas são historicamente necessários" (E. Pachukanis, *Law and Marxism: A General Thoery*, Ink Links, Londres, 1978, p. 143-160, citado em Kelly, nota 58 acima, p. 358).

Curiosamente, Vladímir Lênin, o líder da revolução de outubro de 1917 e primeiro chefe do Estado da União Soviética, exerceu a advocacia no porto de Samara do Rio Volga antes de se mudar para São Petersburgo para seguir sua carreira de agitador político em 1893. Apesar de sua formação jurídica, Lênin acreditava que "a ditadura revolucionária do proletariado deveria ser governada, conquistada e mantida pelo uso da violência por parte do proletariado contra a burguesia, governo que não teria quaisquer limitações legais".[143] Uma vez superada a necessidade do período revolucionário da "ditadura do proletariado", o Estado e suas leis e instituições simplesmente desapareceriam. Afinal de contas, não haveria supostamente mais conflitos entre as classes sociais para ligar o motor do historicismo dialético.[144] Enquanto isso, para se atingir tamanha utopia comunista, o Estado soviético teria que continuar a ser cada vez mais arbitrário e violento. Van Caenegem explica como essas ideias aparentemente autocontraditórias poderiam coexistir e se justificar:

> Para se prosseguir no caminho em direção ao comunismo, um Estado forte é indispensável. No fim do caminho, depois que o socialismo tiver dado lugar à realização última do comunismo, o Estado não terá mais razão de ser e restará condenado a desaparecer. Nesse meio-tempo, contudo, seu poder terá sido necessário para frear as forças de reação. Quando exatamente ocorreria esse desaparecimento é uma questão discutível que costumava surgir nas publicações teóricas. A data era, como a da vinda do Nosso Senhor para os primeiros cristãos, constantemente jogada para um futuro mais distante. Era precisamente porque um Estado forte era necessário (...) que as liberdades constitucionais tinham de ser limitadas, porquanto não pudessem ser invocadas contra os trabalhadores e o Estado (...). A liberdade na União Soviética era uma liberdade dirigida, teológica, não a liberdade de fazer o que se quer fazer, mas de cooperar na construção do socialismo. Era comparável à doutrina cristã segundo a qual a verdadeira liberdade consiste em fazer a vontade de Deus. Por essa razão, o artigo 50 [da

---

143 V. I. Lênin, *Collected Works*, Vol. 28, Progress Publishers, Moscou, 1981, p. 236.
144 Kelly, nota 58 acima, p. 310-311.

Constituição Soviética de 1977], que garantia a liberdade de imprensa e de expressão, dispunha que os cidadãos soviéticos deviam usufruir dessas liberdades "de acordo com os interesses do povo e com a finalidade de fortalecer e desenvolver o regime socialista".[145]

A morte de Lênin em 1924 desencadeou uma luta terrível pelo poder na elite soviética. A luta foi finalmente vencida pelo secretário-geral do partido, Joseph Stálin (1878-1953), que, depois de ter exterminado brutalmente seu principal adversário político, L. D. Trotsky (1879-1940), lançou o "Grande Expurgo" em que milhões foram condenados (com ou sem julgamentos farsescos) à execução sumária ou à deportação em massa para a Sibéria. Como destaca Robert Conquest, "Stálin tinha uma compreensão bastante razoável do marxismo".[146] Nikita Khrushchov (1894-1971), em seu "Discurso Secreto" de fevereiro de 1956, comentou a respeito do "Grande Expurgo":

> Stálin estava convencido de que ele foi necessário para a defesa dos interesses da classe trabalhadora contra a maquinação dos inimigos e contra o ataque no campo do imperialismo. Ele tinha essa visão partindo do ponto-de-vista da classe trabalhadora, dos interesses dos trabalhadores, dos interesses da vitória do Socialismo e do Comunismo. Não podemos afirmar que aqueles feitos foram de um déspota leviano. Ele considerava que aquilo deveria ser feito no interesse do partido, das massas trabalhadoras, em nome da defesa das conquistas revolucionárias.[147]

O Partido Bolchevique referia-se a si mesmo como "vanguarda moral e política, cujo sentido messiânico de liderança demandava de seus membros provar seu merecimento de pertencer àquela elite".[148] A completa sujeição à moralidade do partido poderia explicar por que tantos membros do Partido "renderam-se ao seu destino nos expurgos [stalinistas], mesmo quando eles sabiam

---
145 Caenegem, nota 140 acima, p. 266.
146 R. Conquest, *The Great Terror: A Reassessment*, 2ª ed., Macmillan, New York, 1992, p. 61.
147 Citado em Conquest, nota 146 acima, p. 57.
148 *Ibid.*

ser inocentes dos crimes de que estavam sendo acusados".[149] Para eles, todas as questões morais estavam em última análise subordinadas às necessidades da Revolução. Portanto, "moral", escreveu um teórico soviético do Direito em 1924, "é aquilo que colabora com o proletariado na luta de classe. Imoral é tudo aquilo o embaraça".[150] Como destaca Orlando Figes:

> Imaginava-se que os bolcheviques (...) estivessem envolvidos com a prática diária de rituais – seus juramentos, suas canções, cerimônias, cultos e códigos de conduta –, exatamente como crentes duma organização religiosa fazem quando vão ao culto. E as doutrinas do Partido deveriam ser tomadas por artigos de fé pelos seus seguidores. Seu julgamento coletivo devia ser aceito como Justiça. Esperava-se que, acusados de crimes pela liderança, os membros do Partido se arrependessem, ficassem de joelhos perante o Partido e recebessem de bom grado seu veredicto contra eles. Defender-se era cometer outro crime: divergir da vontade do Partido.[151]

Stálin rejeitava a premissa de que o Direito ou o Estado se esvaneceriam rapidamente quando o comunismo ainda estivesse em construção. Ele sustentava que o esvanecimento tanto do Direito quanto do Estado haveria de ocorrer apenas depois de uma "intensificação máxima" da autoridade estatal.[152] A "legalidade socialista" de Stálin, poder-se-ia afirmar, era incompatível com o tipo de niilismo jurídico de Pachukanis e seu argumento de esvanecimento do Estado soviético.[153] Foi durante o "Grande Expurgo" de Stálin que ele foi executado. Ironicamente, a visão de Pachukanis sobre o Direito pode ter verdadeiramente contribuído para legitimar o stali-

---

149 Figes, nota 134 acima, p. 33.

150 *Ibid*, p. 34.

151 *Ibid*, p. 34.

152 Overy, nota 46 acima, p. 291.

153 "Na teoria (marxista-leninista) clássica, a ditadura do proletariado (...) era considerada apenas como uma antítese, um Estado temporário necessário à preparação da sociedade sem classes. Quando a síntese fosse alcançada, o Direito e o Estado desapareceriam gradualmente. Essa era a visão ortodoxa de Pachukanis, que foi o principal jusfilósofo soviético entre 1925 e 1938, aproximadamente. Entretanto, os comunistas soviéticos e seus seguidores (...) descobriram que a previsão de Pachukanis de esvanecimento do Estado e de suas leis aplicava-se ao Estado soviético e era, por essa razão, subversiva. Pachukanis foi primeiro obrigado a se retratar e depois desapareceu. No livro de Vyshinsky '*O Direito do Estado Soviético*' (1948), o desaparecimento do Direito e do Estado é tratado de forma obscura e parece muito distante" (E. Patterson, *Jurisprudence: Men and Ideas of the Law*, Foundation Press, Brooklyn/NY, 1953, p. 437-438).

nismo. Para Harold Berman, as teorias de Pachukanis foram "desastrosas" para o Direito soviético, "uma vez que ele acreditava que o Direito era essencialmente baseado no mercado e no princípio da reciprocidade e da troca, e que, desse modo, numa economia socialista planificada, o Direito representava a sobrevivência da burguesia, a qual deveria ser usada, se possível, simplesmente para propósitos políticos".[154] Na teoria do Direito de Pachukanis, segundo Krygier:

> Não havia espaço para direitos. Nos anos de 1920, Pachukanis, cuja escola das trocas de mercadorias dominava o direito soviético e estabelecia o programa das faculdades de Direito soviéticas, argumentava pela "ação direta", em lugar da "ação por meio do diploma legal geral" no direito penal. Esse "niilismo jurídico" foi um importante ingrediente na anomia inicial do stalinismo. Pachukanis atacou, e sua escola tentou extirpar, "a cosmovisão jurídica burguesa". Ao fazê-lo, eles contribuíram diretamente para o que foi chamado de "direito do terror". Na "campanha contra os *kulaks*", por exemplo, que Robert Conquest estima ter custado 6,5 milhões de vidas, o terror agiu diretamente, sem limites legais, assim como por meio de disposições legais que conferiam poder às autoridades locais para "tomarem todas as medidas necessárias para combater os *kulaks*".[155]

Constitucionalismo na Extinta União Soviética

Na Rússia soviética, qualquer distinção entre esfera pública e a vida privada era rechaçada como ideia burguesa.[156] O governo considerava a vida privada fora do controle estatal como algo "perigoso a fornecer bases para contrarrevolucionários, que haviam sido expostos e extirpados".[157] A vida pessoal deveria estar inteiramente sujeita à supervisão e ao controle públicos, pois a vigilância era o

---

154 Berman, nota 141 acima, p. 249.

155 M. Krygier, '*Marxism, Communism and the Rule of Law*' *in* Krygier (ed), nota 93 acima, p. 163.

156 Figes, nota 134 acima, p. 37.

157 *Ibid*, p. 4.

primeiro dever de todos os cidadãos soviéticos, que eram encorajados a denunciar vizinhos, colegas, amigos e até parentes.[158]

Aparentemente, o sistema jurídico soviético teria criado salvaguardas para o cidadão individual. Essas salvaguardas institucionais, contudo, eram meramente nominais. O regime soviético não tinha interesse algum em se submeter ao Estado de Direito. Instituído pela violência, esse regime jamais se tornou um governo subordinado à lei. Ao contrário; a ordem jurídica soviética desempenhou um papel insignificante nos atos mais repugnantes do regime, uma vez que o poder verdadeiro estava nas mãos de uma pequena liderança do Partido Bolchevique. Raymond Aron comentou: "O proletariado se manifesta no Partido e este, tendo poder absoluto, é a realização da ditadura do proletariado. Ideologicamente, a solução é satisfatória e justifica o monopólio do partido. O partido possui e deve possuir o poder supremo, pois é a expressão do proletariado e da ditadura do proletariado".[159]

As autoridades que outorgaram as constituições soviéticas nunca pretenderam fielmente respeitar suas provisões. A primeira Constituição soviética data de 1918, a segunda, de 1924, a terceira, de 1936 e a quarta e última Constituição Soviética foi outorgada em 1977, permanecendo em vigor até o colapso do regime em 1991. A primeira constituição declarava que a União Soviética era uma "ditadura do proletariado" e que os direitos humanos eram garantidos aos "trabalhadores". Em todas as constituições subsequentes, declarava-se que o povo gozava dos diretos da liberdade de expressão, de imprensa, de reunião e daí por diante. Todavia, ninguém realmente esperava gozar desses direitos. Havia condições, oriundas da própria constituição, segundo as quais esses direitos só poderiam ser usufruídos se exercidos em conformidade com os interesses gerais do Estado socialista. Outro empecilho era o fato de que a polícia especial era completamente imune à legislação. Assim, argumenta-se que todos esses direitos constitucionais eram mera fachada para enganar estrangeiros ingênuos e fazer avançar a causa do comunismo

---

158 *Ibid*, p. 36.
159 Aron, nota 116 acima, p. 168.

no mundo. Como explicado por Aron acerca da Constituição Soviética aprovada por Stálin em 1936:

> Porque os ocidentais consideram importantes regulamentos constitucionais, os governantes soviéticos devem mostrar que aqueles não têm razão para se sentirem superiores nem mesmo nesse particular (...). Uma das razões para a aprovação da constituição de 1936 foi possivelmente o propósito de convencer a opinião pública internacional de que o regime soviético estava próximo em espírito da prática constitucional ocidental e se opunha à tirania fascista e ao nazismo. Sem essa distinção jurídica, as relações entre a União Soviética e outros Estados estaria comprometida.[160]

Função Jurisdicional na Extinta União Soviética

Durante a era da União Soviética na Rússia, o poder do Estado era considerado indivisível e os princípios de independência e neutralidade do Poder Judiciário descartados como meros "mitos burgueses". Em lugar disso, os tribunais soviéticos tinham apenas duas funções básicas: fazer avançar o socialismo e destruir todos os inimigos (reais ou imaginários) do Estado. I. M. Reisner, influente membro do Comissariado de Justiça do Povo de 1917 a 1919, declarou:

> A separação de poderes em legislativo, executivo e judiciário corresponde à estrutura do Estado da burguesia. A República Soviética Russa tem apenas um único objetivo: a instituição do regime socialista, e essa luta heroica precisa de unidade e concentração de poder, mais do que de divisão.[161]

Lênin considerava o Judiciário soviético um órgão do poder estatal e nada mais.[162] "O tribunal é um órgão de poder do proletariado. O tribunal é um instrumento para incutir disciplina", escreveu ele.[163] Lênin acreditava que "a única tarefa do Poder Judi-

---
160 *Ibid*, p. 166.
161 Citado em Caenegem, nota 140 acima, p. 261.
162 V. I. Lênin, *Selected Works*, Vol. 2, International Publishers, New York, 1929, p. 479.
163 *Ibid*.

ciário é fornecer as bases para uma justificação politicamente correta (e não estritamente jurídica) do terror. O tribunal não deve eliminar o terror, e, sim, substituí-lo e legitimá-lo com princípios".[164] Desse modo, Lênin instituiu em 1918 os famosos "Tribunais do Povo", nos quais juízes não estavam obrigados a seguir qualquer regra procedimental ou de produção e avaliação probatórias. Seus veredictos eram orientados apenas por decretos executivos e seu próprio senso de "justiça social" do juiz. Figes relata seu funcionamento:

> Os bolcheviques deram forma institucional aos julgamentos populares com a instituição dos Tribunais do Povo, nos quais a "justiça revolucionária" era sumariamente administrada em todos os casos criminais. O antigo sistema de justiça criminal, com suas regras jurídicas formais, foi abolido como relíquia da "ordem burguesa". As sessões de julgamento dos Tribunais do Povo eram pouco mais formalizadas que meros julgamentos populares. Não havia um conjunto de procedimentos ou regras sobre a produção e avaliação de provas, as quais eram de todo modo raramente exibidas. As condenações eram geralmente baseadas em denúncias, frequentemente oriundas de vinganças privadas, e as sentenças confeccionadas para se adequarem ao humor da multidão, que exprimia suas opiniões da galeria pública (...). Os julgamentos dos Tribunais do Povo eram feitos com base no status social do acusado e das vítimas. No Tribunal do Povo, os jurados tinham o costume de inspecionar as mãos do réu e, se estivessem limpas e macias, declaravam-no culpado. Comerciantes especulativos eram severamente punidos e às vezes até sentenciados à morte, enquanto que assaltantes – e às vezes até assassinos – de ricos eram geralmente punidos de forma branda ou até mesmo completamente absolvidos, se alegassem pobreza como causa do crime. O saque dos "saqueadores" fora legalizado e, nesse processo, o Direito, como tal, abolido: havia apenas a anomia.[165]

---

[164] V. I. Lênin, *Polnoe Sobranie Sochinenii*, Vol. 45, p. 190, citado em R. Pipes, *Russia Under the Bolshevik Regime 1919-1924*, Harvill Press, Londres, 1997, p. 401.
[165] O. Figes, *A People's Tragedy*, Pimlico, Londres, 1996, p. 534.

A fim de intensificar a repressão, Lênin instituiu em 1919 um segundo tipo de tribunal chamado "Tribunais Revolucionários". Com formato similar ao de instituições da Revolução Francesa, o primeiro comissário soviético de justiça, Dmitry Kursky, os descrevia não como "verdadeiros tribunais", no sentido burguês do termo, mas como "tribunais da ditadura do proletariado e armas no combate à contrarrevolução, cuja principal preocupação era mais a erradicação do que os julgamentos".[166] Nicolai Krylenko, que sucedeu Kursky como comissário soviético de justiça, comentou que "na jurisdição dos tribunais revolucionários, a completa liberdade de repressão é defendida e a condenação à morte por fuzilamento é uma questão de prática diária".[167]

Embora Lênin considerasse o "terror em massa" como instrumento indispensável à repressão pelo governo socialista, para seu profundo desgosto os tribunais revolucionários acabaram por se mostrar consideravelmente ineficientes. Muitos desses magistrados "revolucionários" mostraram-se relutantes em impor sentenças capitais contra os "inimigos do proletariado". Isso não era o que Lênin tinha em mente, então um novo instrumento de terror tinha de ser concebido. O poder conferido àqueles tribunais revolucionários foi gradualmente transferido para uma nova e muito mais terrível entidade: a Tcheka. Dado que o decreto que instituiu a Tcheka jamais foi promulgado, a data exata de sua criação não pode ser verificada. Embora a data de sua criação seja incerta, é evidente que a Tcheka se tornou um "Estado dentro do Estado", titular do poder ilimitado para exterminar qualquer um que fosse visto como "ameaça às bases da ordem socialista".[168] Krylenko caracterizou suas atividades da seguinte forma:

> A Tcheka instituiu a prática *de facto* de decidir casos sem procedimentos judiciais. Em vários lugares, a Tcheka assume não apenas o direito de proferir decisões finais, como também

---

166 D. I. Kursky, *Izbrannye Stat'I Rechi* (1958), citado em Werth, nota 94 acima, p. 55.

167 N. Krylenko, *Sudoustroistvo RSFSR (The Judiciary of the RSFST)*, Moscou, 1923, p. 205, citado em V. Gsovski, 'Preventive and Administrative Detention in the USSR' (1961) 3(1) *Journal of the International Commission of Jurists* 135, p. 138.

168 Gsovski, nota 167 acima, p. 137.

o direito de supervisão dos tribunais. Suas atividades possuem um caráter de repressão tremendamente impiedoso e de absoluto sigilo daquilo que ocorria entre suas paredes. Decisões finais sobre a vida e a morte sem possibilidade de recurso são tomadas sem que haja nenhuma regra de procedimento jurisdicional.[169]

Tcheka é um nome derivado das primeiras letras das palavras russas *Tchresvitcháinaia Camíssia* (чрезвычайная комиссия, no alfabeto russo), significando "Comissão Extraordinária". Os seus agentes possuíam licença plena para matar, sem necessidade de seguir o mais perfunctório procedimento. Martin Latsis, chefe da Tcheka ucraniana, instruía seus agentes: "Não procureis por provas de que o acusado agiu ou falou contra os sovietes. Primeiro, devei perguntar-lhe a que classe pertence, qual a sua origem social, escolaridade e profissão. Essas são as perguntas que devem determinar o destino do acusado. Esse é o significado do Terror Vermelho".[170] Esses "inimigos do regime", e frequentemente suas famílias inteiras, eram sistematicamente detidos e jogados em campos de concentração os quais o próprio Latsis certa vez disse serem nada mais que campos de extermínio:

> Reunidos num campo perto de Maikop, os reféns, mulheres, crianças e idosos sobrevivem nas mais terríveis condições. Eles morrem como moscas. As mulheres fazem qualquer coisa para escapar da morte. Os soldados que vigiam o campo aproveitam-se disso e as tratam como prostitutas.[171]

Latsis escreveu dois livros reveladores que dão uma dimensão maior das atividades da Tcheka: *Dois Anos de Luta na Frente Interna* (1920) e *A Comissão Extraordinária de Combate à Contra-Revolução* (1921). Esses livros mostram a Tcheka não apenas como mero tribunal ou comissão, mas como "órgão combatente no fronte interno da guerra civil. Ela não julga; ataca. Ela não perdoa;

---

169 N. Krylenko, p. 97 e 322-323, citado em Gsovski, nota 167 acima, p. 137.
170 Izvestiia, 23 de agosto de 1918, citado em Figes, nota 165 acima, p. 535.
171 Werth, nota 94 acima, p. 100.

destrói a todos os que são pegos do outro lado da barricada".[172] De fato, Latsis apresenta essas atividades de modo a não deixar qualquer dúvida sobre a sua inacreditável brutalidade:

> Não sendo um órgão judicial, os atos da Tcheka têm caráter administrativo. Ela não julga o inimigo, ela o ataca. A medida mais extrema é o fuzilamento. A segunda, é o isolamento em campos de concentração. A terceira, o confisco da propriedade. Os contrarrevolucionários atuam em todos os aspectos da vida. Consequentemente, não há aspectos da vida em que a Tcheka não atue. Ela cuida de questões militares, comida, abastecimento, etc. Em suas atividades, a Tcheka tem se empenhado em causar impressão nas pessoas de que a mera menção ao nome Tcheka destruirá a intenção de sabotar, extorquir, conspirar.[173]

Em 6 de fevereiro de 1922, a Tcheka foi extinta por decreto executivo e sucedida por outras instituições, chamadas sucessivamente de GPU e OGPU (1922-1934), NKVD (1934-1954) e KGB (1954-1991). Elas continuaram atuando fora dos limites da legalidade, permanecendo tecnicamente livres para condenar qualquer pessoa por meio de procedimentos sumários, inclusive à pena de morte.[174] Essas mudanças foram meramente nominais, tendo apenas institucionalizado o terror na Rússia Soviética. Assim, aconteceu que, somente entre 1937 e 1938, não menos de 1.575.000 de pessoas foram arbitrariamente detidas pelo NKVD. Destas, 1.345.000 receberam alguma forma de punição, com 681.692, isto é, 51%, de execuções.[175] Como destaca Werth:

> Embora o nome tenha mudado, o pessoal e a estrutura administrativa permaneceram os mesmos, assegurando um alto grau de continuísmo na instituição. A mudança de nome indi-

---

172 I. Nazhivin, *Zapiski*, p. 14, citado em Figes, nota 165 acima, p. 632.

173 M. Latsis, *Chrvychainaia Komissiia*, p. 8, 15, 23 e 24, citado em Gsovski, nota 167 acima, p. 137.

174 A Tcheka foi extinta em fevereiro de 1922 e imediatamente substituída pela organização chamada "Diretório Político do Estado", ou GPU (sigla de Gaçudárstvinaie Palitítchiscaie Upravliênie, ou Государственное Политическое Управление, no alfabeto cirílico). Em 1924, na esteira da criação da União Soviética, foi renomeada como "Diretório Político Unificado do Estado", ou OGPU (sigla de Obidiniônaie Gaçudárstvinaie Palitítchiscaie Upravliênie, ou Объединённое государственное политическое управление, no alfabeto cirílico).

175 Werth, nota 94 acima, p. 190.

cava que a Tcheka era um órgão extraordinário, a princípio meramente transitório, ao passo que o OGPU era mais permanente. Com isso, o Estado ganhou um instrumento ubíquo de controle e repressão políticas. Por trás da mudança de nome, estava a legalização e a institucionalização do terror como meio de resolver todos os conflitos entre a população e o Estado.[176]

Curiosamente, durante os primeiros cinco anos do experimento comunista, de 1917 a 1923, não havia propriamente um sistema judiciário na então recém criada União Soviética. Um dos primeiros decretos do regime soviético foi exatamente abolir todos os tribunais, demitir todos os promotores públicos e até a Ordem dos Advogados foi extinta.[177] As novas atribuições estabelecidas para os tribunais revolucionários e para a Tcheka ofuscaram qualquer possibilidade de medida jurídica. Richard Pipes nos fornece uma descrição da vida quotidiana do povo russo em abril de 1918:

> Aqueles que viviam sob o governo bolchevique encontraram-se numa situação sem precedentes. Havia tribunais para crimes comuns e crimes contra o Estado, mas nenhuma lei a orientá-los; cidadãos eram julgados por juízes sem qualquer qualificação profissional e por crimes que não estavam definidos em lugar algum. Os princípios *nullum crimen sine lege* e *nulla poena sine lege* foram jogados ao mar como lastros completamente inúteis (...). Um observador registrou em abril de 1918 que nos cinco meses anteriores ninguém fora sentenciado por saque, furto ou homicídio, exceto por esquadrões da morte e linchamentos. Ele se questionava para onde tinham ido todos aqueles criminosos (...). A resposta, evidentemente, era que a Rússia tornara-se uma sociedade sem lei.[178]

Finalmente, uma lei sobre o Poder Judiciário foi aprovada pelas autoridades soviéticas, em 1923, a qual criou um sistema judiciário uniforme que, em seu cerne, sobreviveu até o colapso do regime. Os novos tribunais criados por essa lei consistiam em "obe-

---

176 *Ibid*, p. 128.
177 Gsovski, nota 167, p. 135.
178 Pipes, nota 126 acima, p. 799.

dientes instrumentos da política governamental e do Partido Comunista".[179] Não se esperava dos magistrados soviéticos que fossem verdadeiros intérpretes e aplicadores neutros da lei. De fato, eles não gozavam de nenhuma independência com relação ao governo. Em lugar disso, esses magistrados eram orientados a apenas executar a linha geral do Partido e suas políticas gerais do Poder Executivo, e isso continuou até o fim do experimento soviético, em 1991. Krylenko, numa palestra proferida na Universidade de Moscou em 1923, disse:

> Nenhum tribunal jamais deveria estar acima do interesse de classe e se houvesse algum que esteja, não o defenderíamos (...). Nós enxergamos os tribunais como instituições de classe, como órgão do poder governamental e nós os erigimos para serem órgãos completamente subordinados ao controle da vanguarda da classe trabalhadora. Nossos tribunais não são órgãos independentes do poder governamental (...), portanto, eles não podem ser organizados de forma que não sejam dependentes e reféns do poder soviético.[180]

Assim, é de algum modo irônico que Krylenko tenha sido preso e executado nos anos 1930, durante o "Grande Expurgo" de Stálin. Em 1938, ele foi forçado a se retirar do cargo de procurador-geral somente para ser sentenciado à morte num julgamento sumário que não levou mais que 20 minutos. Krylenko foi substituído por Andrei Vyshinsky (1883-1954), jurista acadêmico que ganhou notoriedade com suas aulas de filosofia jurídica na Universidade de Moscou.[181] A visão sobre as questões jurídicas era bastante similar às de Krylenko. Inspirado nos ensinamentos de Marx, argumentava ele:

> O Direito é o agregado de regras de conduta que expressam a vontade da classe dominante e que são estabelecidas pela legislação, pelos costumes e regras da vida comunitária confirmados pela autoridade estatal. A sua aplicação é garantida pela força coercitiva do Estado, com o fim de salvaguardar,

---

179 Gsovski, nota 167 acima, p. 139.

180 Citado em Gsovski, nota 167 acima, p. 177.

181 Vyshinsky foi também Ministro das Relações Exteriores soviético de 1949 a 1953.

assegurar e desenvolver as relações sociais e os arranjos vantajosos e aprazíveis à classe dominante.[182]

Segundo Vyshinsky, "a função principal dos tribunais soviéticos era destruir sem piedade todos os inimigos do povo em tudo aquilo que eles fizessem de violações criminosas contra o socialismo".[183] Ele argumentava ainda que o "direito formal" deveria subordinar-se sempre à "lei da revolução". No livro *Poder Judiciário na URSS* (1936), Vyshinsky afirmou:

> Os tribunais do Estado soviético são uma parte indissociável do conjunto do aparato governamental. Este determina o lugar dos tribunais no sistema administrativo. As linhas gerais do Partido constituem a base de todo o maquinário estatal da ditadura do proletariado e também constituem a base do trabalho dos tribunais (...). Os tribunais não têm deveres específicos que os diferenciem de outros órgãos do poder governamental ou que lhes confiram uma "natureza específica".[184]

Direito Penal Soviético

Na União Soviética, decretos-lei estenderam a classes inteiras a noção de eliminar pessoas coletivamente, em vez de individualmente. De 1929 a 1936, cerca de 3,6 milhões de pessoas foram condenadas por um tribunal especial vinculado à polícia política soviética. Destes, 770.000 receberam a pena de morte, a maioria deles (88%), durante o Grande Expurgo de 1937-1939, de acordo com "quotas de execução" planejadas e aprovadas pelo Politburo.[185] Concebido por Stálin, o Grande Expurgo consistia em expurgos indiscriminados sem nenhum paralelo na história. Quando o mesmo estava no seu ápice, os órgãos de segurança prenderam 1.548.366 pessoas, dos quais 681.692 foram executados – uma média de 1.000 execuções por dia! A maioria dos sobreviventes acabaria em campos

---

182 Citado em F. N. Lee, *Communist Eschatalogy*, Craig Press, Nutley/NJ, 1974, p. 383.
183 A. Vyshinsky, *Judiciary of the USSR*, Progress Publishers, Moscou, 1935, p. 32.
184 A. Vyshinsky, *The Judiciary, Vol. 1 (Criminal Procedure)* (1936), citado em Gsovski, nota 167 acima, p. 139.
185 Werth, nota 111 acima, p. 74.

de trabalho forçado.[186] Pipes explica as consequências de tal monstruosidade:

> O Grande Expurgo atingiu os membros do partido, bem como os cidadãos comuns. Em seu ápice, em 1937 e 1938, ao menos um milhão e meio de pessoas, a grande maioria delas cidadãos inocentes de qualquer infração mesmo segundo os critérios comunistas, foram arrastados para as *troikas*, tribunais compostos pelo primeiro secretário regional do partido, pelo procurador e pelo chefe da polícia de segurança local. Depois de procedimentos sumários, que geralmente duravam alguns minutos e não previam direito de apelação, o réu era sentenciado à morte, a trabalhos forçados ou ao exílio. A abstenção da política não oferecia nenhuma segurança, nem tampouco o comprometimento sincero com o regime. No pináculo do Grande Expurgo, o Politburo fixava "quotas" para as autoridades policiais, instruindo-as sobre a porcentagem da população de seu distrito a ser fuzilada e percentual a ser enviado aos campos de concentração. Por exemplo, em 2 de junho de 1937, o Politburo fixou uma quota de 35.000 pessoas a sofrerem "repressão" na cidade e na província de Moscou, das quais 5.000 deveriam ser fuziladas. Um mês depois, o Politburo atribuiu a cada região quotas de pessoas a serem detidas em todo o território do país; 70.000 mil para serem executados sem julgamento. Uma alta proporção de vítimas do Grande Expurgo era de pessoas com educação superior consideradas difíceis de controlar e propensas a se engajarem em "sabotagem".[187]

Entre as peculiaridades do sistema jurídico soviético estava a existência de jurisdições paralelas para o processamento de questões criminais; uma judicial e outra administrativa. Quando questões acerca da abolição da Tcheka foram levantadas, as autoridades soviéticas prometeram que a "luta contra a violação às leis" seria confiada exclusivamente aos órgãos judiciais. Com isso, o decreto de 6 de fevereiro de 1922 que aboliu a Tcheka prometia que todos

---

186 Pipes, nota 5 acima, p. 66-67. A título de comparação, o regime czarista executou 3.932 pessoas por crimes políticos entre 1825 e 1910.

187 *Ibid*, p. 63.

os crimes cometidos dali por diante estariam sujeitos a julgamento por tribunais comuns. Essa promessa jamais foi cumprida. Evidentemente, juntamente com os tribunais comuns, permaneceram vários sucessores da Tcheka que mantiveram amplos poderes largamente indefinidos e arbitrários.[188] Esses órgãos estariam dotados de poderes extraordinários para prender, investigar, processar, sentenciar e executar qualquer pessoa de quem suspeitassem de praticar qualquer tipo de oposição política. Eles trabalhavam em segredo e sem qualquer necessidade de consulta a tribunais ou de norma legal.[189]

O primeiro código penal soviético entrou em vigor somente cinco anos após a tomado do poder, em 1º de junho de 1922. Mesmo depois da aprovação desse código, a prática amplamente difundida de prisão arbitrária continuou a ser uma das características mais conhecidas da vida pública soviética. De acordo com P. I. Stuchka, o então comissário soviético de justiça, aquele código penal era apenas uma "codificação das práticas revolucionárias consolidadas em base teórica".[190] De fato, uma das funções do código era permitir o uso de toda violência necessária contra os inimigos políticos, muito embora a guerra civil já tivesse terminado e as execuções sumárias não mais se justificassem.[191] Em outras palavras, o código foi aprovado não para prevenir a violência de base política, mas, sim, para expressamente revelar a "motivação" e a "essência" do terror soviético. Afinal de contas, isso era exatamente o que Lênin tinha em mente quando solicitou o seguinte do redator do projeto de código penal:

> Camarada Kursky, eu quero que tu acrescentes nessa minuta um artigo complementar ao código penal. Na sua maior parte, ele é bastante claro. Devemos esposar abertamente – e não apenas em estreitos termos jurídicos – um princípio político justo que seja a essência e a motivação do terror, mostrando a sua necessidade e seus limites. Os tribunais não devem pôr

---

188 KGB é a abreviação para Kamitiêt Gaçudárstivinai Bizapásnasti (Комитет государственной безопасности, no alfabeto cirílico), ou "Comitê de Segurança do Estado". O KGB operou de 1954 a 2002.

189 *Prisoners of Conscience in the USSR: Their Treatment and Conditions*, Anistia Internacional, Londres, 1975, p. 18-19.

190 P. I. Stuchka, *Kurs sovetskogo grazhadanskogo prava tom 1 Vvedenie* ("Curso de Direito Civil Soviético, Vol. 1, Introdução"), 1931, citado em Gsovski, nota 167 acima, p. 140.

191 Werth, nota 94 acima, p. 127.

fim ao terror ou suprimi-lo, mas, sim conferir-lhe uma base sólida.[192]

Na visão de Lênin, a principal causa do crime era "a exploração das massas". A supressão dessa causa (isto é, do capitalismo), argumentava ele, conduziria ao desaparecimento dos crimes comuns.[193] No devido tempo, a revolução socialista daria cabo desses crimes. Assim, o código dispunha que não existe "algo como a culpa individual" e que sanções penais "não deveriam ser vistas como retribuição".[194] Por outro lado, diferentemente dos criminosos comuns, "criminosos políticos" seriam classificados na categoria de "inimigo de classe" e forçados a enfrentar "punições mais severas do que as que seriam impostas a um assassino ou ladrão comum".[195] Krylenko, comissário de justiça do povo e procurador-geral da Rússia Soviética, nos anos 1920 e no início dos 1930, sustentava que questões de "consideração política", não as criminais, deveriam ter um papel decisivo em matéria de culpa, inocência e sanção. Krylenko foi longe o bastante para afirmar: "Devemos executar não apenas os culpados. A execução de inocentes impressionará as massas ainda mais".[196] No cargo de comissário de justiça, ele declarou em 1918:

> Um dos mais difundidos sofismas da ciência burguesa é defender que um tribunal é uma instituição cuja tarefa é realizar algum tipo de "justiça" especial que paire acima das classes, que seja independente em sua essência da estrutura de classes da sociedade, dos interesses de classe dos grupos conflitantes e da ideologia de classe das classes dominantes; "deixai a justiça prevalecer nos tribunais" – dificilmente se pode conceber um escárnio mais mordaz da realidade do que este. Do mesmo modo, podem-se citar muitos sofismas desse tipo: de que o tribunal é o guardião da "lei" e, como "autoridade governamental", almeja uma missão superior de afirmar o desen-

---

192 V. I. Lênin, *Sochineniia* (Obras), 3ª ed., Vol. 27, p. 296, citado em Gsovski, nota 167 acima, p. 140.

193 Kelsen, nota 73 acima, p. 102.

194 Alguns aspectos da linguagem do código penal soviético teriam "tocado o coração da maioria dos reformistas radicais progressistas do direito penal no ocidente": Applebaum, nota 114 acima, p. 160.

195 *Ibid*, p. 161.

196 N. Krylenko, *Revoliutisonnye Tribunaly* (1918), citado em Pipes, nota 126, p. 796.

volvimento harmonioso da "personalidade" (...). O "Direito" burguês, a "justiça" burguesa, o interesse no "desenvolvimento harmonioso" da "personalidade" burguesa (...). Traduzido em linguagem simples da realidade existente, isso significava, acima de tudo, a preservação da propriedade.[197]

Os códigos penais da União Soviética dispunham sobre captura, condenação e aprisionamento em bases ideológicas. O artigo 58 do primeiro código penal classificava como atividade "contrarrevolucionária" qualquer forma de participação na chamada "burguesia internacional". Essa conduta era tratada como crime inafiançável e punível com três anos de reclusão ou banimento perpétuo. A sanção podia ser aplicada com discricionariedade, facilitando, assim, a detenção de um incontável número de pessoas inocentes, frequentemente sem outro fundamento lógico que não a conveniência política.[198] A provisão sobre banimento perpétuo significava, na prática, que qualquer pessoa que ousasse retornar ao país seria recebida com execução imediata. Entre os exilados estavam as pessoas que haviam cometido o "crime político" de criar um comitê para lutar contra a severa fome de 1921-1922, o qual foi dissolvido por Lênin em 27 de julho de 1921.[199] Como destaca Pipes:

> Os poderes despóticos exercidos por Stálin foram possibilitados por Lênin. Foi Lênin quem introduziu o terror em massa com a tomada de reféns e os campos de concentração; quem via a lei e os tribunais como "concretizadores e legitimadores" do terror; quem sancionou os artigos 57 e 58 do código penal, cláusulas genéricas que Stálin utilizou para executar e aprisionar milhões de cidadãos inocentes. E foi Lênin quem fez o partido aprovar uma resolução proibindo "facções", o

---

197 *Ibid.*

198 Werth, nota 94 acima, p. 128.

199 De acordo com Werth, "No lugar do comitê, o governo estabeleceu a Comissão Central para Ajuda à Hungria, organização morosa e burocrática composta por funcionários civis de vários comissariados do povo que se caracterizavam pela ineficiência e corrupção. Quando a fome estava no seu pior momento, no verão de 1922, e cerca de 30 milhões de pessoas estavam morrendo de fome, a Comissão Central garantia um abastecimento irregular de cerca de 3 milhões de pessoas (...). A despeito do grande esforço de ajuda internacional, ao menos 5 milhões de pessoas dos 29 milhões de russos afetados morreram de fome em 1921 e 1922" (Werth, nota 94 acima, p. 123).

que permitiu a Stálin livrar-se de qualquer um que discordasse dele com base no "desviacionismo".[200]

O artigo 58 daquele código penal, de fato, continha acusações em branco contra qualquer um que fosse, ainda que remotamente, suspeito de ser uma ameaça ao regime socialista. Qualquer pessoa que fosse enquadrada nas categorias elásticas de "socialmente perigoso" ou "contrarrevolucionário" seria imediatamente condenada à prisão, mesmo que não houvesse o elemento da culpa demonstrada.[201] Indiscutivelmente, a questão saltou da primazia do Estado de Direito para a visão marxista de que o Direito deve ser um instrumento de opressão de classe. Tendo escrito em 1947, o jurista soviético A. A. Piontkowsky explicou que qualquer pessoa poderia ser condenada por razões políticas, mesmo que nenhum crime tivesse sido cometido:

> É claro que às vezes, por considerações de natureza política, é necessário aplicar medidas compulsórias contra pessoas que não cometeram qualquer crime, mas que, de algum modo, são socialmente perigosas.[202]

Paralelamente ao código penal havia ainda o código de processo penal soviético de 1926, que alargou as definições de "contrarrevolucionário" e de pessoa "socialmente perigosa". Entre os crimes tidos como "contrarrevolucionários" estava qualquer comentário sobre "as realizações políticas e econômicas do proletariado revolucionário".[203] Outra característica aterradora desse código era a determinação de que os tribunais locais se recusassem a admitir como patrono da defesa qualquer pessoa formalmente autorizada se o tribunal considerasse que tal pessoa não fosse apropriada para se apresentar no tribunal em determinado processo, a depender do seu conteúdo ou da sua especificidade.[204] No mais, o artigo 281 permitia que esses tribunais recebessem um processo sem defesa nem

---

200 Pipes, nota 5 acima, p. p. 73-74.

201 *Ibid*, p. 136.

202 A. A. Piontkowsky, *Stalinskaya Konstitutsia i Proyekt Ugolovnogo Kodeska SSSR* (1947), p. 15-16, citado em Anistia Internacional, nota 190 acima, p. 15.

203 Werth, nota 94 acima, p. 135-136.

204 RSFSR Código de Processo Penal, art. 382, citado em Gsovski, nota 167 acima, p. 140.

acusação.²⁰⁵ Desse modo, milhões de prisioneiros condenados criminalmente não eram na realidade criminosos em qualquer sentido normal da palavra.²⁰⁶

Do meio dos anos 1920 até a morte de Stálin, os crimes pelos quais as pessoas foram detidas, julgadas e condenadas eram frequentemente absurdos. Os procedimentos pelos quais tais pessoas eram investigadas e condenadas eram inteiramente arbitrários e violentos. Por exemplo, a grande maioria dos detentos dos campos de concentração (*Gulags*) havia sido interrogada apenas protocolarmente, julgada farsescamente e condenada num julgamento que geralmente levava menos de um minuto.²⁰⁷ As investigações conduzidas pela polícia secreta rotineiramente incluíam métodos horrendos de tortura. Estes incluíam bater no estômago das vítimas com sacos de areia, quebrar as mãos ou os pés da vítima e amarrar seus braços e pernas por trás de suas costas e soerguê-las no ar.²⁰⁸

Um dos aspectos mais pavorosos do sistema penal soviético era o tratamento conferido às crianças.²⁰⁹ As crianças eram geralmente detidas juntamente com seus pais. Grávidas e lactantes eram igualmente detidas. Em 1940, uma ordem executiva permitiu que as detentas ficassem com seus bebês por não mais que um ano e meio. Uma vez encerrado o período da amamentação, a mãe era imediatamente separada de seu filho e proibida de qualquer contato com ele. As consequências da separação de crianças pequenas de suas mães eram tão horríveis que, nas prisões soviéticas, as taxas de mortalidade infantil eram extremamente altas.²¹⁰ Normalmente, crianças de dois anos de idade e às vezes até menos eram transferidas para orfanatos regulares completamente superlotados, sem pessoal e frequentemente mortíferos.²¹¹ Na chegada a esses orfanatos, as crianças, até mesmo os bebês pequenos, tinham suas digitais tomadas como

---

205 *Ibid*, p. 140.
206 Applebaum, nota 114 acima, p. 582.
207 *Ibid*, p. 122.
208 *Ibid*, p. 141.
209 *Ibid*, p. 318.
210 *Ibid*, p. 323.
211 *Ibid*, p. 325.

criminosos. Suas cuidadoras tinham medo de lhes demonstrar muito afeto para não serem acusadas de ter simpatia pelos "inimigos".[212] Essas crianças sofriam lavagem cerebral profunda para desprezarem e odiarem seus próprios pais como "inimigos do povo". Anne Applebaum nos fornece o seguinte relato:

> Algumas crianças eram permanentemente afetadas por sua experiência no orfanato. Uma mãe retornou do exílio e depois se reuniu com sua filha mais nova. A criança, de oito anos, ainda mal podia falar, pegou a comida e se comportou como o animal selvagem que o orfanato lhe ensinou a ser. Outra mãe libertada depois do cumprimento de uma sentença de oito anos foi buscar seus filhos no orfanato, apenas para descobrir que eles se recusavam a ir com ela. Fora-lhes ensinado que seus pais eram "inimigos do povo" que não mereciam amor nem afeto. Eles foram instruídos especificamente para se recusarem a partir, "se vossa mãe algum dia vier para vos buscar", e eles nunca quiseram viver com seus pais novamente.[213]

A adoção de um novo código penal em 25 de dezembro de 1958 parecia representar alguma mudança positiva de direção. O código acabou com expressões como "inimigo do povo" e "crimes contrarrevolucionários". O uso da violência e da tortura foi formalmente proibido e em seguida os acusados passaram a ter direito a um advogado. Lamentavelmente, essas mudanças legais foram mais aparentes do que reais. O novo código manteve dispositivos da legislação anterior, inclusive a que autorizava a punição por "desvio político". Assim, consoante o artigo 70, qualquer pessoa pega espalhando "propaganda antissoviética" estava sujeita a uma pena máxima de sete anos de reclusão em campo de concentração, seguida de exílio por dois anos a cinco anos. Além disso, o artigo 190 previa uma condenação de, no mínimo, três anos de prisão para omissão de denúncia de "comportamento antissoviético". Durante os anos de 1960 e 1970, esses artigos foram largamente usados para punir qualquer ato real ou suposto de "desvio político".[214]

---
212 *Ibid*, p. 326.
213 *Ibid*, p. 327.
214 Werth, nota 94 acima, p. 258.

Um problema adicional para as vítimas dos "crimes políticos" era que os advogados de defesa na antiga União Soviética eram membros ou candidatos a membros do Partido Comunista (PCUS). Esses advogados estavam inteiramente subordinados ao Partido, o que exigia uma obediência irrestrita à suas regras e políticas. Consoante o artigo 2º do Estatuto do PCUS, "o membro do Partido é obrigado a observar a disciplina do Partido e do Estado e uma única lei para todos os comunistas, independentemente da sua função ou da sua posição".[215] Assim, não é de espantar que um relatório de 1975 da Anistia Internacional tenha afirmado:

> A Anistia Internacional jamais verificou um caso de absolvição de réu político na URSS. Nenhum tribunal soviético jamais rejeitou alguma acusação por atividade política com base em falhas processuais praticadas na investigação ou com base em insuficiência de provas.[216]

Que tais processos invariavelmente resultassem em condenações é algo a indicar que critérios que não os da culpabilidade penal pesavam mais no final. Advogados que fossem diligentes em defender seus clientes acusados de atividade dissidente arriscavam-se a perder o direito de atuar como patronos de defesa em processos sobre esse tipo de crime e até mesmo a própria licença para o exercício da advocacia. O caso mais conhecido foi o de B. A. Zolotukhin, advogado moscovita que defendeu Alexander Ginzburg em 1968. Por causa da bela defesa que fez, Zolotukhin perdeu o direito de trabalhar como advogado de defesa. Ele perdeu em seguida a licença para o exercício da advocacia e foi expulso do Partido Comunista, do comitê executivo do Colégio de Advogados e do cargo de chefe de um importante órgão de consultoria jurídica. O fundamento para essas expulsões foi a adoção, por Zolotukihn, de uma postura "não-partidária e não-soviética na linha de defesa de Ginzburg".[217]

---

215 *Ustav Kommunistichiskogo Partii Sovetskogo Soyuza*, art. 2º, citado Anistia Internacional, nota 190 acima, p. 30.

216 *Ibid*, p. 32.

217 *Ibid*, p. 31.

Considerações Finais

Marx acreditava que todas as leis são invariáveis produto da opressão de classe e que elas desapareceriam com o advento final do comunismo. As ideias marxistas estão estreitamente associadas a todos os regimes comunistas, uma vez que esses regimes têm suscitado o marxismo como sua ideologia oficial. Infelizmente, o sonho marxista de sociedade sem classes (e sem leis) tem levado a desigualdades enormes e a prática de genocídios e assassinatos em massa. Esses regimes de orientação marxista têm sido muito mais eficientes na arte de exterminar pessoas do que na arte de produzir qualquer forma de justiça real ou tangível. Somente no século XX, tais regimes e movimentos revolucionários foram diretamente responsáveis pelo extermínio de pelo menos 100 milhões de pessoas. Na antiga União Soviética, país erigido sobre princípios e objetivos marxistas, o número de vítimas de assassinatos perpetrados pelo Estado chega a pelo menos 20 milhões.[218]

Jamais houve respeito pelos direitos humanos em países comunistas de orientação marxista. Esse fato é coerente com a ideologia marxista, e a antiga União Soviética dá apenas testemunho disso. O marxismo funcionava lá como um dogma usado para consolidar o poder, justificar a tirania e violar a consciência humana.[219] Era claro para qualquer um que vivesse naquele país que suas leis podiam ser ignoradas ou manipuladas pela elite burocrática. Não havia garantia judicial alguma contra a violação de direitos humanos. Consequentemente, criou-se uma postura niilista com relação à legalidade que afetou toda a percepção social do Direito, não apenas entre a classe burocrática como também entre as pessoas comuns. Em lugar da confiança do cidadão na justiça e neutralidade da ordem jurídica de seu país, direitos fundamentais à vida, à liberdade e à propriedade estavam inteiramente subordinadas ao aparato opressor do Estado. Nesse contexto, qualquer "direito" oriundo da legislação estatal era percebido como de pouca ou nenhuma relevância prática. Desse modo, deve-se concordar com Malcolm Muggeridge,

---

218 Ver Courtois *et AL*, nota 94 acima, p. 9-10.

219 Djlas, nota 3 acima, p. 9.

que disse que "a coisa mais alentadora do regime soviético é o seu fracasso. Se ele tivesse tido sucesso, eu teria descoberto que não existem limites para quanto os seres humanos podem ser aterrorizados e escravizados".[220]

Desde o dia em que os bolcheviques tomaram no poder na Rússia em 1917, houve muitas tentativas pelo mundo de criar sociedades baseadas em princípios comuno-marxistas. O comunismo entrou em colapso na Rússia, assim como em vários outros países, contudo ele ainda sobrevive em alguns países mais desafortunados – China, Cuba, Coréia do Norte e Vietnã. O fracasso do marxismo se deve às falhas inerentes à sua própria natureza. O marxismo, fundamentação teórica do comunismo, se fundamenta em falsas filosofias da história e da natureza humana que corroem os próprios ideais pelos quais estes regimes dizem lutar, quais sejam, a liberdade e a igualdade.[221] Contudo, como revelarão os próximos capítulos deste livro, o marxismo é ainda muito ativo e tem influenciado profundamente toda uma linha de pensadores do Direito contemporâneos que adotaram algumas de suas ideias ou selecionaram alguns aspectos da teoria marxista. De fato, a teoria marxista coincide com muitas das obras atuais sobre teorias críticas do Direito, como a visão feminista radical do Direito e a teoria racialista do Direito.[222]

---

220 K. Muggeridge e R. Adan, *Beatrice Webb*, Alfred A. Knopf, New York, 1968, p. 243.
221 Pipes, nota 5 acima, p. 150.
222 Ver M. Leiboff e M. Thomas, *Legal Theories: Context and Practices*, Lawbook, Sydney, 2009, p. 273.

CAPÍTULO 8

REALISMO JURÍDICO NORTE-AMERICANO

Considerações Iniciais

O movimento dos Estudos Jurídicos Críticos (EJC), que começou no início da década de 1970 nos Estados Unidos, tem sua origem numa escola de pensamento jurídico do final do século XIX e início do XX chamada Realismo Jurídico Norte-Americano. Os "Realistas" destacavam aspectos extrajurídicos da atividade judicial, alegando que decisões judiciais, e não as leis formais (estatuídas), são o "eterno coração e núcleo do direito; aquelas não delimitam seu campo de incidência, mas sempre delimitarão seu núcleo".[1] A visão focada na atividade dos tribunais foi adotada por juristas estadunidenses como Oliver Wendell Holmes Jr. (1841-1945), Herman Oliphant (1884-1939), Jerome Frank (1889-1957) e Karl Llewellyn (1893-1962). Embora cada um desses realistas jurídicos tivesse uma visão própria do fenômeno jurídico, eles se identificavam pela perspectiva segundo a qual os estudantes de Direito precisam adotar uma visão menos idealista e mais realista sobre como as decisões judiciais são construídas.[2]

---

[1] J. M. Kelly, *A Short History of Western Legal Theory*, Oxford University Press, Oxford, 1992, p. 365.

[2] M. C. Murphy, *Philosophy of Law: The Fundamentals*, Blackwell, Malden/MA, 2007, p. 199-200.

Realismo Jurídico e Juspositivismo

Embora compartilhem com o juspositivismo o desejo de revelar o Direito como ele é em contraposição ao que ele deveria ser, o Realismo Jurídico rejeitava a ênfase juspositivista aos aspectos "formais" do Direito. Os juspositivistas acreditam que o melhor caminho para se descobrir o Direito é consultando a legislação, ao passo que os realistas preferem olhar para além da lei escrita para descobrir como os juízes chegam às suas decisões na prática. Os realistas jurídicos argumentam que os juspositivistas deturparam a verdadeira natureza do Direito porque são demasiadamente focados na análise de seus aspectos formais.

Por outro lado, os realistas endossavam a premissa juspositivista de que a relação entre o Direito e a moral é apenas contingente, de modo que qualquer lei imoral será, ainda assim, válida. Os realistas, coerentes com a cultura intelectual positivista, presumiam largamente que os princípios morais eram subjetivos e maleáveis.[3] Não obstante, a separação entre Direito e moral é mais ambígua no realismo do que no juspositivismo. Embora os dos grupos reconheçam o papel da moral na construção do Direito, os juspositivistas adotam uma visão formalista segundo a qual considerações ideológicas não deveriam ter nenhum espaço depois da promulgação da lei. Para os realistas, no entanto, a separação entre Direito e moral é apenas um "divórcio temporário". O grau de incerteza inerente ao Direito, dizem eles, permite que os juízes tomem decisões baseadas em considerações morais, religiosas e políticas. Nesse sentido, Jerome Frank comentou que "a mais notável decisão é tomada depois de uma experiência emocional em que os princípios e a lógica tiveram um papel secundário".[4]

Os realistas argumentavam que a genuína ciência do Direito deveria descobrir quais cenários factuais produziriam uma determinada decisão judicial. Ao mesmo tempo em que reconhecem que o direito positivado (estatuído) ajuda de um certo modo a prever

---

[3] B. Leiter, 'American Legal Realism' in M. P. Golding e W. A. Edmundson (ed), *The Blackwell Guide to the Philosophy of Law and Legal Theory*, Blackwell, Malden/MA, 2006, p. 52.

[4] J. Frank, *Law and the Modern Mind*, Bretano, New York, 1930, Cap. 14.

decisões judiciais, essas decisões, dizem os realistas, são muito menos previsíveis se o observador fia-se unicamente na análise da lei escrita. A aplicação da lei ao caso concreto depende fundamentalmente de circunstâncias sociais, algumas delas não estritamente jurídicas ou mesmo previsíveis.[5] Embora essas circunstâncias sejam de natureza "extrajurídica", desempenham ainda assim um papel decisivo no processo de "construção judicial do Direito". O resultado final do processo judicial é menos determinado pelo direito positivado (estatuído) do que por escolhas morais, políticas e religiosas do magistrado. Daí o famoso aforismo do realismo de que "a lei é o que os tribunais dizem que ela é".

Tese da Indeterminação

Os realistas enfatizavam o que acontece dentro dos tribunais na prática. Eles estavam interessados no "Direito real", não no Direito formal.[6] Eles argumentavam que qualquer consideração sobre como os tribunais decidem seus processos revelaria que eles decidem não tanto com base no direito positivado (estatuído), mas, sim, em considerações sociais, morais, filosóficas e políticas. A lei é, na verdade, indeterminada, dizem os realistas, o que significa dizer que os argumentos aplicáveis não justificam uma única decisão judicial sequer. Nenhuma aplicação objetiva (ou mecânica) da lei é verdadeiramente possível, uma vez que não existe regra vinculante alguma a orientar as decisões judiciais, sendo os juízes, em última análise, os principais autores da lei.[7] Desse modo, alguns realistas argumentavam que os juízes deveriam largar suas pretensões formalistas e se engajar na reforma sistemática e esclarecida do Direito,[8] adotando um papel mais ativo que reconheça que os tribunais decidem sobre políticas sociais e econômicas.[9]

---

5 Kelly, nota 1 acima, p. 365.

6 N. P. Barry, *An Introduction to Modern Political Theory*, 4ª ed., St. Martin's Press, New York, 2000, p. 41-42.

7 Leiter, nota 3 acima, p. 51.

8 S. Ratnapala, *Jurisprudence*, Cambridge University Press, Melbourne, 2009, p. 97. Ver também O. W. Holmes, 'The Path of the Law' (1897) 10 *Harvard Law Review* 497.

9 Leiter, nota 3 acima, p. 58.

Embora afirmem que os julgados nem sempre refletem o conteúdo formal da lei, os realistas aceitam que, na maioria dos casos, as decisões judiciais são bastante previsíveis. Em geral, eles reconheciam o caráter de previsibilidade das decisões dos tribunais de apelação. Karl Llewellyn, por exemplo, disse que "fatos de estabilização" geralmente tornam os julgados previamente reconhecíveis.[10] Desse modo, o realismo norte-americano parece ter se estabilizado em torno de uma percepção de compromisso segundo a qual a segurança jurídica pode ser "oferecida pelos tribunais superiores que estão tentando genuinamente aplicar normas objetivas, numa atmosfera regida pela jurisprudência; enquanto o estudo das realidades da vida e do caminho que elas podem impingir na administração da justiça é encorajado".[11] Diferentemente dos posteriores defensores do movimento dos Estudos Jurídicos Críticos (EJC), escreve Brian Leiter:

> (...) os realistas, em sua maioria, não exageraram na extensão da indeterminação da lei. Os realistas foram (em geral) claros ao enfatizar a indeterminação na fase da revisão recursal, em que se deve esperar um grau mais alto de incerteza do Direito. Processos judiciais que têm respostas jurídicas determinadas têm, no final das contas, menos chances de serem levados a graus recursais superiores.[12]

Realismo Jurídico e Estado de Direito

O conceito de Estado de Direito coloca-se em contraposição às decisões dos tribunais que expressem as vontades dos juízes mais do que a verdadeira vontade de própria lei. Contudo, se os realistas estão corretos, então nenhum juiz de tribunal de apelação toma decisões baseado apenas em seu papel de magistrado. Juízes de tribunais de apelação tomam decisões baseados apenas em sua condição social específica, em suas preferências políticas, visões mo-

---

[10] K. Llewellyn, *The Common Law Tradition: Deciding Appeals*, Little, Brown, Boston/MA, 1960, citado em Kelly, nota 1 acima, p. 368.

[11] Kelly, nota 1 acima, p. 368-369.

[12] Leiter, nota 3 acima, p. 52.

rais ou convicções religiosas.[13] Evidentemente, essas premissas são mais fáceis de dizer do que de realizar, uma vez que todo litigante espera que o Poder Judiciário tome decisões baseadas na lei, e não em política.[14] Como destaca Suri Ratnapala:

> Se o Direito se baseia na visão do juiz sobre a política correta a ser adotada, a credibilidade do Direito e do sistema judicial decairá rapidamente, já que o método judicial que o [Realismo Jurídico] recomenda não se concilia facilmente com as necessidades conflitantes da adequação legal e da segurança jurídica.[15]

Quase todos no universo jurídico haveriam de concordar com a impossibilidade de um "Direito mecânico". Mas isso se faz sem necessariamente a necessidade de concluir que a discricionariedade judicial é na sua maior parte irrestrita, de modo que os juízes não possam se orientar por regras formais claras ou se limitar pela legalidade formal.[16] Nenhuma pessoa razoável jamais negaria que o juiz pode, por razões de ambiguidade, vagueza, inconsistência ou "lacuna" da legislação, complementá-la com julgados criativos e inovadores. E, ainda, isso não é o mesmo que se alegar que a ordem jurídica é "profundamente indeterminada" e que os juízes, dessa maneira, possam ir além daquilo que lhes é facultado pelos métodos hermenêuticos de aplicação da regra.[17] Tal alegação subverte a visão tradicional do papel dos juízes nas sociedades ocidentais, pois pressupõe que julgados se baseiam em convicções políticas e morais dos juízes, o que implica que essas decisões não são o resultado da aplicação imparcial da lei por um Poder Judiciário neutro. Como assevera Norman Barry, é evidente que:

> Toda a tradição do direito (...) pressupõe existir um corpo objetivo de regras efetivas (embora muitas delas possam ser impassíveis de articulação precisa). Se não houvesse lei independente e objetiva, sociedades governadas pela lei seriam

---
13 Murphy, nota 2, p. 201.
14 Ratnapala, nota 8 acima, p. 100.
15 *Ibid*, p. 100.
16 N. P. Barry, *The Crisis in Law*, Centre for Independent Studies, Sydney, 1989, p. 9.
17 Murphy, nota 2 acima, p. 199-200.

impossíveis. Embora a lei se desenvolva espontaneamente por meio da interpretação das regras e da fundamentação jurídica nos processos mais complexos, o direito consuetudinário inglês clássico não pressupõe que uma decisão judicial seja, por isso, completamente subjetiva, expressão disfarçada do interesse de classe, ou que seja determinada por aquilo que os juízes tomaram no café da manhã.[18]

Oliver Wendell Holmes Jr. (1841-1935)

Reivindicado pelos realistas jurídicos como seu ancestral intelectual, Oliver Wendell Holmes Jr. foi veterano da Guerra Civil norte-americana, professor de Direito em Harvard e Magistrado da Suprema Corte dos Estados Unidos de 1902 a 1932.[19] Holmes é o único jurista daquele país agraciado com títulos honorários das faculdades de Direito de Harvard, Oxford e Yale. Influenciado por aspectos filosóficos do empirismo britânico, pelo historiador evolucionista Henry Sumner Maine, pelas obras humanistas de William James e John Dewey e pelo biólogo Charles Darwin, Holmes abordava a subordinação da culpabilidade moral individual a critérios externos de responsabilidade, considerando todo conhecimento, inclusive o conhecimento do Direito, essencialmente público e comunal, adquirido pela experiência prática e compartilhada.[20]

No livro *The Common Law* (1881), amplamente reconhecido como sua obra doutrinária mais importante, Holmes sustenta que critérios jurídicos pelos quais devemos ser julgados não se subordinam a critérios objetivos, mas, sim, "determinados pelas necessidades de uma época, as teorias morais e políticas prevalentes, as instituições de políticas públicas, declaradas ou inconscientes, e até os preconceitos compartilhados pelos juízes com seus colegas".[21] Ademais, argumentava Holmes que os seres humanos não possuem

---
18 Barry, nota 16 acima, p. 9.
19 Para uma análise mais detalhada da doutrina jurídica evolucionista de Holmes, ver o **Capítulo 5**.
20 N. Duxbury, '*The Birth of Legal Realism and the Myth of Justice Holmes*' (1991) 20 *Anglo-American Law Review* 81, p. 93.
21 O. W. Holmes, *The Common Law*, M. Howe (ed), Little, Brown, Boston/MA, 1963, p. 1.

direito fundamental ou inalienável algum, mas, sim, apenas inclinações pessoais e aspirações sociais. Tem-se dito que Holmes se tornou profundamente céptico, até mesmo refratário, à ideia de jusnaturalismo e direitos naturais depois de ter experimentado todo os horrores da Guerra Civil norte-americana como soldado a serviço do exército da União contra os Confederados.

Holmes sustentava que os tribunais têm um papel decisivo na evolução do Direito. Seu aforismo mais famoso, "a vida do Direito não tem sido a lógica; tem sido a experiência",[22] assenta-se sobre a premissa de que o Direito é um mero "acidente das convenções sociais dominantes".[23] Desse modo, Holmes concluiu que o "progresso jurídico" é determinado pela evolução social; uma ideia que implica que o direito não pode ser realmente lógico, e, sim, apenas uma questão de experiência. "A verdade", comentou Holmes, "é que o Direito está sempre se aproximando da coerência, sem jamais alcançá-la".[24] O Direito desenvolver-se-ia espontaneamente e se adaptaria à realidade social como o resultado natural das decisões judiciais, que são legislativas por natureza, embora não necessariamente assentadas em qualquer tipo de raciocínio lógico. Em outras palavras, o Direito consiste em como os juízes decidem os litígios judiciais.

Nesse sentido, Holmes alegava que os direitos e deveres básicos dos quais se ocupa a doutrina do Direito "não passam de profecias".[25] O que ele quis dizer com isso é que, para se conhecer o Direito, é necessário descobrir o que os juízes fazem na prática quando confrontados com um litígio ou reivindicação. Para ele, os juristas não devem perder tanto tempo com a lei formal, e, sim, prever o que aquele juiz em particular fará ao ser chamado a decidir a questão específica. "As profecias sobre o que os tribunais farão na prática, e nada além disso, são o que eu quero dizer com Direito", afirmou Holmes.[26]

---
22 *Ibid*, p. 5.
23 S. A. Samson, 'The Covenant Origins of the American Policy' (1994) 10 *Contra Mundum* 26.
24 Holmes, nota 21 acima.
25 O. W. Holmes, 'The Path of the Law' (1897) 10 *Harvard Law Review* 457, p. 458.
26 *Ibid*, p. 461.

Nesse sentido, o objetivo da análise jurídica, de acordo com Holmes, é "a predição da incidência da força pública por meio do instrumento dos tribunais".[27] Essa visão do Direito é definida por ele como "a visão do homem mau sobre o Direito": o melhor caminho para se estudar o Direito não é olhando para as regras e princípios, e, sim, adotando o ponto-de-vista do "homem mau" que está enfrentando um julgamento e está interessado apenas em saber qual é a decisão mais provável do tribunal e como ela o afetará individualmente. Tomai a "questão fundamental" do que realmente constitui o Direito, aconselhava Holmes, e então:

> Descobrireis alguns autores vos dizendo que ela é algo distinto daquilo que é decidido pelos tribunais de Massachusetts ou da Inglaterra; que essa questão constitui um sistema racional; que ela é uma dedução de princípios da ética ou de axiomas aceitos ou não, que podem ou não coincidir com as decisões. Mas se assumirmos a visão de nosso amigo, o homem mau, descobriremos que ele não liga a mínima para axiomas e deduções, mas que ele quer saber o que é mais provável que os tribunais de Massachusetts ou da Inglaterra farão na prática. Eu sou muito mais inclinado a essa forma de pensar. As profecias sobre o que os tribunais de fato decidirão, e nada mais pretensioso do que isso, são o que eu entendo por Direito.[28]

Realismo Jurídico na Austrália

No início dos anos 1940, o realismo jurídico tornou-se a principal corrente de filosofia jurídica adotada pelos professores das faculdades de Direito estadunidenses, especialmente nas universidades de Columbia e Yale.[29] Na Austrália, os princípios do realismo jurídico foram defendidos por Julius Stone, professor da Universidade de Sydney de 1942 a 1972 e, posteriormente, da Universidade de Nova Gales do Sul até 1985. Ele trouxe para aquele país a questão

---

27 *Ibid*, p. 459.

28 *Ibid*.

29 Ver W. Twining, *Karl Llewellyn and the Realist Movement*, Weidenfeld & Nicolson, Londres, 1973.

da "indeterminação geral do Direito".[30] Seu principal método era apontar que o uso legalista dos textos jurídicos depende de "categorias de referência ilusória" segundo as quais tais textos não podem fornecer soluções predeterminadas para a resolução do litígio. Por causa das ambiguidades de termos indeterminados, das contradições e dos pontos de partida alternativos, Stone concluiu que os juízes devem encarar a necessidade inexorável de realizar escolhas pessoais ao lidar com o material utilizado na aplicação do Direito. Todo juiz faz escolhas pessoais que, segundo ele, não podem ser controladas por regras objetivas e que dependem do juízo do próprio magistrado sobre o que o Direito aplicado a cada caso concreto deveria ser.

Esse entendimento do professor Stone a respeito da indeterminação dos textos foi levado à Suprema Corte da Austrália pelos magistrados Anthony Mason, Lionel Murphy, William Deane e Michael Kirby.[31] Stone ensinou como professor desses futuros magistrados a acreditar que eles não eram apenas intérpretes e aplicadores do Direito, e, sim, criadores do Direito. O juiz Murphy, por exemplo, afirmou certa vez: "Como os juízes fazem o Direito eles estão autorizados a atualizá-lo (...). Eles não deveriam mudá-lo em sigilo; deveriam mudá-lo abertamente e não aos poucos. Eles deveriam mudá-lo o quanto achassem necessário".[32] Ele também disse naquele mesmo discurso que considerava a doutrina de vinculação dos precedentes judiciais "uma doutrina eminentemente adequada a uma nação composta esmagadoramente por ovelhas", levando um outro magistrado daquele mesmo tribunal, Dyson Heydon a argumentar que "o juiz Murphy tratava a atividade judicial como um mero ato de vontade pessoal e descontrolada".[33]

---

30 Ver J. Stone, *The Province and Function of Law*, Maitland Publications, Sydney, 1946.

31 Ver M. Kirby, '*Julius Stone and the High Court of Australia*' (1997) 20 *University of New South Wales Law Journal* 239.

32 L. Murphy, discurso proferido na "Primeira Conferência Nacional de Advogados Trabalhistas", de 29 de junho de 1979, disponível em <http://www.justinian.com.au/archive/vintage-lionel-murphy.html> (acesso em 22 de setembro de 2012).

33 D. Heydon, '*Judicial Activism and the Death of the Rule of Law*' (2003) 47(1) *Quadrant* 9. Além disso, como destaca o juiz Heydon, "a jurisprudência é a salvaguarda contra o processo decisório arbitrário, extravagante, inconstante, imprevisível e autocrático. Ela é de vital importância para o constitucionalismo. Ela evita que o cidadão fique à mercê de um indivíduo não-limitado pelo devido processo legal".

Considerações Finais

De acordo com os realistas jurídicos norte-americanos, os juízes são os verdadeiros criadores do Direito. Eles decidem litígios baseados em vários ideais, tradições e pontos-de-vista individuais.[34] A teoria realista da indeterminação do Direito foi precursora da ideia pós-moderna de que tudo o que diz respeito ao Direito seja socialmente construído. Obviamente que, uma vez que palavras são desprovidas de qualquer significado estável, não existe de fato nenhum critério possível pelo qual as questões de justiça possam ser mensuradas.[35] Contudo, alguns autores rechaçam a ideia de que os realistas possam ter sido os "precursores" do pós-modernismo jurídico,[36] dado o fato de que os realistas estavam inseridos numa cultura "firmemente presa às garras da cosmovisão contra a qual os pós-modernistas hoje reagem".[37] De fato, o pós-modernismo, como movimento filosófico surgido na Europa continental na segunda metade do século XX, rechaça a crença realista de que a ciência social pode fundar um novo conjunto de princípios.[38] Não obstante, pode-se considerar que os realistas, ao fazerem perguntas não levantadas anteriormente, estavam exibindo uma forma de cepticismo com relação ao ordenamento jurídico.[39] Como Raymond Wacks bem colocou: "O questionamento que o realismo jurídico coloca em relação à autoridade do Direito certamente foi um importante antecedente do movimento dos Estudos Jurídicos Críticos e das visões pós-modernistas do Direito e da ordem jurídica".[40]

---

34 B. Z. Tamanaha, *'Understanding Legal Realism'* (2009) 87(4) *Texas Law Review* 731, p. 749.

35 Ratnapala, nota 8 acima, p. 97.

36 B. Leiter, *'Rethinking Legal Realism: Toward a Naturalized Jurisprudence'* (1997) 76(2) *Texas Law Review* 267.

37 *Ibid*.

38 D. Litowitz, *'Postmodernism Without the "Pomobabble"'* (2000) 2 *Florida Coastal Law Journal* 41, p. 73.

39 Leiter, nota 36 acima, p. 272.

40 R. Wacks, *Understanding Jurisprudence: An Introduction to Legal Theory*, Oxford University Press, New York, 2005, p. 184.

CAPÍTULO 9

MOVIMENTO DOS ESTUDOS JURÍDICOS CRÍTICOS

Considerações Iniciais

O movimento dos Estudos Jurídicos Críticos (EJC) surgiu nos Estados Unidos no final dos anos 1970. Afirmava este que o Direito é essencialmente um fator político, e não uma questão de justiça ou racionalidade. Os principais representantes do movimento EJC foram Roberto Unger, Duncan Kennedy e Morto Horwitz, que ocupavam importantes cátedras em diversas universidades de elite dos EUA, especialmente Harvard e Stanford. Habilitados em – e devotados a – autopromoção e evangelização,[1] esses intelectuais eram parte de um movimento radical de esquerda cujo objetivo era "expor e destruir as estruturas de pensamento dominantes, que convencem as pessoas de que os arranjos sociais atualmente existentes são necessariamente naturais, e, não, arbitrários e contingentes".[2]

Temas comuns podem ser encontrados na obra dos representantes do movimento dos EJC. Um desses temas é a ideia de que o ordenamento jurídico das sociedades ocidentais baseia-se num

---

[1] M. Krygier, 'Critical Legal Studies and Social Theory – A Response to Alan Hunt' (1987) 7 Oxford Journal of Legal Studies 26.

[2] A. C. Hutchinson e P. J. Monahan, 'Law, Politics and the Critical Legal Scholars' (1984) 36 Stanford Law Review 199, p. 213.

conjunto de relações de poder e de lutas entre diferentes grupos. Os defensores dos EJC também afirmam que a linguagem do Direito consiste num "discurso falso" que ajudaria a elite dominante a perpetuar a opressão socioeconômica, estabelecendo-se, desse modo, hierarquias dos homens sobre as mulheres, dos pobres sobre os ricos, dos brancos sobre os negros, e daí por diante. Embora tenha deixado de existir como movimento coeso e mais homogêneo, essas questões dos EJC ainda são levantadas por manifestações mais específicas dessa teoria, especialmente a visão feminista do Direito e a teoria racialista do Direito.

"Direito é Política"

Os intelectuais do movimento dos EJC ficaram conhecidos por terem declarado que o Direito é uma questão essencialmente de natureza política. Ao fazê-lo, negaram a tese juspositivista de que, uma vez positivado (estatuído), o Direito, na sua aplicação, pode e deve dissociar-se do discurso político. As decisões judiciais são como que decisões políticas, logo, não é realmente possível dizer que os atos judiciais e legislativos se diferenciem, afirmaram os representantes dos EJC. Duncan Kennedy asseverou: "Não há solução jurídica correta além da solução correta no campo da ética e da política ao problema jurídico".[3] Na mesma toada, os representantes dos EJC defendiam que, uma vez que os juízes não podem ser intérpretes neutros da lei, eles deveriam de uma vez por todas abandonar essa pretensão e se engajar mais ativamente na criação do Direito, devendo trabalhar em favor dos "grupos oprimidos". Como observou um apologista dos EJC:

> O movimento dos Estudos Jurídicos Críticos busca ser transformador. Seu objetivo é mudar o mundo, concretizar um conjunto de valores (...). O papel da teoria no processo de transformação não é o da afirmação abstrata de objetivos ou de um programa, mas, sim, de um agente de transformação. A teoria esclarece o povo sobre a inadequação do atual estado

---

[3] D. Kennedy, '*Legal Education as Training for Hierarchy*' *in* D. Kaireys (ed), *The Politics of Law: A Progressive Critique*, Harvard University Press, Cambridge/MA, 1982, p. 47.

de coisas e sobre a possibilidade de transformação. A teoria crítica é, portanto, parte integrante de uma prática crítica, não uma iniciativa separada desta.[4]

Indeterminação do Direito

O movimento dos EJC representou um renascimento do movimento realista nas faculdades de Direito estadunidenses. Os intelectuais dos EJC concordavam com os velhos realistas que o Direito não é um sistema mecânico de regras formais a serem aplicadas de forma neutra; na melhor das hipóteses, as leis são meras ferramentas para os juízes alterarem as relações sociais, especialmente quando chamados a decidir os casos controvertidos ("*hard cases*"). Como destacou Mark Kelman, "os EJC têm sido frequentemente vistos como a última tentativa de crítica realista desconstrutivista e é plausível enxergar sua ênfase na indeterminação dos julgamentos e na manipulabilidade da jurisprudência como uma continuação do projeto realista".[5]

Embora os princípios advogados pelos representantes dos EJC constituam uma variante do realismo jurídico, aqueles foram muito além ao afirmarem a "incerteza, o subjetivismo e o indeterminismo radicais" do Direito, naquilo que torna toda decisão judicial o reflexo de interesses políticos, não o produto de um raciocínio objetivo.[6] De fato, os representantes dos EJC adotaram os axiomas do realismo jurídico, a fim de afastar qualquer forma de objetividade no processo decisório judicial. Uma vez que se assumia o conjunto das leis como "intrinsecamente contraditório, ou, em outras palavras, assentado sobre uma "série de contradições", os representantes dos EJC argumentavam que os diplomas legais e a jurisprudência não são o que determinam o resultado dos litígios, mas, sim, as convicções morais, religiosas, políticas e filosóficas de

---

4 J. M. Feinman, '*The Failure of Legal Education and the Promise of Critical Legal Studies*' (1985) 6 Cardozo Law Review 739, p. 757.

5 M. Kelman, *A Guide to Critical Legal Studies*, Harvard University Press, Cambridge/MA, 1987, p. 87.

6 N. Barry, *Modern Political Theory*, 3ª ed., Macmillam, Basingstoke, 1995, p. 53.

cada juiz individualmente considerado. O apologista dos EJC James Boyle comenta:

> Nada exclusivo da linguagem leva a um resultado específico. Em cada processo o juiz pode produzir uma ampla gama de decisões formalmente corretas de acordo com os cânones da argumentação jurídica. Evidentemente, significados comuns, expectativas coletivas, costumes profissionais, etc., podem fazer uma decisão em particular parecer inevitável (embora isso aconteça menos do que as pessoas pensam). Mas mesmo nesses casos, não são as palavras do julgado que produzem a decisão, mas um conjunto de fatores cuja característica mais expressiva é o fato de poder ser qualquer coisa, menos universal, racional e objetivo. Espera-se que as regras jurídicas sejam não apenas determinadas (afinal, decisões baseadas em preconceito racial são perfeitamente determinadas), mas também que produzam determinação por meio de um método específico de interpretação. Todavia, esse método de interpretação por si só produz resultados indeterminados e não pode ser complementado o bastante para produzir resultados sem subverter suas supostas qualidades de objetividade e neutralidade política e moral.[7]

Os representantes dos EJC enfatizavam a abertura dos conceitos normativos a serem utilizados pelo Poder Judiciário. De acordo com Kennedy, todo conceito normativo é infectado por tantos conflitos insolúveis que não pode haver um critério real para limitar os juízes ou para determinar se a decisão é certa ou errada, pois ela sempre dá uma opção ao juiz. O magistrado pode favorecer uma regra jurídica em detrimento de outra e ainda assim ser considerado um aplicador da lei honesto. Essa "contradição fundamental" cria, segundo ele, uma escolha e, desse modo, deixa tudo que é normativo indeterminado. Em outras palavras, é pouco provável que o direito positivo (estatuído) verdadeiramente limite o juiz ou que forneça critérios satisfatórios de avaliação.[8] Assim sendo, representantes dos EJC como Owen M. Fiss entenderam que o Direito não é tão ob-

---

[7] J. Boyle (ed), *Critical Legal Studies*, Dartmouth, Aldershot, 1994, p. xx.
[8] O. M. Fiss, 'The Death of the Law?' (1986) 72 *Cornell Law Review* 1, p. 12.

jetivo como aparenta ser e, portanto, é incapaz de prover "respostas corretas". Em lugar disso, ele pontificava que o Direito é simplesmente uma questão de "política disfarçada". Os juízes falam do jeito como falam porque isso é uma convenção da profissão e eles precisam manter seu poder, mas sua retórica é uma farsa completa.[9]

EJC, Marxismo e Pós-Modernismo

Os representantes dos EJC fiavam-se, implícita ou explicitamente, na noção marxista de "autonomia relativa" do Direito para afirmarem que os magistrados deveriam usar sua autoridade como meio de avançar a transformação das relações socioeconômicas nas sociedades capitalistas.[10] Os representantes dos EJC também utilizaram a ideologia marxista para argumentar que a ideia de direitos individuais justifica comportamentos egoístas e opressivos. Para eles, indivíduos poderosos geralmente invocam direitos juridicamente protegidos para evitar a responsabilização por seus atos de opressão social.

O elemento pós-modernista também se encontra presente na análise dos representantes dos EJC. Por trás das exortações destes acadêmicos de esquerda encontram-se teorias de filósofos franceses recentes como Michel Foucault e Jacques Derrida, para os quais não há na linguagem significados estáveis. Para os representantes dos EJC, todo o Direito deve ser uma massa de incerteza e a discricionariedade que confere, promove e reforça um inevitável subjetivismo.[11] Assim, os representantes dos EJC estimulam os magistrados a decidir seus processos de acordo com os interesses dos "grupos oprimidos". A ideia seria transformar os tribunais em instrumentos políticos de desconstrução jurídica e de transformação social, na expectativa de que os membros da elite judiciária subvertam os chamados "discursos dominantes" do Direito.

---

9 *Ibid*, p. 9.
10 Krygier, nota 1 acima, p. 26-29.
11 Barry, nota 6 acima, p. 54.

Naturalmente, magistrados que adotaram os argumentos dos representantes dos EJC não estão preocupados em aplicar a lei fidedignamente, mas, sim, em desconstruir a ordem jurídica que eles consideram injusta e opressora. De fato, os representantes dos EJC argumentavam que os magistrados deveriam atender às expectativas dos "marginalizados" e dos "oprimidos" resistindo às "generalizações grosseiras do Direito". Em suma, eles desejavam que o Poder Judiciário pudesse ser utilizado para desconstruir o Direito das sociedades capitalistas.[12] É evidente que qualquer interpretação fria ou literal da lei, para esses intelectuais de esquerda, servia apenas aos interesses econômicos de uma minoria de indivíduos privilegiados.

Distinção Público-Privado

Os representantes dos EJC criticavam conceitos jurídicos tradicionais por considerarem que eles, de alguma forma, refletiam o poder social dominante – inclusive a neutralidade judicial, a separação de poderes, e a distinção entre público e privado. Por exemplo, a distinção entre público e privado seria denunciada por aparentemente criar uma linha divisória entre essas esferas, podendo servir ainda como um disfarce para justificar certos tipos de opressão que ocorrem no domínio "privado". Os teóricos dos EJC pensam que não deveria haver esfera privada alguma fora do controle e da regulação estatais. O argumento em favor do fim da esfera privada é o seguinte:

> Tanto dentro quanto fora do sistema jurídico, muitas questões giram em torno da diferença entre a esfera pública (por essa razão sujeita a severo controle estatal) e a esfera privada (abrigo contra a intrusão estatal). Todavia, a coerção e a opressão ocorrem na esfera privada: na família (...) e na ordem econômica privada, na qual os economicamente poderosos podem impor condições opressivas aos economicamente impotentes. A distinção entre público e privado fica, por isso,

---

12 Ver J. O. Ascensão, 'Direito Alternativo', disponível em <www.fd.ul.pt/Portals/0/Docs/Institutos/ICJ/LusCommune/AscensaoJoseOliveira7.pdf> (acesso em 1º de novembro de 2012).

enfraquecida. A esfera privada não é um abrigo contra a coerção da esfera pública; é uma recusa do governo em agir para proteger os fracos nas "questões privadas" (relações domésticas e contratos), que permite e legitima a opressão que acontece nelas. Além disso, teóricos dos estudos jurídicos críticos, assim como alguns realistas jurídicos, pretendiam demonstrar como as regras de direito privado não são mais "naturais" ou "inevitáveis" (ou "neutras") do que as regras de direito público, e nem menos um produto das políticas oficiais do que estas.[13]

EJC e Estado de Direito

Uma das questões mais relevantes para os representantes dos EJC é o argumento de que a generalidade e a neutralidade da lei servem para proteger homens brancos e poderosos das demandas específicas das mulheres, das minorias étnicas, das comunidades indígenas, dos homossexuais, etc. O Estado de Direito e sua pretensão de imparcialidade é observado como um mito que apenas perpetua o poder da elite dominante, conferindo aos seus membros um embasamento teórico para a perpetuação da exploração social realizada. Roberto Unger, um dos principais teóricos dos EJC, não vê absolutamente nada de bom no conceito de Estado de Direito. Unger o denuncia violentamente como mera estratégia diabólica das elites opressoras para camuflar a hierarquia social e a exploração econômica. De acordo com Judith Shklar:

> Unger adotou um tom indignado ao denunciar o Estado de Direito. Ele o vê como mero disfarce ideológico que deve ser arrancado, a fim de que se exponha a natureza fraudulenta de toda a ideologia do Estado de Direito. Como porta-voz do movimento dos "Estudos Jurídicos Críticos", ele via o formalismo e a crença num ordenamento jurídica impessoal como o principal manto ideológico a ocultar um "vergonhoso" liberalismo. Na verdade, o Estado de Direito estaria a serviço de sinistros grupos de interesse e sua fala sobre direitos é mera

---

13 B. Bix, *Jurisprudence: Theory and Context*, 5ª ed., Sweet & Maxwell, Londres, 2009, p. 234.

hipocrisia (...). A palavra ideologia é, além disso, empregada de forma pejorativa, com o sentido de revelar o caráter hipócrita e egoístico do liberalismo jurídico. Uma política hierárquica e atomística é a essência do liberalismo, da equidade e da imparcialidade jurídica. O objetivo do conhecimento jurídico acadêmico é encontrar os pontos fracos do sistema, apresentar reivindicações e sempre demandar novos direitos individuais, a fim de desestabilizar todo o sistema.[14]

Nesse sentido, o objetivo fundamental da teoria crítica dos representantes dos EJC é mais deslegitimar de todo o sistema do que buscar maneiras com as quais este mesmo sistema possa funcionar melhor, consertando as falhas identificadas.[15] É evidente que essa análise nega ou ignora o que realmente costuma acontecer nas sociedades em que o Estado de Direito, na prática e na teoria, tem sido negado, como ocorre em todo e qualquer sociedade subjugada por um regime socialista. Como escreveu Martin Krygier:

> Qualquer que seja a mistificação envolvendo a separação entre o Direito e a política, no liberalismo e no Estado de Direito, segue sendo verdade que nos países que carecem de tribunais independentes de chefes políticos, nos quais o Direito é oficial e extraoficialmente entendido como uma forma de política por outros meios, em que milhões de vidas de pessoas comuns são arruinadas e/ou eliminadas, em que dissidentes políticos desaparecem ou sofrem censura em seus escritos, em que um profundo senso do Direito não vale de nada, a ausência de uma concepção ou prática de limitação do poder pela lei é vista por muitas pessoas civilizadas e inteligentes como uma tragédia. É claro que elas podem estar equivocadas e, mesmo simpatizando com elas, pode-se achar que suas análises não são convincentes. Não obstante, quando se discute o Estado de Direito, é importante, eu diria obrigatório, considerar o que tem ocorrido nas sociedades em que ele tem sido negado em princípio e na prática (...). Nos escritos do movimento dos EJC, todavia, o liberalismo, os direitos, o Estado de Direito

---

14 J. Shklar, *Political Theory and the Rule of Law* in A. C. Hutchinson e P. Monahan (ed), *The Rule of Law: Ideal or Ideology*, Carswell, Toronto, 1987, p. 10.

15 B. Z. Tamanaha, *On the Rule of Law: History, Politics, Theory*, Cambridge University Press, Cambridge, 2005, p. 86.

são discutidos e "desmascarados" partindo duma perspectiva puramente ocidental e frequentemente estadunidense.[16]

Roberto Unger

Roberto Mangabeira Unger é professor de Direito em Harvard e largamente reconhecido como o maior expoente do movimento dos EJC. Seu livro *Conhecimento e Política*, publicado em 1975, notabilizou-o como o principal representante dos EJC. O livro defende o desenvolvimento de um "amplo programa de reconstrução dos arranjos institucionais fundamentais da sociedade".[17] Unger define seu programa de "reconstrução social" da seguinte forma:

> O ideal social e a visão da relação jurídica na vida social que acabo de descrever podem ser traduzidos num programa de reconstrução do Estado e do resto da estrutura institucional de larga-escala da sociedade. Eles podem ser tomados como a base para uma visão transformada das relações pessoais.[18]

O principal objetivo de Unger é alcançar níveis mais apropriados de transformação sócio-política. Ao argumentar que as pessoas só podem controlar seu destino por meio do aparato estatal, Unger assevera que o Estado é a única força com poder para promover o nível de transformação social exigido por ele.[19] Apenas o Estado, escreve ele, pode ser poderoso o suficiente para propiciar todas "as ocasiões e os meios de desafiar e revisar todos os aspectos da estrutura institucional fundamental da sociedade".[20] Na opinião de Unger, "direitos de desestabilização" devem ser inseridos na estrutura do Estado a fim de se poder "esmagar em pedaços as hierarquias enraizadas".[21]

---

16 Krygier, nota 1 acima, p. 39.

17 R. M. Unger, 'The Critical Legal Studies Movement' (1983) 96 *Harvard Law Review* 563, p. 586.

18 *Ibid*.

19 R. M. Unger, *Plasticity Into Power: Comparative-Historical Studies on the Institutional Conditions of Economic and Military Success*, Cambridge University Press, Cambridge, 1987, p. 85.

20 R. M. Unger, *False Necessity: Anti-Necessitarian Social Theory in the Service of Radical Democracy*, Cambridge University Press, Cambridge, 1987, p. 449.

21 E. Press, 'The Passion of Roberto Unger: A Harvard Law Professor Jettisons his Pas and Sets Out to Destabilize Latin America' (1999) 9(3) *Lingua Franca*, disponível em <http://linguafranca.mirror.theinfo.

No livro *Política: Uma Obra em Teoria Social Construtivista* (1987), Unger emprega uma terminologia religiosa para denunciar as estruturas sociais existentes nas sociedades ocidentais como "o pecado que os profetas chamaram de idolatria".[22] Depois de ter se referido à sua obra como baseada na "iconoclastia social das religiões mundiais",[23] Unger exorta seus leitores a "aprender e praticar o evangelho da plasticidade",[24] o qual guiará a sociedade para a descoberta de inter-relações mais perfeitas, livres de hierarquias e divisões sociais. De acordo com ele, "quando o experimento antecipatório vai bem (...), invoca uma ordem superior e renovada da vida humana e requer um consentimento, que é também uma cumplicidade redentora",[25] daí a alegação de Unger de que o sucesso de sua utopia resultaria no advento da "comunidade regenerada".[26]

A "alternativa progressista" de Unger torna o Estado como instrumento de redenção social. Esta teoria pode, assim, ser equiparada à deificação e glorificação do Estado. Unger reconhecia que apenas um Estado forte e poderoso poderia "tornar o caminho para o poder menos susceptível à administração plutocrática e mais aberto para preocupações nacionais e estruturais".[27] Desse modo, num esforço de reorganização completa das relações sociais, Unger defende um Poder Executivo forte que possa "quebrar o poder" das forças conservadoras no parlamento,[28] e, assim, tornar-se "um agente da rebelião e da reconstrução econômicas".[29] Como destaca Unger:

---

org/9903/unger.html> (acesso em 1º de novembro de 2012).

22 R. M. Unger, *Politics: A Work in Constructive Social Theory – Part 1: Social Theory: Its Situation and Its Task*, Cambridge University Press, New York, 1987, p. 18.

23 *Ibid*, p. 57.

24 R. M. Unger, *Politics: A Work in Constructive Social Theory – Part 3: Plasticity into Power: comparative-Historical Studies on the Conditions of Economic and Military Success*, Cambridge University Press, New York, 1987, p. 2.

25 R. M. Unger, *Politics: A Work in Constructive Social Theory – Part 2: False Necessity: Anti-Necessitarian Social Theory in the Service of Radical Democracy*, Cambridge University Press, New York, 1987, p. 412.

26 Unger, nota 22 acima, p. 39.

27 R. M. Unger, *Democracy Realized: The Progressive Alternative*, Verso, Londres, 1998, p. 216.

28 *Ibid*, p. 122.

29 *Ibid*, p. 120.

> O sistema presidencial apresentado (...) com efeitos nacionalizantes e subversivos (...) pode ser uma fonte de imprevisibilidade e uma alavanca para a mudança numa sociedade em que tudo conspira para evitar a surpresa. Entretanto, na sua forma tradicional, o sistema presidencial padece duma falha crucial. O povo pode eleger um capitão que lhes prometa o mundo. No cargo, todavia, ele logo enfrentará a oposição organizada dos interesses da elite nos outros poderes do Estado, bem como nas maiores organizações da sociedade civil. A solução é preservar a autoridade plebiscitária do sistema presidencial enquanto se expurga do sistema seu viés de impasse de vagarosidade política.[30]

Segundo o professor de Direito H. Jefferson Powell, a visão de Unger tal como expressada no livro *Política*, "apresenta-nos um evangelho e um chamado para o aceitarmos".[31] Quando Unger denuncia certas visões políticas como "idolatria e equívoco", ele alega conceber "para os que consentem com seu programa um texto que reivindica autoridade análoga à da Bíblia nas tradições judaica e cristã". Como destaca o professor Powell, a forma de comunidade institucionalizada de Unger é baseada na autoridade estatal que deve estar munida do poder coercitivo de intervir em quase todos os aspectos da vida humana. Essa ideia, continua ele, "é orientada mais para a exacerbação dos conflitos do que para a sua conciliação. Sua atividade característica e central é demolir as relações existentes, e não sua constituição amorosa".[32] Powell assim conclui:

> A explicação do universo no livro *Política* traz a doutrina [judaico-cristã] das questões tradicionais da criação, mas lhes imprime uma torção dramática. No universo ungeriano, o ator criativo é a humanidade, individual e coletivamente considerada, e a ação da criação é a vontade humana imaginativa. O mundo é radicalmente contingente porque podemos concebê-lo de forma diversa. O ponto-de-partida epistemológico de Unger é que só podemos compreender as coisas sujei-

---

30 *Ibid*, p. 122.

31 H. J. Powell, 'The Gospel According to Roberto: A Theological Polemic' (1988) 5 *Duke Law Journal* 1013, p. 1016.

32 *Ibid*, p. 1015 e 1024.

tando-as à nossa imaginação, comparando-as com o que não é e as fazendo curvar-se aos nossos poderes transformadores da fantasia e da reconcepção (...). Portanto, o conhecimento é uma função ativa da asserção humana de impor as escolhas da mente às coisas a serem conhecidas. Isso é igualmente verdadeiro para todas as formas de pensamento humano e investigação. O debate político e social se assenta sobre a capacidade das pessoas "de inventar e julgar ideais sociais". O Direito, em última instância, se assenta sobre a criação imaginativa dos ideais da associação humana (...).[33]

Teoria Crítica Racialista

Embora os ECJ tenha deixado de existir como movimento unificado e coeso em meados da década de 1990, alguns de seus principais temas ainda exercem uma influência significativa nas formas posteriores de pensamento jurídico crítico. Alguns desses temas, como a tese da indeterminação, foram integrados em teorias jurídicas mais moderadas. Em seus aspectos mais radicais, contudo, temas desenvolvidos por representantes dos ECJ inspiraram movimentos mais especializados de teoria jurídica crítica como, por exemplo, a teoria crítica racialista. De acordo com Mark Tushnet,

> Os representantes da (...) teoria crítica racialista geralmente aceitam a tese da indeterminação apresentada pelos ECJ, mas oferecem diferentes explicações da teoria social para a maneira pela qual os resultados jurídicos são estruturados. Concentrando-se na posição subordinada (...) minorias raciais na sociedade ocidental, eles acham mais fácil aceitar relatos de dominação lançados em termos do interesse próprio imediato de grupos dominantes, ou seja, homens e brancos.[34]

Uma característica básica da Nova Esquerda é a sua obsessão com a "política de identidade". É nesse contexto que a 'Teoria Crítica Racialista' (TCR) surge como resposta ao Movimento dos

---
33 *Ibid*, p. 1016.

34 Mark V. Tushnet, 'Critical Legal Theory', *in* Martin P. Golding and William A. Edmundson (eds.), *The Blackwell Guide to the Philosophy of Law and Legal Theory*, Oxford, Blackwell Publishing, 2005, p. 87.

Direitos Civis nos Estados Unidos e como desdobramento do movimento de Estudos Jurídicos Críticos.[35] A TCR surgiu formalmente na década de 1970 através do estudo crítico do direito no que se refere particularmente as questões inter-raciais. Central à esta teoria é a sua compreensão do racismo como a realidade natural da sociedade norte-americana. Os representantes da TCR afirmam assim que as pessoas de cor, particularmente os afro-americanos, são vítimas inerentes da função básica do direito de servir como ferramenta de empoderamento das pessoas brancas.[36]

O falecido Derrick Bell foi o primeiro professor afro-americano titular de Direito da Universidade de Harvard. Ele é considerado como o progenitor da teoria crítica racialista nos Estados Unidos. Bell defendia um revisionismo histórico para o estudo das relações raciais e da luta pelos direitos civis nos Estados Unidos. Para ele, as pessoas brancas haviam introduzido a legislação de direitos civis não como uma autêntica solução para o problema da discriminação racial, mas "para promover seus próprios interesses de raça enquanto suprimia o radicalismo negro durante a Guerra Fria (e em outras épocas)".[37] Bell afirmaria ainda que a ideia de igualdade formal de direitos exclui remédios que promovem a redistribuição da riqueza na sociedade. Em seu livro de 1970, *Race, Racism and American Law*, ele nega qualquer possibilidade de progresso nas relações raciais na sociedade norte-americana. Essa suposição pessimista é também discutida em seu livro de 1987, *And We Are Not Saved: The Elusive Quest for Racial Justice*, onde se encontra a seguinte declaração: "O progresso nas relações raciais americanas é em grande parte uma miragem que obscurece o fato de que os brancos continuam, consciente ou inconscientemente, a fazer tudo ao seu alcance para garantir seu domínio e manter seu controle".[38]

---

35 Helen Pluckrose and James Lindsay, *Cynical Theories: How Universities Made Everything about Race, Gender, and Identity – and Why This Harms Everybody*, Swift Press, Londres, 2020, p. 114.

36 Robin D. Barnes, 'Race Consciousness: The Thematic Content of Racial Distinctiveness in Critical Race Scholarship' (1990) 103 *Harvard Law Review* 1864, p. 1868.

37 Pluckrose and Lindsay, nota 35 acima, p. 116.

38 Derrick Bell, *And We are Not Saved: The Elusive Quest for Racial Justice* (New York/NY: Basic Books, 2008), p. 159.

Um dos princípios originais da luta contra o racismo é o do tratamento igualitário de todos. Essa foi a ideia que Dr Martin Luther King Jr. expôs em 1963, quando sonhou que seus filhos "um dia viveriam em uma nação onde não seriam julgados pela cor de sua pele, mas pelo conteúdo de seu caráter". Por outro lado, os proponentes da TCR se opõem objetivamente a ideia de princípios neutros do Estado de Direito. Influentes teóricos críticos racialistas como Richard Delgado, que ensina direitos civis na Faculdade de Direito da Universidade do Alabama, acusam os proponentes dos direitos civis de serem cativos da "elite branca" mantenedora de suposta "supremacia racial".[39] Mais recentemente, Delgado escreveu que o racismo branco seria uma "característica arraigada da sociedade americana", e que homens brancos apenas "toleram ou encorajam avanços raciais para os negros apenas quando eles promovem o interesse deles próprios".[40]

Como os proponentes da TCR rejeitam inteiramente a ideia de igualdade formal, eles reivindicam ações afirmativas para grupos raciais favorecidos e oferecem críticas revisionistas dos estudos de direitos civis. Argumentando sobre a suposta importância da "consciência de raça", Delgado e Stefancic explicam que "uma cepa emergente dentro da CTR sustenta que as pessoas de cor podem promover melhor seus interesse por meio da separação do *mainstream* norte-americano. Alguns acreditam que preservar a separação racial beneficiará a todos, não apenas grupos de cor'.[41] Desse modo, alguns desses teóricos racialistas incentivam abertamente o nacionalismo negro, a insurreição racial na sociedade e o uso da violência como forma válida de resistência contra o sistema.

Os proponentes da TCR supõem que o racismo está em toda parte, sempre, apenas esperando para ser encontrado.[42] Atribuem-se aqui falhas profundas de caráter moral às pessoas brancas apenas por consequência delas serem brancas em uma sociedade de

---

[39] Richard Delgado, 'Imperial Scholar: Reflections On a Review of Civil Rights Literature' (1984) 132 *University of Pennsylvania Law Review* 561, p. 566.

[40] Richard Delgado and Jean Stefancic (eds.), *Critical Race Theory: The Cutting Edge*, Temple University Press, Philadelphia, 1995, p. xiv.

[41] Richard Delgado and Jean Stefancic, 'Critical Legal Theory: An Annotated Bibliography' (1993) 79 *Virginia Law Review* 4461, p. 463.

[42] Pluckrose and Lindsay, nota 35 acima, p. 132.

suposta dominação branca.[43] De fato, a teoria crítica racialista "define um grupo inteiro de pessoas, seus atributos, armadilhas e associações morais, com base apenas em suas características raciais, naquilo que é em si uma demonstração bastante nítida de racismo".[44] Esses teóricos racialistas como Bell Hooks, Audre Lorde, Patricia Hill Collins e Patricia Williams concentram seus estudos especialmente em temáticas relacionadas à "microagressões", "discurso de ódio", "espaços seguros", "apropriação cultural", "brancura" e "pensamento feminista negro radical". Como observam Pluckrose e Lindsay:

> Ao se concentrar tão intensamente na raça e objetar ao tratamento indeferencial – a recusa em atribuir significado social à raça – a teoria crítica racialista ameaça desfazer o tabu social contra a avaliação das pessoas por causa da raça. Tal foco obsessivo na raça, combinado com uma aversão ao universalismo e individualidade liberais (que a Teoria Crítica Racialista vê como um mito que beneficia os brancos e perpetua o *status quo*), provavelmente não terminará bem – nem para grupos minoritários nem para a coesão social de forma mais ampla. Tais atitudes rasgam o tecido que mantém as sociedades contemporâneas unidas.[45]

Um dos movimentos mais recentes surgidos como variantes da TCR é o de "Estudos Latinos Críticos" surgido na década de 1990, que desvenda as maneiras pelas quais o paradigma binário preto/branco das relações inter-raciais aparentemente nega justiça a outras minorias não-negras. Surgiria ainda como igualmente oriundo da TCR os movimentos de "Estudos da Branquitude" e de "Feminismo Crítico Racialista", este último abordando as relações entre homens e mulheres de cor. Quanto aos "Estudos da Branquitude", a assim chamada "branquitude" é "problematizada" de modo que pessoas brancas passam a ser demonizadas como um problema social apenas por causa da cor da pele mas não por razões de caráter pessoal ou comportamento individual.

---

[43] *Ibid.*, p. 121.

[44] Douglas Murray, *The Madness of Crowds: Gender, Race and Identity*, Bloomsbury Continuum, Londres, 2020, p. 124.

[45] Pluckrose and Lindsay, nota 35 acima, p. 134.

Considerações Finais

Os representantes do EJC viam-se a si próprios como parte de um movimento político para o qual o Direito é a expressão da política. Kennedy definia o seu próprio movimento como "o surgimento duma nova *intelligentsia* de esquerda comprometida ao mesmo tempo com a teoria e com a prática, que cria uma cosmovisão de esquerda radical numa área em que havia apenas variações sobre o tema da legitimação do *status quo*".[46] Esses intelectuais esquerdistas enxergariam o Direito como uma mera coleção de regras oriundas do poder político. Eles afirmavam que decisões jurídicas não são nada mais que decisões políticas, no sentido de que elas refletem os interesses do grupo dominante, ao mesmo tempo em que negligenciam as preocupações de todos os outros grupos.

Embora os EJC como movimento coeso tenha deixado de existir nos anos 1990, alguns de seus postulados ainda exercem profunda influência sobre formas hodiernas de pensamento jurídico.[47] Porquanto as novas escolas críticas compartilhem com os representantes dos ECJ uma visão de esquerda, aquelas possuem um foco mais estreito e focado em questões de raça e gênero, e como o direito supostamente contribui para a manutenção das relações de poder desiguais na sociedade. No final da década de 1990, postulados associados aos estudos jurídicos críticos se transformaram no discurso jurídico dominante nos Estados Unidos – a tese da indeterminação, a tese de que "o direito é política", e a crítica da distinção público/privado. No mais, essas teorias críticas rapidamente se espalharam para algo muito além da disciplina jurídica, de modo a se alcançar acadêmicos da área da educação que se utilizam delas na discussão de questões como disciplina e hierarquia escolares, cotas especiais para mulheres e grupos minoritários, e currículo escolar crítico.

---

[46] D. Kennedy, '*Critical Labor Theory: A Comment*' (1981) 4 *Industrial Relations Law Journal* 503, p. 506.

[47] D. A. Farber e S. Sherry, *Beyond All Reason: The Radical Assault on Truth in American Law*, Oxford University Press, New York, 1997, p. 21.

CAPÍTULO 10

FEMINISMO JURÍDICO

Considerações Iniciais

A noção de feminismo tem sido objeto de discussão desde o século XVIII. Enquanto o movimento feminista assentava-se inicialmente sobre os parâmetros da democracia liberal, a visão do feminismo contemporâneo enxerga a teoria liberal e os métodos de raciocínio jurídico liberal como amplamente responsáveis pela condição de opressão das mulheres. Deve-se destacar que existe uma diferença considerável entre o feminismo clássico tal como refletido nas obras de Mary Wollstonecraft e Elizabeth Cady Stanton, e o movimento feminista moderno, tal como refletido nas obras de Simone de Beauvoir, Betty Friedan, Helen Gurley Brown e Gloria Steinem. Este capítulo discutirá os diferentes tipos de teorias feministas e concluirá com uma análise da visão feminista contemporânea acerca do Direito.

Feminismo Liberal

Embora o termo "feminismo" tenha sido cunhado no século XIX, a crença de que as mulheres devem possuir os mesmos direitos dos homens remonta a um período anterior da história. Por exemplo, no livro *A Vindication of the Rights of Men* ("Uma Reivindicação pelos Direitos dos Homens"), publicado em 1790, Mary Wollstonecraft perguntou: "Considerai se, quando os homens lutavam por sua liberdade (...), não seria inconsistente e injusto subjugar as mulheres?".¹ Sua causa se assentava em valores liberais de igualdade de direitos entre *todos* os homens e mulheres. Quando a sociedade estendesse às mulheres os mesmos direitos e deveres concedidos por lei aos homens, Wollstonecraft imaginou:

> (...) eles encontrarão em nós filhas mais obedientes, irmãs mais afetuosas, esposas mais fiéis, mães mais sensatas – numa palavra, cidadãs melhores. Amá-los-emos, então, com verdadeiro afeto, pois aprenderemos a respeitar nós mesmas; e a paz-de-espírito do homem digno não será perturbada pela vaidade indolente de sua esposa, tampouco serão os bebês acolhidos em colo estranho por não encontrarem um lar no colo de suas mães.²

Como movimento político, o feminismo relaciona-se com a luta por direitos e deveres iguais entre homens e mulheres. Iniciado no século XIX, o feminismo clássico reivindicava direitos de participação política iguais para homens e mulheres, bem como leis igualitárias acerca de propriedade, matrimônio, divórcio e guarda de filhos. A primeira onda do feminismo era inegavelmente liberal e focava no tratamento justo e igualitário de todos, sem discriminação. "Não pedimos leis melhores do que as que fizestes para vós mesmos", declarou Elizabeth Cady Stanton (1815-1902), talvez a principal expoente do feminismo liberal clássico, em discurso proferido no parlamento estadual de Nova York em 1854.³

O feminismo liberal propugna que os indivíduos devem ser julgados com base em seus méritos individuais, não em seu pertencimento a um grupo.⁴ O foco deste tipo de feminismo está em

---

1 M. Wollstonecraft, *A Vindication of the Rights of Men* (1790), citado em D. Boaz (ed), *The Libertarian Reader: Classic and Contemporary Writings from Lao-tzu to Milton Friedman*, The Free Press, New York, 1997, p. 62.

2 *Ibid*.

3 E. C. Dubois (ed), *The Elizabeth Cady Stanton – Susan B. Anthony Reader*, Northeastern University Press, Boston/MA, 1992, p. 51.

4 D. Meyerson, *Jurisprudence*, Oxford University Press, Melbourne, 2011, p. 347.

assegurar oportunidades iguais e direitos iguais para as mulheres na estrutura estabelecida pela sociedade liberal.[5] De acordo com John Stuart Mill (1806-1873), qualquer diferença de tratamento que a lei dispense aos gêneros seria profundamente ofensiva aos valores do liberalismo. No livro *Subjugation of Women* (1869), o próprio Mill propõe-se a explicar:

> (...) que o princípio que rege as relações sociais existentes entre os dois sexos – a subordinação jurídica de um sexo ao outro – é errado por si só e é hoje um dos principais entraves ao desenvolvimento humano; e que esse princípio deveria ser substituído por um princípio de perfeita isonomia, não se admitindo nenhum poder ou privilégio a um lado, nem tampouco impotência ao outro.[6]

Feminismo Radical

Contrastando com o feminismo da primeira onda, que era francamente liberal e igualitário, o feminismo da segunda onda desenvolveu-se no final dos anos 1960 como resultado dos escritos políticos de radicais que combinavam métodos marxistas tradicionais com uma interpretação pós-modernista da sociedade.[7] Feministas radicais como Simone de Beauvoir, Betty Friedan, Helen Gurley Brown e Gloria Steinem poderiam alegar a continuidade com as homólogas feministas do século XVIII e XIV.[8] Para elas, a igualdade engendrada pelo ideal liberal do Estado de Direito fracassaria em "levar em linha de conta a perspectiva das mulheres ou como a lei é usada para manter estruturas e práticas desvantajosas para as mulheres".[9] As feministas da segunda onda do feminismo possuíam pouca fé nos princípios liberais que inspiraram as feministas clássi-

---

5 M. C. Nussbaum, *Sex and Social Justice*, Oxford University Press, New York, 1999, p. 5.

6 J. S. Mill, *The Subjugation of Women* (1869), disponível em <http://www.constitution.org/jsm/women.html> (acesso em 1º de novembro de 2012).

7 A. Scales, 'The Emergence of Feminist Jurisprudence: An Essay' (1986) 95 *Yale Law Journal* 1373, p. 1385.

8 *Ibid*, p. 1390.

9 K. Bartlett, '*Feminist Legal Methods*' (1990) 103 *Harvard Law Review* 829, p. 837.

cas a travarem sua luta pelos direitos das mulheres.[10] De acordo com a feminista radical Alison Jaggar, "as feministas radicais e socialistas mostraram que os velhos ideais de liberdade, igualdade e democracia eram insuficientes".[11] Para Andrea Nye, uma outra feminista radical, embora nas sociedades ocidentais as mulheres sejam juridicamente tão livres como os homens, e as instituições de ensino superior hoje tenham mais estudantes do sexo feminino do que do masculino, isso não significa muita coisa, pois "a mulher emancipada pode se queixar de que a sociedade democrática apenas a devolveu a uma subordinação ainda mais profunda da mulher".[12]

Feminismo e Marxismo

Enquanto o feminismo liberal apoia direitos iguais entre homens e mulheres, o feminismo radical é altamente inspirado pela ideologia marxista.[13] A jurista feminista Hilaire Barnett confessa que o marxismo tem sido há muito tempo "um objeto de especial interesse para as intelectuais feministas".[14] A teoria marxista, afirma ela, é importante fonte de inspiração para todas as mais importantes questões do feminismo contemporâneo, inclusive a ideia de que a mulher conservadora padece de uma "falsa consciência" oriunda da ideologia dominante de gênero. Os maridos assumem aqui o papel de opressores e suas esposas o de oprimidas, do mesmo modo como a burguesia oprimia o proletariado de acordo com a ideologia marxista.[15] O cientista político David Koyzis explica:

> Do mesmo modo que Marx reduz a sociedade em toda a sua complexidade a uma luta de classes, fá-lo o feminismo radical com o conflito entre homens e mulheres, cada sexo (ou gênero, o termo preferido) correspondendo a opressor e

---

[10] C. H. Sommers, *Who Stole Feminism? How Women Have Betrayed Women*, Touchstone, New York, 1994, p. 23.
[11] A. M. Jaggar, *Feminist Politics and Human Nature*, Rowman and Littlefield, Totowa/NJ, 1998, p. 148.
[12] A. Nye, *Feminist Theory and the Philosophies of Man*, Routledge, New York, 1988, p. 23.
[13] M. Leiboff e M. Thomas, *Legal Theories: contexts and Practices*, Lawbook, Sydney, 2009, p. 273.
[14] H. Barnett, *Sourcebook on Feminist Jurisprudence*, Cavendish, Londres, 1997, p. 328.
[15] *Ibid*, p. 329.

oprimido, respectivamente. Assim como Marx vê o capitalismo como sistema superabrangente a marcar seu caráter em toda a sociedade, o feminismo radical tende a caracterizar a sociedade em toda a sua complexidade como patriarcal. Do mesmo modo que o capitalismo é algo que transcende a tudo e todos, pois é a fonte de opressão no mundo, o feminismo radical trabalha para transcender o patriarcado e estabelecer uma sociedade não-patriarcal, cujos contornos precisos diferem entre as feministas. Se o marxismo, de fato, vê o mal na divisão do trabalho, as feministas radicais o veem na divisão sexual do trabalho, com algumas chegando a defender a sua abolição até mesmo no processo reprodutivo biológico. Desse modo, o feminismo jurídico torna-se uma defesa geral em favor das mulheres contra os homens, do mesmo modo que a teoria marxista do Direito se volta para o proletariado, contra a burguesia. Em ambos os casos, a justiça, em vez de sopesar cuidadosa e imparcialmente as respectivas reivindicações dos diversos cidadãos, torna-se refém duma agenda ideológica. A injustiça é o resultado inevitável, a despeito das róseas promessas das visões feminista e socialista.[16]

Betty Friedan (1921-2006)

Atribui-se à ativista feminista Betty Friedan o início da segunda onda do feminismo nos anos 1960. Friedan fundou a Liga Nacional Pelo Direito ao Aborto e a Organização Nacional das Mulheres, em 1966. O seu livro *The Feminine Mystique* ("A Mística Feminista"), publicado em 1963, incendiou o movimento contemporâneo das mulheres e, como consequência, transformou permanentemente o tecido social dos Estados Unidos e dos países mundo afora.[17] Friedan afirma ter escrito *The Feminine Mystique* somente depois de ter se tornado consciente do "problema da mulher" na sociedade estadunidense. O livro, afirma ela, foi resultado do despertar repentino duma esposa ingênua presa na armadilha de um

---

16 D. T. Koyzis, *Political Visions & Illusions: A Survey & Christian Critique of Contemporary Ideologies*, InterVarsity Press, Downers Grove/IL, 2003, p. 176-177.

17 B. Friedan, '*Up From the Kitchen Floor*', *New York Times Magazine*, New York, 4 de março de 1973, p. 8.

relacionamento conjugal dominado pelo homem. Friedan argumenta assim que o casamento tradicional é um artifício masculino (patriarcal) concebido pelos homens para forçar as mulheres a servi-los e a fazer sexo com eles.[18] Para escapar da "opressão patriarcal" do casamento, descrito pelo livro como forma de aprisionamento que viola as "vias legítimas de autoexpressão feminina", Friedan pregava a presença de mães jovens em locais de trabalho e de crianças em creches e o fim do lar tradicional.[19] Depois de afirmar que as mulheres têm a mesma necessidade de poder e controle que os homens, Friedan conclui:

> Quando foi negado à mulher o acesso à satisfação daquelas necessidades na sociedade como pessoa por seu próprio direito, ela fez do lar e da família um veículo para seu poder e controle, status, autorrealização (...). A família, que em certo sentido era a base de poder da mulher (...), tornou-se seu próprio Frankenstein.[20]

Assim, fugir do "monstro familiar" tornou-se a peça central da agenda radical de Friedan.[21] Mas a verdade é que ela, que seria a voz mais autorizada do movimento feminista da segunda onda, não era o tipo de "esposa comum de classe média" que tanto alegava ser. Na sua juventude, como estudante no Smith College nos anos 1930, ela era apologista de Joseph Stálin e membro do Partido Comunista estadunidense. Depois de se formar, Friedan trabalhou como jornalista política para a associação Trabalhadores do Setor Elétrico da América, organização sindical descrita por seus próprios apoiadores como "a maior instituição de orientação comunista dos Estados Unidos".[22] As atividades de Friedan nos anos 1940 e no início dos anos 1950 "proporcionaram a ponte que a aproximou das mulheres da classe trabalhadora, como repositório de suas esperanças e do material utilizado para escrever sua obra feminista *The*

---

18 B. Maley, *Family & Marriage in Australia*, Centre for Independent Studies, Sydney, 2001, p. 61.
19 B. Friedan, *The Feminine Mystique*, Dell Publishing, New York, 1963, p. 122 e 232-234.
20 B. Friedan, *The Second Stage*, Simon and Schuster, New York, 1981, p. 62.
21 Maley, nota 18 acima, p. 62.
22 R. W. Schatz, *The Electrical Workers: A History of Labor at General Electric and Westinghouse*, 1923-1960, University of Illinois Press, Urbana/IL, 1983, p. xiii.

Feminine Mystique.[23] Portanto, não é coincidência que Friedan fosse infensa ao casamento tradicional, defensora incondicional do divórcio sem culpa do cônjuge, da "libertação sexual" das mulheres[24] e do aborto voluntário. Afinal de contas, como bem explica Sheila Fitzpatrick a respeito do cenário familiar forjado por Stálin na antiga União Soviética:

> A postura comunista com relação à família era geralmente hostil. "Burguês" e "patriarcal" eram duas palavras frequentemente associadas à palavra "família". As convenções seguidas pela respeitável sociedade antes da revolução eram rechaçadas como "futricas pequeno-burguesas" e a geração mais jovem, especificamente, fez questão da sua libertação sexual e de desrespeitar a instituição do casamento. Casamentos "livres" (não-oficializados) eram comuns, assim como divórcios por correspondência. O aborto era legal. As mulheres e os homens comunistas, do mesmo modo, acreditavam na igualdade entre os sexos e na emancipação das mulheres (embora as mulheres fossem e continuassem a ser uma pequena minoria entre os membros do partido). Para uma mulher, ser apenas dona-de-casa era vergonhoso. Alguns entusiastas foram além

---

23 D. Horowitz, '*Rethinking Betty Friedan and the Feminine Mystique: Labor Union Radicalism and Feminism in Cold War America*' (1964) 48(1) *American Quarterly Review* 31. W. A. Borst escreve: "William Z. Foster foi secretário-geral do Partido Comunista estadunidense. Em seu livro de 1932, *Toward Soviet America* ("Rumo aos Estados Unidos Soviéticos da América"), ele descreveu a chamada liberdade das mulheres estadunidenses como mito. A mulher é tanto uma borboleta dourada parasita burguesa quanto escrava oprimida. Foster também desenvolveu a ideia de que nada do que as mulheres faziam em casa tinha valor ou era pessoalmente satisfatório. Sua retórica inflamada pavimentou o caminho para o ataque bem-sucedido de Friedan ao casamento nos anos 1960. Friedan, anteriormente chamada Bettye Naomi Goldstein, não era uma simples dona-de-casa frustrada em suas necessidades profissionais fora das cercanias opressivas dos bairros de classe-média. Ela tinha sido propagandista do stalinismo desde seus dias de estudante na Faculdade Smith no final dos anos 1930. Posteriormente, ela trabalhou como discípula dedicada do marxista cultural Herbert Marcuse, fato convenientemente omitido dos seus currículos e de seu posterior obituário" (W. A. Borst, '*Trouble in Paradise: The Marxist Attacks on Marriage and the Family*' (2009) 51(3) *Mindszenty Report* 1, p. 2-3).

24 I. Kristol apresentou a seguinte visão sobre os efeitos negativos da "libertação sexual" das mulheres: "A libertação sexual, tal como surgida em meados dos anos 1950, veio a ser – porquanto estava destinada a ser – um embuste masculino. Sexo fácil, disponível é agradável aos homens e degradante para as mulheres, que são usadas e abusadas no processo. Não obstante, a agenda de uma atitude casual, cândida para com o sexo foi vigorosamente patrocinada por feministas que a perceberam erroneamente como um passo em direção à "igualdade". Mesmo atualmente, há algumas feministas retardatárias firmemente persuadidas de que dormitórios e banheiros mistos num *campus* universitário representam um passo nesse sentido. Contudo, a verdadeira igualdade entre homens e mulheres só pode ser alcançada por um código moral que ofereça às mulheres alguma proteção contra os predadores masculinos – e todos os homens são, em algum grau, predadores naturais quando se trata de sexo" (I. Kristol, *Neoconservantism: The Authography of an Idea*, Elephant Paperbacks, Chicago/IL, 1999, p. 56).

ao sugerir que as crianças seriam mais bem criadas em lares estatais para crianças do que em casa, com seus pais.[25]

Porque simpatizava imensamente com esses ideais antifamiliares comunistas, Friedan buscava sujeitar a família estadunidense à análise crítica do marxismo. Karl Marx via o casamento como uma instituição burguesa na qual as esposas são instrumentos de produção de um sistema de "prostituição não-oficial" legalizada.[26] No *Manifesto Comunista* (1848), ele afirmou que, no casamento, a exploração sexual permanente das mulheres é "hipocritamente velada".[27] Segundo Marx, "o burguês vê sua esposa como mero instrumento de produção. Ele escuta que os instrumentos de produção existem para ser explorados coletivamente e, naturalmente, só pode chegar à conclusão de que o mesmo se passa com as mulheres".[28] Marx propõe assim a abolição do casamento e da família: "De resto, é autoevidente que a abolição da [família] traria consigo a abolição do amor gratuito decorrente desse sistema, isto é, a prostituição oficial e não-oficial".[29] Do mesmo modo, no livro *A Origem da Família, da Propriedade e do Estado* (1884), o seu companheiro Friedrich Engels sustentou que o poder econômico do homem na família tradicional sujeita a mulher à condição de "escrava da concupiscência do marido e mero instrumento para a produção de crianças".[30] Engels propõe a abolição da família como unidade econômica, exortando todas as mulheres a se voltarem para a indústria, para o divórcio simples e unilateral e para a criação coletiva de todas as crianças.[31]

Friedan apoiava todas essas políticas propugnadas por Marx e Engels. Como stalinista, ela estava ciente de que na União

---

25 S. Fitzpatrick, *Everyday Stalinism: Ordinary Life in Extraordinary Times: Soviet Russia in the 1930s*, Oxford University Press, New York, 1999, p. 142.

26 K. Marx e F. Engels, *Manifesto of the Communist Party* (1848), disponível em <http://www.anu.edu.au/polsci/marx/classics/manifesto.html> (acesso em 18 de outubro de 2012).

27 *Ibid*.

28 *Ibid*.

29 *Ibid*.

30 Citado em Barnett, nota 14 acima, p. 332.

31 F. Engels, *The Origin of the Family, Private Property and the State*, Charles H. Kerr & Co., Chicago/IL, 1902 (1884).

Soviética a demolição da família tradicional fora facilitada pelo notório Código Matrimonial e Familiar soviético, que tornou o divórcio algo tão fácil e acessível que o resultado foi um aumento enorme das relações sexuais casuais e a mais alta taxa de divórcio do mundo. Ela apoiava essas políticas por ver a família tradicional como algo opressor para as mulheres e obstáculo para a socialização das crianças. Em suma, Friedan parece ter desejado que seu país adotasse o mesmo modelo de engenharia social que os comunistas implantaram na antiga União Soviética, plenamente ciente de que essas políticas objetivavam acelerar a desintegração da "família burguesa".[32] Como destaca o historiador inglês Orlando Figes:

> A família foi a primeira arena em que os bolcheviques travaram sua luta. Nos anos 1920, eles tomaram como artigo de fé que a "família burguesa" era socialmente danosa: ela era autocentrada e conservadora, baluarte da religião, da superstição, da ignorância e do preconceito; ela fomentava o egoísmo e ambição material e oprimia as mulheres e as crianças. Os bolcheviques esperavam que a família desaparecesse à medida que a Rússia soviética se desenvolvesse no sentido dum sistema integralmente socialista, no qual o Estado assume a responsabilidade de todas as funções domésticas básicas (...). O casamento patriarcal, com sua moral sexual de subordinação, extinguir-se-ia – para ser substituído, acreditavam os radicais, por "uniões amorosas livres".[33]

Obviamente que as ideias de Friedan sobre a família não são incomuns entre outras feministas radicais. A hostilidade contra o casamento é uma das marcas do movimento feminista iniciado pela sua "segunda onda". Essas radicais aplicariam formas marxistas de análise a grupos identificados pelo gênero, exortando-os a tomar consciência e se livrar de seus opressores.[34] Um bom exemplo de interpretação feminista-marxista nos é dado por Germaine Greer, feminista australiana e autora do livro *The Female Eunuch*

---

32 O. Figes, *The Whisperers: Private Life in Stalin's Russia*, Penguin, Londres, 2008, p. 9.

33 *Ibid*, p. 8.

34 N. R. Pearcey, *Total Truth: Liberating Christianity from Its Cultural Captivity*, Crossway Books, Wheaton/IL, 2004, p. 135.

("A Eunuca"). Seu livro possui um capítulo intitulado "O mito de classe-média do amor e do casamento", no qual Greer insinua "que as mulheres não deveriam entrar em relacionamentos socialmente aprovados como o casamento e que, uma vez infelizes neles, não deveriam ter escrúpulos em sair deles". As mulheres, ela conclui, "são o verdadeiro proletariado, a verdadeira maioria oprimida – elas devem rebelar-se contra os homens".[35]

Uma outra influente feminista, a escritora francesa existencialista Simone de Beauvoir (1908-1986), considerava que "uma vez que a opressão das mulheres tem sua causa na vontade de perpetuar a família (...), a mulher escapa de sua completa dependência na medida em que escapa da família".[36] De Beauvoir afirmou abertamente que as esposas são essencialmente prostitutas que trabalham no âmbito privado e que a essência do amor é encontrada no adultério. Depois de sustentar que a prostituição surgiu na história como resultado do casamento monogâmico, ela afirmou: "Nenhuma mulher deveria ser autorizada a ficar em casa para criar seus filhos. A sociedade deveria ser totalmente diferente. *As mulheres não deveriam ter escolha* precisamente porque, se houver essa escolha, muitas mulheres a farão".[37]

Vários outros exemplos podem ser dados para confirmar a hostilidade dessas feministas com relação à família e ao casamento. Para Marlene Dixon, "o casamento é o principal veículo de perpetuação da opressão das mulheres; é por meio do papel de esposa que a subjugação das mulheres se mantém".[38] Do modo semelhante, Kate Millet em seu famoso livro *Sexual Politics* (Política Sexual) escreve que "a completa destruição do casamento tradicional e da família nuclear é o objetivo revolucionário ou utópico do feminis-

---

35 G. Greer, *The Female Eunuch*, Peladin, Londres, 1971, p. 12, 18 e 22.

36 Citado em C. T. Flemming, *Motherhood Deferred*, Random House, New York, 1996, p. 24.

37 Citado em Sommers, nota 10 acima, p. 256-257.

38 M. Dixon, *Why Women's Liberation? Racism and Male Supremacy*, disponível em <http://univhistory.tripod.com/apush/Semester2/Articles/Articles/08_dixon.html> (acesso em 1º de novembro de 2012). Ver também M. Dixon, *Why Women's Liberation? Racism and Male Supremacy*, Chicago Women's Liberation Union, Chicago/IL, 1963, p. 9.

mo".³⁹ De acordo com a professora de história da Universidade de Nova York Linda Gordon:

> A família nuclear precisa ser destruída (...). As famílias serão finalmente destruídas somente quando uma organização social e econômica revolucionária permitir que a necessidade das pessoas de amor e segurança seja satisfeita de forma a não impor divisões do trabalho ou quaisquer regras externas em absoluto.⁴⁰

Essas são visões comumente expressas por intelectuais feministas.⁴¹ Publicado em 1971, o tratado *Declaração do Feminismo*, de Nancy Lehman e Helen Sullinger, dispõe que:

> O casamento tem existido para benefício dos homens e tem sido um método juridicamente respaldado de controle das mulheres (...). Hoje sabemos que ele é a instituição que nos enganou e devemos trabalhar para destruí-lo (...). O fim da instituição do casamento é a condição necessária para a libertação das mulheres.⁴²

Por isso mesmo, Nancy Polikoff, professora emérita da *Washington College of Law* e conhecida LGBT+ ativista, criticou a promoção do casamento lésbico porque, segundo ela, "o movimento feminista sempre rejeitou o casamento como instituição opressora".⁴³ E mais ou menos na mesma época, a professora da Universidade Cornell Martha Fineman, outra das principais intelectuais feministas e autoridade em direito de família homossexual, publicou

---

39 K. Millet, *Sexual Politics*, Doubleday, Garden City/NY, 1970, p. 35.

40 L. Gordon, *"Functions of the Family"*, Women: *A Journal of Liberation*, Vol. 1, outono de 1969, re-impresso *in* L. B. Tanner (ed), *Voices of Women's Liberation*, Signet Books, New York, 1971, p. 183.

41 Isso é endossado por S. Atkins e B. Hoggett: "Existe uma tese feminista bem desenvolvida sobre as consequências do direito de família em amparar e reproduzir um conjunto específico de relações entre os sexos no crucial âmbito doméstico. O mecanismo responsável por isso é o casamento formal, que é, por essa razão, desfavorável, se comparado a outros tipos de relacionamento íntimo. Diz-se que o casamento (...) consiste em um contrato implícito e inegociável cujos termos arraigam os respectivos papéis do marido conquistador do pão e da esposa dependente" (S. Atkins e B. Hoggett, *Women and the Law*, Basil Blackwell, Oxford, 1984, p. 147).

42 N. Lehmann e H. Sullinger, *'Declaration of Feminism'*, originalmente distribuído em junho de 1971 (Caixa Postal 7064, Estação Powderhorn, Minneapolis, Minnesota 55407).

43 N. D. Polikoff, *'We Will Get What We Ask For: Why Legalizing Gay and Lesbian Marriage Will Not Dismantle the Legal Structure of Gender in Every Marriage'* (1993) 79 *Virginia Law Review* 1535. Ver também *'First Comes Love, Then Comes Marriage, Then Comes Queers with a Baby Carriage: The Strange Logic of the Hawaii Same-sex Marriage Trial'* (1993) 22/3 GNC: *National Queer Progressive Quarterly* 12.

um livro em que ela aduz que, em vez de rever a instituição do casamento para incluir pessoas do mesmo sexo, o casamento como categoria sociojurídica na realidade precisaria ser abolido por completo.[44] Assim sendo, as feministas foram bastante ativas na demanda por facilitação do divórcio sem culpa do cônjuge para possibilitar às mulheres supostamente escapar da "opressão" do casamento.

O argumento central desse tipo de feminismo é que a emancipação das mulheres é incompatível com o casamento e a maternidade. A renomada professora de Direito Mary Ann Glendon cita uma conclusão final a respeito de uma bibliografia comentada das obras feministas sobre o tema da maternidade: "As principais obras têm uma linha comum: a instituição da maternidade é a raiz da opressão das mulheres".[45] Na opinião de alguns comentadores, isso, combinado com a descrição das donas-de-casa como "traidoras do seu sexo" e nada além da encarnação de "idiotas" e "parasitas",[46] engendraram o efeito natural de rebaixar o comprometimento social com o casamento e com a maternidade.[47] De fato, essas ideias feministas criaram um clima de atitudes e políticas pú-

---

[44] M. A. Fineman, *The Neutered Mother, the Sexual Family, and Other Twentieth Century Tragedies*, Routledge, New York, 1995.

[45] M. A. Glendon, 'Is the Economic Emancipation of Women Today Contrary to a Healthy, Functioning Family?' in C. Wolfe (ed), *the Family, Civil Society, and the State*, Rowan and Littlefield, Lanham/MD, 1998, p. 89.

[46] P. Johnson comenta: "A maioria das mulheres dos Estados Unidos em meados do século XX (...) subscrevia o que era conhecido como "O Pacto das Mulheres", que reconhecia que as mulheres se encaixam em três grupos. O primeiro, inapto ou não-disposto a se casar, ou temeroso do parto, devotava suas vidas à carreira (...). O segundo se casava e tinha filhos e deixava sua criação a cargo de outros para se dedicar à sua carreira. O terceiro escolhia o casamento como carreira e a criação dos filhos e o cuidado do lar como arte. O Pacto das Mulheres foi quebrado pelas feministas dos anos 1960 e seguintes, que denunciaram as carreiristas do casamento como traidoras do sexo. Helen Gurley Brown, fundadora da *Cosmopolitan* (1965), revista estratégica de Dorothy Parker, (eventualmente) repleta de nudez frontal masculina desnecessária, denunciou a dona-de-casa como "parasita, dependente, encostada, sanguessuga, desocupada" (...). Em 1970, a revista *Time* publicou um conhecido ensaio no qual Gloria Steinem classificou as "mulheres tradicionais" como "inferiores" e "criaturas dependentes que ainda são crianças". Esse refrão foi usado por inumeráveis acadêmicas, que se proliferam nas décadas de 1960, 1970 e 1980 e que conduziram os departamentos de "Estudos das Mulheres" em diversas universidades" (P. Johnson, *A History of the American People*, HarperPerennial, New York, 1999, p. 973-974).

[47] A caracterização das donas-de-casa como "parasitas" tem sido considerada "o pior insulto e traição à solidariedade entre as mulheres". F. Carolyn Graglia acredita que os homens eram menos alvo das feministas radicais do que as mulheres conservadoras que não subscreviam a agenda feminista radical: "As donas-de-casa, e não os homens, eram o alvo das feministas quando Kate Millet decretou em 1969 que a família deve acabar. As feministas não falam para as mulheres tradicionais. Todavia, os homens não podem saber disso, a menos que lhes contemos o que achamos deles, de nossos filhos e do nosso papel em casa. Os homens precisam entender que nossos sentimentos com relação a eles e nossos filhos são escarnecidos pelas feministas e lhes rendeu nossa inimizade" (F. C. Graglia, *Domestic Tranquillity: A Brief Against Feminism*, Spence Publishing Co., Dallas/TX, 1998, p. 97).

blicas planejadas para minar o casamento tradicional e levar as mulheres a uma "competição sexual com os homens. O objetivo destas feministas, comenta Carolyn Graglia na publicação conservadora estadunidense *The Weekly Standard*:

> (...) tem sido levar as mulheres do lar para compor a força de trabalho para trabalhar duro como os homens e, assim, obter igualdade política e econômica numa sociedade cada vez mais andrógena. Sem dúvida, todas as ações do feminismo [radical] têm servido a esse propósito, que é a razão pela qual [algumas] feministas têm apoiado ardentemente a libertinagem sexual moderna que tem encorajado as mulheres a imitar o padrão sexual masculino. Nosso regime do divórcio sem culpa do cônjuge, que permite aos homens abandonar e empobrecer as famílias, é o legado mais profundo e duradouro do feminismo. Pode parecer irônico que, por meio dessa política de divórcio, um movimento de mulheres tenha sido desvantajoso para as donas-de-casa e tenha promovido os interesses de seus maridos. Mas ela é coerente, pois ao subverter a segurança social e econômica das donas-de-casa, o divórcio sem culpa do cônjuge institucionalizou em nossa sociedade o preceito feminista de que as mulheres devem abandonar o lar para entrarem no mercado de trabalho. A política feminista de divórcio, explicou certa feita Betty Friedan, privou propositalmente as mulheres de pensão alimentícia para forçá-las a assumir uma "igualdade de responsabilidades".[48]

Estudos conduzidos nos Estados Unidos mostram que os filhos de casais divorciados apresentam taxas significantemente maiores de depressão, medo de abandono e delinquência do que os filhos de famílias de pais não-separados.[49] Ademais, os filhos de casais divorciados são mais propensos a abandonar o ensino do que os filhos de "lares intactos", mesmo quando comparados com famílias

---

[48] F. C. Graglia, 'The Breaking of the Women's Pact', The Weekly Standard, 11 de novembro de 1996, p. 30.

[49] J. Wallerstein e J. B. Kelly, *Surviving the Breakup: How Children and Parents Cope with Divorce*, Basic Books, New York, 1996, p. 46-50 e 211. Ver também R. L. Simons *et al*, 'Explaining the Higher Incidence of Adjustment Problems Among Children of Divorce Compared with Those in Two-Parent Families' (1999) 61 *Journal of Marriage and Family* 1020; T. M. Cooney e J. Kurz, 'Mental Health Outcomes Following Recent Parental Divorce: The Case of Young Adult Offspring' (1996) 17 *Journal of Family Issues* 495.

que perdem o pai por morte.[50] Esses estudos indicam ainda que, quando o pai está presente no lar, as crianças de um lar com pai são menos susceptíveis a se envolver com drogas, a cometer crimes e a sofrer abuso sexual e as meninas adolescentes ficam grávidas com frequência 50% inferior às meninas de lares sem o pai.[51]

Feminismo e Pós-Modernismo

A tese de que a realidade social é construída pelos mais poderosos para perpetuar sua hegemonia é um dos marcos da filosofia pós-modernista, o qual combinada à ideologia feminista defenderia que o papel atribuído às mulheres na sociedade tradicional não é natural, mas, sim, socialmente construído. Afirma-se de tal maneira que os papéis e comportamentos masculinos e femininos não são influenciados por naturais diferenças biológicas, e, sim, condicionados socialmente e construídos de acordo com o objetivo de manter as relações sociais de poder e de dominação. Inspiradas pela rejeição pós-modernista da crença moderna na razão universal, essas feministas sustentam que a verdadeira compreensão não advém da razão, mas, sim, da observação das relações subjetivas de poder e dominação.[52] Segundo elas, "o chamado conhecimento não passa de crenças criadas para justificar as relações de poder existentes e não há algo como uma verdade objetiva a fundamentar estruturas sociais como o casamento e a família".[53] Nesse sentido, as feministas se escoram no pós-modernismo para apontar sua mira para os conceitos de racionalidade e ciência, rechaçando-os como expressões do poder ocidental, masculino e branco. Nesse sentido,

---

[50] T. J. Biblarz e G. Gottainer, '*Family Structure and Children's Success: A Comparison of Widowed and Divorced Single-Mother Families*' (2000) 62 *Journal of Marriage and the Family* 533.

[51] K. E. Kiesnan e J. Habcraft, '*Parental Divorce During Childhood: Age at First Intercourse, Partnership and Parenthood*' (1997) 51 *Population Studies* 41. Para I. Kristol, "uma das descobertas incontestáveis da ciência social moderna é que os pais são pessoas muito importantes (...). Desse modo, sucede que quase dois terços dos estupradores, três quartos dos adolescentes assassinos e a mesma proporção de detentos de longas penas são jovens do sexo masculino que cresceram em lares sem a presença do pai (...). O novo foco sobre a figura paterna deriva principalmente da descoberta de que as patologias sociais presentes nas famílias beneficiárias de programas sociais e nas famílias "de baixa renda" em geral têm muito a ver com a ausência do pai" (Kristol, nota 24 acima, p. 67).

[52] D. R. Heimbach, '*Deconstructing the Family*' (2006) 27(1) *The Australian Family* 8, p. 16.

[53] *Ibid*.

a feminista pós-modernista Sandra Harding é conhecida por ter defendido a bizarra noção de que os princípios da mecânica de Isaac Newton deveriam ser chamados de "manual de estupro".[54] É claro que se está falando aqui de feminismo que anda de mãos dadas com o pós-modernismo o rechaçar a ideia mesma de racionalidade e objetividade.[55] Na álgebra feminista, por exemplo:

> (...) a expressão corrente de "atacar" problemas matemáticos é denunciada como opressiva e violenta. Na biologia feminista, o conceito de ADN como a "molécula-mestra" a orientar as atividades celulares é denunciado como produto do viés masculino. O próprio método científico é criticado por incorporar matizes sexistas da dominação e do controle masculinos que justificam o "estupro da Terra".[56]

Por fim, também se proclama como artigo de fé entre as feministas pós-modernistas a ideia de que o Direito reflete o "viés do homem branco", e que portanto o ordenamento jurídico das sociedades ocidentais operam como máscara ideológica para esconder a opressão das mulheres.[57] Esse tipo de análise enxerga a objetividade jurídica como um "mito" e o Direito das sociedades ocidentais como o produto da "sociedade patriarcal" que consolida a perpetuação contínua da "opressão do homem branco".[58] Aqueles que adotam essa premissa atacam os valores da argumentação e da objetividade como elementos dessa mesma opressão branca e patriarcal. Uma vez que a lógica e o raciocínio desapaixonado são nesse sentido vistos como meros instrumentos de dominação social, as feministas pós-modernistas preferem advogar "caminhos" mais

---

[54] A passagem completa dispõe o seguinte: "Mas se formos acreditar que as metáforas mecânicas foram um elemento fundamental das explicações fornecidas pela nova [isto é, moderna] ciência, por que deveríamos acreditar que as metáforas de gênero também não o foram? Uma análise coerente levaria à conclusão de que entender a natureza como uma mulher indiferente ou até receptiva ao estupro foi igualmente fundamental para as interpretações desses novos conceitos de natureza e de investigação científica. Provavelmente, essas metáforas também renderam frutíferas consequências pragmáticas, metodológicas e metafísicas para a ciência. Nesse caso, por que não seria tão esclarecedor e honesto referir-se às leis de Newton como "manual de estupro de Newton" quanto é chamá-las de "mecânica de Newton"?" (S. Harding, *The Science Question in Feminism*, Cornell University Press, New York, 1986, p. 113).

[55] Pearcey, nota 34 acima, p. 113.

[56] Pearcey, nota 34 acima, p. 113.

[57] D. A. Farber e S. Sherry, *Beyond All Reason: The Radical Assault on Truth in American Law*, Oxford University Press, New York, 1997, p. 124.

[58] D. R. Heimbach, 'Deconstructing the Family' (2006) 27(1) *The Australian Family* 8, p. 13.

sutis para conhecer as coisas, tais como as "narrativas", acreditando que eles funcionarão melhor para as mulheres (e as minorias), pois estórias são mais fáceis de manipular de modo a atingir certos fins políticos do que a simples observação objetiva e desapaixonada dos fatos empíricos.[59]

Feminismo Cultural

O feminismo cultural é uma variante do feminismo que sustenta que a privação social experimentada por grupos minoritários é o resultado da dominação masculina branca. Desse modo, as feministas culturais estão à frente das políticas atuais para corrigir as "injustiças do passado" impostas a essas minorias por meio de "ações afirmativas" nos ambientes de trabalho, bem como em várias outras esferas da vida social. Todavia, ao priorizarem direitos de grupos à custa dos direitos individuais, as tais feministas tendem a justificar a opressão das mulheres não-ocidentais com base na proteção da "identidade cultural". Por exemplo, embora a amputação do clitóris e por vezes de toda a vulva da genitália ainda seja praticada em algumas culturas islâmicas, a feminista australiana Germaine Greer acredita que a "mutilação genital das meninas precisa ser considerada em seu contexto", de modo que a tentativa de grupos ocidentais defensores dos direitos humanos de impedir essa prática aviltante equivaleria a uma forma de ataque à "identidade cultural".[60]

Do mesmo modo, Leti Volpp, professora de Direito norte-americana, aduz que qualquer crítica à mutilação do clitóris é uma forma de "imperialismo cultural" que "mostra a mulher imigrante como alguém que requer a libertação para os costumes e hábitos sociais da metrópole ocidental".[61] Ela também acredita ser

---

59 Farber e Sherry, nota 57 acima, p. 124.

60 Germaine Greer, autora do livro *The Female Eunuch* (A Eunuca) (1971), apoiava fortemente algumas das práticas mais fascistas e aterrorizantes de grupos islâmicos. Por exemplo, em 1989, depois que o aiatolá Khomeini emitiu uma fátua condenando à morte Salman Rushdie por ter escrito o livro *Satanic Verses* ("Versos Satânicos") (1988), Greer não viu nada demais na fátua de Khomeini. Ela chamou Rushdie de "megalomaníaca" e então acrescentou: "Eu aprovo o comportamento dos muçulmanos", citado em F. Halliday, "*The Fundamental Lesson of the Fatwa*" (1993) 6(239) *New Statesman and Society* 16. aaaaaaaff

61 L. Volpp, "*Talking Culture: Gender, Race, Nation, and the Politics of Multiculturalism*" (1996) 96

inteiramente inadequado priorizar o direito de uma mulher à custa da "consciência de raça".⁶² É claro que sua afirmação dificulta a possibilidade de ajudar mulheres vítimas de práticas "culturais" hediondas como o casamento infantil, a mutilação do clitóris, a poligamia, os homicídios para a defesa da honra, etc. De fato, como Volpp destaca:

> Precisamos abandonar a noção etnocêntrica de inferioridade de certas culturas e entender que todas as comunidades se caracterizam por formações patriarcais ou por resistência a essas formações. Também precisamos reconhecer que colocar o multiculturalismo como algo antiético para o feminismo consiste numa falsa oposição calcada no racismo. Ademais, negar uma consideração explícita de "raça" e "cultura" em nossa ordem jurídica não resultará numa justiça meritocrática "alheia à cor" e "alheia à cultura", mas na replicação de padrões dominantes de dispersão de poder. Essas são premissas que precisam ser compreendidas se quisermos avançar no exame acadêmico da relação entre cultura e Direito.⁶³

Pode-se pensar que esses argumentos representam uma traição da parte dessas feministas culturais às mulheres não-ocidentais. De fato, mulheres de certas minorias culturais têm protestado contra esse critério de dois pesos, duas medidas, aplicado por tais feministas em favor de homens agressores e opressores.⁶⁴ Estas têm denunciado a defesa de direitos culturais por feministas culturais como uma negação de direitos fundamentais *iguais a todas as pessoas*, pois estas admitem que, por causa da cultura, o Direito não deveria necessariamente garantir a algumas mulheres o mesmo nível de proteção jurídica dispensada às mulheres ocidentais pertencentes ao grupo cultural predominante. Como destaca Michael Freeman:

> Esse debate desconsidera o conflito de interesses das mulheres e dos grupos raciais ou culturais. Esse é um assunto levantado

---

Columbia Law Review 1573, p. 1577.

62 *Ibid*, p. 1617.

63 *Ibid*.

64 Ver N. Rimmont, "A Question of Culture: Cultural Approval of Violence against Women in the Asian-Pacific Community and the Cultural Defense" (1991) 43 Stanford Law Review 1311.

pela teoria racialista crítica. Para Volpp, priorizar os direitos das mulheres abrange a consciência de gênero à custa da consciência de raça. Mas não se poderia argumentar que permitir a defesa cultural autoriza que os direitos de um grupo prevaleçam sobre os interesses das mulheres daquele grupo com mais chances de ter pouca influência na formulação de suas normas?[65]

Existe uma demanda "progressista" em fornecer mais direitos de minorias étnicas e religiosas. Esses grupos teriam suas próprias regras sociais que proporcionariam aos seus "membros maneiras significativas de viver em meio a toda variedade das atividades humanas, inclusive a vida social, educacional, religiosa, recreacional e econômica, abrangendo tanto a esfera pública quanto a privada".[66] Porque as culturas haveriam de desempenhar um papel abrangente nas vidas de seus membros, sustenta-se que a esses grupos a lei deveria conceder privilégios especiais, do contrário seu status como minoria ficaria prejudicado.[67] Alguns desses teóricos culturalistas, contudo, negam que grupos minoritários devam ter direitos especiais, mas, sim, que tais grupos – mesmo os que violam os direitos individuais de seus membros – têm o direito de ser "deixados em paz" numa sociedade multicultural.[68] Assim sendo, as minorias culturais que subjugam as mulheres deveriam ser toleradas porque insistir que elas obedeçam aos nossos valores liberais e universalistas é, de acordo com este mesmo entendimento, "nos expor à mesma carga de fundamentalismo contra o qual nos colocamos e confiar somente em nosso senso de superioridade coercitiva para fazer do nosso jeito".[69]

Nesse sentido, o feminismo cultural afirma que o conhecimento e a verdade são contingentes e que todas as culturas, em ge-

---

[65] M. D. A. Freeman, *Lloyd's Introduction to Jurisprudence*, 8ª ed., Sweet & Maxwell, Londres, 2008, p. 1297.

[66] W. Klymcka, *Multicultural Citizenship: A Liberal Theory of Minority Rights*, Claredon Press, Oxford, 1995, p. 89.

[67] Ver A. Margalit e M. Halbertal, "*Liberalism and the Right to Culture*" (1994) 71 *Social Research* 529.

[68] C. Kukathas, "*Are There any Cultural Rights?*" (1992) 20(1) *Political Theory* 105, p. 139.

[69] B. Parekh, "*A Varied Moral World*" *in* J. Cohen, M. Howard e M. C. Nussbaum (ed), *Is Multiculturalism Bad for Women?*, Princeton University Press, Princeton, 1999, p. 72.

ral, são igualmente válidas. Aqueles que acolhem essa ideia ignoram a tensão um tanto óbvia entre o relativismo cultural e a necessidade de se proteger direitos humanos mais objetivamente. É evidente que em algumas sociedades não-ocidentais as mulheres estão mais sujeitas à opressão social. Contudo, tentativas de governos ocidentais de abolir práticas hediondas contra as mulheres, tal como a prática da mutilação genital feminina, têm sido por vezes condenadas como uma forma de "imperialismo colonialista".[70] Suri Ratnapala explica essa lamentável situação:

> As mulheres estão sujeitas a opressão e crueldade indizíveis em diferentes partes do mundo. Em algumas sociedades islâmicas as mulheres são punidas por não cobrirem seus rostos em público ou mesmo por serem vistas em público em companhia de um homem que não seja seu parente. As mulheres, em muitas sociedades, são forçadas a se casar contra a sua vontade. Algumas têm suas genitálias mutiladas. Mulheres que coabitam com homens sem aprovação paterna são assassinadas em nome da honra da família. A lista não termina. Esse tipo de tratamento é proibido em sociedades liberais. No entanto, o foco feminismo jurídico não recai sobre as atrocidades que as mulheres enfrentam em sociedades não liberais, mas sobre a condição das mulheres em sociedades liberais, sob leis liberais.[71]

O problema de muitas feministas ocidentais é que elas têm aceitado prontamente que o feminismo e o multiculturalismo são coisas boas e facilmente conciliáveis.[72] Contudo, muitas culturas não-ocidentais estão encharcadas de práticas e ideologias que endossam e facilitam a opressão das mulheres. Nessas culturas, existem claras disparidades de poder entre os sexos, de modo que, com mais poder, os homens são aqueles que ficam geralmente na posição de determinar e articular as crenças, práticas e interesses grupais.[73] Nesse contexto, a ideia de direitos grupais pode "limitar a capa-

---

70 M. Parke, *Female Genital Mutilation: The Limits of Cultural Relativism* (1999) 4 *Sister in Law* 7, p. 7.
71 S. Ratnapala, *Jurisprudence*, Cambridge University Press, Cambridge e Melbourne, 2009, p. 233.
72 S. M. Okin, "*Is Multiculturalism Bad for Women?*" in Freeman, nota 65 acima, p. 1400.
73 Freeman, nota 65 acima, p. 1401.

cidade das mulheres e meninas daquela cultura de viver com dignidade igual à dos homens e meninos e de viver o mais livremente possível".[74] Existe, de fato, uma alta probabilidade de tensão entre o conceito de direitos iguais entre os gêneros e as políticas multiculturalistas que se utilizam do Direito para proporcionar privilégios grupais para determinadas culturas minoritárias.[75] Infelizmente, no entanto, explica Susan Orkin:

> (...) os defensores dos direitos grupais tendem a tratar os grupos culturais como algo monolítico – ao prestarem mais atenção às diferenças entre os grupos do que às diferenças dentro deles. Especificamente, eles dispensam pouca atenção ou nenhum reconhecimento ao fato de que grupos culturais minoritários como as sociedades em que vivem (embora em maior ou menor grau) são eles próprios divididos em gêneros, com uma diferença substancial de poder e benefícios entre homens e mulheres.[76]

A esmagadora maioria das defesas culturais invocadas em processos criminais envolvem o controle do homem sobre as mulheres e as crianças.[77] Nos Estados Unidos, casos culturais trazidos aos tribunais incluem a mutilação do clitóris, casamentos infantis, casamentos forçados, poligamia e sistemas de divórcio favoráveis aos homens. Casos criminais em que a "defesa cultural" foi utilizada com êxito para justificar a violência contra mulheres e crianças naquele país incluem: (1) sequestro e estupro cometidos por homens que alegam que seus atos são parte de seu costume cultural; (2) assassinato de esposas por imigrantes de países da Ásia e do Oriente Médio, cujas esposas cometeram adultério ou trataram seus maridos de forma inadequada; (3) assassinato de crianças por mães japonesas e chinesas que também tentaram se matar e fracassaram e que alegam que a vergonha da infidelidade de seus maridos as levou à prática culturalmente tolerada do suicídio mãe-e-filho.[78] Em todos

---

74 *Ibid.*
75 *Ibid*, p. 1400.
76 *Ibid*, p. 1401.
77 *Ibid*, p. 1404.
78 *Ibid.*

esses casos, o depoimento pericial sobre o antecedente cultural dos acusados resultou na absolvição ou na redução considerável das penas.[79] Esses casos envolvem defesas culturais que sugerem que, no grupo cultural do réu, as mulheres não têm o mesmo valor dos homens e são subordinadas a eles sexual, social e domesticamente.[80] Essas linhas de defesa não apenas falham em proteger as mulheres e as crianças de casos seriíssimos de violência, mas também perigosamente distorcem percepções do grupo majoritário sobre certas culturas minoritárias.

Feminismo Jurídico

A visão feminista do Direito deve muito o seu surgimento ao movimento dos Estudos Jurídicos Críticos (EJC) e seu ataque à teoria jurídica liberal. O direito feminista subscreveu alguns dos mais importantes princípios do movimento dos EJC dos anos 1970, especialmente a alegação de indeterminação radical das leis, da crítica à lógica intrínseca do Direito, e do papel da ordem jurídica em estabelecer "hierarquias ilegítimas" e relações sociais opressoras. Esse tipo de feminismo jurídico sustenta que a distinção entre a esfera pública e a esfera privada cria uma linha divisória que serve como um véu para a opressão masculina ocorrida no domínio privado. Como destaca Meyerson:

> (...) as feministas ressaltam que o Direito tem se ajustado para regular o domínio público, entendido como algo que abrange o Estado e as instituições do mercado, ao mesmo tempo em que se tem considerado inapropriado interferir na área do "amor" e da "intimidade" das relações familiares e do lar. Isso fez com que o Direito ignorasse o modo como as mulheres são tratadas no lar (...). O resultado final dessa atitude de omissão é que o poder masculino na esfera doméstica é, na prática, apoiado, ao mesmo tempo em que seu exercício é escondido.[81]

---

79 *Ibid*, p. 1405.
80 *Ibid*, p. 1403.
81 Meyerson, nota 4 acima, p. 47.

Ademais, o feminismo jurídico reforça a ênfase no significado da linguagem como parte de sua objeção à linguagem do Direito e o suposto viés dos tribunais em favor dos homens na aplicação as leis. A generalidade invocada pelo Direito na regulação das relações sociais desconsideraria as circunstâncias e experiências particulares das mulheres. Essas peculiaridades são observadas como fatores sociais que não podem ser apreendidos pela generalidade da lei. Assim, o feminismo jurídico é altamente crítico da lógica interna e da objetividade do sistema jurídico ocidental. De acordo com Ratnapala:

> Deve-se distinguir o feminismo jurídico do movimento político muito mais antigo por direitos iguais e justiça para as mulheres. A luta deste último começou, e continua, dentro do esquema geral das regras da democracia liberal. O feminismo jurídico, ao contrário, acredita que a teoria jurídica liberal e o método racional são grandemente responsáveis pela condição opressiva da mulher. Particularmente, as juristas feministas pensam que a noção liberal de validade jurídica objetiva está fundada sobre categorias abstratas que não reconhecem as circunstâncias e as experiências das mulheres. Assim, a corrente do feminismo jurídico pertence ao gênero do antiliberalismo radical.[82]

Nesse sentido, o feminismo jurídico preocupa-se mais com as particularidades do que com as generalidades dos fenômenos sociais.[83] Essa aplicação das "particularidades" inspira a agenda feminista voltada para a "legislação de ações afirmativas" e a promoção da "discriminação positiva de gênero". Entretanto, tais ações que facilitam a contratação preferencial à despeito do mérito ou merecimento pessoal podem ser perfeitamente consideradas como "um insulto às mulheres que tiveram sucesso em suas áreas de atuação com base em suas próprias qualidades individuais".[84] Ademais,

---
82 Ratnapala, nota 71 acima, p. 233.

83 N. Barry, *An Introduction to Modern Political Theory*, 2ª ed., Macmillan, Londres, 2000, p. 55.

84 G. A. Moens, *Affirmative Action: The New Discrimination*, Centre of Independent Studies, Sydney, 1985, p. 98. Em seu livro, o professor Moens não nega que a discriminação racial, étnica e sexual injusta tem sido um problema na Austrália, mas ele questiona se os projetos de "ações afirmativas" são o melhor jeito de abordar o problema. Ele explica o problema da aplicação das ações afirmativas e o fato de estas se tornarem quotas *de facto* e de que a linguagem de oportunidades iguais é usada para legitimar a política de resultados iguais. Do mesmo modo, no livro de Moens e Ratnapala *The Illusions of Comparable Worth* ("As Ilusões da Igualdade Salarial"), os autores explicam que a "igualdade salarial" como meio de

essas medidas fazem com os homens brancos, que são as principais vítimas dessas políticas de discriminação, paguem por supostas "discriminações do passado" que eles mesmos certamente que não praticaram. Desse modo, as políticas de ações afirmativas envolvem "o problema da possibilidade de colocar indivíduos em grupos e sujeitá-los a certas políticas profiláticas que frequentemente afetam seus interesses".[85]

Catharine MacKinnon

A principal expoente do feminismo jurídico é Catharine MacKinnon, da Faculdade de Direito de Michigan. Ela é autora de várias obras importantes como *Feminism, Marxism, Method and State: Toward Feminist Jurisprudence* ("Feminismo, Marxismo, Método e Estado: Rumo a Feminismo Jurídico") (1983), *Feminism Unmodified: Discourses on Life and Law* ("Feminismo Inalterado: Discursos Sobre Vida e o Direito") (1987), *Toward a Feminist Theory of the State* ("Rumo a uma Teoria Feminista do Estado") (1989), *Women's Lives – Men's Laws* ("Vidas das Mulheres – Leis dos Homens") (2005) e *Are Women Human?* ("As Mulheres São Humanas?") (2006). MacKinnon é a expoente mais influente do feminismo jurídico contemporâneo, afirma Denise Meyerson, que fornece a seguinte avaliação da sua teoria feminista:

> Ela argumenta que as mulheres, mais que terem uma voz diferente, não têm voz alguma. A dominação das mulheres como classe pelos homens é fundamental para a ordem jurídica e, certamente, para toda a sociedade. A opressão baseada no sexo é, de fato, a forma mais fundamental de opressão social e o abuso sexual das mulheres é o mecanismo indispensável com que são subjugadas as mulheres. Assim, poder e sexualidade são centrais na análise feminista radical.[86]

---

destruir a segregação ocupacional e as diferenças de rendimentos entre homens e mulheres tem uma falha fundamental. A igualdade salarial, de fato, faz discriminação de certos grupos de mulheres (por exemplo, as donas-de-casa) e pressupõe que a diferença entre os gêneros é causada por discriminação, ao passo que ela reflete mais precisamente as escolhas de estilo de vida das mulheres: G. Moens e S. Ratnapala, *The Illusions of Comparable Worth*, Centre for Independent Studies, Sydney, 1992.

85 Barry, nota 83 acima, p. 131.

86 Meyerson, nota 4 acima, p. 359.

Em seus escritos acadêmicos, MacKinnon discute o fim do âmbito privado na vida das pessoas. De acordo com ela, o Estado deveria estar autorizado a interferir ativamente no âmbito privado familiar porque, ressalta ela, "a imunidade à interferência pública dificilmente pode coexistir com qualquer direito que requeira pré-condições sociais para ser significativamente assegurado".[87] Conclui MacKinnon:

> Quando as regras sobre privacidade restringem intrusões na intimidade, elas refreiam a mudança no controle sobre a intimidade (...). Provavelmente, não é coincidência que as coisas mesmas que o feminismo considera centrais para a subjugação das mulheres – o próprio lugar, o corpo, as próprias relações, os próprios sentimentos, a intimidade – formam o núcleo daquilo que é acobertado pela doutrina da privacidade. Partindo-se dessa perspectiva, o conceito jurídico de privacidade pode blindar o lugar da pilhagem, do estupro marital e da exploração do trabalho das mulheres.[88]

MacKinnon vê a diferença de gênero como "a luva de veludo sobre o punho de ferro da dominação".[89] A feminilidade, diz ela, é um conceito socialmente construído que "obscurece e legitima a forma como o gênero é imposto pela força".[90] Nesse sentido, em sua análise, "todas as relações heterossexuais são coercitivas numa sociedade caracterizada pela supremacia masculina: não há jeito de distinguir claramente entre sexo heterossexual consensual e estupro".[91] MacKinnon parece ainda acreditar que nas condições de dominação masculina, o sexo heterossexual aparentemente consensual pode igualmente ser uma forma de estupro:

> Talvez o aspecto reprovável do estupro tenha se mostrado tão difícil de definir porque o ponto inicial inquestionável tem sido que o estupro é definido como algo distinto do intercurso

---

87 C. A. MacKinnon, *Feminism Unmodified: Discourses on Life and Law*, Harvard University Press, Cambridge/MA, 1987, p. 100.
88 *Ibid*, p. 8.
89 *Ibid*.
90 *Ibid*, p. 3.
91 Meyerson, nota 4 acima, p. 361.

sexual, enquanto que para as mulheres é difícil distinguir os dois em condições de dominação masculina.[92]

MacKinnon fia-se também no método marxista de "aquisição de consciência" a fim de considerar todo o ordenamento jurídico das sociedades ocidentais como mero produto da opressão masculina e, como tal, necessitante da sua transformação radical. "Meu objetivo é a reconstrução crítica coletiva do significado da experiência social das mulheres, à medida que estas passam por aquela", afirma MacKinnon.[93] Os principais assuntos da sua análise são as desigualdades sociais experimentadas pelas mulheres e as propostas de direitos especiais com base na "discriminação positiva". Para que fique bastante claro, MacKinnon não pretende de maneira alguma apoiar direitos iguais para todos, mas, sim, direitos especiais exclusivamente para as mulheres, por meio de políticas de "discriminação positiva". Segundo ela:

> Quando [a desigualdade de gênero] é exposta como uma questão de poder bruto, não se pode dissociá-la daquilo que deveria ser (...). Nessa mudança de paradigmas, propostas de igualdade não se tornam mais propostas de bem e mal, mas de poder e de ausência de poder, não mais desinteressadas em suas origens ou neutras nas suas conclusões do que são os problemas que suscitam.[94]

Mas seriam todas as mulheres tão irremediavelmente sem poder e subjugadas à sua contraparte masculina?[95] MacKinnon certamente acha que sim. Para ela, "o que as mulheres *são* é o que os homens fizeram com que elas *fossem*".[96] Inacreditavelmente, ela enxerga as mulheres sempre como as vítimas oprimidas da sociedade patriarcal, cuja sexualidade é inteiramente definida em termos do poder masculino – o poder, como MacKinnon coloca, "de nos fazer criar o mundo da sua interação sexual conosco do jeito que

---

92 C. A. MacKinnon, *Toward a Feminist Theory of the State*, Harvard University Press, Cambridge/MA, 1980, p. 174.

93 MacKinnon, nota 87 acima, p. 172-183.

94 *Ibid*, p. 43-44.

95 Freeman, nota 65 acima, p. 1292.

96 MacKinnon, nota 92 acima, p. 59 (com destaque de MacKinnon).

eles querem".[97] Assim sendo, ela acredita ainda que "a coerção é paradigmática em todas as relações heterossexuais e responsável pela construção do significado social de gênero sob a desigualdade de gênero".[98] Como pode se observar, MacKinnon desvirtua grosseiramente a realidade social a fim de promover uma forma de determinismo de gênero que perpetua falsos estereótipos a respeito das mulheres, inclusive o fato de que elas são realmente o "sexo frágil" e, invariavelmente, as "pobres vítimas da sociedade".[99]

Considerações Finais

Nas sociedades ocidentais as mulheres têm se emancipado de todas as restrições a que foram injustamente submetidas. Em alguns aspectos, as mulheres hoje adquirem em certos casos até mesmo mais direitos que os homens, uma vez que o Direito lhes confere uma proteção maior em algumas áreas, como o direito do trabalho. Antes dos anos 1960, o feminismo cuidava da igualdade de oportunidades e de tratamento jurídico isonômico entre homens e mulheres. Isso consistia num movimento dignificante e, por isso, não é mesmo de se estranhar que as causas iniciais do feminismo tenham se tornado populares, não apenas entre as mulheres, como também entre os homens de boa vontade.[100] Infelizmente, contudo, e de acordo com Christina Hoff Sommers, que se descreve como uma feminista da igualdade, "a perda da fé nas soluções liberais clássicas, combinada com a convicção de que as mulheres continuam acossadas e sujeitas à reação masculina implacável e perversa, direcionou

---

97 *Ibid*, p. 58.

98 *Ibid*, p. 172-183.

99 Para uma crítica feminista da visão de MacKinnon, ver D. Cornell, "*Sexual Difference, The Feminine, and Equivalency: A Critique of MacKinnon's* Toward a Feminist Theory of the State" (1991) 100 *Yale Law Journal* 2247.

100 Barrey Maley, colaborador sênior do Centro de Estudos Independentes da Austrália, em Sydney, comenta: "Os movimentos feministas liberais, apoiados e às vezes conduzidos por homens liberais, ajudaram a suprimir muitas injustiças contra as mulheres ao longo do último século. A cultura mudou e essas mudanças têm sido aceitas e implementadas em grande parte por homens convencidos de que essa é a coisa certa a ser feita. Agora fica difícil encontrar injustiças genuínas, sistemáticas ou estruturais contra as mulheres na civilização ocidental. O que se diz ser injustiça, desigualdade, discriminação ou exercício de poder diferenciado são geralmente desigualdades sociais e culturais decorrentes de preferências e prioridades de homens e mulheres fundados, em última instância, não na força bruta e na injustiça masculinas, mas, sim, nas escolhas comportamentais decorrentes de diferenças biológicas" (Maley, nota 18 acima, p. 60).

o movimento feminista predominante para uma virada divisionista (...) e o foco agora é na mulher como classe política, cujos interesses vão de encontro aos dos homens".[101] Enquanto que a primeira onda feminista focava no valor intrínseco de cada ser humano, o feminismo contemporâneo se concentra nas diferenças de gênero. No seu extremo, o tipo de feminismo que surgiu nos anos 1960 é predisposto a considerar apenas o "ponto-de-vista das mulheres", parecendo às vezes igualar a masculinidade a algum tipo de "mal inato".[102] Toda ideologia que se calca na demonização coletivista de todo um conjunto de pessoas deve ser tratada com uma profunda dose de desconfiança.

---

101 Sommers, nota 10 acima, p. 24.

102 Embora muitas feministas modernas não igualem a masculinidade ao mal, algumas feministas efetivamente o fazem. Por exemplo, no livro *The War Against Women* ("A Guerra Contra as Mulheres") (1992) a escritora feminista e acadêmica Marilyn French iguala os "homens comuns" a uma classe maligna de opressores que invariavelmente dominam e exploram as mulheres. Segundo ela, "todo o sistema de opressão da mulher se assenta nos homens comuns, que o mantêm com bondade e dedicação que fariam inveja a qualquer polícia secreta. Qual outro sistema pode dispor de quase metade da população para executar diariamente uma política, pública e privadamente, com total confiabilidade? (M. French, *The War Against Women*, Simon & Schuster, New York, 1992, p. 182). Na visão de French, as atrocidades e os crimes dos homens são verdadeiramente endêmicos: "À medida que alguns homens usam a força física para subjugar as mulheres, os outros não precisam fazer o mesmo. A mera ciência de que alguns homens o fazem é suficiente para ameaçar todas as mulheres. Além disso, não é necessário bater numa mulher para destruí-la. Um homem pode simplesmente se recusar a contratar mulheres para empregos bem-remunerados, exigir o mesmo ou mais trabalho das mulheres pagando-lhes menos, ou tratá-las desrespeitosamente no trabalho ou no lar. Ele pode falhar em dar suporte a uma criança que ele mesmo originou e pedir que a mulher que vive com ele o espere como uma serva. Ele pode agredir ou matar a mulher que ele diz amar; ele pode estuprar mulheres, seja a companheira, uma conhecida ou uma estranha; ele pode estuprar ou molestar sexualmente suas filhas, sobrinhas, afilhadas ou as crianças da mulher que ele diz amar. *A vasta maioria dos homens do mundo faz uma ou mais coisas acima referidas* [grifo no original]" (*ibid*).

CAPÍTULO 11

PÓS-MODERNISMO JURÍDICO

Considerações Iniciais

Sob vários aspectos, a civilização ocidental jamais se recuperou dos horrores da Primeira Guerra Mundial. Travada no contexto das tradições e potências ocidentais, aquela guerra levou a uma profunda perda de confiança no ocidente como civilização e na tradição jurídica que, por nove séculos, ajudou a sustentá-lo.[1] É aí que o pós-modernismo ingressa no debate acerca do lugar e a substância do Direito. Embora não seja fácil definir o que seja o pós-modernismo, pode-se defini-lo vagamente como um rótulo para uma gama de questionamentos teóricos acerca da objetividade da verdade e do conhecimento. No ocidente, a ideia de verdade objetiva está tradicionalmente associada à compreensão da relação entre o mundo real e as afirmações correspondentes a ele. Entretanto, os pós-modernistas alegam que não existe verdade objetiva alguma, de modo que tudo aquilo que sabemos é pessoal e está sujeito ao ambiente social.

---

1 D. A. Farber e S. Sherry, *Beyond All Reason: The Radical Assault on Truth in American Law*, Oxford University Press, New York, 1997, p. 5.

"Realidades" Pós-Modernistas

Na história das ideias, a palavra "Iluminismo" é aplicada a todo um conjunto de teorias e atividades desenvolvidas antes e depois da Revolução Francesa no final do século XVIII, a qual enfatizava a possibilidade de planejamento social baseado na razão, sem assistência da Igreja.² Do Iluminismo emergiram teorias humanísticas que enfatizavam as ideias de igualdade e tolerância religiosa.³ Filosoficamente, o Iluminismo pode ser definido como a crença no progresso da humanidade por meio do uso autossuficiente da razão, o que corresponde à capacidade de descobrir-se fatos objetivos sobre a natureza humana, assim como a natureza do universo como um todo.

O pós-modernismo enxerga o Iluminismo como um empreendimento etnocêntrico dominado pelo homem ocidental. Como modo de amplificar seu foco nas desigualdades sociais, pós-modernistas denunciam a "busca pela verdade" como uma forma de fraude ideológica. O conceito de "verdade", assim diz o pós-modernista, serve apenas para legitimar casos de opressão e desigualdade sociais. O que se toma por "verdade" no ocidente é nada além da perspectiva branca, masculina e cristã. Nesse caso, a assim chamada "verdade" nada mais seria do que a imposição pelo grupo dominante de sua própria perspectiva aos outros. Segundo o filósofo pós-modernista Richard Rorty, a humanidade nunca verdadeiramente se orientou pela "verdade", porque, para ele, nossas crenças e convicções "são produtos do acaso tanto quanto as placas tectônicas e as mutações virais".⁴ Para Rorty, todas as grandes ideias e descobertas da civilização ocidental não passam de meros "acidentes evolutivos".

Narrativas

Embora não haja uma filosofia pós-moderna única e coesa, temas convergentes têm emergido do pós-modernismo predominante. Um desses temas é a ideia de cepticismo universal ou negação da

---
2 Ver D. Robertson, *the Penguin Dictionary of Politics*, Penguin, Londres, 1993, p. 163.
3 T. Mautner, *The Penguin Dictionary of Philosophy*, Penguin, Londres, 2000, p. 168.
4 R. Rorty, "*Untruth and Consequences: A Review of* Killing Time *by Paul Feyerabend*", *The New Republic*, 31 de julho de 1995, p. 32-36.

verdade objetiva. Jean François Lyotard refere-se a isso como a "incredibilidade voltada à metanarrativa",[5] querendo com isso dizer que ele se opõe a qualquer narrativa unificante que tente dar sentido ao mundo por meio de uma cosmovisão abrangente. Para Lyotard, deve-se ser sempre céptico a respeito dessas explicações porque, para ele e tantos outros pós-modernistas, existe a Verdade universal, com "V" maiúsculo, mas, somente, as "verdades", com "v" minúsculo, dos indivíduos e grupos sociais. O pós-modernismo é assim baseado numa forma de cepticismo abrangente em que a verdade é considerada como inteiramente relativa e contingente.[6] Porque o pós-modernismo é focado na retórica e não na lógica, diz-se que o uso da narrativa fornece a "verdade" e que tal "verdade" permanece aberta a diversos pontos-de-vista interpretativos. Obviamente, é mais fácil de se manipular os fatos ao se contar uma "estória" do que empreender uma análise objetiva dos fatos. Entretanto, os pós-modernistas argumentam que o academicismo de grupos minoritários reflete o seu próprio conhecimento característico, o qual é, assim, adquirido contando-se "estórias" que não podem ser julgadas por critérios objetivos tradicionais. Em lugar disso, essas estórias devem ser apreciadas de acordo com seus efeitos políticos e capacidade de promover os interesses do grupo minoritário favorecido.[7]

Pós-Modernismo e Marxismo

Embora o marxismo seja uma forma de lógica dialética e o pós-modernismo venha a ser definido como reação a todas as formas de lógica dialética, é possível sugerir, não obstante, que a teoria pós-moderna surgiu de uma tradição marxista de filosofia antiocidental. Por exemplo, é bem conhecida a afirmação de Karl Marx de

---

5 J. F. Lyotard, *The Postmodern Condition: A Report on Knowledge*, University of Minnesota Press, Minneapolis/MN, 1984, p. xxiv.

6 Charles Rice acha absurdo esse cepticismo pós-moderno: "Alguém que diz que nunca podemos estar certos sobre nada contradiz-se porque está certo dessa proposição. Se, em lugar disso, essa pessoa disser que não está certa de que possa estar certa sobre qualquer coisa, ela admitirá ao menos estar certa de que não está certa. Ou outros dirão que todas as proposições são sem significado a menos que possa haver verificação empírica. Mas essa afirmação em si mesma não pode ser verificada empiricamente" (C. E. Rice, *50 Questions on the Natural Law: What It Is and Why We Need It*, Ignatius Press, San Francisco/CA, 1999, p. 132).

7 Farber e Sherry, nota 1 acima, p. 39.

que "o Direito, a moral e a religião são preconceitos burgueses, por trás dos quais se espreitam em emboscada interesses burgueses". O marxismo sustenta assim uma moral relativista acerca de direitos humanos fundamentais, que não são universais e, sim, condicionais e socialmente determinados. Desse modo, o pós-modernista Pierre Macherey descreveria sua obra como uma "crítica marxista preocupada com a forma como os textos operam para reproduzir os valores do capitalismo".[8] Afirmaria ele ainda que seu pós-modernismo se baseia num "esquema francamente marxista que busca atualizar a teoria de Marx".[9]

Michel Foucault, um dos principais teóricos pós-modernistas do século XX, era membro do Partido Comunista Francês[10] e acreditava que todo cidadão do ocidente era agente do diabólico sistema capitalista oppressor. Foucault enxergava toda relação humana somente em termos de luta pelo poder. Para ele, linguagem alguma possui significado objetivo mas é apenas um meio de se exercer poder sobre os outros. Critérios universais de julgamento, que se acreditam ser comuns a todos os povos, simplesmente não existiam para ele. Qualquer reivindicação da verdade universal era vista por Foucault como uma máscara de grupos hegemônicos para a tomada e manutenção de poder.

Foucault adotou uma visão de sociedade que condenava o mundo ocidental como invariavelmente corrupto, explorador e opressor e, por essa razão, alvo legítimo de ataques terroristas. Seu ódio profundamente arraigado aos valores ocidentais o levou a apoiar o maoísmo na China e a revolução iraniana do aiatolá Khomeini em 1979. Em 1978, quando os protestos contra o xá do Irã chegaram ao seu ápice, Foucault visitou o Irã e se encontrou com o teocrata aiatolá Khomeini na qualidade de correspondente do jornal *Corriere della Sera* e do hebdomadário *Le Nouvel Observateur*.[11] Àquela época, Foucault era o principal intelectual ocidental

---

8 G. Ward, *Teaching Yourself Postmodernism*, 2ª ed., McGraw-Hill, Chicago/IL, 2003, p. 78.

9 *Ibid*, p. 78.

10 M. Lilla, "The Reckless Mind: Intellectuals in Politics", *New York Review of Books*, New York, 2001, p. 150.

11 Ver J. Afary e K. B. Anderson (ed), *Foucault and the Iranian Revolution: Gender and the Seductions*

a abertamente apoiar a revolução islâmica, tendo escrito ao menos 13 artigos comemorando algumas das mais extremas manifestações de fanatismo islâmico. Ele via aquela revolução como um ponto positivo de inflexão na história mundial a assinalar o fim da hegemonia ocidental, o que "colocaria toda a região em chamas" e mudaria para sempre o equilíbrio estratégico global. Como destaca o cientista político australiano Mervyn F. Bendle:

> A avaliação de Foucault tornou-se avassaladora, tendo descrito a revolução como manifestação mística de "uma vontade coletiva absoluta" que "irrompeu na história", "tal Deus, tal alma". Ele endossou a alegação islâmica de que os sistemas políticos democráticos são intrinsecamente corruptos e que a teocracia iraniana, com toda a sua brutalidade, expressava a "vontade coletiva" do povo iraniano de forma pura e incorrupta jamais alcançável pela democracia ocidental. Essa é uma visão de democracia compartilhada por muitos acadêmicos [pós-modernistas].

Durante sua vida, Foucault também teve fascínio pelo suicídio e pela sexualidade sadomasoquista. No Irã, ele foi atraído pelo ideal de martírio revolucionário e acolheu seu "discurso de morte". Ele ficou hipnotizado com as marchas da coluna dos homens vestidos de preto flagelando-se ritmicamente em longos rituais de penitência coletiva, celebrando uma "espiritualidade coletiva" que incluía a morte e, proclamou ele com deleite, esmagaria o ocidente decadente e materialista.[12]

Desconstrução da Linguagem

A palavra utilizada pelos pós-modernistas para descrever seu método de interpretação de textos é "desconstrutivismo". Relacionado à obra do filósofo francês Jacques Derrida, desconstrutivismo consiste em se ler um texto para descobrir seus significados ocultos ou múltiplos (polissemia). Para Derrida, uma vez que não existe realidade objetiva, as pessoas precisam criar a "realidade" por

---

of Islamism, University of Chicago Press, Chicago/IL, 2005.
12 M. F. Bendle, "*9/11 and the Intelligentsia, Ten Years On*" (2011) 55 (9) *Quadrant* 46.

meio do uso próprio da linguagem.[13] Se não há verdade alguma apartada do contexto social, então as palavras não têm significado intrínseco. Quando lê um texto, o leitor deve construir um significado qualquer a partir do texto, o qual é moldado pelas experiências pessoais e culturais desse leitor. Assim sendo, a intenção do autor vem a ser "desconstruída" e "aprisionada" por uma interpretação subjetiva do leitor.[14]

Evidentemente, se toda linguagem é instável, então a linguagem da lei também é instável. É muito conhecido o argumento de Derrida de que não existe nada fora de contexto. Para ele, os significados linguísticos são instáveis e, portanto, é impossível estabelecer o significado de um texto legal. Todo o processo de descoberta de significado da lei escrita, argumentava ele, é um processo permanente e sem-fim. Como tal, nenhuma decisão judicial pode ser conhecida a partir da lei escrita. Derrida argumentava ainda que no momento de se decidir um caso o juiz está livre de aplicar qualquer critério objetivo. Ele acreditava que toda a justiça é imprevisível e, por isso, a sua realização não depende de regras claras e objetivas, mas, sim, do processo subjetivo de se responder ao mérito de determinadas situações por meio da aplicação de soluções particulares. Derrida definiria assim o ato de julgar como "ordália do indecidível". Embora o Direito contenha "o elemento do cálculo", o tipo de "justiça" a ser aplicada às situações fáticas é, para ele, "incalculável". Conduzida por juízes, a administração da justiça é, desse modo, um "ato de loucura", pois a justiça é sempre subjetiva e só pode ser alcançada se o magistrado for além da aplicação imparcial da lei escrita. Dessa maneira, de acordo com Derrida, "o momento da decisão é uma loucura (...). Isso é ainda mais verdadeiro no momento da decisão justa que precisa rasgar o tempo e desafiar a dialética. É loucura".[15] Evidentemente, essa ideia de que a justiça

---

13 D. Noebel, *Understanding the Times*, 2ª ed., Summit Press, Manitou Springs/CO, 2006, p. 120.

14 Ward, nota 8 acima, p. 211.

15 J. Derrida, *The Force of Law*, Routledge, New York, 1992, p. 26. J. Crowe escreve: "O objetivo de Derrida, com isso, é desestabilizar a noção convencional de Direito como conjunto de regras determinadas. Essa visão só é possível assumindo-se que a linguagem jurídica tem um significado determinado e que ela pode determinar os resultados de casos concretos. No momento da decisão, todavia, essa premissa se rompe. Segundo Derrida, o discurso jurídico revela-se, a essa altura, como mera ilusão: não pode determinar o que o juiz deve fazer. Como, então, podemos definir o que está dentro do Direito e o que está fora dele?

não depende da norma jurídica objetiva representa uma ameaça bastante concreta à tradição ocidental do Estado de Direito. Como bem explica o jurista Suri Ratnapala:

> Se a linguagem é intrinsecamente indecidível, fica difícil haver quaisquer regras em absoluto. De todo modo, Derrida sustentava que a decisão última desconhece qualquer regra. No momento do julgamento, os juízes estão livres de qualquer lei. O que os orienta no momento da apreciação? Seguindo Derrida, é "outro tipo de mística". Felizmente para aqueles que têm estima pelo Estado de Direito, os juízes decidem os casos dum jeito razoável e previsível.[16]

Pós-Modernismo Jurídico

O pós-modernismo jurídico representa uma tentativa de expandir a ideia pós-modernista de que tudo é socialmente construído para a ideia de que o Direito é sempre socialmente construído. O Direito é entendido aqui como inteiramente dependente de circunstâncias sociais. Como não existiria verdade última a orientar qualquer atividade judicial, as ideias e as convicções dos juízes individuais decidem como o caso será julgado. Exemplo dessa supremacia pós-modernista da política personalista de juízes em contraposição à aplicação neutra e descompromissada da lei foi fornecido por Susan Estrich, professora na Faculdade de Direito da Universidade do Sul da Califórnia. Quando indagada por seu colega de Faculdade Stuart Taylor Jr. sobre o porquê do seu apoio a Anita Hill quando esta acusara (falsamente) o juiz Clarence Thomas (durante sua sabatina na Suprema Corte dos Estados Unidos) de assédio sexual, mas se opôs a Paula Jones quando ela fez alegações de assédio sexual contra o então presidente dos EUA Bill Clinton, Estrich comentou:

O que poderia limitar o juiz e distinguir as sanções jurídicas legítimas do uso ilegítimo da força? Derrida não rejeita a possibilidade dessa distinção, mas sugere que ela deva ter, em última análise, um caráter profundamente "místico". Os limites do Direito são verdadeiramente revelados apenas no momento da decisão. O Direito pode dar a entender estar baseado puramente em cálculos racionais, mas no fim tanto o Direito quanto a justiça são essencialmente incalculáveis" (J. Crowe, *Legal Theory*, Lawbook, Sydney, 2009, p. 103).

16 S. Ratnapala, *Jurisprudence*, Cambridge University Press, Melbourne, 2009, p. 231.

Se tu acreditas em princípios, eu acredito em política. Isso é o que eu aprendi na faculdade de Direito. Aprendi que se se espreme uma questão jurídica forte o suficiente, os princípios se transformam em política. Não dá para evitar isso. Vivemos numa ladeira escorregadia. Tu e eu éramos os melhores de nossa classe ao argumentarmos em favor de ambos os lados de cada questão – mas tu podias digitar mais velozmente, e assim tu obtiveste o Diploma *Fay*; eu trabalhei duro, e assim me tornei presidente da Revista de Direito. Mas nós dois ganhamos o jogo. "O Processo Legal" mascarou a dolorosa verdade do realismo jurídico nas críticas ao processo: *stare decisis* e elaboração argumentativa tomaram o lugar das temidas escolhas de valores. Mas Duncan Kennedy e seus seguidores acadêmicos críticos (conhecidos por nós como *crits*) deixaram-nos em frangalhos. Eles picaram essas ideias em pedaços, provando que o *stare decisis* significa apenas que tu segues um precedente judicial, exceto quando tu não o segues; prestas reverência apenas quando a prestas. Liberdade contratual para quem? Liberdade para quem? Posso construir um argumento de maneira melhor ou pior. Posso conduzir os assuntos de forma mais ou menos efetiva. Dependendo do tema, tem-se mais ou menos trabalho. Como eu o realizo é que quase certamente me ajudará a persuadir algumas pessoas, embora, como os debates presidenciais deixam claro, tendemos a ser convencidos pela pessoa/ideia com a qual concordamos. Mas quando eu luto comigo mesma sobre algo a respeito do qual eu sei alguma coisa, ninguém sai ganhando. Casos semelhantes devem ser tratados de forma semelhante, mas o que faz os dois casos semelhantes entre si? Quais diferenças importam? Eu luto para que haja um impasse. E então eu escolho. Tu, não? Recorda-te do plano de Duncan. Uma vez que não existe algo como mérito objetivo, uma vez que tudo é política, o servente deve ganhar o mesmo que o professor; a seleção deveria ser feita por loteria, o pequeno livro vermelho. Este desfez tudo em pedaços e os deixou lá. O fato de que os casos terminam em política quer dizer que o modo como fazemos política importa. É aí que Duncan e eu nos afastamos e onde me afasto da companhia de Michael Kelly e muitos de nossos amigos cujos princípios os levaram a pôr tudo abaixo, sem assumir a responsabilidade pela reconstrução.[17]

Professor Estrich muito claramente admite se utilizar do Direito apenas como uma ferramenta para a obtenção do poder. A verdade tem pouca importância para ela, pois fica bastante claro que esta fica contextualmente submetida a fatores de conveniência política. Para Estrich, o Direito nunca representou de fato a busca pela realização da justiça, mas, sim, uma arma bastante poderosa para manter o poder e atingir os adversários políticos. Ela parece assim levar a teoria pós-modernista à sua conclusão última. Dessa forma, a negação da verdade reduz a compreensão do Direito à mera função de política nua e crua. Afinal de contas, se não afirmarmos normas objetivas que sempre proíbem determinadas condutas, como poderemos definir algum limite moral ao que o Estado possa ou não possa fazer?[18]

Interpretação Constitucional Pós-Modernista

Há implicações significativas da visão pós-modernista no tocante à interpretação constitucional. O Estado de Direito, como observamos anteriormente, implica a existência de regras jurídicas gerais, estáveis e claras que devem ser aplicadas a todos. O Estado de Direito também implica o ônus sobre a pessoa do magistrado de não ignorar as determinações explícitas da lei. Entretanto, o conceito pós-modernista de "constituição vivente" permite aos magistrados adaptar o conteúdo da regra jurídica às chamadas necessidades de transformação social. Magistrados que professam agir em favor de tal "justiça prática" alegam que seu revisionismo jurídico deve satisfazer à evolução dos interesses da sociedade contemporânea. Contudo, objetivo da segurança jurídica proporcionada pelo Estado de Direito é, dentre outras coisas, viabilizar o planejamento pessoal e permitir a interação frutífera entre os cidadãos.[19] As al-

---

17 Carta de Susan Estrich a Stuart Taylor Jr., 23 de novembro de 1996, disponível em <http://www.slate.com/id/3628/entry/23734/> (acesso em 22 de setembro de 2012).

18 Rice, nota 6 acima, p. 265.

19 M. Krygier, 'The Grammar of Colonial Legacy: Subjects, Objects, and the Australian Rule of Law' in

terações pós-modernistas da interpretação do Direito tornam mais difícil para os cidadãos planejar suas próprias vidas em consonância com regras jurídicas estáveis. É claro que os magistrados precisam às vezes, por razões de ambiguidade, vagueza, inconsistência ou "lacuna", complementar a lei com julgados inovadores. Todavia, não decorre dessa premissa que eles tenham o direito de distorcer o significado da lei porque não gostam dela.[20] Quando os juízes o fazem, estão traindo seu papel de intérpretes objetivos e imparciais da lei.

Em sociedades democráticas, suas constituições escritas podem ser emendadas pela vontade manifesta do povo, diretamente ou por meio do parlamento eleito. É evidente que as constituições não devam ser facilmente emendáveis, pois elas existem para pôr um freio ao poder estatal, inclusive o poder dos juízes, de modo a proteger direitos fundamentais dos cidadãos. Portanto, nas democracias liberais ocidentais os magistrados não devem "atualizar" a lei até porque ela poderá sempre ser "atualizada" pela vontade democrática do povo. Muitas das vezes os apoiadores do ativismo judicial invocam a "dificuldade" de se emendar a constituição como razão para autorizar a elite judicial a "atualizar" a lei. Que uma constituição escrita não seja emendada tão frequentemente quanto alguns gostariam que fosse não é evidência da dificuldade de emendar o documento; pode significar apenas a vontade do povo de preservar o regramento constitucional atual do seu país. Assim sendo, quando o povo estadunidense quis mudar sua constituição, o texto foi realmente alterado não menos que quatro vezes em oito anos, de 1913 a 1920.[21] De fato, se o povo não quer que uma mudança específica seja realizada, ainda que a *intelligentsia* a considere desejável ou até imperativa, isso não é uma dificuldade. Isso é democracia.[22]

G. Brennan e F. G. Castles (ed), *Australia Reshaped: 200 Years of Institutional Transformation*, Cambridge University Press, Cambridge, 2002, p. 234.

20 Ian Callinan, ex-membro da Suprema Corte da Austrália, comenta: "Deve-se aceitar que a Constituição foi concebida para ser um instrumento duradouro, mas isso não significa que, sem nada além dela, o juiz possa conferir-lhe uma função que entenda conveniente ou até mais bem adaptada à sua própria percepção da transformação de valores contemporâneos. Fazê-lo consiste em correr dois riscos: o de apropriação indevida de valores contemporâneos; e apagar o art. 128 [que prevê a necessidade de plebiscito para emendar a Constituição] do texto constitucional" (*New South Wales v Commonwealth (Work Choices case)* [2006] HCA 52 at [738] (notas de rodapé omitidas)).

21 T. Sowell, *Intellectuals and Society*, Basic Books, New York, 2009, p. 163.

22 *Ibid*, p. 163.

Considerações Finais

A análise pós-moderna coloca desafios fundamentais ao ordenamento jurídico das sociedades ocidentais. Se o Direito não incorpora valores objetivos, então por que deveríamos nos sujeitar a ele? Seria o Direito uma mera afirmação nua e crua de poder de um grupo sobre outro? Dentro da perspectiva pós-modernista, todas as relações entre pessoas são basicamente relações de poder e critérios universais comuns a todos simplesmente não existem. Ao contrário, o que existe dentro desta perspectiva é apenas a subjetividade da interpretação. Desse modo, o advogado criminalista Gary Saalman comenta que "a teoria jurídica pós-modernista alimenta aos poucos o cinismo em todas as esferas de governo e em todo sistema de justiça". Evidentemente, recorda-nos ele, "ninguém questiona o fato de que o Direito requer interpretação ou que os juízes e jurados do tribunal do júri possam às vezes agir injustamente em razão de seu viés racial ou de gênero". O ponto é como se combate o problema da injustiça. Devemos aceitar que todas as pessoas julgam a injustiça de maneira subjetiva? Como bem salienta Saalman, "quando aceitamos o que o pós-modernismo alega, perdemos toda a base para exigirmos justiça do sistema. Ao invés disso, desafiamos populações minoritárias a buscarem o poder para que elas possam ter a sua vez".[23]

---

23 G. Saalman, *Postmodernism and Law*, citado em D. McCallum (ed), *The Death of Truth*, Bethany House, Minneapolis/MN, 1996, p. 175.

CAPÍTULO 12

ANÁLISE ECONÔMICA DO DIREITO

Considerações Iniciais

A "Análise Econômica do Direito", também chamada de "Estudos de Direito e Economia" (D&E), surgiu da obra de economistas-juristas estadunidenses interessados na eficiência econômica das regras e instituições do Direito. Essas pessoas compartilhavam um compromisso com a aplicação da teoria microeconômica à análise do Direito.[1] Adotando-se premissas utilitaristas relacionadas ao comportamento dos indivíduos privados, representantes dos Estudos de Direito e Economia partem do pressuposto de que os indivíduos privados tendem a reagir às regras jurídicas essencialmente em termos econômicos.[2] De acordo com um de seus expoentes maiores, Richard Posner, a economia em geral e sua aplicação ao Direito se assenta na premissa de que "as pessoas são maximizadores racionais de sua satisfação".[3] Assim sendo, a influência das regras jurídicas sobre o comportamento humano é mediada por cálculos racionais dos agentes individuais em busca da maximização das suas próprias preferências.[4]

---

1 L. A. Kornhauser, *"Economic Rationality in the Analysis of Legal Rules and Institutions"* in M. P. Golding e W. A. Edmundson, *The Blackwell Guide to the Philosophy of Law and Legal Theory*, Blackwell Publishing, Malden/MA, 2012, p. 68.

2 *Ibid*, p. 69.

3 R. Posner, *The Problems of Jurisprudence*, Harvard University Press, Cambridge/MA, 1993, p. 353.

4 Kornhauser, nota 1, p. 69.

Maximização da Riqueza

Os representantes dos Estudos de Direito e Economia têm um interesse especial em calcular a eficiência econômica das regras e instituições jurídicas. A ideia de eficiência econômica está associada à questão da maximização da riqueza. Essa maximização não trata apenas da expansão da riqueza individual, mas também do aumento da riqueza da sociedade como um todo. Nome dado com referência ao economista italiano Vilfredo Pareto (1848-1923), um resultado tem a "eficiência de Pareto" quando ao menos uma pessoa fica melhor e ninguém fica pior. O nível de maior eficiência é alcançado quando nenhum incremento pode ser implementado sem que se prejudique a alguém.[5] A "eficiência de Pareto" é de algum modo comparável à filosofia moral de Kant. Como no kantismo, a "eficiência de Pareto" enfatiza a autonomia e o consentimento dos sujeitos envolvidos. Assim sendo, todos os envolvidos, por definição, devem consentir com a transação que os deixou melhor ou tão bem quanto antes. Portanto, uma análise moral baseada na autonomia e no consentimento aprovaria transações que fossem superiores à eficiência de Pareto.[6] No entanto, essa visão não é inteiramente adequada para políticas governamentais mais abrangentes, pois qualquer ação que afete um grande número de pessoas dificilmente poderá ser plenamente eficiente segundo a eficiência de Pareto. Mudanças desse tipo são muito mais susceptíveis a deixar pior ao menos uma pessoa. De acordo com Brian Bix,

> Mesmo numa vaga aplicação da superioridade de Pareto, a maioria dos atos estatais (legislativos e judiciais) certamente não se enquadrariam nela. Na maioria dos atos estatais – celebração de contratos, apreciação de responsabilidade jurídica, fixação de tributos e benefícios, etc. – existirão ganhadores e perdedores. Existirão sempre grupos que, em alguma medida, estarão pior do que estavam antes da ação ou decisão estatal.

---

[5] De acordo com B. Bix, "a análise de Pareto é às vezes comparada com as análises derivadas da filosofia moral kantiana. A filosofia moral kantiana, em linhas gerais, enfatiza a autonomia e o consentimento. Todos os envolvidos deveriam, por definição, consentir com a transação que os deixou melhor ou tão bem quanto antes. Portanto, uma análise moral baseada na autonomia e no consentimento aprovaria transações que fossem superiores à eficiência de Pareto" (B. Bix, *Jurisprudence: Theory and Context*, 5ª ed., Sweet & Maxwell, Londres, 2009, p. 206).

[6] *Ibid.*

Se os governos pudessem agir apenas quando ninguém fosse prejudicado, restaria muito pouco a ser feito.[7]

Nesse sentido, afirma-se que a assim chamada "eficiência de Kaldor-Hicks" oferece um refinamento da análise jurídico-econômica feita à luz da "eficiência de Pareto" de ganhos e perdas das leis e das políticas públicas. Com seu nome inspirado nos economistas britânicos Nicholas Kaldor e John Hicks, qualquer medida terá "eficiência Kaldor-Hicks" porquanto aqueles que forem beneficiados por ela possam compensar aqueles que forem prejudicados. Na prática, todavia, aqueles que seriam adversamente afetados não precisam ser diretamente compensados. A ideia é essencialmente que os ganhos sociais gerais dos "vencedores" sejam suficientes para compensar a dos "perdedores". O professor australiano Suri Ratnapala fornece o seguinte exemplo prático:

> A Austrália teve uma empresa estatal de telecomunicações em regime de monopólio por um longo período, até que ela foi extinta em 1997. Alguns empregados perderam seus empregos e o governo perdeu receitas. Entretanto, o valor dos benefícios que os consumidores obtiveram pela entrada de novas empresas superou em muito as perdas. O ponto importante a ser lembrado é que a eficiência de Kaldor-Hicks admite e de fato faz com que algumas pessoas sejam prejudicadas. Essa é a natureza do mundo real.[8]

Custos Transacionais do Direito

Se a eficiência econômica significa comparar as perdas e ganhos, de modo geral, custos transacionais abrangem os custos e benefícios advindos da conclusão dessa transação. A ideia advém da famosa obra de Ronald Coase, particularmente expressada no artigo *"The Problem of Social Cost"* ("O Problema do Custo Social") (1960). Economista inglês que emigrou para os Estados Unidos em 1951, Coase primeiro ensinou Economia na *University*

---

[7] *Ibid.*
[8] S. Ratnapala, *Jurisprudence*, Cambridge University Press, Melbourne, 2009, p. 246.

of Buffalo e depois na Universidade da Virgínia, antes de ocupar um cargo na Faculdade de Direito da Universidade de Chicago. O seu livro *"The Firm, The Market and The Law"* (1988) busca a compreensão das extremamente complexas inter-relações entre o sistema econômico e o sistema jurídico, bem como o impacto das mudanças da lei no funcionamento desse sistema econômico.[9] Contemplado com o Prêmio Nobel de Economia em 1991, já em 1937 Coase introduziria a ideia de que o Direito tem muito mais a ver com custos transacionais e que tais custos se espalham pela sociedade como um todo. O que podemos ver, num primeiro momento, como um problema apenas entre duas partes litigantes pode, de fato, ter implicações econômicas muito mais amplas para a sociedade. Ratnapala fornece um exemplo prático:

> Admitamos que a regra seja que o dono de uma fábrica deve compensar cada pessoa lesada pelas suas emissões. Admitamos ainda que a fábrica produz têxteis amplamente utilizados pela comunidade em geral. Se o custo dos acordos com cada pessoa afetada é menor do que o benefício de estar apto a continuar operando a fábrica, o dono arcará com o custo dos acordos e manterá sua fábrica funcionando. Se o custo dos acordos é superior ao valor obtido pela continuação da produção, é provável que o dono da fábrica encerre as suas atividades. O encerramento afeta não apenas o dono da fábrica, mas também o público em geral. A menos que os tribunais (ou o legislativo) mudem a regra ou limitem a responsabilidade do dono da fábrica, a produção local de têxteis pode cessar permanentemente. Esse é o problema do custo social. De modo geral, a questão é que as regras jurídicas que alocam direitos e deveres têm um papel crítico na eficiência do sistema econômico. Como destacou Coase, quando é muito custoso rearranjar os direitos jurídicos por transações de mercado, "os tribunais influenciam diretamente a atividade econômica".[10]

---

[9] R. H. Coase, *The Firm, The Market and The Law*, The University of Chicago Press, 1988, p. 31.
[10] *Ibid*, p. 250.

Eficiência da Hipótese do Direito Consuetudinário

Os representantes dos Estudos de Direito e Economia afirmam que o sistema de direito consuetudinário produz regras mais eficientes do que os legislativos. Coase chamou isso de "Eficiência da Hipótese do Direito Consuetudinário", querendo, com isso, dizer que o bom-senso judicial é uma forma de pensamento econômico com que os juízes levam em linha de conta as implicações econômicas, juntamente com outros fatores, para chegarem às suas decisões. Para ele, os tribunais podem não usar a linguagem econômica, mas os aspectos econômicos de seus julgamentos são expressos no uso de conceitos como "natureza recíproca do problema" e "uso comum ou ordinário" da terra".[11]

Outra figura de renome deste movimento é Richard Posner, um jurista e professor de Direito na Universidade de Chicago, que serviu como juiz federal da Corte de Apelo do Sétimo Circuito de 1981 à 2017. No livro *Economic Analysis of Law* ("Análise Econômica do Direito") (1973), Posner comenta que "mesmo quando a linguagem superficial das decisões judiciais não é francamente econômica, a fundamentação subjacente da decisão baseada no direito consuetudinário é de natureza econômica".[12] Quanto à sua própria visão do sistema de direito consuetudinário, Posner comenta:

> [Sua] doutrina forma um sistema para induzir as pessoas a se comportarem eficientemente, não apenas no mercado propriamente dito, como também em toda uma gama de interações sociais. Em cenários em que o custo das transações voluntárias é baixo, a doutrina do direito consuetudinário cria incentivos para as pessoas canalizarem suas transações no mercado (...). Em cenários em que o custo de alocação de recursos por transações voluntárias é proibitivamente alto, tornando o mercado um meio impraticável de alocação de recursos, o direito consuetudinário precifica o comportamento de forma a mimetizar o mercado.[13]

---

11 R. H. Coase, "*The Problem of Social Cost*" (1960) 3 *The Journal of Law and Economics* 1, p. 22.
12 J. W. Harris, *Legal Philosophies*, 2ª ed., Oxford University Press, Oxford, 2004, p. 48.
13 R. Posner, *Economic Analysis of Law*, 4ª ed., Little, Brown, Boston/MA, 1992, p. 251-252.

Posner aduz que o direito consuetudinário propicia a eficiência independentemente das visões pessoais do juiz. O que o juiz faz, afirma ele, limita-se ao objeto dos processos judiciais e às alegações feitas ao juízo. Para Posner, a natureza adversarial do direito consuetudinário mimetiza o sistema de livre-mercado, zelando pela competição e pela imparcialidade. A imparcialidade judicial, em sua opinião, propicia decisões mais eficientes do que a legislação, pois os juízes só podem outorgar indenizações, oferecendo mais justiça comutativa do que distributiva. Daí a célebre afirmação de Posner de que "a mão invisível do mercado tem sua contraparte no desinteresse indiferente do juiz".[14] Explica Ratnapala:

> Um tribunal que se comprometa com a justiça distributiva toma decisões políticas e, portanto, não pode ser visto como imparcial. Esse tribunal logo perderá sua credibilidade e fé pública. É a razão fundamental pela qual os tribunais deixam assuntos de redistribuição para o Legislativo (...). A questão que Posner e outros levantam é que a exclusão dos intrometidos e dos ativistas políticos isola os tribunais das distorções que podem ser trazidas por grupos de interesses políticos ao processo decisório judicial.[15]

Eficiência Econômica do Livre-Mercado

Os representantes dos Estudos de Direito e Economia propugnam pelo livre-mercado e pela regulação governamental mínima da propriedade e dos contratos. Eles acreditam que há argumentos válidos e convincentes sobre a proteção jurídica ao direito de propriedade. Sem dúvida, sociedades liberais cujas leis protegem o direito de propriedade foram muito mais bem-sucedidas em maximizar a riqueza do que as sociedades que o suprimiram. Segundo Ratnapala:

> Algumas sociedades, ao longo da história, abraçaram a ideia de que o caminho mais eficiente era a abolição da propriedade privada, em vez de o governo administrar todos os recursos para o benefício de todas as pessoas. O sistema envolve pla-

---

14 Posner, nota 3 acima, p. 566.
15 Ratnapala, nota 8 acima, p. 258.

nejamento e comando centrais e métodos de controle para a implementação dos planos. A maioria das sociedades que experimentaram esse sistema abandonaram-no. A principal razão para o seu fracasso está na incapacidade da autoridade central em ordenar e empregar eficientemente todo o conhecimento sobre os recursos, as necessidades e as preferências das pessoas. A alternativa administrativista é ineficiente demais.[16]

Um dos maiores obstáculos para a liberdade é a excessiva propriedade estatal dos meios de produção. Aqueles que controlam o aparato estatal gozarão de privilégios negados a todos os outros membros da sociedade. Isso torna as pessoas muito mais vulneráveis à opressão governamental.[17] Porquanto baseado no planejamento central e na propriedade estatal, o socialismo estatizante é muito mais susceptível à exploração do cidadão do que o capitalismo de livre-mercado. Além disso, todos os países que adotaram o regime comunista da Europa Oriental padeceram de uma "performance econômica desastrosa, a despeito dos mais altos níveis mundiais de poluição e danos ambientais, da decomposição da sociedade e da desconfiança incorrigível do governo, da corrupção generalizada dos governantes e da ainda mais generalizada criminalização da população, forçada a violar a lei todos os dias simplesmente para poder sobreviver".[18]

Considerações Finais

Os cálculos utilitaristas inspiram representantes do D&E a aplicar teorias econômicas à análise das regras jurídicas e das instituições.[19] Eles afirmam que a regra jurídica influencia o comportamento humano por meio do preço que ela estabelece para o com-

---

16 *Ibid*, p. 250.

17 Ver R. Barnett, *The Structure of Liberty: Justice and the Rule of Law*, Oxford University Press, New York, 1998, p. 220.

18 J. Clark e A. Wildavsky, "*Chronicle of a Collapse Foretold: How Marx Predicted de Demise of Communism (Although He Called ir "Capitalism")*" in M. Krygier (ed), *Marxism and Communism: Posthumous Reflections on Politics, Society, and Law*, Rodopi, Amsterdam e Atlanta/GA, 1994, p. 48.

19 Kornhauser, nota 1 acima, p. 68.

portamento que não se lhe adéqua, pois a sanção pela prática de comportamento proibido aumenta o custo da escolha da ação.[20] Ao se colocarem restrições nas preferências dos agentes individuais, as preferências por interesses próprios são suficientes para explicar o comportamento tanto dos indivíduos privados quanto dos agentes públicos.[21] Críticos dos estudos do movimento de D&E, todavia, afirmam que as motivações subjacentes às ações individuais não são autoevidentes.[22] Eles nos informam ainda que a maximização da riqueza não deve ser o único objetivo do Direito, uma vez que este deva focar-se em valores mais nobres de busca pela justiça.[23] Para Miguel Reale, por exemplo, "nada justifica o entendimento do Direito como forma abstrata e vazia casada a um conteúdo econômico, inclusive porque o Direito está cheio de regras que disciplinam atos totalmente indiferentes ou alheios a quaisquer finalidades econômicas".[24] Seja como for, é importante considerar que o crescimento econômico em geral é instrumental ao mais geral bem-estar da sociedade, inclusive a prosperidade dos grupos menos favorecidos.[25] Por fim, ao passo que se pode concordar que a maximização da riqueza certamente não pode ser a única base para o entendimento do Direito, ela, não obstante, pode ser uma via direta para uma variedade de objetivos morais, inclusive a busca pela liberdade, dignidade e felicidade humanas.[26]

---

20 *Ibid*, p. 70.

21 *Ibid*, p. 78.

22 *Ibid*, p. 79.

23 Ver R. Dworkin, "*Is Wealth a Value?*" (1980) 6 *Journal of Legal Studies* 191. Para um questionamento mais direto da maximização da riqueza aplicada ao Direito, ver L. Coleman, "*Economics and the Law: A Critical Review of the Foundations of the Economic Approach to the Law*" (1980) 94 *Ethics* 649.

24 M. Reale, *Lições Preliminares de Direito*, 24a ed., Editora Saraiva, São Paulo/SP, 1999, p. 22.

25 F. B. Cross, "*Law and Economic Growth*" (2002) 80 *Texas Law Review* 1737, p. 1737.

26 Posner, nota 3 acima, p. 382.

CAPÍTULO 13

LIBERALISMO JURÍDICO MODERNO

Considerações Iniciais

O liberalismo jurídico moderno é uma teoria de crenças liberal-capitalistas segundo as quais as pessoas têm um conjunto de direitos fundamentais que não podem ser revogados ou suprimidos pelo Estado. Como ressalta David Boaz, o liberalismo jurídico moderno é "uma espécie de liberalismo (clássico), uma defesa da liberdade individual, do mercado-livre, da limitação do governo baseada num compromisso com a propriedade individual, dos direitos imprescritíveis e da autonomia moral do indivíduo".[1] Portanto, a essência do liberalismo jurídico moderno é a desconfiança da intervenção estatal na economia. Para os pensadores jurídico-liberais modernos, essa intervenção, muito frequentemente, não apenas é economicamente ineficiente, mas também ameaça a autonomia, a dignidade e o talento dos seres humanos, que são os valores necessários para a prosperidade e realização humanas. Este capítulo volta-se para os principais aspectos da obra filosófica de dois importantes pensadores do liberalismo do século XX: Friedrich Hayek e Robert Nozick.

---

[1] D. Boaz, *The Libertarian Reader: Classic and Contemporary Writings from Lao-tzu to Milton Friedman*, The Free Press, New York, 1997, p. xv.

Teoria Jurídica de Hayek

O austríaco Friedrich A. Hayek (1899-1992) foi um prolífico autor e comentador de diversos assuntos como o Direito, a Economia, a Ciência Política, a Filosofia e a Sociologia. A obra de Hayek é interdisciplinar e foi especialmente moldada pela tradição dos pensadores do iluminismo escocês David Hume, Adam Smith e Adam Ferguson. Liberais modernos como ele buscam reconhecer os limites incontornáveis do conhecimento e da razão humanos. Deste ponto-de-vista, a ideia de direitos humanos é considerada produto da ação humana oriundo da acumulação de experiências e correções humanas. As contribuições mais importantes de Hayek na área da filosofia do Direito são *Os Fundamentos da Liberdade* (1960) e *Direito, Legislação e Liberdade*, obra publicada em três volumes entre 1973 e 1979 e descrita pelo jurista liberal australiano Suri Ratnapala como "uma verdadeira obra-prima sob todos os aspectos".[2]

Adam Smith e Hayek

Hayek dedicou-se à investigação da "ordem espontânea" em questões sociais. Essa visão fora já esposada pelo filósofo moral escocês e economista político Adam Smith (1723-1790), cujo livro *Teoria dos Sentimentos Morais* (1759) discute as duas diferentes visões de mundo: a visão da harmonia natural, que se desenvolve por meio da ordem espontânea; e a visão do "homem do sistema", que é adotada pelos que acreditam que o mundo só funciona bem se as pessoas cooperarem com um plano central. O "homem do sistema", comenta Smith:

> (...) parece imaginar que ele pode organizar os diferentes membros duma grande sociedade com a mesma tranquilidade com que as mãos organizam diferentes peças num tabuleiro

---

[2] S. Ratnapala comenta o livro de Hayek *Direito, Legislação e Liberdade*: "A obra é uma obra-prima sob qualquer aspecto. É difícil encontrar um caso mais abrangente, bem fundamentado e convincente para a sociedade liberal do que este. É uma obra profundamente importante de Direito, de Economia Política e Filosofia Social. É enciclopédica em amplitude, revelando um imenso tesouro histórico de ideias interligando as grandes civilizações. A tese é construída de baixo para cima, desde uma fundação epistemológica firmemente estabelecida" (S. Ratnapala, "*Law, Legislation and Liberty, Friedrich Hayek, 1973*" in C. Berg e J. Roskam (ed), *100 Books of Liberty*, Institute of Public Affairs, Melbourne, 2010, p. 22).

de xadrez; ele não leva em consideração que as peças sobre o tabuleiro de xadrez têm algum princípio de movimento além daquele imprimido pelas mãos sobre elas, mas, sim, que, no grande tabuleiro de xadrez da sociedade humana, cada peça tem um princípio de movimento próprio, em geral diferente daquele que o Legislativo poderia escolher para impeli-lo. Se esses dois princípios coincidirem e atuarem na mesma direção, o jogo da sociedade humana fluirá fácil e harmoniosamente e é muito provável que seja feliz e bem-sucedido. Se eles são opostos ou diferentes, o jogo se desenrolará miseravelmente e a sociedade deverá ficar na mais alta desordem o tempo todo.[3]

A influência deste pensador escocês na teoria de Hayek fica evidente especialmente na ideia deste último de que o principal meio de aprimorar a nossa condição social se daria através do aperfeiçoando das "regras do jogo" geradas espontaneamente na sociedade, e não as decorrentes do legislador.[4] Essa compreensão inspiraria Hayek a desenvolver a ideia de ordem espontânea que, segundo ele, não é produto dum projeto deliberado, mas, sim, que surge como resultado impremeditado dos ajustes mútuos de indivíduos deixados livres para buscarem seus próprios objetivos, baseados em seu próprio conhecimento, dentro dos limites de um esquema de regras gerais de conduta, regras que especifiquem tipicamente o que eles não podem fazer, em vez de lhes dizer o que têm que fazer.[5]

Cosmos e *Taxis*

No segundo volume de seu livro *Direito, Legislação e Liberdade* (1978), Hayek introduz duas formas básicas de organização humana: *cosmos* e *taxis*. Enquanto que *cosmos* é um sistema de regras gerais (*nomoi*) não confeccionadas para um objetivo mais específico, embora compatíveis com diversos objetivos diferentes,

---

[3] A. Smith, "*The Man of System*" in D. Boaz (ed), *The Libertarian Reader*, Free Press, New York, 1997, p. 210.

[4] F. A. Hayek, *New Studies in Philosophy, Politics, Economics and the History of Ideas*, University of Chicago Press, Chicago/IL, 1978, p. 124ff.

[5] V. Vanberg, "Hayek's Theory of Rules and the Modern State" *in* S. Ratnapala e G. A. Moens (ed), *Jurisprudence of Liberty*, Butterworths, Sydney, 1996, p. 49.

taxis é descrito como uma orientação "de baixo para cima", na qual as regras são específicas e voltadas para a um certo fim. Chamadas de *thesis*, essas regras direcionam-se para a realização de um determinado objetivo específico. Para Hayek, a distinção básica entre *nomos* (uma lei de liberdade) e *taxis* (a regra duma organização estabelecida pela autoridade):

> (...) assenta-se no fato de que o primeiro deriva das condições duma ordem espontânea que não foi feita pelo homem, ao passo que o segundo serve à construção deliberada duma organização voltada para propósitos específicos. O primeiro é descoberto, seja no sentido de que ele meramente articula práticas observadas, seja no sentido de que é encontrado para ser um complemento exigido pelas leis já estabelecidas, se a ordem que repousa sobre ele foi concebida para funcionar suave e eficientemente. O *cosmos* jamais seria descoberto se a existência duma ordem espontânea de ações não tivesse estabelecido para os juízes sua tarefa específica e, por isso, devidamente considerados algo independente duma vontade humana específica, ao passo que as regras de organização almejando resultados específicos são invenções livres da mente planejadora do organizador.[6]

Hayek explica ainda que nas sociedades liberais a ordem jurídica deve se assemelhar a um *cosmos*, mais do que a uma *taxis*. Viver num *cosmos* é usufruir da liberdade pessoal, porquanto as leis surgem espontaneamente do consenso social. Para ele, permitir que as leis evoluam por um longo período de tempo significa que o indivíduo não está sendo arbitrariamente controlado por agentes externos. Num *cosmos*, as pessoas precisam apenas aceitar as regras gerais que são extraídas espontaneamente da própria sociedade, em vez de serem extraídas de um pequeno grupo de indivíduos detentores das posições de poder. Uma vez que o *cosmos* abrange normas gerais e com objetivos em aberto, "essas regras alcançarão seu efeito desejado de assegurar a formação de uma ordem abstrata de ações apenas por intermédio de sua aplicação universal, à medida que não

---

6 F. A. Hayek, *Law, Legislation and Liberty – Volume 1: Rules and Order*, Routledge, Londres, 1973, p. 123.

se pode dizer que sua aplicação num caso concreto tenha um propósito específico distinto do propósito do sistema de regras como um todo".[7]

Constituição da Liberdade

No livro *Caminho Para a Servidão* (1944), Hayek refere-se ao conceito de Estado de Direito como pedra angular dos direitos individuais e também explica a correlação entre "o crescimento duma medida de coerção administrativa arbitrária e a destruição progressiva da estimada fundação da liberdade britânica, o Estado de Direito".[8] Para Hayek, um governo pode obter poder excessivo de forma estritamente legal, embora isso, por si só, não necessariamente resguarde os elementos essenciais para a realização do Estado de Direito.[9] Explica ele:

> O Estado de Direito tem pouco a ver com a questão sobre se todos os atos do governo são legais no sentido jurídico. Eles podem muito bem sê-lo e, ainda assim, não se harmonizar com o Estado de Direito. O fato de que alguém tenha autoridade legal integral para agir do jeito como age não responde à questão sobre se o Direito lhe confere poder para agir arbitrariamente ou se o Direito prevê inequivocadamente como ele deve agir. Pode muito bem ser que Hitler tenha obtido seus poderes ilimitados de maneira estritamente constitucional e que o que quer que ele fizesse fosse, por isso, legal no sentido jurídico. Mas quem sugeriria que, por causa disso, o Estado de Direito (...) prevaleceu na Alemanha [nazista]?[10]

Hayek também sustenta que o tratamento diferenciado decorrente da igualdade substantiva geralmente viola os princípios da generalidade, da imparcialidade e da igualdade formal decorrentes do Estado de Direito. Partindo da premissa de que não existe um

---
[7] *Ibid*, p. 122.
[8] F. A. Hayek, *"Preface 1956" in* Hayek, *The Road to Serfdom*, University of Chicago Press, Chicago/IL, 1994 (1944), p. xliii.
[9] F. A. Hayek, *The Road to Serfdom*, Routledge, Londres, 2001 (1944), p. 85.
[10] *Ibid*.

sistema de valores com o qual uma sociedade possa inteiramente determinar o que possa ser uma distribuição justa e racional de recursos, Hayek conclui, dessa forma, que as visões arbitrárias de alguns indivíduos é o que, em última instância, prevalece numa sociedade orientada pelo Estado.[11] Outrossim, qualquer política que resulte em casos concretos de redistribuição de riqueza violará intrinsecamente os princípios mais basilares do Estado de Direito. Por mais lamentáveis que sejam as disparidades socioeconômicas, os pobres, em sociedades capitalistas liberais, estão ainda em situação muito melhor do que as massas controladas dos Estados socialistas.[12] Como ressalta Hayek:

> Um resultado necessário, porém paradoxal, disso é que a igualdade formal perante a lei está em conflito, e é de fato incompatível, com qualquer atividade do governo que almeje deliberadamente a igualdade material ou substantiva de pessoas diferentes, e que qualquer política que almeje diretamente o ideal substantivo de justiça distributiva levará à destruição do Estado de Direito. Para se produzir o mesmo resultado para pessoas diferentes, é necessário tratá-las diferentemente (...); não se pode negar que o Estado de Direito produza desigualdade econômica – tudo que se pode alegar nesse sentido é que a desigualdade não é pensada para afetar pessoas específicas dum modo específico.[13]

No livro *Os Fundamentos da Liberdade* (1960), Hayek descreve o direito constitucional substantivamente, comentando que o poder do Estado deve ser exercido em concordância com determinados "princípios comumente aceitos".[14] Embora a democracia seja considerada como "uma das salvaguardas mais importantes da liberdade", Hayek nos recorda que a própria democracia pode também se tornar tirânica, especificamente quando o que prevalece no processo legislativo não é realmente a vontade da maioria, mas o

---

11 Ver J. Gray, *Hayek on Liberty*, Routledge, New York, 1998, p. 72-75.

12 Ver B. Z. Tamanaha, *On the Rule of Law: History, Politics, Theory*, Cambridge University Press, Cambridge, 2004, p. 68.

13 Hayek, nota 9 acima, p. 87-88.

14 F. A. Hayek, *The Constitution of Liberty*, University of Chicago Press, Chicago/IL, 1960, p. 181.

resultado de interesses específicos.[15] Sua solução é limitar o poder do legislador por meio de um teste para a verificação da validade jurídica baseado nas exigências da segurança, generalidade e igualdade formal da lei. Essas condições eliminariam consideravelmente a possibilidade de aprovação de legislação a favorecer um reduzido grupo de indivíduos privilegiados à custa da maioria dos cidadãos. Ademais, afirma Hayek, o legislador deve sempre respeitar os princípios e regras gerais de Direito que eles mesmos têm de respeitar.[16]

Hayek vs. Construtivismo

Hayek argumentava que "a maioria das regras de conduta que governam nossas ações e a maioria das instituições que surgem dessa regularidade são adaptações à impossibilidade de qualquer um avaliar conscientemente todos os fatos específicos que ingressam na ordem social".[17] Ele colocou-se assim como defensor de regras gerais de "conduta justa" que permitiram às pessoas ser livres para viver como lhes aprouvesse, contanto que a segurança dos outros não fosse violada. Hayek desconfiava muito das visões construtivistas que ignoram as experiências do passado transmitidas de geração a geração.[18] Essa crítica é central na sua rejeição à "alegação de que o homem pode alcançar uma ordem desejável na sociedade organizando concretamente todas as suas partes com pleno conhecimento de todos os fatos relevantes".[19] Hayek era particularmente crítico da premissa de que todas as instituições que valem a pena são concebidas pela razão humana, de modo a se poder criar uma sociedade melhor dirigindo-se as atividades humanas "de acordo com um único plano estabelecido por uma autoridade central".[20] Sua crítica focava aqui nas premissas construtivistas que enxergam o Direito como obra de um planejador central. Aqueles que assu-

---

15 Ver Tamanaha, nota 12 acima, p. 71.
16 Hayek, nota 14 acima, p. 210.
17 Hayek, nota 6 acima, p. 13.
18 Ver Vanberg, nota 5 acima, p. 51.
19 F. A. Hayek, *Studies in Philosophy, Politics and Economics*, University of Chicago Press, Chicago/IL, 1967, p. 88.
20 *Ibid*, p. 82.

mem essa visão, argumentava ele, sofrem de uma *ilusão sinóptica* baseada na premissa de que, se algo é bem organizado, então alguém deve tê-lo necessariamente planejado. Para Hayek, o construtivista acredita ainda que é possível para os seres humanos ter acesso ilimitado a toda e qualquer informação necessária para organizar interações sociais mais complexas. Isso, de acordo com Hayek, é uma compreensão grosseiramente exagerada do conhecimento humano. Como explica Neil MacCormick:

> A tese hayekiana implica que o planejamento estatal está sempre apto a resultar em consequências impremeditadas e, assim, que o planejamento jamais pode criar exatamente ou até aproximadamente o que foi planejado. Além de tudo, o planejador jamais poderá dizer como os outros seres humanos responderão às mudanças no ambiente que criou.[21]

Hayek explicava assim que estas premissas construtivistas negligenciavam a possibilidade de uma ordem espontânea a ser desenvolvida a partir de experiências humanas e interações no decurso de um longo período de tempo. Para ele, a ideia de ordem espontânea reflete um processo temporal de tentativa e erro que se estende por várias gerações, um processo verificável e, portanto, mais susceptível a coordenar as interações humanas de forma muito mais eficiente do que por meio de um processo planejado. As práticas que sobrevivem na ordem espontânea são as mesmíssimas que têm enfrentado com êxito o teste do tempo.[22] Curiosamente, embora Hayek acreditasse piamente que a ordem espontânea funcionasse de forma benéfica na imensa maioria dos casos, ele não acreditava que fosse assim em todas as circunstâncias. De fato, como Hayek explicou com relação à tradição do direito consuetudinário inglês:

> Por uma série de razões, o processo de crescimento espontâneo conduziu a um impasse do qual ele não pode desenredar-se por suas próprias forças ou ao menos que não corrigirá rápido o bastante (...). O fato de que o sistema jurídico que evoluiu desse modo tem certas qualidades desejáveis não pro-

---

[21] N. MacCormick, "*Spontaneous Order and the Rule of Law: Some Problems*" *in* Ratnapala e G. A. Moens, *Jurisprudence of Liberty*, Butterworths, Sydney, 1996, p. 75.

[22] Ver Vanberg, nota 5 acima, p. 55.

va que ele será sempre bom ou até que algumas de suas regras não possam ser muito ruins. Portanto, não significa que possamos dispensar completamente a legislação.[23]

Hayek e Direito Consuetudinário

A preferência de Hayek pelo Direito como um *cosmos* levou-o a se posicionar a favor do direito produzido pelos juízes em detrimento daquele produzido pela legislação parlamentar. Num sistema de direito consuetudinário-jurisprudencial, as regras modificam-se gradualmente, não repentinamente, mudando em sua maior parte por meio de adaptação judicial, e não por alteração legislativa. Essas mudanças graduais trariam mais estabilidade e previsibilidade ao ordenamento jurídico. Ao impor novas regras para a sociedade, a legislação cria um processo de cima para baixo no qual o legislador fica livre para impor sua vontade à sociedade em geral. Porque ninguém pode antecipar integralmente as possíveis consequências de suas próprias políticas, Hayek acha que os legisladores sofrem da irremediável falta de conhecimento, porque cada ação humana gera inúmeras outras reações humanas, e daí por diante.

Embora a definição de Hayek de direito consuetudinário assemelhe-se à antiga tradição inglesa que apresenta o Direito como algo a ser judicialmente descoberto e declarado, ele não tentou justificar este direito valendo-se da tradição jusnaturalista da "razão correta". Em lugar disso, Hayek elaborou a ideia de "mão invisível" por meio da qual "o Direito é uma ordem de crescimento espontâneo que se autocorrige e costuma beneficiar a todos por não ser produto intencional de ninguém".[24] Assim sendo, o direito consuetudinário é percebido como constructo da evolução gradual das decisões judiciais em casos concretos, de modo que a função dos tribunais deve limitar-se ao desenvolvimento de uma ordem jurídica mais espontânea. Como explicou Hayek:

---

23 Hayek, nota 6 acima, p. 88.
24 Tamanaha, nota 12 acima, p. 69.

> A afirmação de que os juízes, por meio das suas decisões nos casos concretos, aproximam-se gradualmente dum sistema de regras de conduta mais propício a produzir uma ordem eficiente de ações torna-se mais plausível quando se percebe tratar-se na verdade de um processo semelhante àquele pelo qual se efetua toda evolução intelectual. Como em todas as outras áreas, o progresso nessa área se dá pela nossa atuação dentro de um sistema já existente de pensamento e pelo nosso empenho, por meio dum processo de gradativa reparação ou "crítica imanente", para fazer o todo mais consistente tanto internamente quanto com os fatos aos quais as regras são aplicadas. Essa crítica imanente é o principal instrumento de evolução do pensamento e uma compreensão desse processo é o objetivo característico dum racionalismo evolutivo (ou crítico), em contraposição ao racionalismo construtivista (ingênuo) (...)
>
> Os esforços do juiz são, portanto, parte do processo de adaptação da sociedade às circunstâncias pelas quais a ordem espontânea se desenvolve. Ele auxilia no processo de seleção ao corroborar aquelas regras, as quais, como as que funcionaram bem no passado, tornam mais provável que expectativas se harmonizem e não entrem em conflito. Desse modo, converte-se num órgão dessa ordem. Mas, mesmo quando no desempenho dessas funções, cria novas regras, ele não é o criador duma nova ordem, mas servo duma ordem existente. E o resultado de seus esforços será um caso típico de "produto das ações humanas, mas não do plano humano", no qual a experiência adquirida pela experimentação das gerações incorpora mais conhecimento do que qualquer pessoa em particular pôde acumular.[25]

Hayek acredita que o direito consuetudinário corresponde a um processo de mudança gradual que dá melhores resultados através dos tempos do que qualquer processo de mudança legislativa. Portanto, o papel dos tribunais seria o de agir em resposta a essas situações imediatas, fornecendo à ordem jurídica uma capacidade de autoajustamento e de conhecimento acumulado que nenhum indiví-

---
25 Hayek, nota 6 acima, p. 118-119.

duo ou grupo é capaz de transmitir. Dessa forma, num sistema de direito consuetudinário, "o juiz tenta manter e aperfeiçoar a ordem vigente, a qual não foi projetada por ninguém; uma ordem que se formou a si própria e que se não se baseia na vontade de alguém, mas, sim, no ajuste mútuo das expectativas humanas individuais.[26]

Hayek, Deus e o Ser

Hayek também acreditava que as autoridades humanas devem abster-se e resguardar-se de qualquer pretensão de encontrar a perfeição no que tange ao conhecimento das coisas[27] – não somos deuses e está além da nossa capacidade mental atingir um nível conhecimento perfeito do que quer que seja. Isso certamente é uma poderosa objeção a qualquer "modelo especial e providencial de ser humano".[28] Essa ideia de que os seres humanos não devam agir como se possuíssem conhecimento absoluto adiciona "uma força especial ao aviso aos seres humanos para não brincarem de Deus".[29] Esse argumento de que autoridades são incapazes de descobrir por si sós tudo quanto seja utilmente conhecido pela comunidade leva à conclusão de que resultados melhores podem ser alcançados pelo processo autocorretor judicial desenvolvido de precedente em precedente. O Direito melhor se desenvolveria como *ordem espontânea* que favorece um ordem jurídica em que a lei se modifica gradualmente segundo a adaptação judicial, não a mudança legislativa. E isso, afirma Hayek, produzirá mais estabilidade ao conjunto da ordem jurídica.[30] Em muitos aspectos, a análise de Hayek coincide com a tradição do direito consuetudinário inglês de *governo subordinado à lei*.[31] Porém, ele parece desconsiderar que a ordem espon-

---

26 *Ibid.*
27 MacComick, nota 21 acima, p. 69.
28 *Ibid.*
29 *Ibid*, p. 70.
30 Ver F. A. Hayek, *Law, Legislation and Liberty – Volume 2: The Mirage of Social Justice*, Routledge, Londres, 1982, p. 17-24.
31 D. W. Kmiec, "*Liberty Misconceived: Hayek's Incomplete Theory of the Relationship Between Natural and Costumary Law*" in S. Ratnapala e G. A. Moens (ed), *Jurisprudence of Liberty*, Butterworths, Sydney, 1996, p. 132.

tânea pode levar tanto à busca da virtude quanto do egoísmo.[32] Tão preocupado estava Hayek com a preservação da autonomia individual que ele parece haver desconsiderado que o indivíduo encontra-se dentro de grupos sociais como a família, a igreja, a escola e o ambiente de trabalho. A ordem social depende muito da inserção de cada pessoa no seio de tais associações intermediárias e, visto que algumas dessas associações estão longe de ser inteiramente espontâneas, Hayek parece subestimar sua importância.[33]

De todo modo, o aspecto jusfilosófico da obra Hayek, embora não seja idêntico à tradição do direito consuetudinário inglês, é inteiramente compatível com ela, pois que foi originalmente fundada sobre a crença em leis que, de acordo com Edward Coke, "Deus, no momento da criação da natureza do homem, infundiu em seu coração para a sua preservação e guiamento".[34] Igualmente, em seus *Comentários*, William Blackstone afirmou que a liberdade individual é protegida por leis eternas que qualquer pessoa pode descobrir por meio da "razão correta". A seu turno, Hayek achava que os tribunais aplicadores do direito não buscavam tanto uma "razão correta", mas, sim, um aperfeiçoamento da "ordem permanente não projetada por ninguém, uma ordem que se formou sem o conhecimento, e por vezes contra a vontade, da autoridade".[35] Contudo, se não há ponto de referência para o Direito, então não haverá mais base absoluta alguma sobre a qual um julgamento mais definitivo pode ser feito. A consequência disso é uma visível falta de *critério objetivo* unificador e aplicável a todas as circunstâncias. Pior, o Direito pode tornar-se assim justamente o que o juiz arbitrariamente diz que ele é.[36] É por isso que a ênfase de Hayek na natureza evolutiva da moral e do Direito pode, de uma certa maneira, comprometer o aspecto normativo objetivo conduzente à liberdade individual.[37] Certamente, como ressalta David Boaz, "a principal

---

32 *Ibid.*
33 *Ibid*, p. 130.
34 *Calvin's Case* (1608) 7 Coke Rep 12(a); 77 Eng Rep 392.
35 Hayek, nota 6 acima, p. 119.
36 J. W. Whitehead, *The Second American Revolution*, Crossway Books, Westchester/IL, 1988, p. 80.
37 Ratnapala, nota 2 acima, p. 22.

[tradição] do liberalismo moderno remonta à ideia grega e judaica de *lei superior*, pela qual toda pessoa, mesmo a do governante, deve ser sempre julgada".[38]

Robert Nozik (1938-2002)

Robert Nozick foi um filósofo da política norte-americano que lecionou na Universidade Harvard e deu contribuições significativas para as áreas da filosofia política, da ética, da epistemologia e da metafísica. Seu livro *Anarquia, Estado e Utopia* (1974), que foi uma resposta ao livro de John Rawls *Uma Teoria de Justiça* (1971),[39] é amplamente considerado como uma das obras filosóficas mais influentes do século XX. De acordo com Nozick, todos nós temos o direito de não sermos subjugados à força, à fraude e à violência física. Ele critica a injustiça de se usar as pessoas para o benefício de outras, seja um indivíduo, seja o conjunto da sociedade. "Os indivíduos têm direitos e há coisas que nenhuma pessoa ou grupo pode fazer com eles (sem que se violem esses direitos)".[40] Partindo desta perspectiva individualista, Nozick extraiu o princípio de auto propriedade, o que significa dizer que a vida, a liberdade e a propriedade do indivíduo são, na realidade, a propriedade de si mesmo. De fato, Nozick não aceita a visão utilitarista de que devemos maximizar o conjunto total de bem-estar da sociedade. Ele se recusa a tratar as pessoas como um meio dirigido a um fim e, "porque somos todos indivíduos distintos, com experiências, existência, necessidades e desejos distintos, é errado usar a vida de uma pessoa como recurso para melhorar a vida de outrem".[41] Ninguém deve-

---

38 Boaz, nota 1 acima, p. xi-xii (destaque nosso).

39 John Rawls foi um dos mais influentes filósofos da política do século XX. Como Nozick, ele dedicou muito tempo de sua vida acadêmica na Universidade Harvard. No célebre livro *Uma Teoria de Justiça*, ele defende uma concepção de Estado baseada numa teoria de contrato social segundo a qual as partes contratantes são limitadas por um "véu de ignorância". As partes contratantes careceriam de qualquer conhecimento de seus objetivos e valores pessoais. O propósito do véu de ignorância é, desse modo, assegurar que "ninguém tem vantagem ou desvantagem na escolha de princípios pelo resultado da sorte natural ou da contingência das circunstâncias sociais" (J. Rawls, *A Theory of Justice*, Oxford University Press, Oxford, 1999 (1973), p. 11). A teoria de Rawls é geralmente descrita como uma versão do igualitarismo liberal de vertente esquerdista.

40 R. Nozick, *Anarchy, State and Utopia*, Basic Books, New York, 1974, p. ix.

41 J. Crowe, *Legal Theory*, Thomson Reuters, Sydney, 2009, p. 156.

ria ter a titularidade de seus direitos individuais comprometida com vistas à maximização utilitária do bem-estar geral da sociedade. De acordo com Nozick:

> Não existe entidade social que se submeta a um sacrifício para o seu próprio bem. Existem apenas pessoas individuais (...) com suas próprias vidas individuais. Usar uma dessas pessoas para o benefício de outras consiste apenas em usar um para beneficiar outros. Nada mais (...). Falar em bem social geral acoberta isso.[42]

As teorias de justiça geralmente discutem como a sociedade deve se organizar e como os indivíduos devem comportar-se e ser tratados. No livro de Aristóteles Ética a Nicômaco, por exemplo, estabelece-se a distinção entre justiça distributiva (que diz respeito a como os bens sociais devem ser alocados entre os membros da sociedade) e justiça corretiva, distinção que se relaciona com a resposta mais adequada a erros passados. Em contraposição a isso, Nozick propõe uma nova teoria de justiça distributiva que inclui princípios a determinar como a propriedade privada pode ser devidamente adquirida, como ela pode ser devidamente transferida entre os proprietários, e como quaisquer violações a esses princípios podem ser retificadas ou compensadas. Nozick é assim reconhecido por sua distinção entre a teoria de justiça distributiva histórica e a teoria da justiça distributiva voltada para um fim. A *teoria voltada para um fim*, diz ele, julga a distribuição não pela forma como ela surgiu, mas, sim, à luz de atributos contingentes tais como sobre se a utilidade social pode ou não ser maximizada pelo acordo. Evidentemente, a teoria liberal de Nozick opõe-se a uma visão distributivista pois que, como regra geral, acreditava ele que "nenhum princípio de Estado-fim ou de tipo de justiça distributiva pode ser realizado continuamente sem interferência contínua na vida das pessoas".[43] Sua teoria é portanto uma *teoria histórica* em que o mérito de qualquer distribuição da propriedade depende de circunstâncias passadas e das ações autônomas conduzidas por indivíduos livres, de modo que

---

42 Nozick, nota 40 acima, p. 33.
43 Nozick, nota 40 acima, p. 136.

qualquer transferência de propriedade será considerada justa somente se vier a resultar da escolha voluntária do proprietário. Essa liberdade de escolha do proprietário é a base mais legítima para transferências justas, argumenta Nozick, uma vez que ele entende que a "teoria da titularidade" é o único tipo de justiça distributiva que verdadeiramente permite às pessoas lidar com seus próprios recursos da forma como elas livremente escolheram.

Considerações Finais

O liberalismo moderno é a filosofia de pensadores como Ludwig von Mises, Milton Friedman, Murray Rothbard, Richard Epstein e Suri Ratnapala, autores que têm defendido os valores dos direitos individuais, do livre-mercado e da limitação do governo. Contudo, este capítulo se focou em introduzir as ideias centrais de Friedrich Hayek e Robert Nozick, dois dos principais pensadores liberais do século passado que compartilhavam uma boa parcela de cepticismo quanto ao papel do Estado na sociedade. Nesse sentido, Hayek preferia o direito consuetudinário-jurisprudencial ao direito legislado e defendia limites constitucionais rígidos ao exercício do poder estatal.[44] Ademais, ele defendia uma concepção substantiva que enxergava o conceito de Estado de Direito como doutrina meta--jurídica daquilo que o Direito deveria ser. Para ele, isso significava acima de tudo dizer, usando as suas próprias palavras, que "o governo jamais deve coagir um indivíduo, exceto na aplicação duma regra conhecida, e tal constitui uma limitação dos poderes do governo como um todo, incluindo o poder de legislar. É uma doutrina sobre o que o Direito deveria ser, no que diz respeito aos atributos gerais que as leis existentes deveriam ter".[45]

Quanto a Nozick, a sua importante contribuição foi a de trazer a ideia de direitos individuais de volta ao centro do debate

---

44 "O constitucionalismo significa que todo o poder se assenta na compreensão de que ele será exercido em consonância com princípios amplamente aceitos de que as pessoas às quais o poder é conferido são selecionadas, pois é por meio disso que elas têm mais chances de fazer o que é certo, não porque o que elas fazem deve ser o certo" (Hayek, nota 14 acima, p. 181).

45 "O Estado de Direito (...) é uma doutrina que diz respeito ao que é certo, no que diz respeito aos atributos gerais que as leis existentes deveriam ter" (Hayek, nota 14 acima, p. 205).

acadêmico-filosófico.⁴⁶ Esse interessante pensador liberal examinou qual tipo de Estado pode ser justificado se as pessoas têm seus direitos individuais verdadeiramente protegidos pela lei. Parte central de seu argumento é a ideia de justiça como processo de liberdade em justaposição à noção de justiça em termos de uma teoria estatista que exija interferência constante do Estado nas escolhas "consentidas de pessoas adultas".⁴⁷ Acima de tudo, Nozick acreditava, como ele assim colocou, que "um Estado mínimo, limitado às meras funções de proteção contra a força, o furto e a fraude, de execução dos contratos, e daí por diante, justifica-se; e qualquer Estado mais abrangente violará o direito básico de todo indivíduo de não ser forçado a fazer certas coisas".⁴⁸

---

46 Boaz, nota 1 acima, p. 181.

47 Boaz, nota 1 acima, p. 119.

48 Nozick, nota 40 acima, p. ix.

Bibliografia

Abraham, J. H. *Origins and Growth of Sociology*, Penguin Books, London, 1973.

Adams, V. *Men in Our Time*, Freeport, New York, 1969.

Afary, J. e Anderson, K. B. (ed), *Foucault and the Iranian Revolution: Gender and the Seductions of Islamism*, University of Chicago Press, Chicago/IL, 2005.

Allan, J. '*Bills of Rights as Centralising Instruments*' (2006) 27 *Adelaide Law Review* 183.

Allan, J. '*Oh That I Were Made Judge in the Land*" (2002) 30 *Federal Law Review* 561.

Allan, J. '*Siren Songs and Myths in the Bill of Rights Debate*'. Artigo apresentado como palestra na Série Eventual de Palestras do Senado no Parlamento [Australiano], Canberra, 4 de abril de 2008.

Allan, J. '*Tom Campbell and Democratic Legal Positivism*' (2009) 34 *Australian Journal of Legal Philosophy* 283.

Allan, T. R. S. *Constitutional Justice: A Liberal Theory of the Rule of Law*, Oxford University Press, Oxford, 2001.

Allan, T. R. S. *Law, Liberty, and Justice: The Legal Foundations of British Constitutionalism*, Claredon Press, Oxford, 1993.

Allan, T. R. S. '*Legislative Supremacy and the Rule of Law: Democracy and Constitutionalism*' (1985) 44 *Cambridge Law Journal* 111.

Alschuler, A. W. *Law Without Values: The Life, Work and Legacy of Justice Holmes*, University of Chicago Press, Chicago/IL, 2000.

Alschuler, A. W. '*Rediscovering Blackstone*' (1996) 145, University of Pennsylvania Law Review 1.

Anistia Internacional, *Prisoners of Conscience in the USSR: Their Treatment and Conditions*, Londres, 1975.

Antieau, C. J. '*Natural Rights and the Founding Fathers – The Virginians*' (1960) 17 *Washington and Lee Law Review* 43.

Antieau, C. J. *The Higher Laws: Origins of Modern Constitutional Law*, William S. Hein & Co, Buffalo/NY, 1994.

Applebaum, A. *Gulag: A History*, Anchor, Londres, 2004.

Aristóteles, Ética a Nicômaco.

Aristóteles, *A Política*.

Aristóteles, *A Retórica*.

Aristóteles, *História dos Animais*.

Aron, R. *Democracy and Totalitarism*, Weidenfeld and Nocolson, Londres, 1968.

Aroney, N. "*Society's Salt*" (2008) 608 *Australian Presbyterian Magazine* 3.

Ascensão, J. O. 'Direito Alternativo', disponível em <www.fd.ul.pt/Portals/0/Docs/Institutos/ICJ/LusCommune/AscensaoJoseOliveira7.pdf> (acesso em 1º de novembro de 2012).

Atkins, S. e Hoggett, B. *Women and the Law*, Basil Blackwell, Oxford, 1984.

Austin, J. *Lectures on Jurisprudence*, 5ª ed., John Murray, Londres, 1885.

Austin, J. *The Province of Jurisprudence Determined*, Cambridge University Press, Cambridge, 1995 (1832).

Austrália. *Brownlee v R* (2001) 207 CLR 278 em [105].

Austrália. *Eastman v R* [2000] HCA 29 em [242].

Austrália. *New South Wales v Commonwealth* (*WorkChoices case*) [2006] HCA 52 em [472].

Baggot, M. '*Darwin, Hitler, and the Culture of Death*', LifeSiteNews, em <http://www.lifesitenews.com/ldn/2008/may/08050602.html>, (acesso em 10 de setembro de 2012).

Baker, L. *The Justice from Beacon Hill: The Life and Times of Oliver Wendell Holmes*, Harper Collins, New York, 1991.

Banner, S. *When Christianity was Part of the Common Law* (1998) 16 *Law and History Review* 16.

Barker, E. "*Introduction*" in Gierke, O. *Natural Law and the Theory of Society*, Cambridge University Press, Cambridge, 1950.

Barnes, R. D. 'Race Consciousness: The Thematic Content of Racial Distinctiveness in Critical Race Scholarship' (1990) 103 *Harvard Law Review* 1864.

Barnett, H. *Sourcebook on Feminist Jurisprudence*, Cavendish, Londres, 1997.

Barnett, R. E. 'A Law Professor's Guide to Natural Law and Natural Rights' (1997) 20 *Harvard Journal of Law and Public Policy*, 655.

Barnett, R. E. *The Structure of Liberty: Justice and the Rule of Law*, Oxford University Press, New York, 1998.

Barry, N. P. *An Introduction to Modern Political Theory*, 4ª ed., St. Martin's Press, New York, 2000.

Barry, N. *Modern Political Theory*, 3ª ed., Macmillam, Basingstoke, 1995.

Barry, N. P. *The Crisis in Law*, Centre for Independent Studies, Sydney, 1989.

Bartlett, K. 'Feminist Legal Methods' (1990) 103 *Harvard Law Review* 829.

Barton, D. *Original Intent*, Wallbuilders, Aledo/TX, 2005.

Bayer, A. D. 'Introduction' in A. D. Boyer, *Law, Liberty and Parliament: The Selected Essays on the Writings of Sir Edward Coke*, Liberty Fund, Indianapolis/IN, 2004.

Bedner, A. 'An Elementary Approach to the Rule of Law' (2010) 2 *Hague Journal on the Rule of Law* 48.

Beliakov, A. *Yunost Vozhdya* ("A Adolescência do Líder"), Molodaya Gvardila, Moscou, 1958.

Bell, D. *And We are Not Saved: The Elusive Quest for Racial Justice*, Basic Books, New York/NY 2008.

Bendle, M. F. "9/11 and the Intelligentsia, Ten Years On" (2011) 55 (9) *Quadrant* 46.

Bentham, J. 'A Critical Examination of the Declaration of Rights', in B. Parekh (ed), *Bentham's Political Thought*, Croom Helm, Londres, 1973.

Benton, T. 'Social Darwinism and Socialist Darwinism in Germany: 1860 to 1900' *in* Blackledge, P. e Kirkpatrick, G. *Historical Materialism and Social Evolution*, Palgrave Macmillan, New York, 2002.

Berman, H. J. 'Book Review: Soviet Legal Philosophy, by H. W. Babb e J. N. Hazard' in *The Annals of the American Academy of Political and Social Science*, 1952.

Berman, H. *Faith and Order: The Reconciliation of Law and Religion*, Scholars Press, Atlanta/GA, 1993.

Berman, H. J. *Justice in Russia*, Harvard University Press, Cambridge/MA, 1950.

Berman, H. *Law and Revolution: The Formation of the Western Legal Tradition*, Harvard University Press, Cambridge/MA, 1983.

Berman, H. *Law and Revolution II: The Impact of the Protestant Reformations on the Western Legal Tradition*, Harvard University Press, Cambridge, 2003.

Bernasconi, R. 'Why Do the Happy Inhabitants of Tahiti Bother to Exist At All?' in J. K. Roth (ed), *Genocide and Human Rights: A Philosophical Guide*, Palgrave Macmilliam, New York, 2005.

Biblarz, T. J. e Gottainer, G. 'Family Structure and Children's Success: A Comparison of Widowed and Divorced Single-Mother Families' (2000) 62 *Journal of Marriage and the Family* 533.

Bix, B. *Jurisprudence: Theory and Context*, Sweet & Maxwell, Londres, 2009.

Bix, B. 'Legal Positivism' in M. P. Golding e W. A. Edmundson (ed), *The Blackwell Guide to the Philosophy of Law and Legal Theory*, Blackwell, Malden/MA, 2005.

Bix B., 'Radbruch's Formula, Conceptal Analysis, and the Rule of Law', *in* I. B. Flores and K. E. Himma (eds.), *Law, Liberty, and the Rule of Law*, Springer, Dordrecht, 2013.

Blackledge, P. 'Historical Materialism: From Social Evolution to Revolutionary Politics' in Blackledge, P. e Kirkpatrick, G. (ed), *Historical Materialism and Social Evolution*, Palgrave Macmillan, New York, 2002.

Blackshield, T. e Williams, G. *Australian Constitutional Law and Theory*, Federation Press, Sydney, 2006.

Blackstone, W. *Commentaries on the Laws of England* (1765).

Blackstone, W. 'Of the Nature of Laws in General' in *Commentaries on the Laws of England – Vol. I*, MacMillan, Londres, 1979.

Bjarup, J. 'Continental Perspectives on Natural Law Theory and Legal Positivism' in Golding, M. P. e Edmunson, W. A. (ed), *The Blackwell Guide to the Philosophy of Law and Legal Theory*, Blackwell, Melden/MA, 2005.

Boaz, D. (ed), *The Libertarian Reader: Classic and Contemporary Writings from Lao-tzu to Milton Friedman*, The Free Press, New York, 1997.

Böckenförde, E. *State, Society an Liberty: Studies in Political Theory and Constitutional Law*, Berg, New York, 1991.

Boff, L. *Salvation and Liberation*, Dove, Melbourne, 1984.

Bork, R. H. *The Tempting of America*, Touchstone, New York, 1991.

Borst, W. A. 'Trouble in Paradise: The Marxist Attacks on Marriage and the Family' (2009) 51(3) *Mindszenty Report* 1.

Bottomore, T. B. (ed), *Karl Marx: Early Writings*, McGraw-Hill, New York, 1963.

Boyle, J. (ed), *Critical Legal Studies*, Dartmouth, Aldershot, 1994.

Bowen, D. *Yankee from Olympus: Justice Holmes and His Family*, Little, Brown & Co., Boston/MA, 1945.

Bracher, K. D. *The German Dictatorship: The Origins, Structure and Effects of National Socialism*, Praeger Publishing, New York, 1970;

Bracton, H. D. *On The Law and Customs of England*, vol. 2 (c 1235), Harvard University Press, Cambridge/MA, 1968.

Brauch, J. A. *Is Higher Law Common Law? Readings on the Influence of Christian Thought in Anglo-American Law*, William S. Hein, Buffalo/NY, 1999.

Breckenridge, G. 'Legal Positivism and the Natural Law: The Controversy Between Professor Hart and Professor Fuller' (1964-1965) 18 *Vanderbilt Law Review* 945.

Brinkerhoff, D. W. e Goldsmith, A. A. 'Clientelism, Patrimonialism e Democratic Governance', artigo preparado para a *US Agency for International Development – Office of Democracy and Governance*, dezembro de 2002.

Broszat, M. *The Hitler State: The Foundation and Development of the Internal Structure of the Third Reich*, Longman, New York, 1981.

Brown, C. *Christianity and Western Thought – Vol. 1: From the Ancient World to the Age of Enlightenment*, InterVarsity Press, Downers Grove/IL, 1990.

Budziszewski, J. *Written on the Heart: The Case for Natural Law*, InterVarsity Press, Downers Grove/IL, 1997.

Bullok, A. *Hitler and Stalin: Parallel Lives*, Vintage Books, New York, 1993.

Burnside, J. *God, Justice and Society: Aspects of Law and Legality in the Bible*, Oxford University Press, 2011.

Caenegem, R. C. van. *An Historical Introduction to Western Constitutional Law*, Cambridge University Press, Cambridge, 1995.

Cain, M. e Hunt, A. *Marx and Engels on Law*, Academic Press, Londres, 1979.

Calvino, J. *Institutas da Religião Cristã*.

Campbell, J. H. e Schopf, J. W. (ed), *Creative Evolution?*, Jones and Barlett, Boston/MA, 1994.

Campbell, J. S. 'The Rule of Law: The Evolution of Social Order' in M. S. Eisenhower (ed), *The Rule of Law: An Alternative to Violence – A Report to the National Commission on the Causes and Prevention of Violence*, Aurora Publishers, Nashville/TN, 1970.

Campbell, T. D. 'Blaming Legal Positivism: A Reply to David Dyzenhaus' (2003) 28 *Australian Journal of Legal Philosophy* 34.

Campbell, T. D. *The Legal Theory of ethical Positivism*, Dartmouth, Aldershot, 1996.

Carter, F. K. 'Gustav Radbruch and Hermann Kantorowicz: Two Friends and a Book' (2006) 7(7) *German Law Journal* 657.

Chroust, A. H. "The Fundamental Ideas in St Augustine's Philosophy of Law" (1973) 18 *American Journal of Jurisprudence* 57.

Cícero, M. T. *De Legibus*.

Cícero, M. T. *De Republica*.

Clark, J. e Wildavsky, A. "Chronicle of a Collapse Foretold: How Marx Predicted de Demise of Communism (Although He Called ir "Capitalism")" in Krygier, M. (ed), *Marxism and Communism: Posthumous Reflections on Politics, Society, and Law*, Rodopi, Amsterdam e Atlanta/GA, 1994.

Clark, R. *Darwin: Before and After*, Grand Rapids International Publication, Grand Rapids/MI, 1958.

Coase, R. H. *The Firm, The Market and The Law*, The University of Chicago Press, 1988.

Coase, R. H. *"The Problem of Social Cost"* (1960) 3 *The Journal of Law and Economics* 1.

Cohen-Tanugi, L. *La Métamorphose de la Démocratie Française : De l'État Jacobin à l'État de Droit*, Gallimard, Paris, 1993.

Coke, E. *Calvin's Case* (1608) 7 Coke Rep (12)a 77 Eng Rep 392.

Coke, E. *Third Reports*.

Coleman, L. *"Economics and the Law: A Critical Review of the Foundations of the Economic Approach to the Law"* (1980) 94 *Ethics* 649.

Coleman, J. L. 'Negative and Positive Positivism' (1982) 11 *Journal of Legal Studies* 139.

Collins, H. *Marxism and Law*, Oxford University Press, Oxford, 1988.

Cooley, T. *Principles of Constitutional Law*, Little, Brown & Co., Boston/MA, 1898.

Cooney, T. M. e Kurz, J. 'Mental Health Outcomes Following Recent Parental Divorce: The Case of Young Adult Offspring' (1996) 17 *Journal of Family Issues* 495.

Cooper, J. et al, *Complete Works By Plato*, Hackett Publishing, Indianapolis/IN, 1997.

Constant, B. *Political Writings*, Cambridge University Press, Cambridge, 1988.

Conway, J. S. *Nazi Persecution of the Churches, 1933-1945*, Regent College Publishing, Vancouver, 2001.

Conquest, R. *The Great Terror: A Reassessment*, 2ª ed., Macmillan, New York, 1992.

Cornell, D. *"Sexual Difference, The Feminine, and Equivalency: A Critique of MacKinnon's* Toward a Feminist Theory of the State" (1991) 100 *Yale Law Journal* 2247.

Cornwell, J. *Hitler's Scientists: Science, War and the Devil's Pact*, Penguin, Londres, 2004.

Corwin, E. S. *The 'Higher Law' Background of American Constitutional Law*, Cornell University Press, Ithaca/NY, 1955.

Cotterrell, R. *Émile Durkheim: Law in a Moral Domain*, Edinburgh University Press, Edinburgh, 1999.

Craig, p. '*Constitutional Foundations, the Rule of Law and Supremacy*' (Primavera de 2003) *Public Law* 92.

Craig, P. '*Formal and Substantive Conceptions of the Rule of Law*' (Outono de 1997) *Public Law* 467.

Cross, F. B. "*Law and Economic Growth*" (2002) 80 *Texas Law Review* 1737.

Crowe, J. "*Existentialism and Natural Law*" (2005) 26 *Adelaide Law Review* 55.

Crowe, J. *Legal Theory*, Law Book, Sydney, 2009.

Crowe, J. '*Natural Law Beyond Finnis*' (2011) 2(2) *Jurisprudence* 293.

Dahrendorf, R. *Law and Order*, Stevens & Sons, Londres, 1985.

Dare, T. '*Tom Campbell's Ethical Positivism*' (2009) 34 *Australian Journal of Legal Philosophy* 294.

Darwin, C. *The Descent of Man*, 2ª ed., A. L. Burt Co., New York, 1874.

David, R. e Brierley, J. *Major Legal Systems in the World Today: An Introduction to the Comparative Study of Law*, Stevens & Sons, Londres, 1985.

Davies, M. *Asking the Law Question*, Lawbook Co., Sydney, 2008.

Delgado, R. 'Imperial Scholar: Reflections on a Review of Civil Rights Literature' (1984) 132 *University of Pennsylvania Law Review* 561.

Delgado R. and Stefancic, J. 'Critical Legal Theory: An Annotated Bibliography' (1993) 79 *Virginia Law Review* 4461.

Delgado, R. and Stefancic, J. *Critical Race Theory: The Cutting Edge*, Temple University Press, Philadelphia/PA: 1995.

Del Vecchio, G. *Lições de Filosofia do Direito*, 5ª edição, Armênio Amado, Coimbra, 1979.

Denning, A. *The Changing Law*, Stevens, Londres, 1953.

Derrida, J. *The Force of Law*, Routledge, New York, 1992.

Dewey, J. *The Influence of Darwinism in Philosophy and Other Essays*, Henry Hold & Co., New York, 1910.

Dicey, A. V. *Introduction to the Study of the Law of the Constitution*, Liberty Fund, Indianapolis/IN, 1982 (1885).

Dixon, M. *Why Women's Liberation? Racism and Male Supremacy*, Chicago Women's Liberation Union, Chicago/IL, 1963.

Djlas, M. *The New Class: An Analysis of the Communist System*, Thames and Hudson, Londres, 1957.

Dostoievsky, F. *The Brothers Karamazov*.

Dowley T. (ed), *The History of Christianity: A Lion Handbook*, Lion Publishing, Berkhamsted, UK, 1977.

Dubber, M. D. *'Judicial Positivism and Hitler's Injustice'* (1993) 93(7) *Columbia Law Review* 1807.

Dubois, E. C. (ed), *The Elizabeth Cady Stanton – Susan B. Anthony Reader*, Northeastern University Press, Boston/MA, 1992.

Duxbury, N. *'The Birth of Legal Realism and the Myth of Justice Holmes'* (1991) 20 *Anglo-American Law Review* 81.

Dworkin, R. *"Is Wealth a Value?"* (1980) 6 *Journal of Legal Studies* 191.

Dworkin, R. *Political Judges and the Rule of Law* (1978) 64 *Proceedings of the British Academy* 259.

Dworkin, R. *Taking Rights Seriously*, Harvard University Press, Cambridge/MA, 1977.

D'Souza, D. *What's So Great About Christianity*, Regnery, Washington/DC, 2007.

Eastman, M. *Marx, Lenin and the Science of Revolution*, Allen & Unwin, Londres, 1926.

Eidsmoe, J. *Christianity and the Constitution: The Faith of Our Founding Fathers*, Baker Books, Grand Rapids/MI, 1987.

Elazar, D. J. *Covenant and Commonwealth: From Christian Separation through the Protestant Reformation*, Transaction Publishers, New Brunswick/NJ, 1996.

Elazar, D. J. *Covenant and Constitutionalism: The Great Frontier and the Matrix of Federal Democracy*, Transaction Publishers, New Brunswick/NJ, 1998.

Elazar, D. J. *Covenant and Polity in Biblical Israel: Biblical Foundations and Jewish Expressions*, Transaction Publishers, New Brunswick/NJ, 1995.

Elazar, D. J. *Exploring Federalism*, University of Alabama Press, Tuscaloosa/AL, 1987.

Endicott, T. A. O. "*The Conscience of the King: Christopher St Germain and Thomas More and the Development of English Equity*" (1989) 47(2) University of Toronto Faculty of Law Review 549.

Engels, F. *Selected Works*, Vol. 3, International Publishers, New York, 1950.

Engels, F. *The Origin f the Family, Private Property and the State*, Charles H. Kerr & Co., Chicago/IL, 1902 (1884).

Epstein, S. B. "*Rethinking the Constitutionality of Ceremonial Deism*" (1996) 96 Columbia Law Review 2083.

Erickson, M. J. *Christian Theology*, Baker Book House, Grand Rapids/MI, 1983.

Estados Unidos da América. *Dred Scott v Sandford*, 60 US (19 How) 393, 407 (1857).

Estados Unidos da América. *Lochner v New York* 198 US 45 (1905), 76.

Estados Unidos da América. *Marbury v Madison*, 5 US (1 Granch) 137 (1803), 176.

Evans, R. *The Third Reich in Power – 1935-1939*, Penguin, Londres, 2005.

Fallon, R. H. 'The Rule of Law as a Concept in Constitutional Discourse' (1997) 97 Columbia Law Review 1.

Farber, D. A. e Sherry, S. *Beyond All Reason: The Radical Assault on Truth in American Law*, Oxford University Press, Oxford, 1997.

Feinman, J. M. 'The Failure of Legal Education and the Promise of Critical Legal Studies' (1985) 6 Cardozo Law Review 739.

Ferreira Filho, M. G. *Estado de Direito e Constituição*, 2a ed., Editora Saraiva, São Paulo/SP, 1999, p. 6.

Feser, E. 'Hayek the Cognitive Scientist and Philosopher of Mind' in Feser, E. (ed), *The Cambridge Companion to Hayek*, Cambridge University Press, Cambridge, 2006.

Figes, O. *A People's Tragedy*, Pimlico, Londres, 1996.

Figes, O. *The Whisperers: Private Life in Stalin's Russia*, Penguin, Londres, 2007.

Fineman, M. A. *The Neutered Mother, the Sexual Family, and Other Twentieth Century Tragedies*, Routledge, New York, 1995.

Finer, S. E. *Comparative Government*, Penguin, Londres, 1970.

Finie, R. 'Women, Men and the Economic Consequences of Divorce: Evidence from Canadian Longitudinal Data' (1993) 30(2) *Canadian Review of Sociology and Anthropology* 205.

Finnis, J. 'Is Natural Law Theory Compatible with Limited Government?' in R. P. George (ed), *Natural Law, Liberalism and Morality*, Oxford University Press, Oxford, 1996.

Finnis, J. *Natural Law and Natural Rights*, Oxford University Press, Oxford, 1980.

Finnis, J. *The Collected Essays of John Finnis*, Vols. 1-5, Oxford University Press, Oxford, 2011.

Fish, M. H. 'Justice Holmes, the Prediction Theory of Law, and Pragmatism' (1942) 39 *Journal of Philosophy* 85.

Fish, S. *There's No Such Thing as Free Speech: And It's a Good Thing, Too*, Oxford University Press, Oxford, 1993.

Fisher, R. 'Prevention and early Intervention for Children and Families', artigo apresentado na conferência 'Children, Young People and Their Communities: The Future is in our Hands', Launceston (Austrália), 27 e 28 de março de 2001, disponível em <http://www.aic.gov.au/en/events/aic%20upcoming%20events/2001//media/conferences/cypc/fisher.pdf> (acesso em 18 de outubro de 2012).

Fiss, O. M. 'The Death of the Law?' (1986) 72 *Cornell Law Review* 1.

Fitzpatrick, S. *Everyday Stalinism: Ordinary Life in Extraordinary Times: Soviet Russia in the 1930s*, Oxford University Press, New York, 1999.

Flemming, C. T. *Motherhood Deferred*, Random House, New York, 1996.

Flis, A. 'From Marx to Real Socialism: The History of a Utopia' in M. Kryger (ed), *Marxism and Communism*, Rodopi, Amsterdã, 1994.

Fortescue, J. *De Laugibus Legum Angliæ* (c 1470), Cambridge University Press, Cambridge, 1949.

Fox, R. L. *The Classical World: An Epic History of Greece and Rome*, 2ª ed., Penguin, Londres, 2008.

Frank, J. *Law and the Modern Mind*, Bretano, New York, 1930, Cap. 14.

Freeman A., 'Antidiscrimination Law: A Critical Review', *in* Kairys D. (ed), *The Politics of Law: A Progressive Critique*, Harvard University Press, Cambridge/MA, 1982.

Freeman, M. D. A. *Introduction to Jurisprudence*, 8ª ed., Thomson Reuters, Sydney, 2008.

Freeman, M. D. A. *Lloyd's Introduction to Jurisprudence*, Sweet & Maxwell, Londres, 2008.

French, M. *The War Against Women*, Simon & Schuster, New York, 1992.

Freyre, G. *Order and Progress: Brazil From Monarchy to Republic*, Alfred A. Knopf, New York, 1970.

Friedan, B. *The Feminine Mystique*, Dell Publishing, New York, 1963.

Friedan, B. *The Second Stage*, Simon and Schuster, New York, 1981.

Friedan, B. '*Up From the Kitchen Floor*', *New York Times Magazine*, New York, 4 de março de 1973.

Friedman, L. M. *The Legal System: A Social Science Perspective*, Russell Sage, New York, 1975.

Friedmann, W. *Legal Theory*, 5ª ed., Stevens & Sons, Londres, 1967.

Fuller, L. *The Morality of Law*, Yale University Press, New Haven/CT 1969.

Furet, F. *The Passing of an Illusion: The idea of Communism in the Twentieth Century*, University of Chicago Press, Chicago/IL, 1999.

Gasman, D. *The Scientific Origins of National Socialism*, Macdonald and American Elsevier, New York, 1971.

Gaus, G. F. '*Hayek on the Evolution of Society and Mind*' in Feser, E. (ed), *The Cambridge Companion to Hayek*, Cambridge University Press, Cambridge, 2006.

Geissler, E. e Scheler, W. (ed), *Darwin Today*, Akademie-Verlag, Berlim, 1983.

George, R. P. *A Preserving Grace: Protestants, Catholics, and Natural Law*, Eerdmans Publishing, Grand Rapids/MI, 1997.

George, R. P. *In Defense of Natural Law*, Oxford University Press, Oxford, 1999.

George, R. P. '*Natural Law Ethics*' in Quinn, P. L. e Taliaferro, C. (ed), *A Companion to Philosophy of Religions*, Wiley-Blackwell, Oxford, 1997.

Giffin, M. '*The Papacy and Modernity*' (março de 2011) *Quadrant* 95.

Gleeson, M. *The Rule of Law and the Constitution* – 2000 *Boyer Lectures*, ABC Books, Sydney, 2000.

Glendon, M. A. '*Is the Economic Emancipation of Women Today Contrary to a Healthy, Functioning Family?*' in C. Wolfe (ed), *the Family, Civil Society, and the State*, Rowan and Littlefield, Lanham/MD, 1998.

Goldberg, J. *Liberal Fascism: The Secret History of the American Left, From Mussolini to the Politics of Change*, Three Rivers Press, New York, 2009.

Goldsworthy, J. '*Homogenizing Constitutions*' (2003) 23 *Oxford Journal Legal Studies* 483.

Goldsworthy, J. '*Introduction: Symposium in Honour of Professor Tom Campbell*' (2009) 34 *Australian Journal of Legal Philosophy* 270.

Goldsworthy, J. '*Legislative Sovereignty and the Rule of Law*' in K. D. Ewing, T. Campbell e A. Tomkins (ed), *Sceptical Essays on Human Rights*, Oxford University Press, Oxford, 2001.

Goldsworthy, J. *Parliamentary Sovereignty: Contemporary Debates*, Cambridge University Press, Cambridge, 2010.

Goldsworthy, J. *The Sovereignty of Parliament: History and Philosophy*, Claredon Press Oxford, 1999.

Gonzaga, A.A. 'Direito Natural e Jusnaturalismo', Enciclopédia Jurídica da PUC-SP, Tomo de Teoria Geral e Filosofia do Direito, São Paulo/SP, abril de 2017, pp. 21 e 22.

Goodhart, A. L. *English Law and Moral Law*, Stevens & Sons, Londres, 1953.

Gordon, L. "*Functions of the Family*", Women: A Journal of Liberation, Vol. 1, outono de 1969, re-impresso *in* Tanner, L. B. (ed), *Voices of Women's Liberation*, Signet Books, New York, 1971.

Goyard-Fabre, S. *Os Princípios Filosóficos do Direito Político Moderno*, trad.: Irene A. Paternot, Martin Fontes, São Paulo, 1999.

Graglia, F. C. *Domestic Tranquillity: A Brief Against Feminism*, Spence Publishing Co., Dallas/TX, 1998.

Graglia, F. C. 'The Breaking of the Women's Pact', The Weekly Standard, 11 de novembro de 1996.

Gray, J. *Hayek on Liberty*, Routledge, New York, 1998.

Graycar, R. e Morgan, J. *The Hidden Gender of Law*, Federation Press, Sydney, 1990.

Grazin, I. 'The Role of Ideas in Political Change' *in* Ratnapala, S. e Moens, G. A. (ed), *Jurisprudence of Liberty*, Butterworths, Sydney, 1996.

Green, M. *I Believe in Satan's Downfall*, Hodder & Stoughton, Londres, 1988.

Greer, G. *The Female Eunuch*, Peladin, Londres, 1971.

Grigg, R. *The Trial and Death of Adolf Eichman* (2009), <http://creation.com/the-trial-and-death-of-adolf-eichman> (acesso em 10 de setembro de 2012).

Grisez, G. Boyle, J. e Finnis, J. '*Practical Principles, Moral Truth and Ultimate Ends*' (1987) 32 American Journal of Jurisprudence 99.

Grócio, H. *De Jure Belli ac Pacis*.

Gsovski, V. 'Preventive and Administrative Detention in the USSR' (1961) 3(1) Journal of the International Commission of Jurists 135.

Guins, G. C. *Soviet Law and Soviet Society*, Martinus Nijhoff, Haia, 1954.

Haakonssen, K. *Natural Law and Moral Philosophy: From Grotius to the Scottish Enlightenment*, Cambridge University Press, Cambridge, 1996.

Hadelmann, F. '*Gustav Radbruch vs Hans Kelsen: A Debate on Nazi Law*' (1958) 71 Harvard Law Review 162.

Haeckel, E. *Last Words on Evolution: A Popular Retrospect and Summary*, Owen, Londres, 1906.

Haeckel, E. *The Evolution of Man*, vol. II, Londres, Watts, 1910.

Halévy, E. *The Growth of Philosophic Radicalism*, Beacon Press, Boston/MA, 1995.

Halliday, F. "*The Fundamental Lesson of the Fatwa*" (1993) 6(239) *New Statesman and Society* 16.

Hambloch, E. *German Rampant: A Study in Economic Materialism*, Carrick & Evans, New York, 1939.

Hanson, D. W. *From Kingdom to Commonwealth: The Development of Civic Consciousness in English Political Thought*, Harvard University Press, Cambridge/MA, 1970.

Harding, S. *The Science Question in Feminism*, Cornell University Press, New York, 1986.

Harris, J. W. *Legal Philosophies*, 2ª ed., Oxford University Press, Oxford, 2004.

Hart, H. L. A. '*Kelsen Visited*' (1962-1963) 10 UCLA *Law Review* 709.

Hart, H. L. A. *The Concept of Law*, Clarendon Press, Oxford, 1994.

Hartmann, W. e Pennington, K. *The History of Medieval Canon Law in the Classic Period*, Catholic University Press, Washington/DC, 2008.

Hausner, G. *Justice in Jerusalem*, Herzl Press, New York, 1996.

Hawkins, M. *Social Darwinism in European and American Thought: 1860-1945*, Cambridge University Press, Cambridge, 1997.

Hayek, F. A. *Law, Legislation and Liberty – Vol. 1: Rules and Order*, Routledge, Londres, 1973.

Hayek, F. A. *Law Legislation and Liberty – Volume 2: The Mirage of Social Justice*, Routledge, Londres, 1982.

Hayek, F. A. *Law, Legislation and Liberty – Volume 3: The Political Order of a Free People*, University of Chicago Press, Chicago/IL, 1981.

Hayek, F. A. *New Studies in Philosophy, Politics, Economics and the History of Ideas*, University of Chicago Press, Chicago/IL, 1978.

Hayek, F. A. *Studies in Philosophy, Politics, and Economics*, Chicago University Press, Chicago, 1964.

Hayek, F. A. *The Constitution of Liberty*, Chicago University Press, Chicago, 1960.

Hayek, F. A. *'The Fatal Conceit: The Errors of Socialism' in* W. W. Barley III (ed), *Collected Works of F. A. Hayek – Vol. I*, Chicago University Press, Chicago/IL, 1988.

Hayek, F. A. *The Road to Serfdom*, Routledge, Londres, 2001 (1944).

Hegel, G. *Philosophy of Law*.

Heimbach, D. R. *'Deconstructing the Family'* (2006) 27(1) *The Australian Family* 8.

Heydon, D. *'Judicial Activism and the Death of the Rule of Law'* (jan-fev 2003) *Quadrant* 10.

Hitler, A. *Hitler's Table Talk 1941-1944*, Oxford University Press, Oxford, 1988.

Hitler, A. *Mein Kampf*, Hutchinson, McLeod/MN, 1974 (1925-1926).

Hittinger, R. *The First Grace: Rediscovering Natural Law in a Post-Christian Age*, ISI Books, Willington/DE, 2003.

Hobbes, T. *De Cive*.

Hobbes, T. *Leviatã*.

Hoffman, S. D. e Duncan, G. J. *'The Effect of Incomes, Wages, and AFDC Benefits on Marital Disruption'* (1995) 30(1) *The Journal of Human Resources* 19.

Hoffman, S. D. e Duncan, G. J. *'What are the Economic Consequences of Divorce?'* (1988) 25(4) *Demography* 641.

Holdsworthy, W. S. *History of English Law*, vol. 8, 3ª ed., Methuen, Londres, 1932.

Holdsworth, W. S. *Some Makers of English Law*, Cambridge University Press, Cambridge, 1938,

Holmes, O. W. *'Summary of Events: The Gas Stokers' Strike'* (1873) 7 *American Law Review* 582.

Holmes, O. W. *The Common Law*, M. Howe (ed), Little, Brown, Boston/MA, 1963.

Holmes, O. W. *'The Path of the Law'* (1897) 10 *Harvard Law Review* 457.

Hook, S. *From Hegel to Marx: Studies in the Intellectual Development of Karl Marx*, Columbia University Press, New York, 1994 (1936).

Horowitz, D. '*Rethinking Betty Friedan and the Feminine Mystique: Labor Union Radicalism and Feminism in Cold War America*' (1964) 48(1) *American Quarterly Review* 31.

Hughes, R. A., Leane, G. W. G. e Clarke, A. *Australian Legal Institutions: Principles, Structure and Organisation*, Lawbook, Sydney, 2003.

Hume, D. '*An Enquiry Concerning Principles of Morals*', *in* Warner, S. D. e Livingston, D. W. (ed), *David Hume: Political Writings*, Hackett Publishing, Indianapolis/IN, 1994.

Hutchinson, A. C. e Monahan, P. J. '*Law, Politics and the Critical Legal Scholars*' (1984) 36 *Stanford Law Review* 199.

Irineu, *Adversus omnes hæreses*.

Jaffa, H. V. '*What Were the Original Intentions of the Framers of the Constitution of the United States?*' *in* Jaffa, H. V., Ledewitz, B., Stone, R. L. e Anastaplo, G. (ed), *Original Intent and the Framers of the Constitution: A disputed Question*, Regnery Gateway, Washington/DC, 1994.

Jaggar, A. M. *Feminist Politics and Human Nature*, Rowman and Littlefield, Totowa/NJ, 1998.

Jannings, I. *The Law and the Constitution*, University of London Press, Londres, 1959.

Johnson, P. *A History of the American People*, Harper Perennial, New York, 1999.

Johnson, P. *Intellectuals*, Harper & Row, New York, 1988.

Johnson, P. *Modern Times: The World from the Twenties to the Nineties*, Harper Perennial, New York, 2001.

Johnson, P. E. *Darwin on Trial*, 2ª ed., InterVarsity Press, Downers Grove/IL, 1993.

Johnson, P. E. *Objections Sustained: Subversive Essays on Evolution, Law & Culture*, InterVarsity Press, Downers Grove/IL, 1998.

Jones, G. S. '*Communism*' *in* K. Marx e F. Engels, *The Communist Manifesto*, Penguin, Londres, 2002.

Joyce, J. A. *The New Politics of Human Rights*, St. Martin, New York, 1978.

Kant, I. *Practical Philosophy*, Cambridge University Press, Cambridge, 1996.

Kant, I. *Religion and Rational Theology*, Cambridge University Press, Cambridge, 1996.

Kautsky, K. *The Agrarian Question*, Zwan, Winchester/MA e Londres, 1988.

Kele, M. H. *Nazis and Workers: National Socialist Appeals to German Labor 1919-1933*, University of North Carolina Press, Chapel Hill/NC, 1972.

Kelly, J. M. *A Short History of Western Legal Theory*, Oxford University Press, Oxford, 1992.

Kelly, J. M. *A Short History of Western Legal Theory*, Oxford University Press, Oxford, 2007.

Kelman, M. *A Guide to Critical Legal Studies*, Harvard University Press, Cambridge/MA, 1987.

Kelsen, H. *General Theory of Law and State*, Cambridge University Press, Cambridge, 1945.

Kelsen, H. *The Communist Theory of Law*, Stevens & Sons, Londres, 1955.

Kelsen, H. *The Pure Theory of Law*, California University Press, Berkeley/CA, 1967.

Kelsen, H. "*The Pure Theory of Law – Part 1*" (1934) 50 *Law Quarterly Review* 517.

Kelsen, H. '*The Pure Theory of Law – Part 2*' (1935) 51 *Law Quarterly Review* 517.

Kelsen, H. '*What is Justice?*', California University Press, Berkeley/CA, 1957.

Kennedy, D. '*Critical Labor Theory: A Comment*' (1981) 4 *Industrial Relations Law Journal* 503.

Kennedy, D. '*Legal Education as Training for Hierarchy*' in Kaireys, D. (ed), *The Politics of Law: A Progressive Critique*, Harvard University Press, Cambridge/MA, 1982.

Kerr, D. '*The Secret Life of Pope Pius XII*', *The Record*, Perth, 16 de novembro de 2011, em <www.therecord.com.au/blog/the-secret-life-of-pope-pius-xii/> (acesso em 1º de novembro de 2012).

Kershaw, I. *Hitler: A Profile in Power*, Longman, Londres, 1991.

Kiesnan, K. E. e Habcraft, J. 'Parental Divorce During Childhood: Age at First Intercourse, Partnership and Parenthood' (1997) 51 Population Studies 41.

Kirby, M. 'Constitutional Interpretation and Original Intent – A Form of Ancestor Worship?', palestra proferida no Seminário Sir Anthony Mason de 1999, na Faculdade de Direito da Universidade de Melbourne, em 9 de setembro de 1999.

Kirby, M. 'Julius Stone and the High Court of Australia' (1997) 20 University of New South Wales Law Journal 239.

Klymcka, W. Multicultural Citizenship: A Liberal Theory of Minority Rights, Claredon Press, Oxford, 1995.

Kmiec, D. W. 'Liberty Misconceived: Hayek's Incomplete Theory of the Relationship Between Natural and Customary Law' in Ratnapala, S. e Moens, G. A. (ed), Jurisprudence of Liberty, Butterworths, Sydney, 1996.

Knox, J. On Rebellion, Cambridge University Press, Cambridge, 1994.

Koessler, M. 'Nazi Justice and the Democratic Approach: The Debasement of Germany's Legal System' (1950) 36 ABA Journal 634.

Kolnai, A. The War Against the West, Viking Press, New York, 1938.

Kornhauser, L. A. "Economic Rationality in the Analysis of Legal Rules and Institutions" in Golding, M. P. e Edmundson, W. A. The Blackwell Guide to the Philosophy of Law and Legal Theory, Blackwell Publishing, Malden/MA, 2012.

Koyzis, D. T. Political Visions & Illusions, Intervarsity Press, Downers Grove/IL, 2003.

Kriegel, B. The State and the Rule of Law, Princeton University Press, Princeton.

Kristol, I. Neoconservantism: The Authography of an Idea, Elephant Paperbacks, Chicago/IL, 1999.

Krygier, M. 'Compared to What? Thoughts on Law and Justice' (dezembro de 1993) Quadrant 49.

Krygier, M. 'Critical Legal Studies and Social Theory – A Response to Alan Hunt' (1987) 7 Oxford Journal of Legal Studies 26.

Krygier, M. *'Ethical Positivism and the Liberalism of Fear'* in Campbell, T. e Goldsworthy, J. (ed), *Judicial Power, Democracy, and Legal Positivism*, Aldershot, Ashgate, 2000.

Krygier, M. *False Dichotomies, True Perplexities, and the Rule of Law*. Artigo apresentado no *Center for the Study of Law and Society*, Universidade da Califórnia, Berkeley, 2003.

Krygier, M. *'Institutional Optimism, Cultural Pessimism and the Rule of Law'* in Krygier, M. e Czarnota, A. (ed), *'The Rule of Law After Communism: Problems and Prospects in East-Central Europe*, Ashgate, Aldershot, 1999.

Krygier, M. *'Marxism, Communism, and Narcissism'* (1900) 15(4) *Law & Social Inquiry* 707.

M. Krygier, 'Marxism, Communism, and Rule of Law', *in* M. Krygier (ed), *Marxism and Communism: Posthumous Reflexions on Politics, Society and Law*, Rodopi, Amsterdam, 1994.

Krygier, M. *'Rule of Law'* in Smelser, N. J. e Baltes, P. B. (ed), *International Encyclopedia of the Social & Behavioral Sciences*, 2001.

Krygier, M. *'The Grammar of Colonial Legality: Subjects, Objects, and the Australian Rule of Law'* in Brennan, G. e Castles, F. G. (ed), *Australia Reshaped: 200 Years of Institutional Transformation*, Cambridge University Press, Cambridge, 2002.

Krygier, M. *'The Rule of Law: An Abuser's Guide'*. Artigo apresentado na 13ª Conferência Anual Sobre o Indivíduo Contra o Estado, Universidade Central da Europa, Budapest, 10 e 11 de junho de 2005.

Krygier, M. *'Transitional Questions about the Rule of Law: Why, What, and How?'*, artigo apresentado na conferência *'East Central Europe: From Where to Where?'*, *East Central Institute for Advanced Study*, Budapeste, 15 a 17 de fevereiro de 2001.

Kukathas, C. "*Are There any Cultural Rights?*" (1992) 20(1) *Political Theory* 105.

Kuyper, A. *Lectures on Calvinism*, Hendrickson, Peabody/MS, 2008.

Lakoff, S. *Democracy: History, Theory and Practice*, Westview Press, Boulder/CO, 1996.

Lambert, F. *Religion in American Politics: A Short History*, Princeton University Press, Princeton/NJ, 2008.

Langdell, C. C. *A Summary of the Law of Contract*, Little, Brown and Co., Boston/MA, 1880.

Lee, F. N. *Communist Eschatalogy*, Craig Press, Nutley/NJ, 1974.

Lehmann, N. e Sullinger, H. '*Declaration of Feminism*', originalmente distribuído em junho de 1971 (Caixa Postal 7064, Estação Powderhorn, Minneapolis, Minnesota 55407).

Leiboff, M. e Thomas, M. *Legal Theories: Contexts and Practices*, LawBook, Sydney, 2009.

Leiter, B. '*American Legal Realism*' in M. P. Golding e W. A. Edmundson (ed), *The Blackwell Guide to the Philosophy of Law and Legal Theory*, Blackwell, Malden/MA, 2006.

Leiter, B. '*Rethinking Legal Realism: Toward a Naturalized Jurisprudence*' (1997) 76(2) *Texas Law Review* 267.

Leiter, B. '*The End of Empire: Dworkin and Jurisprudence in the 21st Century*' (2004-2005) *Rutgers Law Journal* 165.

Lennox, J. C. *God's Undertaker: Has Science Buried God?*, 2ª ed., Lion Books, Londres, 2009.

Leoni, B. *Freedom and The Law*, Nash, Los Angeles, 1972.

Lênin, V. I. *Collected Works*, Vol. 28, Progress Publishers, Moscou, 1981.

Lênin, V. I. *Selected Works*, Vol. 2, International Publishers, New York, 1929.

Lepsius, O. '*The Problem of Perceptions of National Socialist Law, or: Was There a Constitutional Theory of National Socialism?*' in Joerges, C. e Ghaleigh, N. S. (ed), *Darker Legacies of Law in Europe: The Shadow of National Socialism and Fascism over Europe and its Legal Traditions*, Hart Publishing, Oxford, 2003.

Levine, N. '*The German Historical School of Law and the Origins of Historical Materialism*' (1987) 48(3) *Journal of the History of Ideas* 431.

Lilla, M. "*The Reckless Mind: Intellectuals in Politics*", *New York Review of Books*, New York, 2001.

Lippman, M. '*Law, Lawyers and Legality in the Third Reich: The Perversion of Principle and Professionalism*' (1997) 11(2) *Temple International and Comparative Law Journal* 199.

Lippman, M. 'They Shoot Lawyers Don't They? Law in the Third Reich and the Global Threat to the Independence of the Judiciary' (1933) 23(2) *California Western International Law Journal* 257.

Litowitz, D. *'Postmodernism Without the "Pomobabble"'* (2000) 2 *Florida Coastal Law Journal* 41.

Lloyd, D. *The Idea of Law*, Penguin Books, Londres, 1964.

Locke, J. *Two Treatises of Government*, Mentor, Cambridge, 1963 (1690).

Loewenstein, K. *'Law in the Third Reich'* (1936) 45 *Yale Law Journal* 779.

Lucas, J. R. *The Principle of Politics*, Claredon Press, Oxford, 1966.

Lukács, G. *History and Class Consciousness*, MIT Press, Cambridge/MA, 1971.

Ludmerer, K. *'Eugenics' in* Lappe, M. (ed), *Encyclopedia of Bioethics*, Free Press-Macmillam, New York, 1978.

Luther King Jr., L. *Why We Can't Wait*, Signet, New York, 1996 (1964).

Lyons, D. *'Principles, Positivism, and Legal Theory'* (1977) 87 *Yale Law Journal* 145.

Lyotard, J. F. *The Postmodern Condition: A Report on Knowledge*, University of Minnesota Press, Minneapolis/MN, 1984.

MacCormick, N. *'A Moralistic Case for A-Moralistic Law?'* (1985) 20 *Valparaiso University Law Review* 1.

MacCormick, N. *Rhetoric and the Rule of Law: A Theory of Legal Reasoning*, Oxford University Press, Oxford, 2005.

MacCormick, N. *'Spontaneous Order and Rule of Law: Some Problems' in* S. Ratnapala e G. A. Moens (ed), *Jurisprudence of Liberty*, Butterworths, Sydney, 1996.

Macedo, P. E. B. de, *O Nascimento do Direito Internacional*, Editora Unisinos, São Leopoldo/RS, 2009.

MacKinnon, C. A. *Feminism Unmodified: Discourses on Life and Law*, Harvard University Press, Cambridge/MA, 1987.

MacKinnon, C. A. *Toward a Feminist Theory of the State*, Harvard University Press, Cambridge/MA, 1980.

Maine, H. J. S. *Ancient Law : Its Connection With the Early History of Society, and its Relation to Modern Ideas*, John Murray, Londres, 1861.

Maine, H. J. S. *Lectures on the Early History of Institutions*, 7ª ed., John Murray, Londres, 1897.

Malberg, C. *Contribution à la théorie générale de l'État – Tome Premier*, Librarie de la Societé du Recueil Sirey, Paris, 1922.

Maley, B. *Family & Marriage in Australia*, Centre for Independent Studies, Sydney, 2001.

Maravall, J. M. 'Rule of Law as a Political Weapon' in Maravall, J. M. e Przeworski, A. (ed), *Democracy and the Rule of Law*, Cambridge University Press, Cambridge, 2003.

Margalit, A. e Halbertal, M. "Liberalism and the Right to Culture" (1994) 71 *Social Research* 529.

Maritain, J. *Natural Law: Reflections on Theory and Practice*, St. Augustine's Press, South Bend/IN, 2001.

Marmor, A. 'Exclusive Legal Positivism' in Coleman, J. L. e Shapiro, S. (ed), *Oxford Handbook of Jurisprudence and Philosophy of Law*, Oxford University Press, Oxford, 2002.

Martins, I. G. S. 'Fundamentos do Direito Natural à Vida', *Notícias Forenses*, outubro de 1986, p. 27.

Martins, I. G. S. 'Liberdade, Legitimidade e Legalitty' (2011) 17 *Revista Brasileira de Direito Constitucional* 47-59.

Martins, I. G. S. 'Reflexões sobre a Liberdade' (2009) 4 *Direito Público* 32-47.

Marx, K. *On the Jewish Question*, Vol. 3, International Publishers, New York, 1966.

Marx, K. *The Class Struggle in France 1848-1850*, International Publishers, New York, 1964.

Marx, K. e Engels, F. *Selected Correspondence*, International Publishers, New York, 1942.

Marx, K. e Engels, F. *The Communist Manifesto*, Penguin, Londres, 2002.

Matson, W. I. *A New History of Philosophy, Ancient and Medieval*, Thomson Learning, For Worth/TX, 1988.

Mauldin, T. A. '*Women Who Remain Above the Poverty Level in Divorce: Implications for Familiy Policy*' (1990) 39(2) *Family Relations* 141.

Mautner, T. "*Natural Law*" em T. Mautner, *The Penguin Dictionary of Philosophy*, Penguin, Londres, 2000.

Mautner, T. *The Penguin Dictionary of Philosophy*, Penguin, Londres, 2000.

Mautner, T. "*Thrasymacus*" in Mautner, T. (ed), *The Penguin Dictionary of Philosophy*, Penguin Books, Londres, 2000.

Mazzone, J. '*The Creation of a Constitutional Culture*' (2005) 40 *Tulsa Law Review* 671.

McCallum, D. (ed), *The Death of Truth*, Bethany House, Minneapolis/MN, 1996.

McIntyre, A. *A Short History of Ethics*, 2ª ed., Routledge, Londres, 2002.

Mencken, H. L. '*Mr Justice Holmes: A Review of The Dissenting Opinions of Mr Justice Holmes by Alfred Lief*', *The American Mercury*, maio de 1930, disponível em <www.unz.org/Pub/AmMercury-1930may-00122> (acesso em 1º de novembro de 2012).

Metaxas, E. Bonhoffer: Pastor, Martyr, Prophet, Spy, Thomas Nelson, Nashville, 2010.

Meyerson, D. *Jurisprudence*, Oxford University Press, Melbourne, 2011.

Midgley, M. Evolution as a Religion: Strange Hopes and Stranger Fears, Routledge, Londres, 2002.

Mill, J. S. *The Subjugation of Women* (1869), disponível em <http://www.constitution.org/jsm/women.html> (acesso em 1º de novembro de 2012).

Miller Jr., F. D. *The Rule of Law in Ancient Greek Thought*, in M. Sellers and T. Tomaszewski, *The Rule of Law in Comparative Perspective*, Springer, Dordrecth, 2010.

Millet, K. *Sexual Politics*, Doubleday, Garden City/NY, 1970.

Minow, M. '*Consider the Consequences*' (1986) 84 *Michigan Law Review* 900.

Mitchell, D. "*Religious Tolerance Laws Are Not Only a Challenge to our Freedom of Speech but Also to the Under-Girding of Our Historic Legal System*". Artigo apresentado no Seminário "*Religious Tolerance Laws: A Challenge to Our Freedom of Speech?*", Christian Legal Society de Victoria, Melbourne, 2 de junho de 2005.

Moens, G. A. 'The German Borderguard Cases: Natural Law and the Duty to Disobey Immoral Laws' in S. Ratnapala e G. A. Moens, *Jurisprudence of Liberty*, Butterworths, Sydney, 1996.

Moens, G. e Ratnapala, S. *The Illusions of Comparable Worth*, Centre for Independent Studies, Sydney, 1992.

Mohl, R. Vo. *Die Philosophie des Rechts*, Vol. II, Parte II (1837), citado em F. A. Hayek, *Constitution of Liberty*, Chicago University Press, Chicago, 1960.

Molyneux, W. *Case of Ireland's Being Bound by Acts of Parliament in England*, 1ª ed., 1689.

Montesquieu, O *Espírito das Leis* (1750).

Montgomery, J. W. *Law & Gospel: A Study Integrating Faith and Practice*, Canadian Instituto of Law, Theology and Public Policy, Edmonton, 1994.

Montmorency, J. E. G. de. 'Friederich Carl von Savigny' (1910) 11(1) *Journal of the Society of Comparative Legislation* 32.

Morris, H. M. e Clark, M. E. *The Bible Has the Answer*, Master Books, Green Forest/AR, 2005.

Morss, J. R. 'Facts, Threats and Reds: Common Law Constitutionalism and the Rule of Law' (2009) 14(1) *Deakin Law Review* 79.

Morss, J. R. 'Power and International Law: Hohfeld to the Rescue?' (2011) 2 *The Western Australian Jurist* 93.

Mott, R. *Due Process of Law*, Da Capo, New York, 1973.

Muehlenberg, B. 'On Celebrating Darwin', *Quadrant Online*, 14 de janeiro de 2009, disponível em <www.quadrant.org.ay/blogs/muehlenberg/2009.01/on-celebrating-darwin>, acesso em 1º de novembro de 2012.

Muggeridge, K. e Adan, R. *Beatrice Webb*, Alfred A. Knopf, New York, 1968.

Murray, D. *The Madness of Crowds: Gender, Race and Identity*, Bloomsbury Continuum, London, 2020.

Murphy, J. '*Constitutionalism, Moral Skepticism, and Religious Belief*', *in* A. S. Rosebaum (ed), *Constitutionalism: The Philosophical Dimension*, Greenwood Press, New York, 1988.

Murphy, M. C. '*Finnis on Nature, Reason, God*' (2008) 13 *Legal Theory* 187.

Murphy, M. C. *Natural Law in Jurisprudence and Politics*, Cambridge University Press, Cambridge/UK, 2006.

Murphy, M. C. '*Natural Law Theory*' in Golding, M. P. e Edmundson, W. A. *The Blackwell Guide to Philosophy of Law and Legal Theory*, Blackwell, Malden/MA, 2005.

Murphy, M. C. *Philosophy of Law: The Fundamentals*, Blackwell, Londres, 2007.

Müller, I. *Hitler's Justice: The Courts of the Third Reich*, Harvard University Press, Cambridge/MA, 1991.

Naffine, N. *Law and the Sexes: Explorations in Feminist Jurisprudence*, Allen e Unwin, Sydney, 1990.

Naffine, N. *Laws's Meaning of Life: Philosophy, Religion, Darwin and the Legal Person*, Hart Publishing, Oxford, 2009.

Nietzsche, F. *The Gay Science*, Random House, New York, 1974 (1882).

Noebel, D. *Understanding the Times*, 2ª ed., Summit Press, Manitou Springs/CO, 2006.

Novak, D. *Natural Law in Judaism*, Cambridge University Press, Cambridge.

Nozick, R. *Anarchy, State and Utopia*, Basic Books, New York, 1974.

Nussbaum, M. C. *Sex and Social Justice*, Oxford University Press, New York, 1999.

Nye, A. *Feminist Theory and the Philosophies of Man*, Routledge, New York, 1988.

Orígenes, *Contra Celsum*.

Overy, R. *The Dictators: Hitler's Germany and Stalin's Russia*, Allen Lane, Londres, 2004.

Pachukanis, E. B. *Law and Marxism: A General Theory*, Pluto Press, Londres, 1989.

Page, J. A. *The Brazilians*, Addison-wesley, Reading/MA, 1995.

Palmer, A. W. *A Dictionary of Modern History*, Penguin, Londres, 1962.

Pannekoek, A. *Marxism and Darwinism*, Pluto Press, Londres, 1912.

Parekh, B. "*A Varied Moral World*" *in* Cohen, J., Howard, M. e Nussbaum, M. C. (ed), *Is Multiculturalism Bad for Women?*, Princeton University Press, Princeton, 1999.

Parke, M. "*Female Genital Mutilation: The Limits of Cultural Relativism*" (1999) 4 *Sister in Law* 7.

Parkinson, P. *Transition and Change in Australian Law*, Lawbook, Sydney, 2001.

Pasquino, P. '*One and Three: Separation of Powers and the Independence of the Judiciary in the Italian Constitution*' *in* J. Ferejohn, J. N. Rakove e J. Riley (ed), *Constitutional Culture and Democratic Rule*, Cambridge University Press, Cambridge, 2001.

Paton, H. J. '*Preface*' *in* Immanuel Kant, *The Moral Law*, Routledge, Londres, 2006.

Patterson, E. *Jurisprudence: Men and Ideas of the Law,* The Foundation Press, Brooklin/NY, 1953.

Paulson, S. '*Lon Fuller, Gustav Radbruch, and the Positivist Theorists*' (1994) 13 *Law and Philosophy* 313.

Paulson, S. L. '*The Neo-Kantian Dimension of Kelsen's Pure Theory of Law*' (1992) 12 *Oxford Journal of Legal Studies* 311.

Pearcey, N. R. *Total Truth: Liberating Christianity from Its Cultural Captivity*, Crossway Books, Wheaton/IL, 2004.

Perks, S. C. *Christianity and Law: Na Inquiry Into the Influence of Christianity on the Development of English Common Law*, Avant Books, North Yorkshire, 1993.

Peterson, R. R. '*A Re-evaluation of the Economic Consequences of Divorce*' (1996) 61(3) *American Sociological Review* 528.

Philips, M. *The World Turned Upside Down: The Global Battle over God, Truth and Power*, Encounter Books, New York, 2010.

Phillips, O. H. e Johnson, P. '*O Hood Phillips*' *Constitutional Administrative Law*', Sweet & Maxwell, Londres 1987.

Pipes, R. *Communism: A History of the Intellectual and Political Movement*, Phoenix Press, Londres, 2003.

Pipes, R. *Russia Under the Bolshevik Regime*, Vintage Books, New York, 1995.

Platão, *A República*, trad. Jowett, B. Kayedreams Novel Art, New York, 2009.

Platão, *Leis*.

Platão, *Timeu*.

Pluckrose, H. and Lindsay, J. *Cynical Theories: How Universities Made Everything about Race, Gender, and Identity – and Why This Harms Everybody*, Swift Press, London, 2020.

Polikoff, N. D. 'First Comes Love, Then Comes Marriage, Then Comes Queers with a Baby Carriage: The Strange Logic of the Hawaii Same-sex Marriage Trial' (1993) 22/3 *GNC: National Queer Progressive Quarterly* 12.

Polikoff, N. D. 'We Will Get What We Ask For: Why Legalizing Gay and Lesbian Marriage Will Not Dismantle the Legal Structure of Gender in Every Marriage' (1993) 79 *Virginia Law Review* 1535.

Popper, K. *The Open Society and its Enemies – Vol 1*, Routledge, Londres, 1945.

Popper, K. *The Open Society and Its Enemies, vol. 2: Hegel and Marx*, Routledge, Londres, 2003.

Posner, R. 'Book Review' (1985) 53 *George Washington Law Review* 870.

Posner, R. *Economic Analysis of Law*, 4ª ed., Little, Brown, Boston/MA, 1992.

Posner, R. *Overcoming Law*, Harvard University Press, Cambridge/MA, 1995.

Posner, R. *The Problems of Jurisprudence*, Harvard University Press, Cambridge/MA, 1993.

Pound, R. 'Mechanical Jurisprudence' (1908) 8 *Columbia Law Review* 614.

Pound, R. 'The Need of a Sociological Jurisprudence', The Green Bag, outubro de 1907.

Powell, H. J. 'The Gospel According to Roberto: A Theological Polemic' (1988) 5 Duke Law Journal 1013.

Press, E. 'The Passion of Roberto Unger: A Harvard Law Professor Jettisons his Pas and Sets Out to Destabilize Latin America' (1999) 9(3) Lingua Franca, disponível em <http://linguafranca.mirror.theinfo.org/9903/unger.html> (acesso em 1º de novembro de 2012).

Presser, S. B. Recapturing the Constitution: Race, Religion, and Abortion Reconsidered, Regnery Publishing, Washington/DC, 1994.

Prest, W. William Blackstone: Law and Letters in the Eighteenth Century, Oxford University Press, Oxford, 2008.

Price, D. 'Taking Rights Cynically: A Review of Critical Legal Studies' (1989) 48 Columbia Law Journal 271.

Radbruch, G. 'Legal Philosophy' in K. Wilk (ed), The Legal Principles of Lask, Radbruch, and Dabin, Harvard University Press, Cambridge/MA, 1950.

Rahmatian, A. 'Friederich Carl Von savigny's Beruf and Volksgeistlehre' 28(1) The Journal of Legal History.

Ratnapala, S. Jurisprudence, Cambridge University Press, Cambridge, 2009.

Ratnapala, S. "Law, Legislation and Liberty, Friedrich Hayek, 1973" in C. Berg e J. Roskam (ed), 100 Books of Liberty, Institute of Public Affairs, Melbourne, 2010.

Ratnapala, S. 'Securing Constitutional Government: The Perpetual Challenge' (2003) VIII(1) The Independent Review 9.

Ratnapala, S. 'Welfare State or Constitutional State?', Center for Independent Studies, Sydney, 1990.

Ratzinger, J. 'Address to Consistory of College of Cardinals', 4 de abril de 1991.

Ratzinger, J. (Papa Bento XVI), Instrução Sobre Alguns Aspectos da "Teologia da Libertação", Sagrada Congregação Pela Doutrina da Fé, Roma, 6 de agosto de 1984.

Raushning, H. Hitler Speaks, Thornton Butterworth, Londres, 1939.

Rawls, J. *A Theory of Justice*, Oxford University Press, Oxford, 1999.

Raz, J. *Ethics in the Public Domain*, Oxford University Press, Oxford, 1994.

Raz, J. *The Authority of Law: Essays on Law and Morality*, Oxford University Press, Oxford, 1979.

Reale, M. *Lições Preliminares de Direito*, 24a ed., Editora Saraiva, São Paulo/SP, 1999.

Reale, M. *O Estado Democrático de Direito e o Conflito das Ideologias*, 2a ed., Editora Saraiva, São Paulo/SP, 1999.

Reino Unido. 10 Co Rep 42.

Reino Unido. 77 ER 377 (KB 1610).

Reino Unido. *Calvin's Case* (1608) 7 Coke Rep 12(a); 77 Eng Rep 392.

Reino Unido. *Rex v Woolston*, 94 Eng Rep 665 (KB 1729).

Reynolds, N. B. 'Grounding the Rule of Law' (1989) 2(1) *Ratio Juris* 1.

Rice, C. E. *50 Questions on the Natural Law: What It Is and Why We Need It*, Ignatius Press, San Francisco/CA, 1999.

Rice, C. E. 'Some Reasons for a Restoration of Natural Law Jurisprudence' (1989) 24 *Wake Forest Law Review* 539.

Rigaux, F. *A Lei dos Juízes*, trad.: Edmir Missio, Martins Fontes, São Paulo/SP, 2000.

Rimmont, N. "A Question of Culture: Cultural Approval of Violence against Women in the Asian-Pacific Community and the Cultural Defense" (1991) 43 *Stanford Law Review* 1311.

Rinderle, W. J. e Norling, B. *The Nazi Impact on a German Village*, University of Kentucky Press, Lexington/KY, 1993

Robertson, D. *The Penguin Dictionary of Politics*, Penguin, Londres, 1993.

Robertson, G. *Crimes Against Humanity*, Penguin, Londres, 2008.

Roetter, F. 'The Impact f Nazi Law' (1945) *Wisconsin Law Review* 516.

Rommen, H. A. *The Natural Law: Study in Legal and Social History and Philosophy*, 2ª ed., Liberty Fund, Indianapolis/IN, 1998 (1936).

Rorty, R. "*Untruth and Consequences: A Review of* Killing Time *by Paul Feyerabend*", *The New Republic*, 31 de julho de 1995, p. 32-36.

Roskam, J. "*Review of Plato's* The Republic", *in* C. Berg, J. Roskam e A. Kemp (editors), *100 Great Books of Liberty: The Essential Introduction to the Greatest Idea of Western Civilisation,* Cannor Court Publishing, Ballan/Vic, 2010.

Rottleuthner, H. '*Legal Positivism and National Socialism: A Contribution to a Theory of Legal Development*' (2011) 12 *German Law Journal* 100.

Royal Institute of International Affairs, *The Bulletin of International News*, XVIII, n. 5, 1941.

Rushdoony, R. J. *Law and Liberty*, Ross House, Vallecito/CA, 1984.

Rutherford, S. *Lex Rex, or the Law and the Prince* (1644), The Presbyterian Armoury, vol. 3, 1846.

Rychlak, R. J. *Hitler, The War and the Pope*, 2ª ed., Our Sunday Visitor, Huntington/IN, 2010.

Sampford, C. *Retrospectivity and the Rule of Law*, Oxford University Press, Oxford, 2006.

Samson, S. A. '*The Covenant Origins of the American Policy*' (1994) 10 *Contra Mundum* 26;

Santa Sé. Carta Encíclica *Pacem in Terris*, 1963.

Santa Sé. Pontifício Conselho Justiça e Paz. Compêndio da Doutrina Social da Igreja, Burns & Oates, Londres, 2004.

Scales, A. '*The Emergence of Feminist Jurisprudence: An Essay*' (1986) 95 *Yale Law Journal* 1373.

Scalia, A. *A Matter of Interpretation*, Princeton University Press, Princeton/NJ, 1997.

Schaeffer, F. A. *A Christian Manifesto*, Crossway Books, Westchester/IL, 2005.

Schatz, R. W. *The Electrical Workers: A History of Labor at General Electric and Westinghouse*, 1923-1960, University of Illinois Press, Urbana/IL, 1983.

Schauer, F. "*Constitutional Positivism*" (1993) 25 *Connecticut Law Review* 797.

Schmidt, A. *How Christianity Changed the World*, Zondervan, Grand Rapids/MI, 2004.

Schor, M. '*The Rule of Law*' in D. Clark (ed), *Encyclopedia of Law and Society: American and Global Perspectives*, Sage, Londres, 2005.

Schüür, A. M. E., 'Da Relação Entre o Direito e a Moral nas Teorias Positivistas e Pós-Positivistas', Mestrado em Direito, julho de 2013, p. 76.

Scott, J. *The Message of Romans: God's Good News for the New World*, Inter-Varsity Press, Nottingham, 1994.

Scruton, R. *A Short History of Modern Philosophy*, 2ª ed., Routledge, Londres, 1995.

Seitzer, J. e Thornhill, C. '*An Introduction to Carl Schmitt's Constitutional Theory: Issues and Context*' in Seitzer, J. *Carl Schmitt: Constitutional Theory*, Duke University Press, Durham/NC, 2008.

Sellers, M. N. S. '*An Introduction to the Rule of Law in Comparative Perspective*', *in*

Sellers, M. N. S. e Tomaszewski, T. *The Rule of Law in Comparative Perspective*, Springer, Dordrecht, 2010.

Selznick, P. '*Legal Cultures and the Rule of Law*' in Krygier, M. e Czarnota, A. (ed), *The Rule of Law after Communism*, Ashgate, Dartmouth, 1999.

Schaeffer, F. A. *How Should We Then Live? The Rise and Decline of Western Thought and Culture*, Crossway, Wheaton/IL, 1983.

Shapiro, S. J. '*On Hart's Way Out*' (1998) 4 *Legal Theory* 469.

Shirer, W. L. *The Rise and Fall of the Third Reich*, Simon and Schuster, New York, 1960.

Shklar, J. N. *Legalism: Law, Morals, and Political Trials*, 2ª ed., Harvard University Press, Cambridge/MA, 1986.

Shklar, J. '*Political Theory and the rule of Law*' in Hutchinson, A. e Monahan, P. (ed), *The Rule of Law: Ideal or Ideology?*, Carswell, Toronto, 1987.

Simons, R. L. *et al*, '*Explaining the Higher Incidence of Adjustment Problems Among Children of Divorce Compared with Those in Two-Parent Families*' (1999) 61 *Journal of Marriage and Family* 1020.

Skinner, Q. *The Foundations of Modern Political Thought*, vol. 2, Cambridge University Press, Cambridge, 1978.

Smith, A. *"The Man of System" in* Boaz, D. (ed), *The Libertarian Reader*, Free Press, New York, 1997.

Smock, P. J., Manning, W. D. e Gupta, S. 'The Effect of Marriage and Divorce on Women's Economic Well-Being' (1999) 64(6) *American Sociological Review* 794.

Sófocles, *Antígona*.

Solomon, R. '*Existentialism*', *in* Thomas Mautner (ed), *The Penguin Dictionary of Philosophy*, Penguin, Londres, 2000.

Sommers, C. H. *Who Stole Feminism? How Women Have Betrayed Women*, Touchstone, New York, 1994.

Sowell, T. '*Judicial Activism Reconsidered*' (1989) disponível em <www.amatecon.com/etext/jar/jar.html> (acesso em 1º de novembro de 2012). Originalmente publicado como '*Essays in Public Policy No 13*', Hoover Institute, 1989.

Sowell, T. *Intellectuals and Society*, Basic Nooks, New York, 2009.

Sowell, T. *"Socialist or Fascist?"*, *The American Spectator*, 12 de junho de 2012, disponível em <www.spectator.org/archives/2012/06/12/socialist-or-fascist> (acesso em 1º de novembro de 2012).

Spencer, H. *The Man Versus the State*, D. Appleton, New York, 1884.

Sproul, R. C. *The Consequences of Ideas: Understanding the Concepts that shaped our world*, Crossway Books, Wheaton/Il, 2000.

Stanley, L. '*Review of David M. Levi's How the Dismal Science Got Its Name* (2001)' *in* Berg, C., Roskam J. e Kemp A. (ed), *100 Great Books of Liberty: The Essential Introduction to the Greatest Idea of Western Civilisation,* Cannor Court Publishing, Ballan/Vic, 2010.

Steminmetz, D. C. *"What Luther Got Wrong"*, em <www.religion-online.org/showarticle.asp?title=3267>, acesso em 1º de novembro de 2012.

Sterling, P. L. *The Metaphysics of Naturalism*, Appleton-Century-Crofts, New York, 1960.

Sto. Agostinho, *Cidade de Deus*.

Sto. Agostinho, *Sobre a Livre Escolha da Vontade*.

Sto. Ambrósio, *Sermon Contra Auxent*.

Sto. Tomás de Aquino, *De Regimine Principum*.

Sto. Tomás de Aquino, *Summa Theologica*.

Stolleis, M. 'Concepts, Models and Traditions of a Comparative European Constitutional History' (2010) 19(1) *Journal of Constitutional History* 45.

Stolleis, M. *The Law Under the Swastika: Studies on Legal History in Nazi Germany*, University of Chicago Press, Chicago/IL, 1998.

Stone, J. *The Province and Function of Law*, Maitland Publications, Sydney, 1946.

Stone, S. 'Tom Campbell's Proposal for a Democratic Bill of Rights' (2009) 34 *Australian Journal of Legal Philosophy* 272.

Storer, M. B. (ed), *Humanist Ethics*, Prometheus Books, Buffalo/NY, 1980.

Story, J. *Commentaries on the Constitution of the United States*, Little, Brown and Company, Boston/MA, 1833.

Strauss, L. *Natural Right and History*, University Chicago Press, Chicago, 1965.

Sundfeld, C. A. *Fundamentos de Direito Público*, 4a ed., Editora Malheiros, São Paulo/SP, 2000.

Sypnowich, C. 'Utopia and the Rule of Law' in Dyzenhaus, D. (ed), *Recrafting the Rule of Law: The Limits of Legal Order*, Hart, Oxford, 1999.

Taliadoros, J. "Natural Law and Legal Obligation: Pre-Modern Understanding of Ius Naturale". Artigo apresentado na Conferência de 2011 da *Australian Society of Legal Philosophy*, de 29 a 31 de julho de 2011, Brisbane.

Tamanaha, B. Z. *A General Jurisprudence of Law and Society*, Oxford University Press, Oxford, 2001.

Tamanaha, B. Z. *On The Rule of Law: History, Politics, Theory*, Cambridge University Press, Cambridge, 2004.

Tamanaha, B. Z. 'Understanding Legal Realism' (2009) 87(4) *Texas Law Review* 731.

Tarrant, H. "Epicurus" in Mautner, T. (ed), *The Penguin Dictionary of Philosophy*, Penguin Books, Londres, 2000.

Ten, C. L. *'Constitutionalism and the Rule of Law'* in R. E. Goodwin e P. Pettit (ed), *A Companion to Contemporary Political Philosophy*, Blackwell, Cambridge/MA, 1993.

The Economist. *'Liberation Theology'* (1985) VIII (6) *The Angelus*, originalmente publicado em *The Economist*, 13 de outubro de 1984, disponível em: <www.angelusonline.org/index.php?section=article&subsection=show_article&article_id=1036>, (acesso em 1º de novembro de 2012).

Thomas, C. *'The Higher Law Background of the Privileges or Immunities Clause of the Fourteenth Amendment'* (1989) 12 *Harvard Journal of Law & Public Policy* 63.

Thomas, C. *'Toward a Plain Reading of the Constitution – The Declaration of Independence in Constitutional Interpretation'* (1987) 30 *Harvard Law Journal* 691.

Thong, C. K. e Flu, C. L. *Finding God in Ancient China*, Zondervan, Grand Rapids/MI, 2009.

Tigar, M. E. e Mage, J. *'The Reichstag Fire Trial, 1933-2008: The Production of Law and History'* (2009) 60 *Monthly Review* 24.

Tismaneanu, V. *'Communism and the Human Condition: Reflections on the Black Book of Communism'* (2001) 2(2) *Human Rights Review* 126.

Titus, H. W. "*God's Revelation: Foundation for the Common Law*" in H. W. House (ed), *The Christian and American Law: Christianity's Impact on America's Founding Documents and Future Directions*, Kregel Publications, Grand Rapids/MI, 1998.

Tobin, S. E. *'The Divorce Revolution by Leonre J. Weitzman, PhD'* (1987) 20 *Loyola of Los Angeles Review* 1641.

Toland, J. *Adolf Hitler*, Doubleday, New York, 1976.

Tuck, R. *Natural Rights Theories: Their Origin and Development*, Cambridge University Press, Cambridge, 1979.

Tushnet, M.V. *'Critical Legal Theory'*, *in* Martin P. Golding and William A. Edmundson (eds.), *The Blackwell Guide to the Philosophy of Law and Legal Theory*, Blackwell Publishing, Hoboken/NJ, 2005.

Twining, W. *Karl Llewellyn and the Realist Movement*, Weidenfeld & Nicolson, Londres, 1973.

Unger, R. M. *Democracy Realized: The Progressive Alternative*, Verso, Londres, 1998.

Unger, R. M. *False Necessity: Anti-Necessitarian Social Theory in the Service of Radical Democracy*, Cambridge University Press, Cambridge, 1987.

Unger, R. M. *Plasticity Into Power: Comparative-Historical Studies on the Institutional Conditions of Economic and Military Success*, Cambridge University Press, Cambridge, 1987.

Unger, R. M. *Politics: A Work in Constructive Social Theory – Part 1: Social Theory: Its Situation and Its Task*, Cambridge University Press, New York, 1987.

Unger, R. M. *Politics: A Work in Constructive Social Theory – Part 2: False Necessity: Anti-Necessitarian Social Theory in the Service of Radical Democracy*, Cambridge University Press, New York, 1987.

Unger, R. M. *Politics: A Work in Constructive Social Theory – Part 3: Plasticity into Power: comparative-Historical Studies on the Conditions of Economic and Military Success*, Cambridge University Press, New York, 1987.

Unger, R. M. '*The Critical Legal Studies Movement*' (1983) 90 *Harvard Law Review* 561.

Vanberg, V. "Hayek's Theory of Rules and the Modern State" *in* Ratnapala, S. e Moens, G. A. (ed), *Jurisprudence of Liberty*, Butterworths, Sydney, 1996.

Véliz, C. *The Centralist Tradition of Latin America*, Princeton University Press, Princeton/NJ, 1980.

Viereck, P. R. E. *Metapolitics: From Wagner and the German Romantics to Hitler*, Transaction Publishers, New Brunswick/NJ, 2004.

Vile, M. J. C. *Constitutionalism and the Separation of Power*, 2ª ed., Liberty Fund, Indianapolis/IN, 1998.

Volpp, L. "Talking Culture: Gender, Race, Nation, and the Politics of Multiculturalism" (1996) 96 *Columbia Law Review* 1573.

Vyshinsky, A. *Judiciary of the USSR*, Progress Publishers, Moscou, 1935.

Wacks, R. *Understanding Jurisprudence: An Introduction to Legal Theory*, 2ªed., Oxford University Press, Oxford, 2009.

Waldron, J. 'A Rights-base Critique of Constitutional Rights' (1993) 13 *Oxford Journal of Legal Studies* 18.

Waldron, J. *God, Locke and Equality: Christian Foundations of John Locke's Political Thought*, Cambridge University Press, Cambridge, 2002.

Waldron, J. 'The Rule of Law in Contemporary Liberal Theory' (1989) 2 *Ratio Juris* 79.

Walker, G. de Q. *The Rule of Law: Foundations of Constitutional Democracy*, Melbourne University Press, Melbourne, 1988.

Wallace, A. R. *Natural Selection and Tropical Nature*, Macmillan, Londres, 1891.

Wallerstein, J. e Kelly, J. B. *Surviving the Breakup: How Children and Parents Cope with Divorce*, Basic Books, New York, 1996.

Waluchow, W. J. 'The Many Faces of Legal Positivism' (1998) 48 *University of Toronto Law Journal* 387.

Ward, G. *Teaching Yourself Postmodernism*, 2ª ed., McGraw-Hill, Chicago/IL, 2003.

Watson, B. C. S. 'Progressivism and the New Science of Jurisprudence', *First Principle Series*, n. 24, Heritage Foundations, Washington/DC, 24 de fevereiro de 2009.

Watson, G. *The Lost Literature of Socialism*, Lutterworth Press, Cambridge, 1998.

Weber, M. *Theory of Social and Economical Organization*, MacMillan, New York, 1948.

Weikart, R. 'A Recently Discovered Darwin Letter on Social Darwinism' (1995) 86 *Isis* 609.

Weikart, R. *From Darwin to Hitler: Evolutionary Ethics, Eugenics, and Racism in Germany*, Palgrave Macmillan, New York, 2004.

Weikart, R. *Hitler's Ethics: The Nazi Pursuit of Evolutionary Progress*, Palgrave Macmillan, New York, 2009.

Weinberg, J. R. *A Short History of Medieval Philosophy*, Princeton University Press, Princeton/NJ, 1967.

Weisberg, K. *Feminist Legal Theory Foundations*, Temple University Press, Philadelphia/PA, 1993.

Weitzman, L. *The Divorce Revolution: The Unexpected Social and Economic Consequences for Women and Children in the Divorce Revolution*, Free Press, New York, 1985.

Werth, N. '*A State Against its People: Violence, Repression and Terror in the Soviet Union*' in S. Courtois et al., *The Black Book of Communism: Crimes, Terror, Repression*, trad. Murphy, J. e Kramer, M. Harvard University Press, Cambridge/MA, 1999.

Werth, N. '*Strategies of Violence in Stalinist USSR*' *in* H. Rousso (ed), *Stalinism and Nazism: History and Memory Compared*, University of Nebraska Press, Lincoln/NE, 1999.

Whitehead, J. W. *The Second American Revolution*, Crossway Books, Westchester/IL, 1988.

Wilberforce, W. *Greatest Works*, Bridge-Logos, Orlando/FL, 2007.

Willing, K. C. H. '*The Bar in the Third Reich*' (1976) 20 *American Journal of Legal History* 13.

Wilson, E. O. *On Human Nature*, Harvard University Press, Cambridge/MA, 1978.

Wistrich, R. S. '*Reassessing Pope Pius XII's Attitudes Toward the Holocaust*', Jerusalem Center for Public Affairs, n. 89, outubro de 2009, em <www.jcpa.org> (acesso em 1º de novembro de 2012).

Wu, J. C. H. *Fountain of Justice: A Study in the Natural Law*, Sheed and Ward, New York, 1955.

Zakaria, F. *The Future of Freedom: Illiberal Democracy at Home and Abroad*, W. W. Norton & Co, Nova York, 2003.

Zerilli, J. '*Reflections on legal Education and Philosophy: The Critical Role of Theory in Practice*' (2007) 17 *Legal Education Review* 103.

Zimmermann, A. 'Rudolf Smend e a Teoria Constitucional Integrativa' (1998) 4(1) *Cadernos de Estudos Constitucionais da PUC-Rio* 32.

Sobre o autor

O Professor Augusto Zimmermann é Bacharel em Direito pela PUC-Rio, Mestre em Direito Constitucional e Teoria do Estado pela PUC-Rio, Doutor (PhD) em Filosofia do Direito pela Universidade Monash (Austrália), Diploma em Ensino Superior (DipEd.) pela Universidade Murdoch, e Certificado de Arbitragem Internacional (CIArb) pela ACICA (Austrália). É atualmente professor titular de Direito e Vice-Diretor do Conselho Acadêmico do Sheridan Institute de Perth, Austrália Ocidental. O professor Zimmermann também é ex-Comissário de Reforma Legislativa da Comissão Legislativa da Austrália Ocidental (2021-2017), ex-professor adjunto de Direito da Universidade de Notre Dame da Austrália, e ex-Diretor de Pesquisa e Pós-Graduação da Faculdade de Direito da Universidade da Murdoch (2009-2013), recebendo o Prêmio Vice-Chanceler de Excelência em Pesquisa da Universidade de Murdoch em 2012. O professor Zimmermann é também ex-Vice-Presidente da Sociedade Australiana de Filosofia do Direito (ASLP), fundador e Presidente da Associação de Teoria Jurídica da Austrália Ocidental (WALTA), fundador e Editor-em-Chefe da revista de Direito The Western Australian Jurist, membro eleito da Academia Internacional de Estudo da Jurisprudência da Família (IASJF), membro do Instituto Federalista do Brasil (IF), membro da Associação Brasileira de Juristas Conservadores (ABRAJUC), e membro do Instituto de Juristas Cristãos do Brasil (IJCB). O professor Zimmermann é o autor de diversos livros e artigos acadêmicos, incluindo-se "Teoria Geral do Federalismo Democrático" (1999), "Global Perspectives on Subsidiarity (2014), "Direito Constitucional Brasileiro" (2015), "Fundamental Rights in the Age of Covid-19" (2020), dentre muitas outras publicações acadêmicas.

Este livro foi impresso pela Ferrari Daiko.
O miolo foi feito com papel *Chambril Avena* 80g,
e a capa com cartão triplex 250g.